上海体育学院运动训练应用型本科专业建设项目引进丛书

青少年运动员发展

Development of the Youth Athlete

著　者　〔英〕尼尔·阿姆斯特朗（Neil Armstrong）

主　译　赵可伟

主　审　高炳宏

译　者　李灵杰　王　然　孙莉莉　杨圣韬

　　　　陈　超　孟　杰　路　恒

北京科学技术出版社

Routledge
Taylor & Francis Group

Development of the Youth Athlete 1st Edition / by Neil Armstrong/ ISBN: 978-1-138-21141-4

著作权合同登记号 图字：01-2020-7519

图书在版编目（CIP）数据

青少年运动员发展 /（英）尼尔·阿姆斯特朗 (Neil Armstrong) 著；赵可伟主译 .— 北京：北京科学技术出版社，2023.2
书名原文：Development of the Youth Athlete
ISBN 978-7-5714-2673-6

Ⅰ .①青… Ⅱ .①尼… ②赵… Ⅲ .①青少年—运动员—发展—研究 Ⅳ .① G808.18

中国版本图书馆 CIP 数据核字（2022）第 229624 号

策划编辑：于庆兰	电话传真：0086-10-66135495（总编室）
责任编辑：刘瑞敏	0086-10-66113227（发行部）
责任校对：贾 荣	网 址：www.bkydw.cn
封面设计：何 瑛	印 刷：河北鑫兆源印刷有限公司
版式设计：创世禧	开 本：787 mm×1092 mm 1/16
责任印制：吕 越	字 数：185 千字
出 版 人：曾庆宇	印 张：19
出版发行：北京科学技术出版社	版 次：2023 年 2 月第 1 版
社 址：北京西直门南大街 16 号	印 次：2023 年 2 月第 1 次印刷
邮政编码：100035	
ISBN 978-7-5714-2673-6	

定 价：68.00 元

前　言

　　体育运动可以有效促进青少年健康，全世界有数百万儿童和青少年享受着休闲场所、社区、学校、俱乐部及各级代表队中体育运动所带来的乐趣。参与的范围可以通过一个运动表现金字塔来描述，从金字塔最底层的大众参与的运动到最顶层的精英运动，选拔和竞争变得越来越激烈[1]（图 0.1）。

　　许多年轻人从金字塔底层的比赛中获得了极大的乐趣，也有些人参与到更高水平的比赛中，但出于各种各样的原因，大部分人最后都退出了体育竞赛。有些人渴望能在更高的竞技平台上有所表现，但在更具竞争力的环境中由于成绩不佳而遭淘汰；有些人退出是因为青春期之后身体素质的发展不能满足幼年选择的专项需求；有些青少年运动员因急性损伤、过度训练伤或其他因素（包括不良个人经历、无法平衡运动 – 生活需求等）而过早"退役"[1]。只有少数人进入到金字塔的顶端，成为国际奥林匹克委员会（the International Olympic Committee，IOC）定义的精英青年运动员："他们具有优秀的运动天赋，经过专业训练，接受专家辅导，并定期参加国家或国际比赛"（2，p.163）。

　　IOC 在关于青少年体育发展的共识声明中明确表达了青少年体育的愿景："培养健康、有能力和适应力强的青少年运动员，同时实现广泛、包容、可持续和愉快的参与，并取得各竞技水平上的个人成功"（3，p.843）。运动表现金字塔的每一个级别都有支持这一目标的体育赛事，为男孩和女孩们提供了从俱乐部级别的锦标赛到每年或 2 年一次的世界锦标赛，如田径、羽毛球、篮球、足球、体操、手球、曲棍球、划船、帆船、滑冰、游泳、乒乓球和排球等运动项目非常受欢迎。为了支持国际多元化的体育赛事，IOC 于 2010 年发起了青年奥林匹克运动会，每 4 年举办一次，为期 12 天，汇集了来自 200 多个国家的约 3800 名 15~18 岁的优秀青少年运动员。2012 年举办了冬季青年奥林匹克运动会，为期 10 天，聚集了约 1100 名青少年运动员。

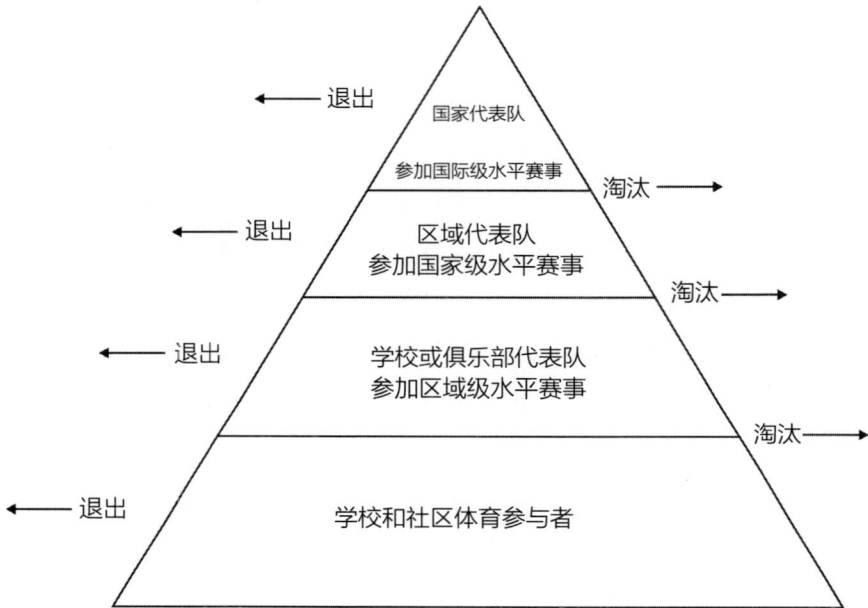

图 0.1　青少年运动员运动表现金字塔

该图显示，随着比赛变得更加激烈，青少年运动员退出比赛或被淘汰，他们的参与程度有所下降（经授权，转载自 Armstrong 和 McManus[1]）

一名前奥运选手在 2016 年奥运会期间写给《泰晤士报》的一封信中描述到，为了获得在 1972 年举办的奥运会上代表英国参加划船比赛的资格，他须证实自己没有收到参赛报酬，并遵守为奥运会而进行的全面训练不得超过 30 天并在一个日历年内不得超过 60 天的原则。然而事情不断在发生变化。在青少年体育运动中，随着青少年体育运动压力越来越大、越来越专业化、越来越政治化，人们也越来越担心高强度训练中普遍存在的饮食失调（disordered eating, DE）和进食障碍（eating disorders, ED）、营养补剂和兴奋剂滥用、过度训练、运动中相对能量不足（relative energy deficiency in sport, RED-S）综合征、运动相关损伤和非意外暴力等对正常成长和成熟的影响。

一些孩子从 5~6 岁就开始参与有组织的体育运动。一些女孩和男孩在他们十几岁时，每天训练 2 次，每周 5~6 天，每周训练时长可达 30~40 小时，一年训练 11~12 个月。2016 年举办的奥运会中有 13 岁的青少年参加，2018年举办的英联邦运动会中则有 11 岁的儿童参加。

2010 年和 2014 年举办的青年奥运会出现了兴奋剂违规行为；一名 16 岁的青少年在 2014 年举办的英联邦运动会上因滥用药物被取消了金牌；一级方程式麦凯伦赛车队与 15 岁的天才卡丁车车手 Lewis Hamilton 签订了 200 万美元的合同，当时他还没有驾照。Jennifer Capriati 在 16 岁时就已经赢得了 100 万美元的网球比赛奖金[4]；英国足球俱乐部签约了大约 12 000 名 8 岁及以上年龄的男孩；2017 年，曼彻斯特城足球俱乐部以 17.5 万英镑的初始费用从绍森德联合学院"签下"了一名 13 岁的男孩，如果男孩最终签下职业合同，这一费用将上升至 25 万英镑，如果他后来被"卖掉"，这一费用将大幅增加。男孩的父母已经和他一起搬到了英格兰西北部[5]。

为了发现或创造未来的体育明星，许多"人才识别"和"运动员长期发展"项目应运而生。但是在青少年体育运动中，运动表现的发展具有个性化、非线性和性别特异性，这是非常难以预测的。即使被认定有天赋并从幼年就被挑选出来参加为发展优秀运动表现而专门设计的训练项目的青少年运动员，也很少（0.02%~0.46%，取决于运动项目[6]）在成年后能够成为优秀运动员。"人才识别"和"运动员长期发展"项目之所以很难取得成功并不令人惊讶，因为它们通常不是建立在循证科学的基础之上的。

本书考察了从 5~6 岁开始参与有组织的运动和训练且训练贯穿整个青少年期一直到 18 岁（包括 18 岁）的所有致力于成为俱乐部成员的青少年运动员，他们定期训练，经常参加比赛，并追求在更高水平上有所表现。全书结构连贯，系统地分析了影响青少年运动表现的身体形态和生理特征的发展和可训练性。本书强调对数据进行严格评估和解释的重要性。

本书前 4 章描述和评价了运动表现、成长和成熟之间的相互作用。探讨了运动和竞技表现与新陈代谢、激素反应、营养状况和能量供应（EA）变化等的相关关系。以体操为例，研究了长期高强度训练及相关因素（如 DE、

ED、EA、RED-S、过度训练、损伤等）对生长发育和成熟的影响；阐述了体操运动员和他们所处环境之间的复杂互动关系，并推演了在其他项目中青少年运动员所面临的挑战。

第 5 章综述了体育相关运动表现的发展和可训练性，以及包括跑、跳、投能力和敏捷性、灵活性在内的体能属性。

第 6~10 章重点介绍了肌肉力量、最大强度和高强度运动、有氧能力和运动表现。各章节分析了力量、功率、间歇性高强度跑步和骑行、抗疲劳、最大摄氧量（$\dot{V}O_{2\,max}$）、血液和呼吸气体阈值、临界功率（CP）、跑步经济性（RE）和肺部摄氧量动力学（$\dot{V}O_2$）的评估、解释和发展与运动表现的关系。对抗阻训练、高强度间歇训练和恒定强度训练方案的效果进行了调研、比较和对比。此部分全面分析了支撑生长、成熟和训练诱发的生理变量和运动表现变化的机制。

第 11 章讨论了按实足年龄进行分组的运动项目以及为运动表现提供公平竞争环境的努力。

本书出版的主要目的是为青少年运动员发展研究提供科学的循证基础，以支持和帮助运动员、儿科运动科学家、医学专业人士、高级教练、管理人员、体育教育工作者和参与青少年运动的学生。如果《青少年运动员发展》一书促进了人们对青少年运动员的身体形态和生理发展及可训练性的理解，并且对那些参与运动表现金字塔各个层级运动的青少年的愉悦、成功、健康和幸福做出了贡献，即使是很小的贡献，那么也达到了本书出版的目的。

（赵可伟　译）

参考文献

[1]　Armstrong N, McManus AM. Development of the young athlete. In: Armstrong N, van Mechelen W, eds. *Oxford textbook of children's sport and exercise medicine*. 3rd edition. Oxford: Oxford University Press; 2017: 414–427.

[2]　Mountjoy M, Armstrong N, Bizzini L, *et al*. IOC consensus statement: Training the

elite child athlete. *Br J Sports Med*. 2008; 42: 163–164.

[3] 　 Bergeron MF, Mountjoy M, Armstrong N, *et al*. International Olympic Committee con- sensus statement on youth athletic development. *Br J Sports Med*. 2015; 49: 843–851.

[4] 　 David P. *Human rights in youth sport*. London: Routledge; 2005.

[5] 　 Hughes M. City spend record fee on 13-year-old. *The Times*. 20th January, 2017; 76.

[6] 　 Cote J, Erikson K. Diversification and deliberate play during the sampling years. In: Baker J, Farrow D, eds. *Routledge handbook of sport expertise*. London: Routledge; 2015: 305–316.

缩略语

ATP（adenosine trophoshate）　　　　　　　　三磷酸腺苷

a-$\dot{v}O_2$diff（arterio-venous oxygen difference）　　动静脉血氧差

B（breasts）　　　　　　　　　　　　　　乳房

BLA（blood lactate accumulation）　　　　　　血乳酸浓度

BMC（bone mineral content）　　　　　　　　骨矿物质含量

BMI（body mass index）　　　　　　　　　　体重指数

CHO（carbohydrates）　　　　　　　　　　　碳水化合物

CHO_{endo}（endo endogenous carbohydrates）　　内源性碳水化合物

CHO_{exo}（exo exogenous carbohydrates）　　　外源性碳水化合物

CI（cardiac index）　　　　　　　　　　　　心脏指数

CIET（constant-intensity exercise training）　　恒定强度运动训练

CMJ（counter movement jump）　　　　　　　下蹲跳

CMP（cycling mean power output）　　　　　　功率自行车平均输出功率

CO_2（carbon dioxide）　　　　　　　　　　二氧化碳

COD（change of direction）　　　　　　　　　变向

CP（critical power）　　　　　　　　　　　　临界功率

CPP（cycling peak power output）　　　　　　功率自行车峰值输出功率

CS（constant speed）　　　　　　　　　　　　恒定速度

CV（critical velocity）　　　　　　　　　　临界速度

D（given distance）　　　　　　　　　　　　给定距离

D'（maximal distance sustainable）　　　　　最大可持续距离

DEXA（dual energy X-ray absorptiometry）	双能 X 线吸收测试法
EA（energy availability）	能量可用率
ED（eating disorders）	进食障碍
EEE（energy expended in exercise）	运动能量消耗
EI（energy intake）	能量摄入
EP（end power）	终末功率
DE（disordered eating）	饮食失调
FFA（free fatty acids）	游离脂肪酸
FFM（fat free mass）	去脂体重
FIFA（Fédération Internationale de Football Associations）	国际足球联合会
FIG（Fédération Internationale de Gymnastique）	国际体操联合会
F-VT（force-velocity test）	力 – 速测试
FM（fat mass）	脂肪质量
f_R（respiratory frequency）	呼吸频率
G（genitalia）	生殖器
GET（gas exchange threshold）	气体交换阈
GH（growth hormone）	生长激素
GH-IGF-1 axis（growth hormone-insulin like growth factor-1 axis）	生长激素 – 胰岛素样生长因子 –1 轴
GPS（global positioning system）	全球定位系统
［Hb］（blood haemoglobin concentration）	血液血红蛋白浓度
［HHb］（deoxygenated haemoglobin and myoglobin）	去氧血红蛋白和肌红蛋白
HIIT（high-intensity interval training）	高强度间歇训练
HPA axis（hypothalamic-pituitary-adrenal axis）	下丘脑 – 垂体 – 肾上腺轴
HPG axis（hypothalamic-pituitary-gonadal axis）	下丘脑 – 垂体 – 性腺轴
HPT axis（hypothalamic-pituitary-thyroid axis）	下丘脑 – 垂体 – 甲状腺轴
HR（heart rate）	心率

ICDH（isocitrate dehydrogenase）　　　　　异柠檬酸脱氢酶

iEMG（integrated electromyogram）　　　　集成肌电图

IGF-1（insulin-like growth factor –1）　　　胰岛素样生长因子 –1

IOC（International Olympic Committee）　　国际奥林匹克委员会

IT（intracellular threshold）　　　　　　　细胞内阈值

LEA（low energy availability）　　　　　　低能量供应

LLV（lean leg volume）　　　　　　　　　腿部瘦体重

LMM（leg muscle mass）　　　　　　　　腿部肌肉质量

LMV（leg muscle volume）　　　　　　　腿部肌肉体积

mCSA（muscle cross-sectional area）　　　肌肉横截面积

MF（mean force output）　　　　　　　　平均力量输出

MLSS（maximal lactate steady state）　　　最大乳酸稳态

MP（mean power）　　　　　　　　　　　平均输出功率

MRI（magnetic resonance imaging）　　　磁共振成像

MRS（magnetic resonance spectroscopy）　磁共振波谱

MVC（maximal voluntary contraction）　　最大自主收缩

NBA（National Basketball Association）　　美国职业篮球联盟

NGB（National Governing Body）　　　　　国家管理机构

NIRS（near-infra red spectroscopy）　　　近红外光谱

NMT（non-motorised treadmill）　　　　　无动力跑台

OBLA（onset of blood lactate accumulation）血乳酸堆积拐点

OPP（optimised peak power output）　　　最佳峰值输出功率

PCr（phosphocreatine）　　　　　　　　　磷酸肌酸

peak $\dot{V}O_2$（peak oxygen uptake）　　　　峰值摄氧量

PFK（phosphofructokinase）　　　　　　　磷酸果糖激酶

PH（pubic hair）　　　　　　　　　　　　阴毛

PHV（peak height velocity）　　　　　　　身高增长速度高峰

Pi（inorganic phosphate）　　　　　　　　无机磷酸盐

PK（pyruvate kinase）　　　　　　　　　　　丙酮酸激酶

^{31}PMRS（^{31}phosphorus magnetic resonance spectroscopy）^{31}磷磁共振波谱分析

PMV（peak muscle velocity）　　　　　　　肌肉质量增长速度高峰

PP（peak power）　　　　　　　　　　　　峰值功率

PSV（peak strength velocity）　　　　　　力量增长速度高峰

PTMA（patellar tendon moment arm）　　髌腱力臂

PWV（peak weight velocity）　　　　　　体重增长速度高峰

$\dot{Q}$（cardiac output）　　　　　　　　　　心输出量

Q（quartile）　　　　　　　　　　　　　四分位数

R（respiratory exchange ratio）　　　　　呼吸气体交换率

RAE（relative age effect）　　　　　　　相对年龄效应

RCP（respiratory compensation point）　呼吸补偿点

RDI（recommended daily intake）　　　每日推荐摄入量

RE（running economy）　　　　　　　　跑步经济性

RED-S（relative energy deficiency in sport）　运动中相对能量不足

RM（repetition maximum）　　　　　　最大重复次数

RS（running speed）　　　　　　　　　跑步速度

RSS（repeated sprint sequences）　　　重复冲刺序列

RTSC（resistance training skill competence）　抗阻训练技巧能力

SA（skeletal age）　　　　　　　　　　骨龄

SDH（succinic dehydrogenase）　　　　琥珀酸脱氢酶

SI（stroke index）　　　　　　　　　　搏出量指数

SJ（squat jump）　　　　　　　　　　深蹲跳

SRT（sit and reach test）　　　　　　坐位体前屈试验

SL（step length）　　　　　　　　　　步长

SLJ（standing long jump）　　　　　　立定跳远

SR（step rate）　　　　　　　　　　　步频

SV（stroke volume）　　　　　　　　　每搏输出量

τ（time constant）　　　　　　　　　　　　时间常数

TCA（tricarboxylic acid）　　　　　　　　　　三羧酸

TMV（thigh muscle volume）　　　　　　　　大腿肌肉体积

T_{LAC}（lactate threshold）　　　　　　　　　乳酸阈

TOYA（training of young athletes）　　　　　青少年运动员训练

T_{VENT}（ventilatory threshold）　　　　　　通气阈

$\dot{V}_E$（pulmonary ventilation）　　　　　　　肺通气量

$\dot{V}_E/CO_2$（ventilatory equivalent for carbon dioxide）　二氧化碳通气当量

$\dot{V}_E/O_2$（ventilatory equivalent for oxygen）　氧通气当量

VJ（vertical jump）　　　　　　　　　　　纵跳

$\dot{V}O_{2\,max}$（maximal oxygen uptake）　　　　最大摄氧量

V_T（tidal volume）　　　　　　　　　　　潮气量

v-$O_{2\,max}$（running speed at maximal oxygen uptake）　最大摄氧量下的跑步速度

W'（power-duration curvature constant）　　功率 – 持续时间曲率常数

WADA（World Anti-Doping Agency）　　　　世界反兴奋剂机构

WAnT（Wingate anaerobic test）　　　　　　Wingate 无氧能力测试

2,3-DPG（2,3-diphosphoglycerate）　　　　　2,3– 二磷酸甘油酸

20mSRT（twenty metre shuttle run test）　　20 米递增负荷折返跑

插图目录

表格目录

目　录

第1章　生长、成熟与青少年运动

生长和成熟通常用于描述从儿童期到青少年期再到成年早期的过程，但它们并不遵循相同的时间表。它们是相互关联、同时发生和相互作用的，但又是各自受遗传和环境影响的特定过程。很难完全区分生长过程和成熟过程，但所有健康的儿童都能达到成熟状态，而成人的体型、身体形态和身体成分差异很大。常用的参考值是实足年龄。

生长是指身体作为一个整体或其任何组成部位尺寸的增加。体型以非线性的方式增长，且个体差异较大，这对很多运动项目的运动表现都有重要影响。身体的不同部位在不同的时间以不同的速度生长，导致身体形态的变化，而体型也对运动表现具有重要影响。成熟由其时间和节奏决定。时间是指特定事件（如阴毛的出现）发生的实足年龄，而节奏是指发育到成熟（如第二性征出现的特定阶段）的速度。成熟发生在所有的生物系统中，但成熟开始的时间和发展到成熟的速度随生物系统的不同而不同。

为了给青少年运动员的发展提供坚实的理论基础，本章批判性地研究了评估成长和成熟状态的方法，并探讨了体型、身体形态和身体成分的变化。根据现存文献，"青少年期"和"青春期"这两个术语可以互换使用，除非另有说明；年龄指的是实足年龄，成熟状态指的是生物成熟状态。"青少年"和"年轻人"是涵盖 5~18 岁的通用术语。

遗传特征

身高属于高度遗传性状，遗传率约为 80%。体重比身高更容易受到环境因素的影响，遗传率约为40%。去脂体重（fat free mass，FFM）的遗传率为60%~90%。尽管数据随着研究人群而变化，但据估计，50%~90%的骨骼和性成熟时间的变异可通过遗传因素来解释。青少年发育的时间和速度的遗传率约为90%，身高增长速度高峰（peak height velocity，PHV）年龄的遗传率约为85%。据报道，初潮年龄的遗传率高达95%，但也有研究报道其遗传率约为50%[1]。

在体育运动中，可遗传的形态学特征被认为具有较高的优越性（如体操运动员的身材较为短小，篮球运动员较为高大），家族特征在精英青少年运动员选拔中起着特别重要的作用。据称，身高2.26 m的姚明的父母都是高大的篮球运动员（其父亲身高2.17 m，母亲身高1.91 m）[2]。但就目前而言，可以肯定的是，除了有益的形态之外，包括篮球在内的所有运动项目的成功还受到成千上万的其他等位基因的影响[3]。

评估和解释

评定青少年运动员的发展取决于能否了解与实足年龄相关的生长和成熟状态。为了从青少年运动员的视角充分解释当前的文献，了解当前方法的优点和局限性是很有必要的。许多已发表的有关青少年运动员的研究结论都被错误的成长和（或）成熟状态分析所干扰，而这些分析被用来解释数据和阐明青少年运动表现的各个方面。

生长状态

生长状态是指受试者在观察当日达到的体型。如果要准确监测生长状况，质量控制至关重要，所有人体测量都应由受过培训的人员使用标准化技术进行[4]。身高和体重是生长状态的主要指标，坐高与身高比通常被用来评估腿长。测量青少年运动员的身高、体重时通常穿着很少的衣服，不穿鞋，身高精确到0.01 m，体重精确到0.1 kg。健康青少年的身高和体重的标准百分位数很容易得到[5]，但由于它们是按实足年龄分组的，缺少成熟状态数据，因此应该极其谨慎地应用于青少年运动员。

身高和体重每天都会有变化。由于椎间软骨受压，身高在一天的过程中会相差 1~2 cm。由于身体水分和胃肠道内容物的变化，体重每日变化可达 1 kg，但也会受到身体活动、饮食、能量平衡和月经周期的影响[6]。在对青少年运动员的研究中，特别是对同一个人进行连续测量的研究中，应该控制或至少意识到身高和体重的日变化。

针对水下称重法、空气置换容积描记法、双能 X 线吸收测定法（dual energy x-ray absoryotionmetry，DEXA）和生物电阻抗分析法进行的批判性综述，证明了评估青少年运动员身体成分的复杂性[7]。磁共振成像（MRI）等技术的应用开辟了更多的研究途径[8]，但相关研究还很少，大多数儿科运动科学研究都只是建立在人体表面测量学的基础上。

皮褶厚度（通常转换为体脂百分比来表示）和体重指数（BMI）通常用于描述青少年运动员的身体成分，但两个指标都存在严重的局限性。体脂的预测依赖于皮褶厚度与身体成分之间的关系，但儿童期和青少年期身体成分的变化干扰了用身体密度（身体质量与体积比）估算肥胖和消瘦的概念基础[9]。此外，皮肤皱褶和体脂之间的关系因运动群体和种族而异[10]。因此，如果使用此方法，选择在研究群体中已经得到验证的转换方程是至关重要的。已有研究提出了根据皮褶厚度估算儿童的体脂，但该估算依赖于预测方程，而这些方程并不是针对青少年运动员开发的。对青少年运动员最广泛的研究集中在高中摔跤运动员身上[11]，对其他运动员群体的研究很少。为了长期监测青少年运动员，笔者建议对原始人体测量数据进行连续观察和后续分析，从而避免因将皮肤褶皱转化为体脂百分比而引入额外的误差。

根据 BMI，年轻人通常被归类为"超重"或"肥胖"，但青少年 BMI 较高并不一定表明肥胖。BMI 的最大增长速度伴随着青少年发育陡增，在男孩中，体重增加的大部分是 FFM 而不是脂肪质量（fat mass，FM）。在青少年期，男孩的皮褶厚度随着 BMI 的增加而减少，而女孩不太可能出现这种情况。在正常人群中，BMI 的性别差异在儿童时期很小，在青少年期增加，并一直持续到成年早期。在青少年运动员群体中，最佳 BMI（及其组成部分）因运动项目（如铅球运动员与耐力跑运动员）和在团队项目中所处位置（如橄榄球边锋与前锋）的不同而不同。因此，对青少年运动员 BMI 的解释必须谨慎[12]。

成熟状态

成熟状态的评估非常复杂。尽管成熟状态指标之间通常存在中度到高度的相关性，但是没有一种单一的评估方法能够完整地描述这一过程。不同的生物体系以不同的速度成熟，成熟状态最好依据调查的系统来进行纪录。在运动科学中，成熟状态通常是根据骨龄（skeletal age，SA）或第二性征的出现来定义的。两种方法都有明确终点的定义。骨骼成熟指的是骨骼已经完全骨化，性成熟意味着具有功能完全的生殖能力，但不同的成熟过程并不遵循同一时间线，无法根据 SA 准确预测第二性征的发育阶段[13]。

骨龄

SA 的估计是基于这样的假设，即每块骨骼的特定特征以不可逆的顺序有规律地产生，并留下每块骨骼走向成熟过程的痕迹。评估通常需要手部和腕部的 X 线片，并将骨骼与特定标准进行比较，然后根据所选的分析方法将等级转换为 SA。一共有三种常用的评估 SA 的方法：Greulich-Pyle 法[14]、Tanner-Whitehouse 法[15] 和 Fels 法[16]。不同方法对 SA 的评估是相关的，但不是等同的。此外，评估 SA 时应报告观察者之间和观察者内部的差异，但很少看到这样的报告[17]。

有人提出将 SA 作为确定年龄组运动资格的一种方法（在某些情况下被不恰当地使用），但运动员的实足年龄不能根据 SA 确定。其局限性包括：①实足年龄相同的运动员骨骼成熟度个体间差异较大；②所调查的青少年运动员与制订该方法的参考样本之间存在差异；③运动员群体内的种族差异；④许多青少年运动员在 15 或 16 岁时骨骼就已经发育成熟[18,19]。

SA 是基于其与实足年龄的相对关系来进行解释的（即 SA 减去实足年龄），并使用（±）1 年的档次划分和术语［如准时、延迟（−1 年）和提前（+1 年）成熟等］将青少年运动员分组。图 1.1 中使用了这种方法来说明延迟、准时和提前成熟与精英或代表性运动队选拔之间的关系。在这个例子中，293 名球员被招募到曼联足球学院，并根据球员的 SA 将他们分为 9 岁以下（U9）到 16 岁以下（U16）的年龄组。在年龄较大的组中，那些表现出提前成熟的人（即能够签订职业合同的人）越来越多，而那些准时成熟和延迟成熟的人越来越少（图 1.1）[20]。

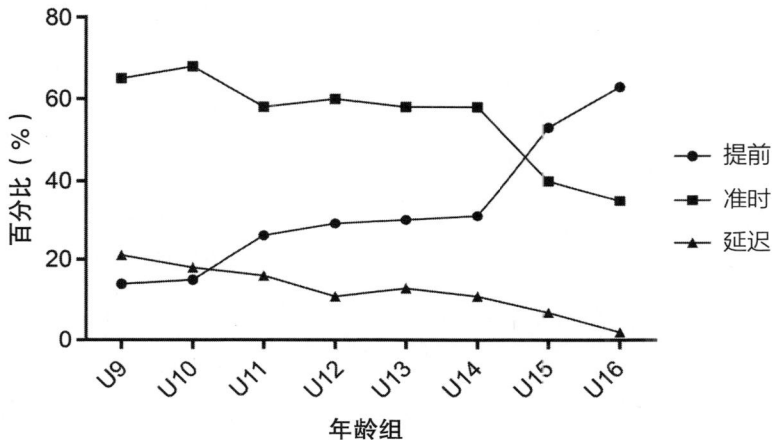

图 1.1　曼联足球学院不同年龄组运动员的骨龄分布图

调查结果显示，在 U12~U14 组中，曼联足球学院 89% 的男孩表现出提前成熟或准时成熟的状态；在 U15 组中，大多数男孩（53%）表现为提前成熟，7% 表现为延迟成熟；在 U16 组中，63%的男孩表现为提前成熟，只有 2% 表现为延迟成熟（图根据 Johnson 等人的数据绘制[20]）

第二性征

与 SA 相比，对第二性征的评估仅限于青春期。目前应用的性征包括睾丸体积、胡须、腋毛和声音变化等。阴毛（PH1~PH5）、生殖器（G1~G5）和乳房发育（B1~B5）的 5 个阶段的应用最初是由 Reynolds[21] 和 Wines[22] 提出的，后面经过 Tanner[23] 的修正与推广，主要用于临床评估青春期发育状态。该量表需要与参考文献中[24] 提供的一系列照片和详细描述结合使用。医生或有经验的运动科学家的评估结果的可靠性报道很少，尽管它们应该被报道[25]。

在非临床环境中，视觉观察常常被视为侵犯隐私，因此，在越来越多的研究中，研究者向参与者提供照片，并要求他们对自己的性成熟阶段进行自我评估。一些研究人员发现，使用图画而不是照片，且只对阴毛（PH）发育进行评估，对儿童、青少年和他们的监护人的威胁较小[24]。据报道，自我评价 PH 或乳房（B）发育与医生评价之间的相关性为中等（$r = 0.52 \sim 0.74$）[26]，但该领域的专家表示，他们担心年轻人高估了自己性发育的早期阶段，低估了性发育的后期阶段[13,25]。

每个特征的第一阶段（男孩的 G1 期，女孩的 B1 期，两性的 PH1 期）表示青春期前状态，尽管没有证据表明第二性征有明显变化，但是引发青春期的激素可能已经在发挥作用了。第二阶段为各特征的初显发展阶段，第三和第四阶段为青春期成熟发展阶段，第五阶段为成熟期。

男孩青春期的第一个明显迹象通常是睾丸增大，并伴随着阴囊皮肤质地和颜色的变化。然后阴茎开始增大（G2），阴毛出现（PH2）。在女孩中，性发育的第一个明显迹象通常是乳芽的出现（B2）。阴毛通常出现得晚一点（PH2），但在约 33% 的女孩中 PH 出现在乳芽之前。B 发育和 PH 出现的顺序表现出相当大的独立性，因此，B3 阶段的女孩，约 25% 可能在 PH1 阶段，约 10% 在 PH5 阶段。

在欧洲和北美男孩中，进入 G2 阶段的年龄为 9.2~12.4 岁，进入 PH2 阶段的年龄为 11.2~13.4 岁。在女孩中，进入 PH2 阶段的年龄为 8.8~12.1 岁，进入 B2 阶段的年龄为 8.9~11.6 岁。在男孩中，PHV 通常出现在 PH4 或 PH5 阶段，而在女孩中 PHV 平均出现在 PH3 或 PH4 阶段，这表明性成熟和躯体成熟的时间是有性别特异性的。月经初潮表现出与其他青春期特征相当大的独立性，尽管大多数女孩在经历初潮时处于 B4 和 PH4 阶段，但仍有少数可能处于 B2 和（或）PH1 阶段[17]。

对第二性征的评估在运动科学中被广泛用作评价成熟状态的依据，并且当解释得当时，它为运动表现数据的解读提供了有价值的背景。然而，该方法的一个主要局限是，青春期阶段是强加于一种持续过程的离散类别，不应作为连续变量进行分析，不存在所谓的"平均阶段"。同样，来自不同类别（如 PH 和 G）的数据也不应该取平均值。由于 PH3 的女孩与 PH3 的男孩没有可比性，因此没有理由将不同性别的数据汇集在一起。对第二性征的其他常见误解还包括忽略了一个事实：每个人经历某个阶段所需的时间各不相同，并且个体进入和离开某个阶段的年龄之间没有关系。B2 阶段开始时的平均年龄为 10.5 岁，但该阶段出现在最早 8 岁或最晚 13 岁也很正常。达到 B5 阶段的平均年龄约为 14.5 岁，但是那些提前成熟的人可以在 12 岁时就进入 B5 阶段，而那些延迟成熟的人可能要 18 岁才能进入 B5 阶段[17]。一个 18 岁进入 B5 阶段的运动员与一个 12 岁进入 B5 阶段的运动员大不相同。

初潮年龄

评估成熟状态的另一种常用技术是报告在成熟过程中特定事件发生时的年龄。初潮年龄指的是第一次来月经的时间，它是女性成熟状态最常报告的指标，但仅限于青春期后期。月经初潮与 PHV 密切相关，但激素在其中的重要性尚不清楚。月经初潮通常发生在 PHV 之后，并且通常在身高增长速度降至最低时发生。月经初潮年龄也受社会经济因素的影响，月经初潮提前与社会不利环境相关[12]。

初潮年龄有三种确定方法：前瞻性法、回忆法和现状性法。前瞻性法是首选，但需要定期随访直到月经初潮。大多数关于青少年运动员的研究使用回忆法，该方法是从月经初潮后的青少年中收集数据，但依赖于对第一次月经日期的记忆和准确回忆。回忆数据可能会因月经初潮较晚的女孩被排除在样本之外而产生偏差，有关体操运动员的研究可能就是这种情况。现状法可应用于 9~17 岁的大样本，只需要了解每个参与者的年龄及是否有月经初潮（即回答是或否）。针对美国和波兰女孩的纵向研究的前瞻性数据揭示了月经初潮年龄的范围，其中记录的月经初潮年龄分别为 10.8~15.3 岁和 10.5~16.3 岁。一项针对具有全国代表性的美国女孩样本的回顾性研究显示，90% 的女孩在 13.8 岁时经历月经初潮[17]。

身高增长速度高峰年龄

PHV 年龄是生长速度达到最大的实足年龄，需要收集 9~16 岁女孩和 10~17 岁男孩的纵向数据来确定。然后用数学模型对个体的身高进行建模，最后得出 PHV 的大约年龄。在一项关于青少年运动员的纵向研究中，一旦确定了 PHV 年龄，参与者可以根据成熟偏移年龄（达到 PHV 年龄的年际距离）

而不是实足年龄来分类，并据此解释身体运动表现。此外，记录的 PHV 平均年龄可用于将青少年运动员划分为提前成熟状态运动员（比 PHV 平均年龄提前 1.0 岁以上）、延迟成熟状态运动员（比平均 PHV 年龄延迟 1.0 岁以上）或准时成熟状态运动员。

要可靠地获得成熟偏移年龄需要纵向数据。基于预测成熟偏移年龄的分段生长模式，开发特定性别的多元回归方程，已被证明能够作为评价成熟状态的无创性指标。预测方程需要测量年龄、体重、身高、坐高和腿长。尽管该方程的准确性受到一定质疑，尤其是对那些延迟或提前成熟的孩子，但在 95% 的案例中该方程被认为可以预测（±）1.0 岁以内的 PHV 偏移年龄[27, 28]。此外，坐高和腿长与身高的比例因种族而异，而且由于运动员存在种族多样性，将这种方法应用于青少年运动员是有问题的，很少有相关成果发表。

人们曾试图改进[29]和简化[30]原始方程，但统计学家认为，目前的预测方程存在根本性缺陷，有很大的误导性[31]。统计学家的观点受到一些人的质疑，他们的反驳是基于假设检验的统计模型和预测的统计模型之间存在差异[32]。由于精英运动员群体的选拔和保留受到提前成熟（如足球）和延迟成熟（如体操）的影响，需要对不同的青少年运动员群体进行进一步的验证研究，并阐明统计分析，然后才能将这一方法可靠地应用于青少年运动中[33]。

体型、身体形态和身体成分

组织和系统遵循四种生长模式：神经型（如大脑和头部）、生殖型（如生殖器官）、淋巴型（如淋巴结和扁桃体）和一般型（如骨骼组织和心肺系统），如图 1.2 所示[34]。在这里，我们主要讨论的是一般型的 S 形生长曲线，它反映了儿童期的稳定增长、青春期早期的快速增长及青春期晚期或成年早期的平稳增长。

身高

虽然每个人在成年后的身高及青少年发育陡增的时间、节奏和幅度都有所不同，但每个人都遵循着相似的生长模式。生长模式可以用生长距离曲线

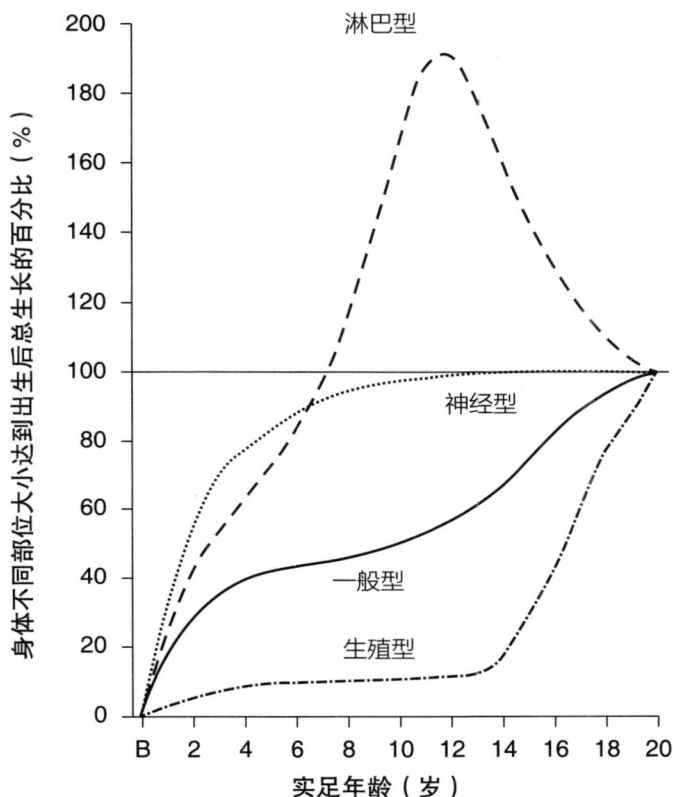

图 1.2　身体不同部位的生长曲线

从出生（B）到 20 岁（20 岁时身高在纵轴上对应的百分比为 100%），根据不同部位的大小达到出生后总生长的百分比所绘制的曲线（经 Scammon 同意转载）

来描述，但是准确解释生长速度需要同时考虑实足年龄和生物学年龄。身高增长与实足年龄和性别之间的典型关系如图 1.3 所示。图 1.3 描述了一项混合纵向研究的数据，该研究每年对 85 名男孩和 67 名女孩进行评估。结果表明，这些男孩和女孩在 14 岁之前身高没有明显的性别差异，而 14 岁后男孩身高明显高于女孩。图 1.4 绘制时所用样本与图 1.3 相同，但其身高是根据生物学学年龄（生物学年龄是以 PHV 年龄为参考的，即 PHV 年龄 = 0）绘制的。当以这种方式表达时，从 PHV 年龄之前的 4 年到 PHV 年龄之后的 4 年，男孩身高明显高于女孩[35]。

　　生长率最高的阶段发生在出生后的第一个生命年（每年约 25 cm），到 18

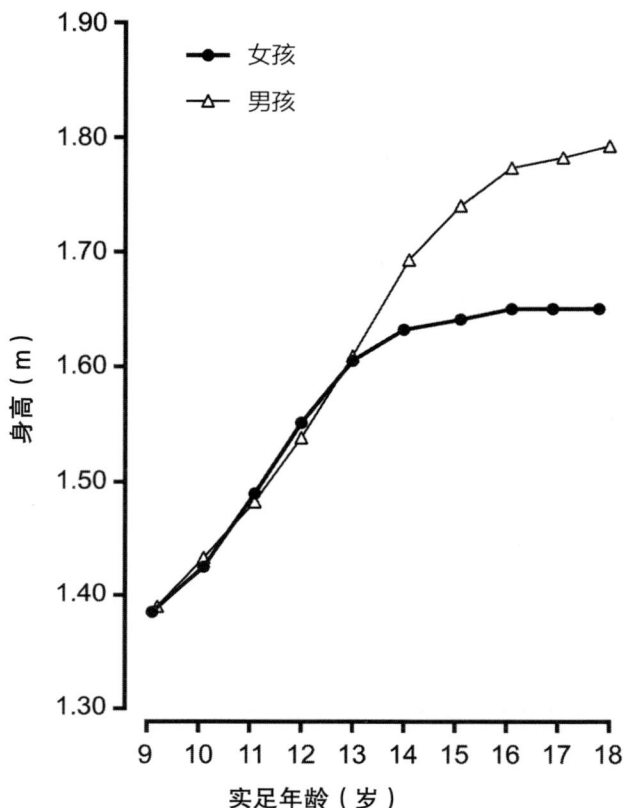

图 1.3   身高与性别和实足年龄的关系曲线

从图中可以看出，在 14 岁之前，性别差异很小，而 14 岁之后，男孩明显高于女孩（根据 Baxter-Jones 等人[35]每年评估并报道的 85 名男孩和 67 名女孩的混合纵向数据重新绘制）

个月和 2 岁时，女孩和男孩的身高分别达到成年时的 50% 左右。尽管在 6~8 岁，一些儿童出现了小的发育陡增，但在儿童期，生长速度逐渐减速至每年 5~7 cm，这在男孩中更常见。女孩的青春期发育陡增一般开始于 8.2~10.3 岁，而在 11.3~12.2 岁达到 PHV。平均而言，男孩比女孩落后 2 年，在生长发育陡增期，男孩的身高比女孩略高一些（约 3 cm），但必须再次强调的是，两性达到 PHV 的时间和增长幅度存在明显的个体差异。身高的增长率可以用生长速度曲线来表示，生长速度曲线描述了年增长率与实足年龄的关系[36]。图 1.5 可以帮助理解青少年发育陡增开始的时间、陡增的幅度和达到 PHV 的时

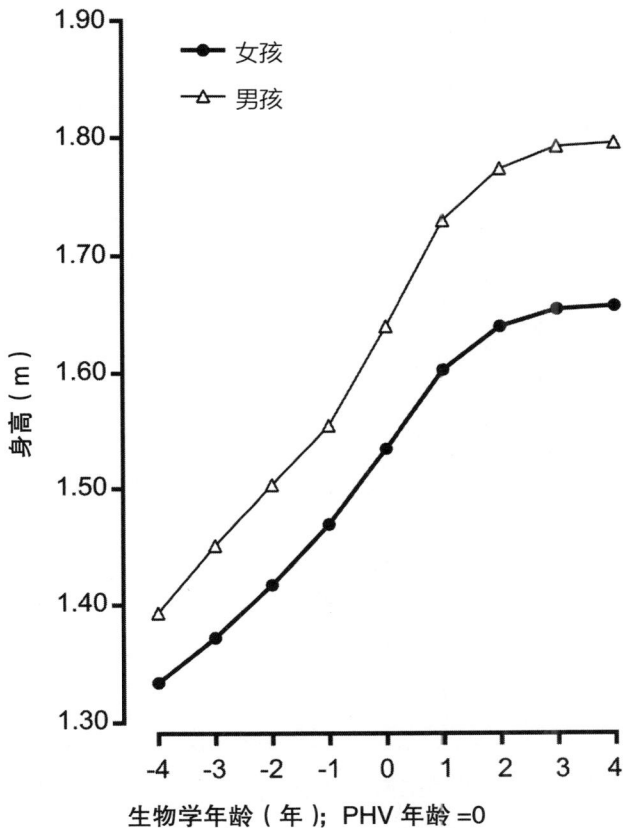

图 1.4　身高与性别和生物学年龄的关系曲线

该图绘制时所用样本与图 1.3 相同，但其身高是根据生物学年龄绘制的，其中生物学年龄是以 PHV 年龄为参考的（即 PHV 年龄 =0）。从 PHV 年龄之前的 4 年到 PHV 年龄之后的 4 年，男孩比女孩高得多（图重新绘制自 Baxter-Jones 等人[35]报道的数据）

间等方面的典型性别差异，但是这种类型的分析并没有考虑广泛的个体差异。

　　身高随成熟状况的变化在 9~14 岁尤其明显，而这段时间正是参与体育运动的最佳时期。然而在 15~17 岁的男孩也非常值得注意，因为延迟发育的男孩正在追赶。在达到 PHV 时，个体已达到成人身高的约 92%，生长速度随后下降到每年 2~3 cm，直到达到成年身高。通常女孩在 16 岁左右、男孩在 18~20 岁身高便停止增长，也有一些青少年身高继续增长到 20~25 岁。成年男性平均比成年女性高 13 cm，但这主要是由于在青春期之前额外生长了 2 年（约

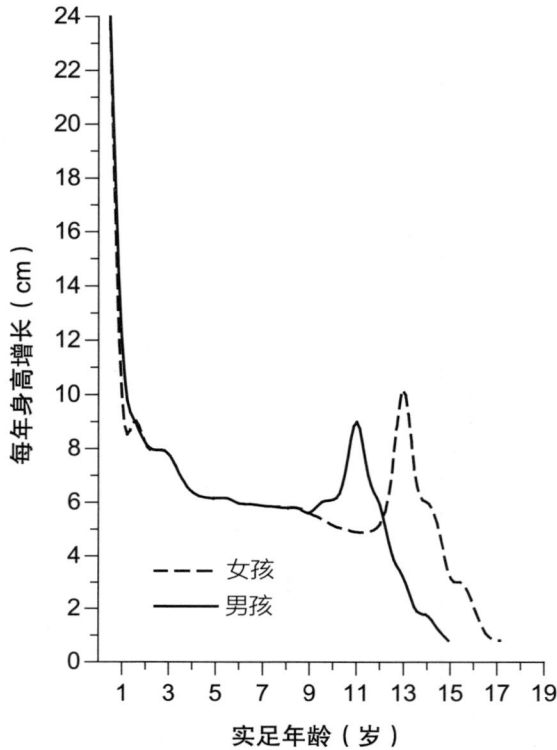

图 1.5   个体身高生长速度与性别和实足年龄的关系曲线

图中显示了女孩和男孩的个体身高生长速度曲线，代表了一个典型的女孩和男孩在任何特定情况下的生长速度。图中显示了 PHV（经 Baxter-Jones[6] 同意转载）

10 cm），而不是发育陡增的幅度不同。一般来说，发育陡增的时间与成人身高之间通常没有相关性，平均而言，提前成熟和延迟成熟的个体达到了相同的成人身高。

体重

体重也遵循与身高类似的生长规律，但因为主要受饮食和能量供应（energy availability，EA）的影响，生长模式不如身高稳定。在青少年发育陡增之前，男孩往往比女孩有更大的体重，但随着女孩较早进入发育陡增期，女孩会暂时超过男孩。一般来说，在成年早期，男孩的体重会超过女孩。

在 7~18 岁，男孩的平均体重增加了 43.8 kg，而女孩同期的平均体重增加了 33.5 kg。发育陡增的时间没有身高那么明显，但是生长速度曲线在形状上是相似的，女孩的体重增长速度高峰（peak weight velocity，PWV）年龄通常比 PHV 年龄晚 0.3~0.9 年，男孩晚 0.2~0.4 年。

身体形态

在儿童期和青春期，身体比例和形状有明显的变化。从出生到成年，头部大小增加 2 倍，躯干长度增加 3 倍，手臂的长度增加 4 倍，腿的长度增加 5 倍。这些变化在不同的时间，以不同的节奏发生，从儿童期到青春期，腿比躯干长得快；然后在青春期，腿比躯干更早进入发育陡增期。在青春期早期，男孩和女孩都看上去腿比较长，进入发育陡增期的初期，在很短的一段时间内，女孩的腿往往比男孩略长。男孩很快就会在腿长上赶上并超过女孩，但由于躯干的生长陡增期到来得较晚，直到男孩达到 PHV 时或之后，两性之间在坐高上才达到平等。青春期之前较长的发育时期是男孩成熟时身高与坐高之比比较高的原因。手和脚的生长与四肢和躯干的生长不同步，有一段时间，年轻人的手和脚相对于身体的其他部位显得较大。这些差异的变化可能会暂时影响运动相关技能的表现，通常被称为"青春期的尴尬"。

女孩的臀部相对于她们的肩部会变宽，而男孩则是肩部相对于臀部变宽。这些肩臀比的性别差异在青春期更为突出，而在男孩中，如果再加上更大的肌肉质量和更长的四肢，就会对挥拍运动和投掷类运动的表现产生影响，而这些运动对那些表现出提前成熟状态的孩子非常有利。相反，随着臀部的相对加宽，女孩的重心往往较低，这有助于使其获得更好的平衡感。

身体成分

男孩和女孩在身高和体重的增长上遵循相同的模式，但是身体组成成分的相对贡献却大相径庭。研究人员已经开发了一系列多组分模型来描述身体成分[12]，根据研究需要，可将其划分为 FM 和包括骨骼和肌肉的 FFM。

脂肪质量和去脂体重

在儿童期，女孩的皮褶厚度通常比男孩厚；在青春期，男孩和女孩的体脂存在显著不同。男孩体重的快速增长主要是由于骨骼和肌肉质量的增加，而 FM 的增加幅度较小，平均而言，在青春期，FM 从身体成分的 16% 下降到 12%~14%。女孩的体脂在青春期大幅度上升，达到身体成分的 26%~31%。

图 1.6 和 1.7 绘制时采用的样本与图 1.3 和 1.4 相同，显示男孩的 FFM 明显高于女孩，尤其是从大约 13 岁开始。当按照生物学年龄绘制数据时，从 PHV 年龄之前的 4 年到 PHV 年龄之后的 4 年，存在显著的性别差异[35]。

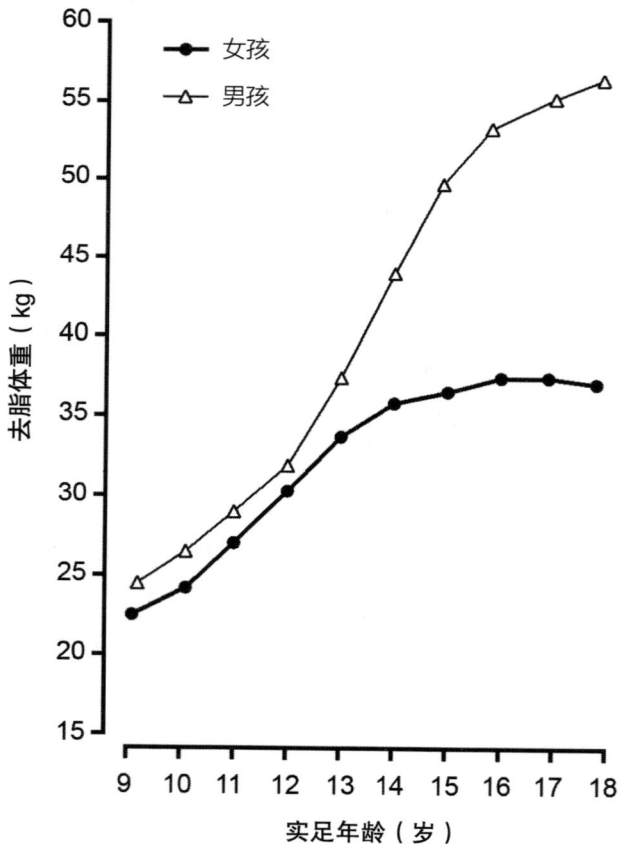

图 1.6　去脂体重与性别和实足年龄的关系曲线

该图绘制时所用的样本与图 1.3 相同，显示男孩的 FFM 明显高于女孩，并且在 13 岁左右 FFM 经历了发育陡增（根据 Baxter-Jones 等人[35]报道的数据重新绘制）

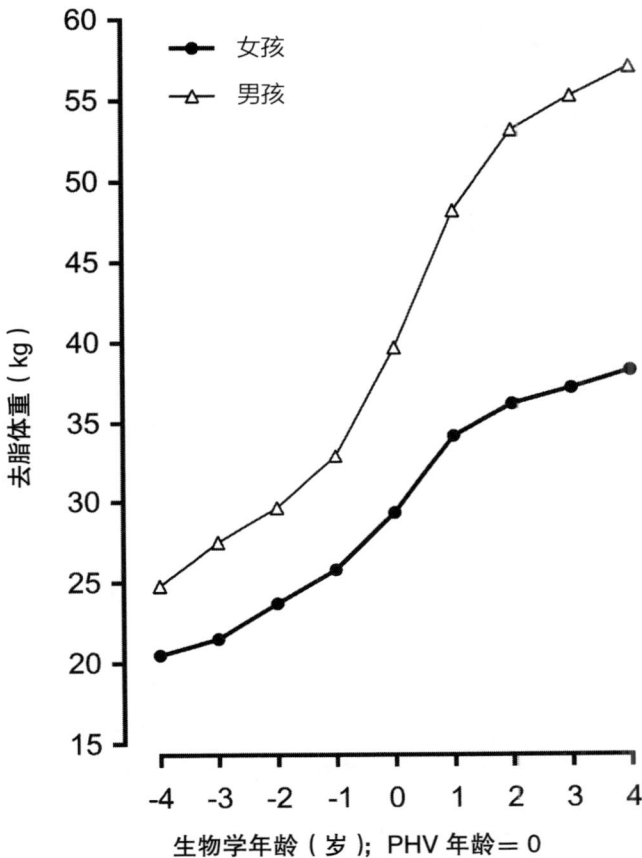

图 1.7　去脂体重与性别和生物学年龄的关系曲线

该图绘制时所用的样本与图 1.3 相同，与生物学年龄相一致的数据表明，从 PHV 年龄之前 4 年到 PHV 年龄之后的 4 年，FFM 存在显著的性别差异（根据 Baxter-Jones 等人[35]报道的数据重新绘制）

　　女孩在青春期体脂的显著增加可改变她们的身体形态、重心和力量与体重比，这可能会影响某些运动项目的运动表现。无论男女，体脂的减少通常与高强度训练有关，但在女孩中，青少年运动员和非运动员之间的差异更大。然而，对参加训练的青少年运动员身体成分的研究通常是短期的（往往只是在比赛季），很难把训练引起的 FFM 或 FM 的变化与正常生长和成熟造成的变化区分开。营养状况和 EA 的变化，摔跤、举重等运动中实施的体重组别限制，体操、跳水等运动中的低体重优势，以及青少年运动员行为的相关变化（如节食和使用利尿剂），进一步加剧了这种情况。

骨

骨量的发展一直是众多研究的主题，但是对不同研究结果的比较必须谨慎地解释，因为研究结果会受到多种因素的干扰，其中包括研究设计、对冲突因素（如饮食和锻炼）的控制不足、不同测量模式或体系的使用，以及检索和数据分析的差异[37]。最有说服力的数据来自萨斯喀彻温大学（University of Saskatchewan）的研究；这些研究描述了8~18岁骨矿物质含量（bone mineral content，BMC）累积的正常模式；在研究中，连续7年每年对大约200名男孩和女孩进行全身BMC测量[38]。一系列的研究不仅揭示了随着生长和成熟BMC积累的新见解，而且还证明了在解释数据时考虑其他变量独立影响的重要性[39]。

萨斯喀彻温大学的研究报告称，在14岁之前，全身BMC随着年龄的增长而逐渐增加，没有性别差异。随后，如图1.8所示，随着年龄的增长，由于女孩的BMC在16~18岁时趋于稳定，而男孩的BMC继续增加，因此出现了明显的差异[35]。

然而，在男孩和女孩中都观察到生物学年龄和全身BMC累积之间关系密切[39]。在达到性成熟之前，BMC累积速度显著加快。平均而言，在达到BMC增长速度高峰后8个月会达到PHV，但达到BMC增长速度高峰的时间和幅度在性别和个体之间明显不同[40]。BMC累积高峰时间在女孩中平均提前18个月出现，并且与月经初潮的发生时间一致[39]。如图1.9所示，当按照生物学年龄绘制数据时，在PHV年龄之前4年开始，男孩的值高于女孩。

当分析性别对BMC累积的影响之前，萨斯喀彻温大学的研究团队使用多级建模来控制生物学年龄、身体形态和身体成分的独立影响，这适当解释了与年龄和成熟状态相关的BMC变化的复杂性。通过控制身高、体重和生物学年龄的影响，研究人员发现男孩的全身BMC比女孩多1.4%。由于该项研究中使用的DEXA技术的精确度为0.6%，研究人员得出的结论是，所证明的独立的性别效应没有生物学意义[35]。

适当运动对BMC累积的影响受成熟状态的强烈影响，人们普遍认为，青春期前后是改变骨骼结构和强度的最佳时期，这些特征往往会贯穿一生[37]。

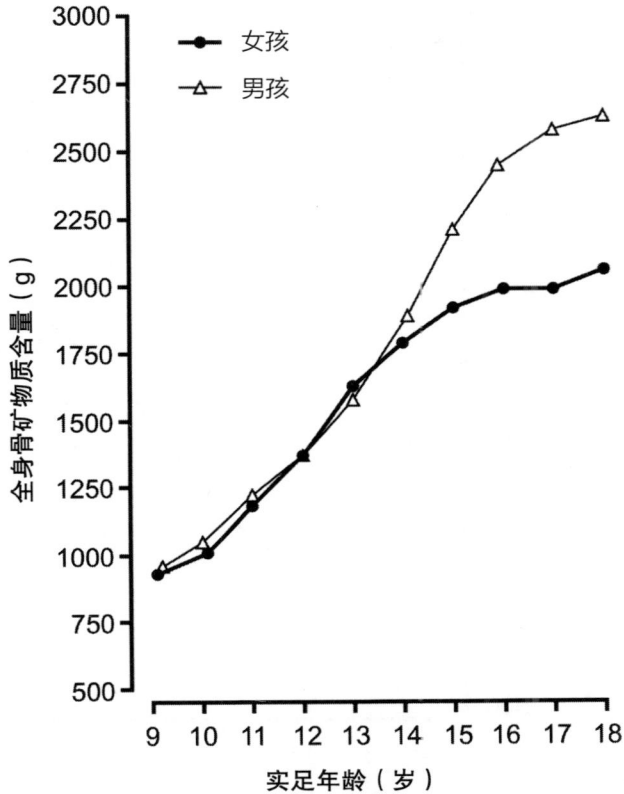

图 1.8　全身骨矿物质含量与性别和实足年龄的关系曲线

　　该图绘制时所用的样本与图 1.3 相同，显示出明显的性别差异，因为女孩的 BMC 在 16~18 岁时趋于平稳，而男孩的 BMC 随着年龄的增长而继续增加，并显著高于女孩（至少从大约 15 岁开始）（根据 Baxter-Jones 等人[35]报道的数据重新绘制）

　　大量研究表明，频率较低、持续时间较短的间歇性高强度运动可促进骨骼发育[41-43]。在各项体育运动中，关于青少年运动员的研究相对较少，但是将青少年运动员与非运动员同龄人进行比较的数据是一致的，并且支持这样的观点，即运动对青少年运动员 BMC 的影响是具有运动特异性的。

　　据报道，在特定场地，青少年团体项目运动员[44]、体操运动员[45]、田径运动员[46]和举重运动员[47]的 BMC 比同龄人高，这反映了这些运动所需的机械负荷模式。据观察，球拍类项目运动员的优势手臂比同龄的非运动员的有更

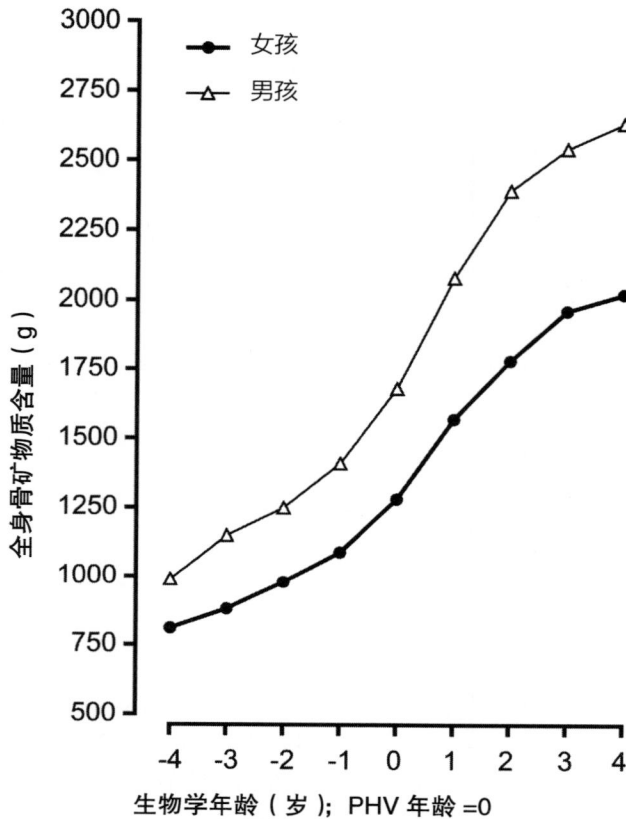

图 1.9   全身骨矿物质含量与性别和生物学年龄的关系曲线

该图绘制时所用的样本与图 1.3 相同，显示了生物学年龄与男孩和女孩全身 BMC 积累之间的密切关系，在 PHV 年龄之前 4 年开始，男孩的值明显高于女孩（根据 Baxter-Jones 等人[35] 报道的数据重新绘制）

高的 BMC[48]。相比之下，像游泳这样的非负重运动似乎对 BMC 没有影响或影响很小[49]。长跑虽是一项负重运动，但据报道，青少年时期的 BMC 积累会因低 EA 和 DE 而减少[50]。此外，15 岁时 BMC 较低的女性长跑运动员在 18 岁时更有可能存在低 BMC[51]。来自冰球运动员的数据表明，一旦停止积极参与体育运动，通过青少年体育运动增强的骨骼健康效果可能无法持续[52]。相比之下，与女性体操运动员[53]及网球和壁球运动员[54]训练相关的 BMC 增加一直持续到成年早期。

骨骼肌

青少年运动员骨骼肌的大小和特征受到遗传和环境（如饮食和训练）的强烈影响，各种运动的成功不仅取决于骨骼肌质量，还取决于 I 型和 II 型肌纤维的百分比、肌肉代谢和肌肉力量（见第 2 章和第 6 章）。

人体有超过 500 块骨骼肌，每一块都由不同类型的肌纤维组成。肌肉的生长主要是通过肌纤维的肥大而不是增生来实现的，肌肉横截面积（musscle cross-sectional area，mCSA）与肌纤维数量的比值在儿童期至成年早期保持不变[55]。肌肉活检数据显示，从出生到成年早期，肌纤维的大小呈近似线性增长，I 型和 II 型肌纤维的平均直径增长了约 5 倍[56,57]。来自女孩的数据很少，但表明在青春期，所有纤维类型的肌纤维横截面积在男孩中都大于女孩，mCSA 随年龄增长而增加，且男孩比女孩增加更多[57-59]。与来自成人的数据相反，据报道，青春期男孩的 I 型肌纤维的横截面积与 II 型肌纤维相似，甚至更大（关于肌肉活检研究的讨论见第 2 章）[56,57]。

如图 1.10 所示，男孩的骨骼肌总量在儿童期和青春期早期逐渐增加，显示出明显的发育陡增。膳食蛋白质、胰岛素和生长激素 – 胰岛素样生长因子 –1 轴（GH-IGF-1 axis）和下丘脑 – 垂体 – 甲状腺轴（HPT axis）是肌纤维肥大的重要调节因子，但是睾酮的产生、循环和摄取的显著增加可能是影响男孩青春期肌肉发育陡增的最关键因素。男孩上肢肌肉的优先发育，正如男孩和女孩上肢肌肉组织所反映出的较大差异，归因于对睾酮更敏感。也有人提出，男孩的肱二头肌发育更好，不仅是因为睾酮对肌肉的直接作用，还因为这种激素会导致肱骨长度不成比例地增加，从而为肌肉生长提供了额外的刺激[60]。有趣的是（但也遗憾的是），人们对生理水平的睾酮对正常肌肉生长的剂量效应所知甚少，还不如对许多运动中使用的"超生理"剂量补充所带来的影响了解得多[55]。

男性肌肉质量陡增发生在青春期晚期，肌肉质量增长速度高峰（peak muscle mass velocity，PMV）通常出现在 PHV 之后。到了青春期晚期，男孩的肌肉质量占全身质量的 54%。而力量增长速度高峰（peak strength velocity，PSV）的显著增加落后于 PMV 约 0.4 年。因此，在青春期后期，一些与运动相关的有利因素变得更加明显，在相同年龄组比赛中，表现出提前成熟的男

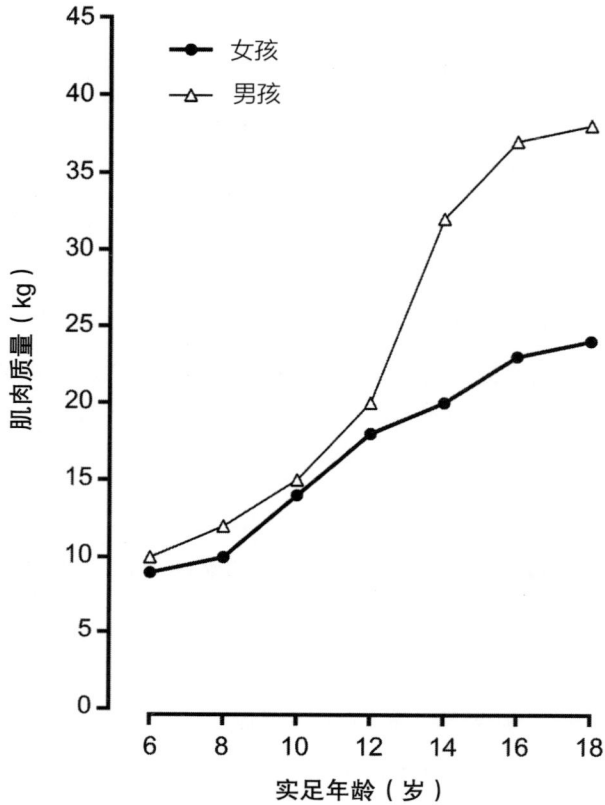

图 1.10　肌肉质量与性别和实足年龄的关系曲线

图中显示了男孩肌肉质量的发育陡增，这在女孩身上并不明显（数据取自由 Malina 等人 [12] 报道的一系列方法学的源数据）

孩比延迟成熟、准时成熟的男孩具有明显优势。相比之下，女孩的肌肉质量没有明显的青少年发育陡增，从 7 岁到 13 岁肌肉质量占身体成分的比例从之前的 40%~45% 逐渐增加，随后随着 FM 积累的增加，肌肉质量比例下降。因此，在以年龄分组的运动中，发育迟缓的女孩在肌肉力量和力量相关的运动中不会像发育迟缓的男孩那样处于劣势。此外，如第 4 章所讨论的，延迟成熟在某些运动（如体操）中是一种优势。

（赵可伟　译）

参考文献

［1］ Thomis M, Towne B. Genetic determinants of prepubertal and pubertal growth. *Food Nutr Bull*. 2006; 27(Suppl): S257–S278.

［2］ Epstein D. *The sports gene*. London: Yellow Jersey Press; 2013.

［3］ Wackerhage H, Smith J, Wisneiwski, D. Molecular exercise physiology. In: Armstrong N, van Mechelen W, eds. *Oxford textbook of children's sport and exercise medicine*. 3rd edition. Oxford: Oxford University Press; 2017: 429–440.

［4］ Claessens AL, Beunen G, Malina RM. Anthropometry, physique, body composition, and maturity. In: Armstrong N, van Mechelen W, eds. *Paediatric exercise science and medicine*. 2nd edition. Oxford: Oxford University Press; 2008: 24–36.

［5］ Crawford SM. Anthropometry. In: Docherty D, ed. *Measurement in pediatric exercise science*. Champaign, IL: Human Kinetics; 1996: 17–86.

［6］ Baxter-Jones, ADG. Growth and maturation. In: Armstrong N, van Mechelen W, eds. *Oxford textbook of children's sport and exercise medicine*. 3rd edition. Oxford: Oxford University Press; 2017: 13–24.

［7］ Lohman TG, Going SB, Herrin BR. Body composition assessment in the young athlete. In: Hebestreit H, Bar-Or O, eds. *The young athlete*. Oxford: Blackwell; 2008: 415–429.

［8］ Welsman JR, Armstrong N, Kirby BJ, Winsley RJ, Parson G, Sharp P. Exercise performance and magnetic resonance imaging determined thigh muscle volume in children. *Eur J Appl Physiol*. 1997; 76: 92–97.

［9］ Lohman TG, Boileau RA, Slaughter MH. Body composition in children and youth. In: Boileau RA, ed. *Advances in pediatric sport sciences*. Champaign, IL: Human Kinetics; 1984: 29–57.

［10］ Heyward VH, Wagner DR. *Applied body composition*. Champaign, IL: Human Kinetics; 2004.

［11］ Housh TJ, Johnson GO, Kenney KB, *et al*. Validity of anthropometric estimations of body composition in high-school wrestlers. *Res Quart Exerc Sport*. 1989; 60: 239–245.

［12］ Malina RM, Bouchard C, Bar-Or O. *Growth, maturation, and physical activity*. 2nd edition. Champaign, IL: Human Kinetics; 2004.

［13］ Baxter-Jones ADG, Eisenmann JC, Sherar LB. Controlling for maturation in pediatric exercise science. *Pediatr Exerc Sci*. 2005; 17: 18–30.

［14］ Greulich WW, Pyle SI. *Radiographic atlas of skeletal development of the hand and wrist*. 2nd edition. Stanford, CA: Stanford University Press; 1959.

［15］ Tanner JM, Healy MJR, Goldstein H, Cameron N. *Assessment of skeletal maturity and prediction of adult height (TW3 method)*. 3rd edition. London: Saunders; 2001.

［16］ Roche AF, Chumlea WC, Thissen D. *Assessing the skeletal maturity of the hand-wrist: Fels method*. Springfield, IL: CC Thomas; 1988.

［17］ Malina, RM. Assessment of maturation. In: Armstrong N, van Mechelen W, eds. *Oxford textbook of children's sport and exercise medicine*. 3rd edition. Oxford: Oxford University Press; 2017: 3–10.

［18］ Malina RM. Skeletal age and age verification in youth sport. *Sports Med*. 2011; 41: 925–947.

［19］ Engebretsen L, Steffen K, Bahr R, *et al*. The International Olympic Committee consensus statement on age determination in high-level young athletes. *Br J Sports Med*. 2010; 44: 476–484.

［20］ Johnson A, Farooq A, Whiteley R. Skeletal maturation status is more strongly associated with academy selection than birth quarter. *Sci Med Football*. 2017; 1: 157–163.

［21］ Reynolds EL, Wines JV. Individual differences in physical changes associated with adolescence in girls. *Am J Dis Child*. 1948; 75: 329–350.

［22］ Reynolds EL, Wines JV. Physical changes associated with adolescence in boys. *Am J Dis Child*. 1951; 82: 529–547.

［23］ Tanner JM. *Growth at adolescence*. 2nd edition. Oxford: Blackwell; 1962: 55–93.

［24］ Faulkner RA. Maturation. In: Docherty D, ed. *Measurement in pediatric exercise science*. Champaign, IL: Human Kinetics; 1996: 129–158.

［25］ Malina RM, Beunen G. Growth and maturation: Methods of monitoring. In: Hebestreit H, Bar-Or O, eds. *The young athlete*. Oxford: Blackwell; 2008: 430–442.

［26］ Matsudo SMM, Matsudo VKR. Self-assessment and physician assessment of sexual maturation in Brazilian boys and girls: Concordance and reproducibility. *Am J Hum Biol*. 1994; 6: 451–455.

［27］ Mirwald RL, Baxter-Jones ADG, Bailey DA, Beunen GP. An assessment of maturity from anthropometric measurements. *Med Sci Sports Exerc*. 2002; 34: 689–694.

［28］ Malina RM, Rogol AD, Cumming SP, Coelho e Silva MJ, Figueiredo AJ. Biological maturation of youth athletes: Assessment and implications. *Br J Sports Med*. 2015; 49: 852–859.

［29］ Fransen J, Bush S, Woodcock S, *et al*. Improving the prediction of maturity from anthropometric variables using a maturity ratio. *Pediatr Exerc Sci*. 2018; (in press).

［30］ Moore SA, McKay HA, MacDonald H, *et al*. Enhancing a somatic maturity prediction model. *Med Sci Sports Exerc*. 2015; 47: 1755–1764.

［31］ Nevill A, Burton RF. Commentary on the article 'Improving the prediction of maturity from anthropometric variables using a maturity ratio'. *Pediatr Exerc Sci*. 2018; (in press).

［32］ Fransen J, Baxter-Jones AD, Woodcock S. Responding to the commentary on the article: 'Improving the prediction of maturity from anthropometric variables using a maturity ratio'. *Pediatr Exerc Sci*. 2018; (in press).

[33] Koziel SM, Malina RM. Modified maturity offset prediction equations: Validation in independent longitudinal samples of boys and girls. *Sports Med*. 2018; 48: 221–236.

[34] Scammon RE. The measurement of the body in childhood. In: Harris JA, Lackson CM, Paterson DG, Scammon RE, eds. *The measurement of man*. Minnesota Sigma XI lectures.Minneapolis, MN: University of Minnesota Press; 1930: 173–215. Copyright 1930 by the University of Minnesota.

[35] Baxter-Jones ADG, Mirwald RL, McKay HA, Bailey DA. A longitudinal analysis of sex differences in bone mineral accrual in healthy 8–19-year-old boys and girls. *Ann Hum Biol*. 2003; 30: 160–175.

[36] Tanner JM, Whitehouse RH, Takaishi M. Standards from birth to maturity for height, weight, height velocity, and weight velocity: British children, 1961–1. *Arch Dis Child*. 1966; 41: 454–471.

[37] Kemper HCG, Fernandes RA. Physical activity and bone health. In: Armstrong N, van Mechelen W, eds. *Oxford textbook of children's sport and exercise medicine*. 3rd edition. Oxford: Oxford University Press; 2017: 255–265.

[38] Bailey DA. The Saskatchewan Pediatric Bone Mineral Accrual Study: Bone mineral acquisition during the growing years. *Int J Sports Med*. 1997; 18: s191–s194.

[39] McKay HA, Bailey DA, Mirwald RL, Davison KS, Faulkner RA. Peak bone mineral accrual and age at menarche in adolescent girls: A 6-year longitudinal study. *J Pediatr*. 1998; 133: 682–687.

[40] Bailey DA, McKay HA, Mirwald RL, Crocker PRE, Faulkner RA. The University of Saskatchewan bone mineral accrual study: A seven year longitudinal study of the rela- tionship of physical activity to bone mineral accrual in growing children. *J Bone Miner Res*. 1999; 14: 1672–1679.

[41] Beck BR. Exercise for bone in childhood-hitting the sweet spot. *Pediatr Exerc Sci*. 2017; 29: 440–449.

[42] Morris FL, Naughton GA, Gibbs JL, Carlson JS, Wark JD. Positive effects on bone and lean mass. *J Bone Miner Res*. 1997; 12: 1453–1462.

[43] Bradney M, Pearce G, Naughton G, *et al*. Moderate exercise during growth in prepubertal boys: Changes in bone mass, size, volumetric density and bone strength: A controlled prospective study. *J Bone Miner Res*. 1998; 13: 1814–1821.

[44] McCulloch RG, Bailey DA, Whale RI, Houston CS, Faulkner RA, Craven BR. Bone density and bone mineral content of adolescent soccer players, athletes, and competitive swimmers. *Pediatr Exerc Sci*. 1992; 4: 319–330.

[45] Nichols JF, Spindler AA, La Fave KL, Sartoris DJ. A comparison of bone mineral density and hormone status of preadolescent gymnasts, swimmers and controls. *Med*

Exerc Nutr Health. 1995; 4: 101–106.

[46] Greene DA, Naughton GA, Bradshaw E, Moresi M, Ducher G. Mechanical loading with or without weight-bearing activity: Influence on bone strength index in elite female adolescent athletes engaged in water polo, gymnastics, and track and field. *J Bone Miner Metab*. 2012; 30: 580–597.

[47] Conroy BP, Kraemer WJ, Maresh CM, Fleck SJ, Stone MH, Frey AC. Bone mineral density in elite junior Olympic weightlifters. *Med Sci Sports Exerc*. 1993; 25: 1103–1109.

[48] Bass SL, Saxon L, Daly RM, *et al*. The effect of mechanical loading on the size and shape of bone in pre-, peri-, and post-pubertal girls: A study in tennis players. *J Bone Miner Res*. 2002; 17: 2274–2280.

[49] Gomez-Bruton A, Montero-Marin J, Gonzalez-Aguero A, *et al*. The effect of swimming during childhood and adolescence on bone mineral density: A systematic review and meta-analysis. *Sports Med*. 2016; 46: 365–379.

[50] Barrack MT, Rauh MJ, Barkai H-S, Nichols JF. Dietary restraint and low bone mass in female adolescent endurance runners. *Am J Clin Nutr*. 2008; 87: 36–43.

[51] Barrack MT, Van Loan MD, Rauh MJ, Nichols JG. Body mass, training, menses, and bone in adolescent runners: A 3-yr follow-up. *Med Sci Sports Exerc*. 2011; 43: 959–966.

[52] Gustavsson A, Olsson T, Nordstrom P. Rapid loss of bone mineral density of the femoral neck after cessation of ice hockey training: A 6-year longitudinal study in males. *J Bone Miner Res*. 2003; 18: 1964–1969.

[53] Nurmi-Lawton JA, Baxter-Jones AD, Mirwald RL, *et al*. Evidence of sustained skeletal benefits from impact-loading exercise in young females: A 3-year longitudinal study. *J Bone Miner Res*. 2004; 19: 314–322.

[54] Kontulainen S, Kannus P, Haapasalo H, *et al*. Good maintenance of exercise-induced bone gain with decreased training of female tennis and squash players: A prospective 5-year follow-up study of young and old starters and controls. *J Bone Miner Res*. 2001; 17: 195–201.

[55] Jones DA, Round JM. Muscle development during childhood and adolescence. In: Hebestreit H, Bar-Or O, eds. *The young athlete*. Oxford: Blackwell; 2008: 18–26.

[56] Oertel, G. Morphometric analysis of normal skeletal muscles in infancy, childhood and adolescence. *J Neurol Sci*. 1988; 88: 303–313.

[57] Lexell J, Sjostrom M, Nordlund A-S, Taylor CC. Growth and development of human muscle: A quantitative morphological study of whole vastus lateralis from childhood to adult age. *Muscle Nerve*. 1992; 15: 404–409.

[58] Jansson E, Hedberg G. Skeletal muscle fibre types in teenagers: Relationship to physical performance and activity. *Scand J Med Sci Sports*. 1991; 1: 31–44.

[59] Glenmark BC, Hedberg G, Jansson E. Changes in muscle fibre type from adolescence to adulthood in women and men. *Acta Physiol Scand*. 1992; 146: 251–259.

[60] Round JM, Jones DA, Honour JW, Nevill AM. Hormonal factors in the development of differences in strength between boys and girls in adolescence: A longitudinal study. *Ann Hum Biol*. 1999; 26: 49–62.

第 2 章　运动代谢与青少年运动

前一章讨论了青少年体型、身体成分、身体形态的明显变化，虽然肌肉在生长和成熟过程中很少发生明显的代谢变化，但这些不太明显的变化对运动表现具有重要意义。本章主要介绍了运动中的无氧代谢和有氧代谢，并批判性地总结了目前有创和无创性研究的进展，这些研究有助于当前对儿童运动代谢的认知。本章还研究了运动代谢各方面的可训练性，并结合青少年个人项目和团体项目训练探讨了运动中骨骼肌内能量物质的交换情况。

运动中的肌肉代谢

无氧代谢

在运动的启动阶段，肌肉活动是依靠三磷酸腺苷（adenosine triphosphate，ATP）的水解作用供能的。肌肉活检研究发现，肌肉内储存的 ATP 随着年龄的增长维持不变，并且不能维持超过 2 秒的持续高强度运动。为了继续维持运动，ATP 必须在被完全消耗前重新合成，而且 ATP 的重新合成几乎是通过肌肉内储存的磷酸肌酸（phosphocreatine，PCr）的分解作用立即发生的。在青少年体内，骨骼肌内储存的 PCr 是 ATP 含量的 3~5 倍，而且在 11~15 岁时，随着年龄的增长 PCr 的含量逐渐增加。PCr 在高强度运动下迅速分解，ATP 重新合成，并在 2 秒内达到峰值，然后下降。因此，在 30 秒的极限运动中的最后 10 秒，如 Wingate 无氧能力测试（Wingate anaerobic test，WAnT）中显示的那样，PCr 对 ATP 重新合成的贡献只占最初 2 秒的 2%。为了维持几秒钟的高强度运动，ATP 供应必须保持充足，至少在短期内可以通过肌浆网中的糖原分解和糖酵解途径提供。

碳水化合物（carbohydrates，CHO）以糖原的形式储存在肌肉和肝脏中。在运动启动阶段，在糖原磷酸化酶和葡萄糖磷酸变位酶的作用下，肌糖原经葡萄糖 –1– 磷酸迅速转化为葡萄糖 –6– 磷酸。随后，经过一系列的酶促反应，葡萄糖 –6– 磷酸转化为丙酮酸。尽管反应过程复杂且步骤多，但是在高强度运动下糖原的无氧酵解反应迅速，ATP 重新合成（即同时由 PCr 和糖原重新合成）在 5 秒内达到峰值。在高强度运动开始后约 10 秒内，糖酵解途径成为 ATP 供能的主要方式。糖酵解合成 ATP 的速率是 PCr 合成 ATP 的 50%，但是肌肉内糖原的储备是有限的，且青少年的肌糖原储备低于成人。为了维持高强度运动，肝糖原被转化为葡萄糖并被释放入血液，然后作为能量底物输送至肌肉和其他组织。一旦葡萄糖进入肌肉，便被磷酸化为葡萄糖 –6– 磷酸，随后经糖酵解途径生成丙酮酸。

丙酮酸可被还原为乳酸或在肌肉线粒体内被氧化为二氧化碳（CO_2）和水（其他途径将在其他章节描述[1]）。乳酸的生成速率是丙酮酸氧化和还原之间的平衡作用，所以在高强度运动时乳酸在肌肉中堆积。酸中毒会抑制糖酵解关键酶的活性，干扰肌肉的收缩机制，刺激肌肉的神经末梢，引起伴随着痛觉的疲劳感，最终导致运动中止。有些乳酸可扩散到血液中，常被作为糖酵解代谢的标志物。

有氧代谢

CHO 有氧代谢的最初步骤是丙酮酸转化为乙酰辅酶 A，随后进入线粒体进行三羧酸（tricarboxylic acid，TCA）循环。每一个 TCA 循环都与电子传递链相结合并导致 ATP 的重新合成。

在线粒体中通过有氧代谢重新合成 ATP 的速率远低于无氧代谢途径。从静息状态到高强度运动开始后的 20~25 秒，青少年呈现出更好的肺部摄取氧的能力，这与经验丰富的成年耐力运动员相似。与无氧代谢相比，在单次高强度运动中有氧代谢在 ATP 重新合成中扮演的角色较小，但是在一系列重复高强度运动（如足球运动中的重复冲刺跑）中有氧代谢供能所占比例较大。

在青少年运动中，超过 60 秒时以有氧代谢供能为主，并且随着运动时间的增长有氧代谢供能占比越来越高，机体利用游离脂肪酸（free fatty acid，FFA）和氨基酸作为有氧代谢底物的能力也会增强。

脂类主要储存在脂肪组织中，同时也以甘油三酯的形式存在于肌肉中，与 CHO 相比，可提供更为丰富的能量底物。肌肉中多余的甘油三酯分解为 FFA 和甘油，扩散入血，提供给运动的肌肉。FFA 通过自由扩散进入肌细胞，并在进入肌细胞后转化为酰基辅酶 A，经过一系列的反应后，生成以 2 个碳原子形式存在的乙酰辅酶 A，随后进入 TCA 循环，ATP 重新合成。在能量平衡的个体中，氨基酸供能占比非常小。

儿童和成人利用能量的形式是相同的。在亚极限运动中，CHO 最初是主要的能量底物，随着运动的持续，FFA 逐渐成为主要供能底物。FFA 对 ATP 重新合成的贡献不断增加，直到达到最大脂肪代谢强度（Fat_{max}，即运动的相对强度达到脂肪有氧代谢的最大速度）。青少年的 Fat_{max} 介于最大摄氧量（$\dot{V}O_{2\ max}$）的 30%~60%，在青少年耐力运动员此值可能更高。随着运动强度继续提高，超过 Fat_{max} 后，FFA 供能减弱，CHO 逐渐又成为最主要的能量底物。在亚极限耐力运动中，FFA 和 CHO 在能量生成中的作用是此起彼伏的。能量储存的精确平衡受运动前饮食和运动中补充 CHO 的影响，但肝糖原和肌糖原的储存是有限的，而储存在脂肪组织和肌肉中的甘油三酯为能量重新合成提供了大量底物。无论运动强度如何，成人较儿童更依赖 CHO 供能。青少年对脂肪利用增加时会使机体储备 CHO，减少糖原消耗，延缓肌肉疲劳和提高运动表现。

运动代谢的有创和无创性研究

大量有创和无创性的方法学研究体现了运动代谢的研究发展过程。在一些实验室里，采集成人的肌肉进行组织活检可常规进行，但是伦理问题限制了此项技术在青少年运动员中的广泛应用，关于儿童运动代谢直接涉及肌肉的研究仍然较少。在过去 30 年的研究中，主要局限于对比测量最大无氧和有氧表现能力，检测反复高强度运动后的恢复速度，评估呼吸气体、底物和能量利用的血液指标，而不是在肌细胞水平进行研究以提供更多的潜在信息。随着新科技的出现和严谨的方法学的应用，无创性研究逐渐增多。例如，可通过严谨的方法评估和解释运动启动、结束时的肺 $\dot{V}O_2$ 动力学和肌肉 PCr 动力学。

有创性研究

有关健康儿童和成人的肌肉活检的研究甚少，受试者主要为男性，且主要针对静息状态和运动后股外侧肌的活检。有关青少年肌纤维的研究数据存在较大的差异（报道较少），并且研究时只根据年龄进行分析，而未考虑身体成熟状态。包括肌肉活检在内的一些训练研究并不是很可控。因此，必须严谨地解释从青少年中采集的肌肉活检数据，但还是出现一致性的趋势。

肌纤维类型和大小

肌纤维由一系列具有生物化学和收缩特征的结构组成，通常分为Ⅰ型、Ⅱ a 型和Ⅱ b 型。Ⅱ c 型肌纤维有时可以检测到，但仅占肌纤维总量的不足1%。Ⅰ型肌纤维的活动阈值较低，在低到中等强度的运动中被募集。Ⅱ a 和Ⅱ b 肌纤维更适合参与高强度运动，随着运动强度的增大，被募集参与运动的此类肌纤维数量也随之增多。肌纤维的大小随着年龄的增长而增加，在青少年中同龄男孩的肌纤维横截面积均比女孩的大。与成人数据相反，青春期男孩的Ⅰ型肌纤维与Ⅱ型肌纤维横截面积相似甚至更大，在青少年女孩中未检测到此现象[2-4]。肌纤维的基本特性在表 2.1 中列出。

肌肉活检数据提示，男孩在 10~18 岁[3-5]时，随着年龄的增长，Ⅰ型肌纤维的占比逐渐下降，此项发现是由磷 –31 磁共振波谱分析（ [31]phosphorus magnetic resonance spectroscopy，^{31}PMRS ）数据证实的[6]。在男孩中，随着年龄增长，睾酮被认为是Ⅱ型肌纤维数量增加的因素，尽管这可能是由于女孩的数据稀少导致的一种方法学上的人为的结果[5]。虽然实验设计存在缺陷，个体差异较大，但是仍然有一个一致的趋势，即在同一研究中，肌肉活检结果显示男孩的Ⅰ型肌纤维百分比较同龄女孩高[2,7,8,]。

可训练性：最大限度地诱导肌纤维增大的训练方案仍然未知，但是在耐

表 2.1 肌纤维的特性

	Ⅰ型	Ⅱa型	Ⅱb型
代谢特点	氧化	中间型	糖酵解
运动神经元大小	小	大	大
激活阈值	低	中	高
收缩速度	慢	快	快
输出力量	低	高	高
PCr 含量	低	高	高
糖原含量	低	高	高
糖酵解酶活性	低	高	高
耐力	高	中	低
甘油三酯含量	高	中高	低
氧化酶活性	高	中高	低
肌红蛋白含量	高	高	低
线粒体密度	高	中	低
毛细血管密度	高	中	低
易疲劳度	低	中	高

力训练、冲刺跑和抗阻训练后均可发现肌纤维的明显变化。3 个月的耐力训练（非冲刺跑训练）可诱发 16~17 岁男孩的Ⅰ型肌纤维横截面积增加 40%，Ⅱa 肌纤维横截面积增加 55%[9]。此外，经过 8 个月的冲刺跑训练，15~18 岁运动员的Ⅰ型肌纤维直径增加 13%，Ⅱ型肌纤维直径增加 9%[10]。关于肌纤维类型的百分比随训练而改变的证据尚不明确。研究报道，分别对 16~17 岁男孩[9]、11~13 岁男孩[11]和 11 岁男孩进行 12、16、6 周的训练[12]，结果显示Ⅰ型肌纤维的百分比并没有明显的变化。然而，对 15~18 岁的运动员进行 32 周冲刺跑训练，发现Ⅰ型肌纤维的百分比有显著增加。在此项研究中，对于为何Ⅱ型肌纤维的百分比会下降，作者并未能给出合理的解释[10]。

肌肉能量储备

在 20 世纪 70 年代，Eriksson 和他的同事发表了一系列关于 11~15 岁男孩股外侧肌肌肉活检的研究，对后续关于儿童肌肉运动代谢的研究产生长达 50 年的影响。他们分析了肌肉活检组织样本，并报道了静息状态下以及亚极限运动和达到峰值摄氧量后肌肉中 ATP、PCr、糖原和乳酸的含量。静息状态下 ATP 储量在 11~15 岁是保持一致的，且与成年男性数值类似。PCr 和肌糖原含量从 11 岁到 15 岁分别增加了 63% 和 61%，在 15 岁达到的峰值与成年男性数值相似。随着数次亚极限运动后，ATP 浓度并未有变化，尽管在极限运动后观测到有略微下降。相比之下，所有年龄段随着训练强度的增大，运动后 PCr 储量保持一个相似的持续下降速度。此外，笔者发现运动后肌糖原含量随着年龄增长也是下降的，年龄最大的男孩肌糖原消耗量是年龄最小男孩的 3 倍[11-13]。

随后的研究运用 ^{31}PMRS 和建模方程证实随着年龄增长腓肠肌和比目鱼肌静息状态下的 ATP 总量不变，但同时发现 10 岁男孩和年轻男性 PCr 含量无差异[14]。值得注意的是，来自腓肠肌群 ^{31}PMRS 研究的儿童和成人数据的比较已经受到质疑。腓肠肌和比目鱼肌中 I 型肌纤维的比例是不同的，相较儿童，成人腓肠肌中 ^{31}PMRS 信号较强[15]。

可训练性：尽管数据极少，但是仍有研究表明训练诱导的肌肉能量储备是增加的。在进行 16 周训练后，11~13 岁男孩静息状态下 ATP、PCr、肌糖原的含量分别增加 12%、39% 和 32%[11]。在进行 32 周冲刺跑训练后，15~18 岁青少年运动员的肌糖原含量增加 100%。比较可惜的是，该研究未报道 ATP 和 PCr 的含量变化[10]。

肌肉相关酶的活性

Eriksson 等人的研究显示，11 岁男孩 TCA 循环中琥珀酸脱氢酶（succinic dehydrogenase，SDH）和糖酵解中磷酸果糖激酶（phosphofructokinase，PFK）的活性与成人相比分别高 25% 和低 67%[13]。之后的研究基本都支持此研究发现[16-18]。感兴趣的读者可以阅读最新的综述，其对相关文献进行了批判性的分析[19]。据报道，13~15 岁青少年的有氧代谢酶活性高于成人[16]，6 岁和 13 岁儿童的肌肉相关酶的活性数值高于 17 岁青少年的数值[17]。3~11 岁儿童的腹肌静息状态下糖酵解的酶活性低于成人[18]。13~15岁青少年的糖酵解酶活性与成人相似[16]。

另外两项研究通过探索糖酵解和TCA循环相关酶的活性的比值，为进一步研究提供了机会。第一项研究，对比了糖酵解和TCA循环限速酶的活性，分别是PFK和异柠檬酸脱氢酶（isocitrate dehydrogenase，ICDH）。研究表明，成人的PFK与ICDH比值比青少年高93%[16]。类似地，第二项研究对比了糖酵解和TCA循环酶的活性［如丙酮酸激酶（pyrurate kinase，PK）和延胡索酸酶］的比值，结果显示，该比值在17岁时比13岁和6岁时分别高12%和59%。

可训练性：通过训练，TCA循环和糖酵解相关酶的活性均提高，但是也存在研究结果不统一的问题。一项为期6周，但对训练项目描述不清晰的研究发现SDH活性和PFK活性分别增加30%和83%[12]。另一项更复杂，但描述更清晰的持续12周的耐力训练项目研究发现SDH活性增加42%，PFK活性无显著变化。一项冲刺跑项目平行研究发现PFK增加21%，SDH活性无显著变化。在停训24周后，这两种酶的活性在最好的情况下最高可恢复至训练前的水平，而在冲刺跑训练后SDH的活性比训练前显著降低[9]。另一项研究发现，在32周的冲刺跑训练后，青少年运动员的糖原磷酸化酶的活性增加219%，PFK活性增加43%，PK活性增加111%，SDH活性增加55%。这些肌肉内相对较大的代谢变化与运动表现的提升密切相关。60m和300m冲刺跑成绩分别提高了2%和4%，取得了提升优秀青少年运动员运动表现的必要的"最小的有价值的变化"。。

肌肉乳酸的产生和血乳酸的堆积

即使在静息状态下，骨骼肌也会持续产生乳酸但是运动启动时会刺激糖酵解过程，由于丙酮酸氧化和还原之间的不平衡，肌肉乳酸的产生会增加。然而，乳酸在肌肉中的积累并不代表其仅仅是代谢产物，因为有些肌纤维产生乳酸，而有些肌纤维将其作为能量来源消耗，因此，单次肌肉活检的数据并不能对乳酸含量进行直接测量，充其量，乳酸堆积只能反映肌肉糖酵解的速率。

Eriksson和Saltin[11]观察到低强度运动后乳酸的堆积相对比较稳定，但是超过峰值$\dot{V}O_2$的60%［可能超过了男孩的乳酸阈（lactate threshold，T_{LAC}）］后会持续增加。在极限运动后，肌肉内乳酸堆积随着年龄增长而增加，15 岁男孩比 11 岁男孩高 75%。根据 8~13 岁男孩肌肉乳酸堆积和睾丸体积存在"显著"的相关关系，"成熟状态可影响肌肉乳酸生成"的假说被提出，并假设男孩血乳酸浓度（blood lactate accumulation，BLA）可以反映他们肌肉的乳酸产量。后续的研究证实，将青少年的 BLA 代替肌肉内乳酸产量进行检测，并与成人进行比较，这既受到理论方法的困扰，也受到方法因素的干扰。问题包括活动肌肉的大小、无氧糖酵解通量速率、乳酸扩散入血的速率和从血液消除的速率、运动方式、运动方案、取样的时间、取样的位置及检测技术[20]。

在运动期间，儿童和成人之间存在 BLA 差异是公认的。从 11 岁到 16 岁，运动引起的与年龄相关的 BLA 差异并不明显。曾有研究报道，年龄与 BLA 在运动中和运动后呈正相关，但并不是每一次都能得到验证。有些研究表明，女孩在运动中比男孩有更高的 BLA，但目前所提供的数据是可疑的，性别差异仍有待验证。青少年的成熟状态对肌肉乳酸的产生和运动中 BLA 的影响是一个值得关注的热点，但是实证研究并未能提供证据支持（见第 9 章）。

可训练性：关于力竭性运动后肌肉乳酸堆积的研究极少，一项报道发现 11~13 岁男孩在进行 16 周的训练后，肌肉乳酸和 BLA 分别提高了 56% 和 23%[13]。研究证实，相较于没有训练的同龄人，青少年运动员在亚极限运动强度下血乳酸堆积较少，而且青少年运动员的 T_{LAC} 会在一个更高的峰值 $\dot{V}O_2$ 下出现[21]。

无创性研究

研究人员使用一系列无创性技术进行调查研究为运动中儿童肌肉代谢提供了新视点，但未揭示全貌。来自青少年运动员的数据较少。为了解决这个问题，在综合肌肉活检的数据发现之前，根据方法学的要求，我们对无创性研究进行了讨论。

极限无氧运动和有氧运动

研究者分别研究了青少年的极限无氧运动和有氧运动，几乎没有两者之间的对比研究。$\dot{V}O_{2\,max}$ 是指运动中氧气可以被摄取的最大速率，是全球公认的可反映有氧运动能力的"金标准"。然而在第 8 章的描述中，峰值 $\dot{V}O_2$，即在一次力竭性运动中观测到的最高 $\dot{V}O_2$，通常被用作反映青少年最大有氧运动能力的主要指标。无氧运动能力可以被定义为，通过非氧化途径来支持肌肉代谢的能力，但这是一个不清晰的概念，因为没有测试无氧能力的"金标准"。研究的重点是功率自行车峰值输出功率（cycling peak power output，CPP），其可作为反映最大无氧运动能力的主要指标。

横向研究数据显示，从 10~17 岁，男孩和女孩的峰值 $\dot{V}O_2$ 分别平均增加96% 和 58%，性别差异从 13% 增加到 39%。通过相同时间段的横向 CPP 数据显示，男孩和女孩的平均 CPP 分别增加 225% 和 100%，男孩从 13 岁到成年早期的过程中 CPP 增加显著。8~12 岁时，女孩的 CPP 高于男孩，但是在17 岁，性别差异高达 63%，且男孩占优势[22,23]。一项按照时间顺序纵向对比 12~17 岁儿童 CPP 和峰值 $\dot{V}O_2$ 与实足年龄的关系的研究，测试了约 400 次CPP 和峰值 $\dot{V}O_2$ 的值。CPP，男孩增加 120%，女孩增加 66%；峰值 $\dot{V}O_2$，男孩增加 70%，女孩增加 24%[24,25]。

一项关于 200 名（100 名男孩，100 名女孩）12 岁儿童的研究表明，相较于峰值 $\dot{V}O_2$，成熟状态对 CPP 有更显著的影响。受试者根据 PH 的发育阶段分组，研究结果表明，PH4 的男孩和女孩比 PH1 的男孩和女孩的 CPP 分别提高 66% 和 51%，峰值 $\dot{V}O_2$ 分别增加 32% 和 25%。在适当控制体重的情况下，PH4 和 PH1 之间 CPP 和峰值 $\dot{V}O_2$ 的差异分别是 31% 和 14%，男孩 / 女孩这两项值的差异分别为 20% 和 12%。因此，CPP 和峰值 $\dot{V}O_2$ 除了受年龄和体重的影响外，还受成熟状态的影响，且成熟状态对 CPP 的影响比峰值 $\dot{V}O_2$ 更为显著[26,27]。

可训练性：关于 CPP 和峰值 $\dot{V}O_2$ 的可训练性已经得到广泛证实，相关研究结果表明，8~12 周的训练后 CPP 可增加 5%~12%，峰值 $\dot{V}O_2$ 增加 8%~9%[28]（详见第 7 章和第 8 章）

抗疲劳能力

研究者一致认为青少年重复高强度训练后恢复速率比成人更快。与成人运动员相比，青少年运动员快速重新合成并持续保持 PCr 的能力明显更强，但是将儿童、青少年和成人的恢复速率一起进行比较较为复杂。目前有人认为儿童的活动强度通常较低，因此在重复性高强度运动（如间歇训练）后恢复得更快，成人的恢复速度与其没有可比性。一项更有说服力的解释是，通过增强有氧代谢能力，可以更快速地重新合成 PCr，并在随后得以保持 PCr 水平[29]（第 7 章）。

底物的利用

在 T_{LAC} 以下的稳定运动状态，CHO 和脂肪作为能量底物的比例可以通过间接测热法检测呼吸交换速率（respiratory exchange ratio，R，也就是 $\dot{V}CO_2$/$\dot{V}O_2$）来计算。此项技术的局限性在文献中已经被描述得很清楚，包括运动前状态、训练状态、身体健康水平、运动前和运动中的营养摄入及运动时间对 R 的影响[30]。然而，众多关于 R 的研究一致认为，与成人相比，有训练经验和无训练经验的儿童在进行中等强度运动时脂肪动员较多，CHO 的动员较少[31-36]。年龄相关的差异男性比女性更明显，现存的文献提供了大量的数据支撑[37-39]。关于底物利用的性别差异，通常归因于月经周期，因为在月经周期中雌激素和黄体酮的变化会影响底物的利用[40-42]。然而，更令人信服的是，性激素并不完全是造成青少年 FFA 氧化存在性别差异的原因[43]。

关于成熟状态对底物利用的影响的研究较少。成人底物利用水平的状态在青春期中期到青春期晚期已初步形成[44]，男孩的峰值脂肪氧化代谢速率在青春期晚期下降最大[45]。相反，两项关于 12 岁男孩的横向研究表明，在青春期各阶段（PH1~PH4）R 值没有变化[46,47]。总之，我们可以得出结论：尽管青少年（特别是男性）在中等强度运动中比青壮年更依赖于脂质氧化，但身体成熟状态作为独立的、显著的因素影响能量底物利用的令人信服的证据仍有待于严谨证实。

CHO 的补充：稳定同位素可与相似的代谢化学物质结合，并作为追踪剂监控底物的利用，此项新技术的出现打开了研究的新大门。可通过饮料形式来口服一种稳定的同位素追踪剂，随后通过 R 值估测出运动中主要营养物质的利用。

　　麦克马斯特大学的科学家们利用稳定同位素技术对 10~17 岁男性进行了研究。青少年在长时间的亚极限运动前和运动中摄取 6% 或 8% 的 ^{13}C 标识的 CHO 浓缩饮品（CHO_{exo}），然后观察他们的反应[48]。研究人员发现，与对照组相比（受试者饮用水），摄入 CHO_{exo} 组血糖浓度增加，总 CHO 的利用率增加，内源性 CHO（CHO_{endo}）利用率下降 16%，FFA 利用率下降 45%[49]。随后，该研究小组证实，CHO_{exo} 的摄入与提高运动表现相关，证明在周期运动中，在预设 CPP 为 90% 的踏车训练中，CHO_{exo} 摄入使疲劳时间延迟 40%[50]。这些研究清楚地表明在亚极限运动时补充 CHO 具有高效性。

　　该研究小组进一步研究了实足年龄和身体成熟状态对底物利用的影响。报道指出，按体重百分比，男孩的 CHO_{exo} 氧化速率比成人高 37%，对总能量消耗的贡献也更大。研究发现，青春期前和青春期早期的 12 岁男孩的 CHO_{exo} 对总能量消耗的贡献比青春期中晚期男孩高 27%。他们的结论是，在男孩中 CHO_{exo} 氧化率受成熟状态的影响，而与年龄无关。另一项关于女孩的类似的研究发现，CHO_{exo} 对总能量消耗的贡献及运动中 CHO_{exo} 和 CHO_{endo} 的利用率均无显著差异。研究者推测，男孩可能会通过增加肌肉外能量来源（如 FFA、肝糖原异生及 CHO_{exo}）的利用，来弥补肌糖原贮存的减少[36,46,51]。

　　CHO_{exo} 与年龄和身体成熟状态的关系及性别差异的原因，仍需进一步深入研究。还应指出的是，这些研究没有涉及青少年运动员，仍需进一步的研究来评估从事高竞争性运动和高强度运动训练的青少年运动员在运动中补充 CHO_{exo} 的影响。

　　可训练性：青少年耐力训练可诱发亚极限运动中对 FFA 氧化利用的依赖性[30]。已经有人假设，在训练中当个体达到最大脂肪代谢强度时可提高 FFA 氧化，提高最大脂肪代谢强度的值，因此，FFA 氧化率较低时可降低运动强度的区间。但是，将最大脂肪代谢强度作为训练中的一个指导数据仍然存在争议[52]。

磁共振波谱分析（MRS）研究

$^{31}PMRS$ 可实现 ATP、PCr 和无机磷酸盐（Pi）的实时无创监测，但是目前研究比较受限，因为运动员只能在一个枯燥的密闭管仓中进行运动。因此，方法学

问题限制了有关年龄、身体成熟状态、性别对运动代谢影响的研究的数量。

在一个密闭的管仓中运动，且同步采集相关数据及肌肉收缩速率，对于有训练经验和无训练经验的青少年均是比较有挑战性的。我们通过建造一个相同规格的按规定比例的扫描设备来帮助运动员克服在管舱中运动的恐惧，此扫描设备是腿部运动 ^{31}PMRS 研究的有用工具。孩子们可以俯卧位练习，配合腿部的运动，适当增大和降低运动负荷纵向移动距离而不需要花费过多的时间。当他们完全适应了在复制的密闭空间中的运动，完全习惯了运动方案，且有能力控制运动节奏后，可以把他们转移到 MR 扫描室进行测试。我们发现青春期前的儿童需要花费 2~3 个 20 分钟的训练习惯该过程，而青少年运动员所花时间更少。一旦受试者被转移到 MR 扫描室，磁场区域就会被激活，休息一段时间后，运动方案就会启动并被仔细监控。在一项典型的腿部 MRS 实验中，驱动节律性运动的软件整合了来自非磁性测力计或预先设定的运动负荷的信号，以记录腿部运动频率、步幅、做功和功率输出的变化。

我们在最近的研究综述[15]中阐释了 MRS 的理论和概念，有兴趣的读者可以去阅读相关内容。在此，我们利用在静息状态和运动中获取的典型波谱来说明问题（图 2.1）[53]。从左向右，波谱峰值分别代表 Pi、PCr 的单个磷原子核和 ATP 的三个磷酸根。在运动中，Pi 升高，PCr 相应地下降。

在进行实时数据分析时，对波谱区域进行定量分析。运动导致的 PCr 和 Pi 的变化通过与静息状态前测试的基准数据比较用 "%" 来表示。骨骼肌的有氧运动能力可以通过恢复过程中 PCr 再合成的速率来估算。Pi 波谱的峰值相对于 PCr 波谱峰值的化学变化反映了骨骼肌的酸化，这可以通过测量肌细胞内的 pH 得知，并作为糖酵解速度的间接指标。

从图 2.2 可以看出，一项持续性的运动测试可引起 Pi/PCr 比值与输出功率之间的非线性变化，以及 pH 与输出功率之间的非线性变化。随着输出功率的增加，最初的比较平缓的坡度转化为较陡的坡度，拐点处即为细胞内阈值（$IT_{Pi/PCr}$ 和 IT_{pH}）。肌肉 $IT_{Pi/PCr}$ 在青少年中表现出较高的重测信度[53]，与踏车训练中的全身代谢阈值［如通气阈（ventilatory threshold，T_{VENT}）］相似[54]，可以作为运动中肌肉氧化能力和线粒体功能的预测指标。

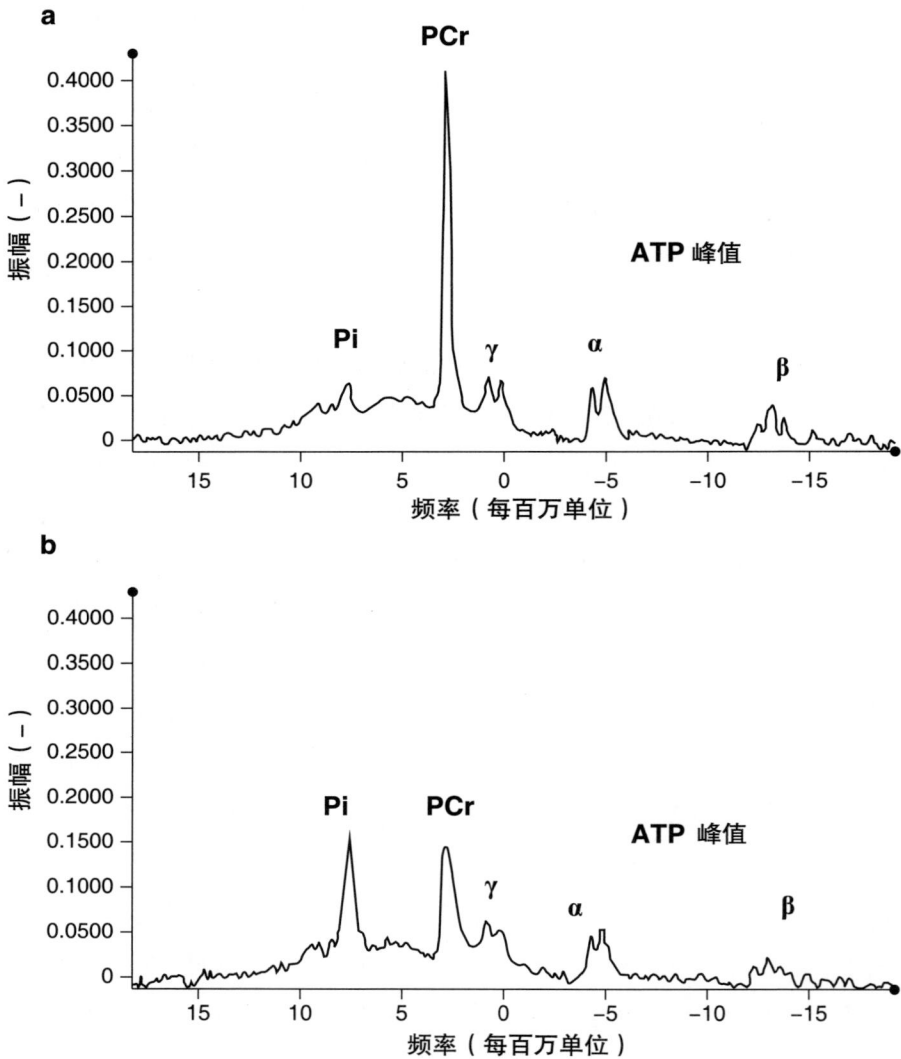

图 2.1   在静息状态和运动中获得的 ^{31}PMRS

在静息状态（a）和运动（b）中获得的 ^{31}PMRS（数据来自一名 9 岁儿童的股四头肌）。从左到右，峰值分别代表 Pi、PCr 和 ATP。在运动中，Pi 升高，PCr 相应地下降（经许可，图片转载自 Barker 等[53]）

^{31}PMRS 研究昂贵且耗时，并且需要高级技术专家和严格的方法学技术。大多数研究的受试者也较少，就目前笔者所知，只有一项研究包括青少年运动员。一些发表的研究在方法学上有缺陷[15]，很少有统计学说服力。

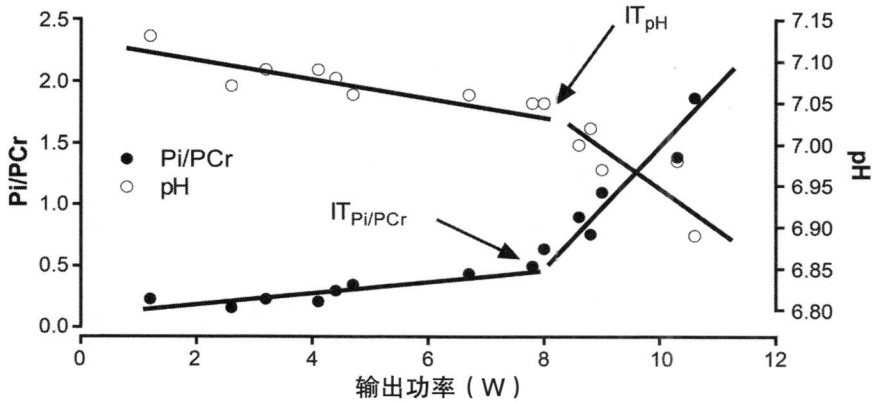

图 2.2　细胞内阈值与输出功率之间的关系

在一个磁场中测试 9 岁男孩运动时股四头肌内 $IT_{Pi/PCr}$、IT_{pH} 分别与输出功率的关系

目前为止最全面的一项研究，在递增负荷运动中监控了 33 名 9~12 岁儿童（18 名女孩，15 名男孩）和 16 名年轻成人（8 名女性，8 名男性）。报道显示，在 Pi/PCr 比值水平，或者低于 $IT_{Pi/PCr}$ 水平时，没有年龄或性别的显著性差异。相比之下，在 ITs 以上，肌肉中的磷酸盐和 pH 变化存在年龄和性别的差异性，这说明在 $IT_{Pi/PCr}$ 水平以上，随着输出功率增加，相较儿童，年轻成人需要更多的 PCr 分解供能（即更大的无氧能量供应）。当将女孩与男孩进行比较时，情况也是如此。在 IT_{pH} 水平以上，相较成年男性和女孩，男孩的 pH 值变化则小得多，这表明在高强度运动时糖酵解速率较低[55]。

迄今为止，唯一一项 ^{31}PMRS 对青少年运动员的运动代谢进行了研究，检测了 9 名 10 岁的青春期前儿童游泳运动员和 9 名 15 岁的青少年游泳运动员，训练有素的运动员以最大工作能力（即在递增至力竭的运动测试中的输出功率）的 40% 进行 2 分钟的小腿运动，然后以最大工作能力的 140% 进行 2 分钟的小腿运动。在运动结束后，女孩的细胞内 pH 较低，Pi/PCr 比值较高，但是两组间差异没有统计学意义。作者得出结论，女性青少年运动员的糖酵解代谢并不依赖于身体的发育成熟状态[56]。然而，对这一结论的解释应谨慎，因为：①使用不同肌纤维类型组成的小腿腓肠肌进行年龄相关的比较是不恰当的；② Pi/PCr 比值的组间差异为 66%，提示观察到的差异性可能是生理性差异。

在两项关于恒定运动强度训练的启动阶段的研究中，研究了 PCr 动力学的年龄和性别差异。第一项研究，检测了 18 名 9 岁儿童（8 名男孩，10 名女孩）和 16 名年轻成人（8 名男性，8 名女性）在进行中等强度运动的启动阶段，其预先设定的 $IT_{Pi/PCr}$ 输出功率为 80%[57]。另一项研究检测了 11 名 13 岁儿童（6 名男孩，5 名女孩）和 11 名年轻成人（6 名男性，5 名女性）在进行高强度运动的启动阶段的 PCr 动力学反应，$IT_{Pi/PCr}$ 和递增至自我疲劳的功率输出相差 20%[58]。两项研究发现，在 PCr 动力学 I 上均无年龄或性别差异性。但是，男性的 PCrI 在中等强度和高强度运动的启动阶段分别长 24% 和 42%，同样，这可能是生理性差异。这一观点得到了一项关于体育锻炼的研究支持，该研究报告称，在运动的启动阶段，相较成年男性，青春期前的男孩更多的依赖氧化代谢能力，而较少地依赖 PCr[59]。一项关于高强度间歇训练的研究表明，相较年轻成人，青春期前的儿童在运动开始时 PCr 消耗的速率较低[60]。

使用 ^{31}PMRS 监控 PCr 恢复动力学的研究一致表明，相较年轻成人，在进行高强度运动后，儿童和青少年的 PCr 再合成速率更快，这表明在儿童和青少年中，线粒体氧化能力更强，ATP 再合成的速率更高[60-62]。

^{31}PMRS 技术有可能彻底改变人们对运动中发育性肌肉代谢的理解，但是由于目前缺乏严谨的研究，对数据很难清晰地解释。尽管如此，一些关于发育中运动代谢的见解已经出现，例如，与磷酸盐有关的氧化磷酸化的控制依赖于运动强度。在高强度运动的起始阶段，儿童和青少年以更高的速率重新合成 PCr，因此，相较年轻成人具有更高的氧化能力，并且存在性别差异。在中等强度运动中，年龄、身体成熟状态、性别相关的差异性仍有待被证实。

肺部氧气摄取动力学

MRS 目前费用不菲，无法在大多数实验室中常规使用。但是，成人无创性研究表明，肌肉 $\dot{V}O_2$ 与肺 $\dot{V}O_2$ 存在相关性，误差不到 10%[63]。此相关性已在 MR 扫描中通过同时测定在膝关节伸展运动起始时肺 $\dot{V}O_2$ 动力学和肌细胞内 PCr 动力学（作为肌肉 $\dot{V}O_2$ 的替代测试）得到证实[64]。这些研究说明肺 $\dot{V}O_2$ 动力学可作为评定运动中肌肉代谢的一项无创、经济的实时监测方法。由于儿童和青少年呈现较低的 $\dot{V}O_2$ 信号振幅，这项研究还未在青少年中重复开展。

在 MR 扫描中，儿童以俯卧位在立式健身车上进行运动，在运动的起始和结束阶段，儿童的股四头肌 PCr 动力学和肺 $\dot{V}O_2$ 动力学呈密切相关性[54]。

肺部 $\dot{V}O_2$ 动力学在运动开始阶段就启动，通常在描述运动的阶段Ⅲ和阶段Ⅳ时被提及（详见第 10 章）。在目前的情况下，值得注意的是，严格确定的肺 $\dot{V}O_2$ 动力学数据与青少年根据是一致的。在运动的起始阶段，在 T_{LAC} 水平之上和之下，随着年龄增长，阶段Ⅱ τ 逐渐变长，阶段Ⅱ $\dot{V}O_2$ 波幅降低。从青春期前到成人早期，在 T_{LAC} 水平之上时，运动中 $\dot{V}O_2$ 缓慢增加。在 T_{LAC} 水平之上时，青春期前的男孩比女孩呈现更短的阶段Ⅱ τ，且女孩的 $\dot{V}O_2$ 变化幅度更大。总的来说，这些数据一致表明：与年轻成人相比，随着运动强度的变化，青少年有氧代谢能力进阶性增强，同时无氧能力减弱；而且存在性别差异，至少在 T_{LAC} 水平之上时是这样的[65]。

可训练性：关于青少年 $\dot{V}O_2$ 动力学可训练性的研究很少，目前的理解很大程度上是建立在对训练有素的足球运动员和游泳运动员与未经训练的青少年进行比较研究的基础上的。数据提示，与未经训练的同龄人相比，在运动时，训练有素的男性和女性足球运动员，在中等强度训练的起始阶段（即在 T_{LAC} 水平之下）阶段Ⅱ τ 时间更短，在高强度运动 [即在 T_{LAC} 水平之上，但是低于最大乳酸稳定阶段（maximal lactate steady state，MLSS）]，训练有素的青春期前和青春期女性游泳运动员表现出阶段Ⅱ τ 时间更短。阶段Ⅱ τ 较短表明青少年运动员氧气匮乏的减少，这是因为随着运动强度变化，氧气运输到肌肉的量增多，且肌肉对氧气的利用能力增加[66]（详见第 10 章）。

无创和有创性研究的数据整合

尽管方法学上有挑战，但肌肉活检研究为发育中运动代谢的研究提供了有价值的见解。青少年的肌纤维结构的变化与有氧功能的提高相一致，并且男孩比同龄女孩更有优势。氧化酶的活性表明，相较成人，青少年能够优先氧化丙酮酸和 FFA。肌肉乳酸的积累和 BLA 均与年龄呈正相关。由于乳酸是疲劳的前兆，而且可以抑制肌肉摄取和利用脂肪酸，这更有利于由有氧代谢供能的运动。儿童的糖酵解酶活性低于成人，但是有些数据表明，在青春期中后期，儿童和成人具有相似的糖酵解酶活性。然而，糖酵解酶与 TCA 循环酶活性的比值，成人高于青少年和儿童。肌肉活检研究强烈表明，与成人相比，青少年在运动中具有良好的有氧代谢能力，但是很可能在主要由无氧代谢主导的运动中不占优势。包括肌肉活检在内的训练研究很少，但是现有数据表明，训练后肌纤维的大小和分布会发生改变，肌肉储备能力增加，糖酵解和氧化酶活性提高。有趣的是，由训练引起的肌肉代谢增强与运动员运动表现提高相关。

数据表明，随着年龄增长和身体成熟状态的提高，CPP 和峰值 $\dot{V}O_2$ 的增长是不同步的。相较于最大有氧运动能力的表现，CPP 在儿童期并没有得到良好的发展，但在青少年期呈现发育陡增，特别是在男孩中。与成人相比，青少年肌肉抗疲劳能力更强，这是众所周知的。解释儿童和成人差异的机制支持其他无创和有创性研究的结果，例如，儿童和青少年的氧化能力增强，PCr 再合成速率更快，运动神经元的募集和利用更精细，酸碱调节能力更强，乳酸生成更少，代谢副产物的清除能力更强。

底物的利用会影响机体的氧化能力。与成人相比，青少年肌肉内肌糖原含量偏低导致 CHO 氧化下降。在 T_{LAC} 水平以下的稳定状态运动中监控 R 值，结果表明，FFA 氧化占总能量消耗的百分比与年龄、性别呈负相关，从 10 岁到青少年期都是如此。随着青少年运动员氧化脂肪能力的提高，以及储备 CHO 能力的提高，他们有能力完成长时间、中等强度的运动。摄取 CHO_{exo} 可增加肌肉内肌糖原的储备并提高 FFA 氧化能力，可通过耐力训练进一步增强。

有关儿童和青少年的 ^{31}PMRS 和肺 $\dot{V}O_2$ 动力学研究的可靠数据较少，但是这些数据表明，年龄与肌肉能量代谢有关。在高强度运动中，与成人相比，青少年更依赖氧化代谢，肌肉 PCr 动力学和肺 $\dot{V}O_2$ 动力学数据与氧化酶活性提高相一致，Ⅰ型肌纤维的百分比和Ⅱ型肌纤维的募集存在年龄和性别差异。虽然关于运动干预的研究较少，但是通过对比训练有素的运动员和未经训练的同龄人，其结果表明，训练可诱导肌肉产生适应性变化，这与肌肉活检的结果一致。

未来需要通过控制良好的运动干预研究继续探索 ^{31}PMRS 和肺 $\dot{V}O_2$ 动力学数据，以解释运动和训练中肌肉代谢的变化。

　　肌纤维的募集形式是导致年龄（也可能是性别）相关差异性的主要影响因素。一项有趣的假说认为，儿童的代谢特征可能不是导致他们无氧代谢能力低的根本原因，而是因为 II 型肌纤维的募集不足导致的[67]。II 型肌纤维的募集不足会削弱糖酵解能力。同样，持续性地优先募集 I 型肌纤维可以促进肌肉肥大，并增强其氧化能力。

　　总之，关于儿童运动代谢仍然有太多未知需要探索，但总的来说，通过一系列无创和有创性方法学所获得的证据基本是一致的，并支持以下观点。

　　（1）在进行中等强度运动时，有氧代谢和无氧代谢之间存在交互作用。与成人相比，青少年有氧代谢能力更高，对 FFA 的依赖更强。

　　（2）随着年龄增长，从儿童到青少年（甚至一直到成年早期），糖酵解速率逐渐增加。

　　（3）在运动中补充 CHO_{exo} 增加了总 CHO 的利用，但降低了 CHO_{endo} 的利用，并提高了亚极限运动的运动表现。

　　（4）虽然存在性别差异，但是由于女孩的研究数据较少，因此，有待进一步探讨。

　　（5）与年龄相关的肌纤维募集形式的差异可能对运动中肌肉的代谢起着重要作用。

　　（6）运动训练可以诱导肌肉代谢发生相对较大的变化，该变化与青少年运动员运动表现的微小但有意义的提高相关。

青少年运动中的有氧代谢和无氧代谢

　　评估专项运动中有氧代谢和无氧代谢所占的供能比例，不仅对理解青少年运动员的生理功能有帮助，同时也为制订合适的训练和监测方案提供了一定的基础。除了发育代谢外，无氧代谢和有氧代谢所占供能的比例依赖于运动时长和运动强度，且受到训练状态、运动前饮食、底物的补充和大环境等的影响。

　　从表面上看，确定运动中的主导能量供应系统是不复杂的。在单人项目中，它相对简单，至少对成人来说是这样的。但是在团体项目和多组成部分的单人项目中，肌肉内的能量产生和使用是比较复杂的。接下来，将通过田径和足球运动来探索青少年的能量需求。关于体操运动中运动代谢的内容详见第 4 章。

田径

在田径竞赛中，目前还没有有关儿童相对能量消耗的可靠数据，但是可以根据不同赛程的田径比赛的表现来估算有氧供能系统和无氧供能系统的重叠作用。100 m 冲刺跑（年轻男性和女性运动员通常是 11~13 秒），运动员主要由通过 PCr 重新合成的 ATP 和无氧糖酵解供能，有氧代谢供能所占比例极小。400 m 冲刺跑（通常是 45~63 秒），运动员很大程度上也是由无氧代谢供能，且主要是由无氧糖酵解供能，有氧代谢供能所占比例较少（且随着年龄增长而减少）。1500 m 或长跑（通常是 300~2000 秒），运动员主要是由有氧代谢供能，尽管加速阶段（如最后冲刺阶段）无氧代谢供能也占了很大比例。

田径竞赛中 ATP 再合成的无氧与有氧比例平衡是动态的，在比赛中精确测定能量转换需要对不同代谢通路进行即时和准确的测量。然而，长跑中的能量转换可以在实验室模拟下估算，据报道，5000 m 优秀成人运动员在其最大有氧能力的 94%~98% 跑步时，运动表现最佳[68]。在长跑（如 10 000 m 或马拉松）比赛中，底物的利用百分比（如 CHO 与脂肪）对维持运动节奏至关重要。青少年运动员可优先利用脂肪供能，且可通过补充 CHO_{exo} 节约糖原消耗，从能量代谢方面而言，他们有能力挑战长跑。表 2.2 展示了根据 15 岁男孩的世界最佳成绩，估算田径竞赛中无氧和有氧代谢供能所占的比例。

正如之前讨论的数据所证明的那样，糖酵解速率和最大无氧代谢能力，特别是在男孩中更明显。尽管有大量的因素对运动表现产生影响，但图 2.3 很好地说明了这一点。图 2.3 显示了世界最佳成绩的平均跑速。在 100 m、400 m 和 1500 m 世界最佳成绩中，按年龄和性别划分的平均跑速就很好地说明了这一点。虽然所有的运动表现都是随年龄增长而提高，但相较于有氧代谢为主导的运动（即 1500 m），青春期男孩在无氧供能为主的运动（如 100 m，400 m）中的平均速度，随着年龄增长显著提升，女孩在各种距离下的运动表现也同样有明显的提升。

表 2.2　15 岁优秀男性运动员在田径比赛中无氧和
有氧代谢供能所占比例的估算

距离（m）	时间（秒）*	无氧代谢（%）	有氧代谢（%）
100	10.36	85~90	10~15
400	45.27	65~70	30~35
1500	222.44	20	80
5000	850.92	5	95
10000	1879.80	3	97

* 注：2018 年 1 月 31 日 15 岁男性田径运动员世界最佳成绩的数据。

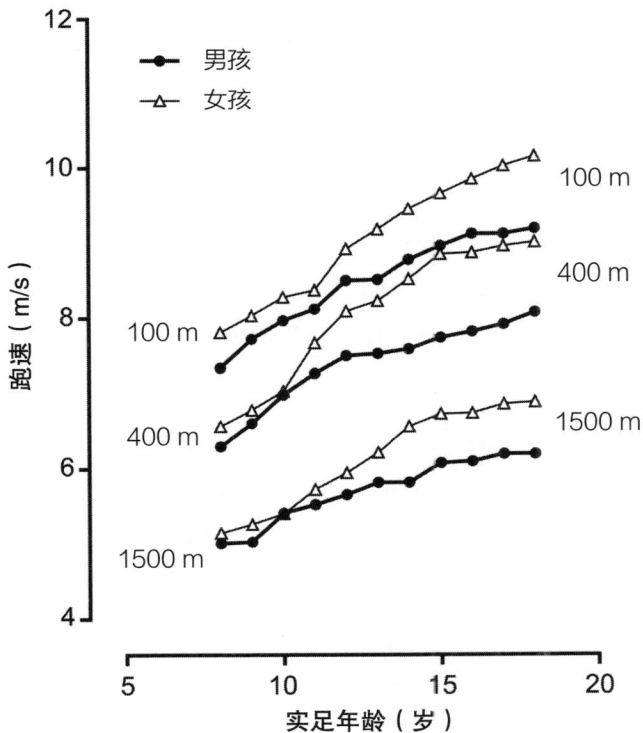

图 2.3　不同年龄和性别的 100 m、400 m、1500 m 世界最佳运动表现运动员的跑速

图中显示，约从 11 岁开始，在以无氧代谢为主导的赛事中（如 100 m 和 400 m），男孩的运动表现显著提升

根据 Armstrong 和 McManus[69] 的数据重新绘制

足球

U13~U18 竞技性足球比赛的持续时间为 70~90 分钟。无论年龄大小，这项运动中的运动表现主要依赖有氧代谢能力，但在比赛中，像冲刺跑、跳跃和运球等重复、简短、高强度的动作主要依靠无氧代谢供能。曾有人试图直接测量足球运动中的能量使用，但由于测试装备往往会限制运动表现和低估实际值，因此并没有得到精确和有效的数据。来自女孩的数据较少，但关于男性球员在总距离（有氧供能为主）和高强度距离（无氧供能为主）方面的比赛距离的数据是可用的。此类数据不仅可以估算运动员个人的能量代谢比例，还可以估算整项运动中无氧代谢和有氧代谢供能所占的比例。因此，通过对能量代谢变化过程的了解和把握，可以恰当地调整运动员的训练计划（关于不同持续时间和不同强度的有氧运动和无氧运动的可训练性的探讨详见第 7~10 章）。

来自 U13~U18 超级联赛队员的报道，他们在 U13 比赛中（比赛时长 70 分钟）的平均跑距是 6500 米，在 U16 比赛中（比赛时长 80 分钟）的平均跑距是 8300 米，在 U18 比赛中（比赛时长是 90 分钟）的平均跑距是 8900 米。尽管随着年龄增长，跑距逐渐增加，但当根据实际比赛调整时间时，最年轻的球队（U13）和 3 支较年长的球队（U16、U17 和 U18）在跑距上有显著差异。正如人们预计的那样，高强度运动所占的比例和跑步距离分别从 U13 的 8%/520 m、U16 的 10%/830 m，上升至 U18 的 14%/1246 m，随着年龄增长而增加[71]。

足球运动中的生理需求因战术和场上位置的不同而不同。对于成人足球的分析显示，带球和不带球的跑动距离因场上位置不同而不同。通常中场队员的跑动距离最长，接下来是前锋、后卫、中后卫[72]。来自超级联赛优秀足球运动员的比赛数据显示，中场运动员跑动距离平均是 8600 m，前锋和后卫是 8100 m，中后卫是 7700 m。统计数据显示，中场队员高强度运动占比为 10%，主力前锋队员高强度运动占比为 15%[71]。由于活动的强度和持续时间存在显著差异，因此，无氧代谢和有氧代谢供能所占比例由赛场位置决定。大家一致认为，对于青少年足球运动员需要根据其所在场上位置的需求，进行长期专门的战术性生理功能的培养、训练和监测。

优秀青少年足球运动员对无氧能力和有氧能力的要求都很高，这一点可通过比赛中下半场比上半场的跑步距离通常减少 5%~10% 反映出来。受益于较强的氧化能力及迅速再合成和维持 PCr 的能力，使青少年运动员能够从间歇性的、短时间的高强度运动中快速恢复。相较成人，青少年的肌糖原储备较少，在涉及恢复时间时这个因素需要考虑，它取决于饮食中 CHO 的充足供应与否，特别是在短时间段内进行多场比赛的比赛时（详见第 3 章）。

（李灵杰　译）

参考文献

［1］　Maughan R, Gleeson M, Greenhaff PL. *Biochemistry of exercise and training.* Oxford: Oxford University Press; 1997.

［2］　Jansson E, Hedberg G. Skeletal muscle fibre types in teenagers: Relationship to physical performance and activity. *Scand J Med Sci Sports.* 1991; 1: 31–44.

［3］　Oertel, G. Morphometric analysis of normal skeletal muscles in infancy, childhood and adolescence. *J Neurol Sci.* 1988; 88: 303–313.

［4］　Lexell J, Sjostrom M, Nordlund A-S, Taylor CC. Growth and development of human muscle: A quantitative morphological study of whole vastus lateralis from childhood to adult age. *Muscle Nerve.* 1992; 15: 404–409.

［5］　Jansson E. Age-related fiber type changes in human skeletal muscle. In: Maughan RJ, Shirreffs SM, eds. *Biochemistry of exercise IX.* Champaign, IL: Human Kinetics; 1996: 297–307.

［6］　Ratel S, Tonson A, LeFur Y, Cozzone P, Bendahan D. Comparative analysis of skeletal muscle oxidative capacity in children and adults: A ^{31}P-MRS study. *Appl Physiol Nutr Metab.* 2008; 33: 720–727.

［7］　Glenmark BC, Hedberg G, Jansson E. Changes in muscle fibre type from adolescence to adulthood in women and men. *Acta Physiol Scand.* 1992; 146: 251–259.

［8］　du Plessis MP, Smit PJ, du Plessis LAS, Geyer HJ, Mathews G. The composition of muscle fibers in a group of adolescents. In: Binkhorst RA, Kemper HCG, Saris WHM, eds. *Children and exercise XI.* Baltimore, MD: University Park Press; 1985: 323–328.

［9］　Fournier M, Ricci J, Taylor AW, Ferguson RJ, Montpetit RR, Chaitman BR. Skeletal muscle adaptation in adolescent boys: Sprint and endurance training and detraining. *Med Sci Sports Exerc*. 1982; 14: 453–456.

[10]   Cadefau J, Casademont J, Grau JM, *et al*. Biochemical and histochemical adaptation to sprint training in young athletes. *Acta Physiol Scand*. 1990; 140: 341–351.

[11]   Eriksson BO, Gollnick PD, Saltin B. Muscle metabolism and enzyme activities after training in boys 11–13 years old. *Acta Physiol Scand*. 1973; 87: 485–499.

[12]   Eriksson BO, Gollnick PD, Saltin B. The effect of physical training on muscle enzyme activities and fiber composition in 11 year old boys. *Acta Paediatr Belg*. 1974; 28: 245–252.

[13]   Eriksson BO, Saltin B. Muscle metabolism during exercise in boys aged 11 to 16 years compared to adults. *Acta Paediatr. Belg*. 1974; 28: 257–265.

[14]   Garoid L, Binzoni T, Ferretti G, *et al*. Standardisation of ^{31}phosphorus-nuclear magnetic resonance spectroscopy determinations of high energy phosphates in humans. *Eur J Appl Physiol*. 1994; 68: 107–110.

[15]   Barker AR, Armstrong N. Insights into developmental muscle metabolism through the use of ^{31}P-magnetic resonance spectroscopy: A review. *Pediatr Exerc Sci*. 2010; 22: 350–368.

[16]   Haralambie G. Enzyme activities in skeletal muscle of 13–15 year old adolescents. *Bull Eur Physiopath Resp*. 1982; 18: 65–74.

[17]   Berg A, Kim SS, Keul J. Skeletal muscle enzyme activities in healthy young subjects. *Int J Sports Med*. 1986; 7: 236–239.

[18]   Kaczor JL, Ziolkowski W, Popinigis J, Tarnopolsky MA. Anaerobic and aerobic enzyme activities in human skeletal muscle from children and adults. *Pediatr Res*. 2005; 57: 331–335.

[19]   Armstrong N, Barker AR, McManus AM. Muscle metabolism during exercise. In: Armstrong N, van Mechelen W, eds. *Oxford textbook of children's sport and exercise medicine*. 3rd edition. Oxford: Oxford University Press; 2017: 69–87.

[20]   Armstrong N, Welsman JR. Assessment: Aerobic fitness. In: Armstrong N, van Mechelen W, eds. *Paediatric exercise science and medicine*. 2nd edition. Oxford: Oxford University Press; 2008: 97–108.

[21]   Armstrong N, Barker AR. Endurance training and elite young athletes. In: Armstrong N, McManus AM, eds. *The elite young athlete*. Basle: Karger; 2011: 59–83.

[22]   Armstrong N, Welsman JR. Assessment and interpretation of aerobic fitness in children and adolescents. *Exerc Sport Sci Rev*. 1994; 22: 435–476.

[23]   Van Praagh E, Dore E. Short-term muscle power during growth and maturation. *Sports Med*. 2002; 32: 701–728.

[24]   Armstrong N, Welsman JR. Peak oxygen uptake in relation to growth and maturation in 11–17-year-old humans. *Eur J Appl Physiol*. 2001; 85: 546–551.

[25]　Armstrong N, Welsman JR, Chia MYA. Short-term power output in relation to growth and maturation. *Br J Sports Med*. 2001; 35: 118–124.

[26]　Armstrong N, Welsman JR, Kirby BJ. Performance on the Wingate anaerobic test and maturation. *Pediatr Exerc Sci*. 1997; 9: 253–261.

[27]　Armstrong N, Welsman JR, Kirby BJ. Peak oxygen uptake and maturation in 12-year-olds. *Med Sci Sports Exerc*. 1998; 30: 165–169.

[28]　Ratel S. High-intensity and resistance training in elite young athletes. In: Armstrong N, McManus AM, eds. *The elite young athlete*. Basle: Karger; 2011: 84–96.

[29]　Ratel S, Williams CA. Neuromuscular fatigue. In: Armstrong N, van Mechelen W, eds. *Oxford textbook of children's sport and exercise medicine*. 3rd edition. Oxford: Oxford University Press; 2017: 122–131.

[30]　Aucouturier J, Baker JS, Duche P. Fat and carbohydrate metabolism during submaximal exercise in children. *Sports Med*. 2008; 38: 213–238.

[31]　Foricher JM, Ville N, Gratas-Delamarche A, Delamarche P. Effects of submaximal intensity cycle ergometry for one hour on substrate utilization in trained prepubertal boys versus trained adults. *J Sports Med Phys Fit*. 2003; 43: 36–43.

[32]　Asano K, Hirakoba K. Respiratory and circulatory adaptation during prolonged exercise in 10–12-year-old children and in adults. In: Imarinen J, Valimaki I, eds. *Children and sport*. Berlin: Springer-Verlag; 1984: 119–128.

[33]　Eynde BV, Van Gerven D, Vienne D, *et al*. Endurance fitness and peak height velocity in Belgian boys. In: Osseid S, Carlsen K, eds. *Children and exercise XIII*. Champaign, IL: Human Kinetics; 1989: 19–27.

[34]　Montoye HJ. Age and oxygen utilization during submaximal treadmill exercise in males. *J Gerontol*. 1982; 37: 396–402.

[35]　Rowland TW, Auchinachie JA, Keenan TJ, Green GM. Physiologic responses to treadmill running in adult and prepubertal males. *Int J Sports Med*. 1987; 8: 292–297.

[36]　Timmons BW, Bar-Or O, Riddell MC. Oxidation rate of exogenous carbohydrate during exercise is higher in boys than in men. *J Appl Physiol*. 2003; 94: 278–284.

[37]　Martinez LR, Haymes EM. Substrate utilization during treadmill running in prepubertal girls and women. *Med Sci Sports Exerc*. 1992; 24: 975–983.

[38]　Rowland TW, Rimany TA. Physiological responses to prolonged exercise in premenarchael and adult females. *Int J Sports Med*. 1995; 7: 183–191.

[39]　Armstrong N, Kirby BJ, Welsman JR, McManus AM. Submaximal exercise in prepubertal children. In: Armstrong N, Kirby BJ, Welsman JR, eds. *Children and exercise XIX*. London: Spon; 1997: 221–227.

[40]　Braun B, Horton T. Endocrine regulation of exercise substrate utilization in women compared to men. *Exerc Sport Sci Rev*. 2001; 29: 149–154.

[41]　Friedlander AL, Casazza GA, Hornig MA, *et al*. Training-induced alterations of

carbohydrate metabolism in women: Women respond differently from men. *J Appl Physiol*. 1998; 85: 1175–1186.

[42] D'Eon TM, Sharoff C, Chipkin SR, Grow D, Ruby BC, Braun B. Regulation of exercise carbohydrate metabolism by estrogen and progesterone in women. *Am J Physiol Endo- crinol Metab*. 2002; 283: 1046–1055.

[43] Riddell MC. The endocrine response and substrate utilization during exercise in children and adolescents. *J Appl Physiol*. 2008; 105: 725–733.

[44] Stephens BR, Cole AS, Mahon AD. The influence of biological maturation on fat and carbohydrate metabolism during exercise in males. *Int J Sport Nutr Exerc Metab*. 2006; 16: 166–179.

[45] Riddell MC, Jamnik VK, Iscoe KE, Timmons BW, Gledhill N. Fat oxidation rate and the exercise intensity that elicits maximal fat oxidation decreases with pubertal status in young male subjects. *J Appl Physiol*. 2008; 105: 742–748.

[46] Timmons BW, Bar-Or O, Riddell MC. Influence of age and pubertal status on substrate utilization during exercise with and without carbohydrate intake in healthy boys. *Appl Physiol Nutr Metab*. 2007; 32: 416–425.

[47] Armstrong N, Welsman JR, Kirby BJ. Submaximal exercise and maturation in 12-year- olds. *J Sports Sci*. 1999; 17: 107–114.

[48] Mahon AD, Timmons BW. Application of stable isotope tracers in the study of exercise metabolism in children: A primer. *Pediatr Exerc Sci*. 2014; 26: 3–10.

[49] Riddell MC, Bar-Or O, Schwarcz P. Substrate utilization in boys during exercise with [^{13}C]-glucose ingestion. *Eur J Appl Physiol*. 2000; 83: 441–448.

[50] Riddell MC, Bar-Or O, Wilk B, Parolin ML, Heigenhauser GJF. Substrate utilization during exercise with glucose plus fructose ingestion in boys ages 10–14 yr. *J Appl Physiol*. 2001; 90: 903–911.

[51] Timmons BW, Bar-Or O, Riddell MC. Energy substrate utilization during prolonged exercise with and without carbohydrate intake in preadolescent and adolescent girls. *J Appl Physiol*. 2007; 103: 995–1000.

[52] Zakrzewski J, Tolfrey K. Fatmax in children and adolescents: A review. *Eur J Sport Sci*. 2011; 11: 1–18.

[53] Barker AR, Welsman JR, Welford D, Fulford J, Williams C, Armstrong N. Reliability of ^{31}P-magnetic resonance spectroscopy during an exhaustive incremental exercise test in children. *Eur J Appl Physiol*. 2006; 98: 556–565.

[54] Barker AR, Welsman JR, Fulford J, Welford D, Williams CA, Armstrong N. Muscle phosphocreatine and pulmonary oxygen uptake kinetics in children at the onset and offset of moderate intensity exercise. *Eur J Appl Physiol*. 2008; 102: 727–738.

[55] Barker AR, Welsman JR, Fulford J, Welford D, Armstrong N. Quadriceps muscle energetics during incremental exercise in children and adults. *Med Sci Sports Exerc*.

2010; 42: 1303–1313.

[56]　Peterson SR, Gaul CA, Stanton MM, Hanstock CC. Skeletal muscle metabolism during short-term high intensity exercise in prepubertal and pubertal girls. *J Appl Physiol*. 1999; 87: 2151–2156.

[57]　Barker AR, Welsman JR, Fulford J, Welford D, Williams CA, Armstrong N. Muscle phosphocreatine kinetics in children and adults at the onset and offset of moderate intensity exercise. *J Appl Physiol*. 2008; 105: 446–456.

[58]　Willcocks RJ, Williams CA, Barker AR, Fulford J, Armstrong N. Age-and sex-related differences in muscle phosphocreatine and oxygenation kinetics during high-intensity exercise in adolescents and adults. *NMR Biomed*. 2010; 23: 569–577.

[59]　Tonson A, Ratel S, Le Fur Y, Vilmen C, Cozzone P, Bendahan D. Muscle energetics changes throughout maturation: A quantitative ^{31}P-MRS analysis. *J Appl Physiol*. 2010; 109: 1769–1778.

[60]　Kappenstein J, Ferrauti A, Runkel B, Fernandez-Frenadez J, Zange J. Changes in phosphocreatine concentration of skeletal muscle during high-intensity intermittent exercise in children and adults. *Eur J Appl Physiol*. 2013; 113: 2769–2779.

[61]　Taylor DJ, Bore PJ, Styles P, Gadian DG, Radda GK. Bioenergetics of intact human muscle: A ^{31}P nuclear magnetic resonance study. *Mol Biol Med*. 1983; 1: 77–94.

[62]　Ratel S, Tonson A, Le Fur Y, Cozzone P, Bendahan D. Comparative analysis of skeletal muscle oxidative capacity in children and adults: A ^{31}P-MRS study. *Appl Physiol Nutr Metab*. 2008; 33: 720–727.

[63]　Grassi B, Poole DC, Richardson RS, Knight Dr, Erickson BK, Wagner PD. Muscle $\dot{V}O_2$ kinetics in humans: Implications for metabolic control. *J Appl Physiol*. 1996; 80: 988–998.

[64]　Rossiter HB. Exercise: Kinetic considerations for gas exchange. *Compr Physiol*. 2011; 1: 203–244.

[65]　Barker AR, Armstrong N. Pulmonary oxygen uptake kinetics. In: Armstrong N, van Mechelen W, eds. *Oxford textbook of children's sport and exercise medicine*. 3rd edition. Oxford: Oxford University Press; 2017: 181–194.

[66]　McNarry MA, Armstrong N. Aerobic trainability. In: Armstrong N, van Mechelen W, eds. *Oxford textbook of children's sport and exercise medicine*. 3rd edition. Oxford: Oxford University Press; 2017: 465–476.

[67]　Dotan R, Mitchell C, Cohen R, Klentrou P, Gabriel D, Falk B. Child-adult differences in muscle activation: A review. *Pediatr Exerc Sci*. 2012; 24: 2–21.

[68]　Londree BR. The use of laboratory test results with long distance runners. *Sports Med*.1986; 3: 201–213.

[69]　Armstrong N, McManus AM. Development of the young athlete. In: Armstrong N, van Mechelen W, eds. *Oxford textbook of children's sport and exercise medicine*. 3rd

edition. Oxford: Oxford University Press; 2017: 413–427.

[70] Stolen T, Chamari K, Castagna C, Wisloff U. Physiology of soccer. *Sports Med*. 2005; 35: 501–536.

[71] Buchheit M, Mendez-Villanueva A, Simpson BM, Bourdon PC. Match running performance and fitness in youth soccer. *Int J Sports Med*. 2010; 31: 818–825.

[72] Reilly T, Morris T, Whyte G. The specificity of training prescription and physiological assessment: A review. *J Sports Sci*. 2009; 27: 575–589.

第3章 激素、能量、营养与青少年运动

个体的基因表型决定了其生长发育水平，但基因表型的潜力是否完全发挥还同时受内分泌系统的调节及能量可用率（energy availability，EA）和营养状态的影响。本章回顾了与青少年运动员参与剧烈运动、高强度训练项目和定期比赛有关的 EA、关键激素轴和必需营养素；探索了目前研究的主要问题，包括合法和非法提高运动表现的营养补充剂、进食障碍（disordered eating，ED）、饮食失调（eating disorders，DE）及运动中相对能量不足（relative energy deficiency in sport，RED-S）的发展。

激素和青少年运动员

激素、生长、成熟与能量可用率

内分泌系统通过各种激素轴的作用和相互作用调节生长和发育，本章重点讨论生长激素 – 胰岛素样生长因子 –1（growth hormone-insulin like growth factor-1，GH-IGF-1）轴、下丘脑 – 垂体 – 性腺（hypothalamic-pituitary-gonadal，HPG）轴、下丘脑 – 垂体 – 甲状腺（hypothalamic-pituitary-thyroid，HPT）轴和下丘脑 – 垂体 – 肾上腺（hypothalamic-pituitary-adrenal，HPA）轴。每一条激素轴都是通过终产物激素对促激素的负反馈而进行自身调节的，不过一个激素轴的波动（如在运动中）会影响其他激素轴。

青春期前身体生长主要受到 GH-IGF-1 轴和 HPT 轴的调节，包括促进细胞生长、抑制细胞死亡、促进细胞增殖，刺激软骨的生长和分化，促进骨的生长和提高肌肉对氨基酸的摄取能力。青春期生长速率的显著加快依赖于

GH-IGF-1 轴和 HPG 轴的相互作用和甲状腺激素的持续作用。在青少年发育陡增期，血清中 GH 和 IGF-1 的大量增加主要受 HPG 轴的调节。

第二性征的发育、异性之间的解剖学特征差异、生长的加速和停止都与 HPG 轴有关。对于男孩，HPG 轴释放的促性腺激素与性腺的发育和睾丸体积大小相关。循环系统中睾酮水平升高，会相应地促进腋下、面部和阴部毛发的出现，改变声音，加速线性生长，并增加肌肉质量。对于女孩，循环系统中促性腺激素的增加刺激卵巢类固醇的快速分泌，将导致腋下和阴部毛发的发育、乳腺的增大、线性生长的加速、骨盆的重塑、体脂的增多和月经初潮。

在青春期，雄激素和雌激素的性别差异增加，由于雄激素是更强大的合成代谢激素，在体型发展的两性异形中起主导作用。男孩的肌肉质量增长较快，女孩的肌肉质量增长较慢，且随着雌激素的急剧增加，脂肪沉积也明显增加。雌激素和雄激素共同促进骨骼成熟，维持钙离子正向平衡，对骨骺线闭合和骨骼生长终止起调控作用。

调控能量稳态的核心是脂肪细胞分泌的脂肪因子（包括瘦素、脂联素），以及胃肠分泌的肽类、胃饥饿素。瘦素和胃饥饿素与下丘脑和垂体水平的食欲调节活动有关，瘦素作为饱腹信号抑制食物摄入，而胃饥饿素作为饥饿信号促进食物摄入，促进正向能量平衡。脂联素降低血液中 FFA 水平，减少肝葡萄糖的生成，也被归类为"饥饿激素"，发出低能量供应（LEA）信号。

瘦素和胃饥饿素可刺激 HPG 轴活性，并作用于青春期的启动和发展。男孩在青春期早期瘦素水平达到峰值，而女孩的瘦素水平继续上升。相比之下，青春期的启动大大降低了男孩和女孩循环系统中的胃饥饿素水平，但在青春期，男孩循环系统中的脂联素水平是下降的，而女孩没有下降[1]。

激素与运动

生长激素 – 胰岛素样生长因子 –1 轴

生长激素（GH）对单次有氧运动的反应不仅取决于运动强度和持续时间，同时也取决于青少年运动员的有氧运动能力，与体能一般的同龄人相比，青少年运动员需要更高强度的运动来刺激 GH 分泌。单次不同类型的有氧运动，如越野赛、排球，已被证实可刺激 GH 的分泌。强度大于 T_{LAC}，持续至少 10 分钟的运动，可以诱发合成代谢效应。不管运动持续时间长短，运动诱导的 GH 峰值通常发生在运动后 25~30 分钟；在较短的运动练习中，GH 峰值在运动结束后出现。最佳的 GH 分泌发生在至少 3 小时的间歇休息后，以使脑垂体恢复。一天运动数次的青少年也应当在制订训练计划时考虑脑垂体功能的恢复时间。在进行抗阻训练时，青少年较成人诱发的 GH 反应相对较低，可能是因为 GH 水平的基线较高。较低强度的抗阻运动和较快的无氧运动可能会更好地刺激 GH-IGF-1 轴[2]。

GH 水平通常在高强度运动后升高，但是 IGF-1 水平在低强度和高强度运动后均升高，且比 GH 提前达到峰值（分别是 10 分钟和 25~30 分钟后）。持续时间较长且强度较大的足球运动[3]、摔跤训练[4]和跆拳道格斗模拟（3 个 6 分钟激打，30 分钟恢复）[5]与循环系统 IGF-1 水平的降低和前炎症细胞因子的增加有关，这可能是导致循环系统中 IGF 降低的原因。

下丘脑 – 垂体 – 性腺轴

大多数研究重点关注抗阻训练对男孩和男性睾酮分泌的影响。相较成人，儿童睾酮增加得较少但十分重要，可以理解为是因为儿童的睾丸体积较小，睾丸间质细胞分化更少或者 HPG 轴的同步调节减少[6]。尽管关于女性青少年运动员抗阻训练的研究较少，并且结果存在争议。但在一次排球训练后，我们观察到男孩和女孩体内的睾酮水平都有升高，这表明合成代谢增强，虽然男孩的基线水平和运动后的数值都较高，但是在运动反应方面没有性别的显著差异[7]。在前面提到的跆拳道格斗模拟研究中，研究人员注意到睾酮水平降低与皮质醇含量增加有关，尽管这只在男孩身上有统计学意义。据推测，运动的生理应激和比赛的心理应激相叠加可能导致了睾酮的中枢抑制和分解代谢型激素反应（皮质醇和睾酮的比值增高）[5]。

下丘脑 – 垂体 – 肾上腺轴

急性运动诱发的应激激素皮质醇分泌的多少与运动强度和持续时间相关，在成人中，通常需要以 60% $\dot{V}O_{2\,max}$ 的强度进行 20 分钟以上的运动[8]。有研究表明，在类似的相对强度下，青春期的男孩比成年男性表现出更高的皮质醇增长。由于皮质醇的增加与肾上腺（另一种应激激素）的增加相似，这可能会引发男孩比成年男性更大的焦虑[9]。另一个观点认为，在跆拳道格斗模拟中观察到较高的急性皮质醇与睾酮比值，证明运动诱导了机体的分解代谢反应[2]。

脂肪因子和胃饥饿素

关于急性运动后脂肪因子和胃饥饿素反应的研究较少，但是有研究报道，在一次 30 分钟的踏车运动（95% T_{VENT}）后，青春期前和青春期男孩的瘦素和胃饥饿素水平均未发生显著改变[10]。这也可能是由于能量消耗过少不足引起显著反应所致[11]。月经初潮后的运动员分别进行前测，而后在训练 4 周、训练 7 周时检测，瘦素水平未出现改变[12]。相似地，青春期前儿童在进行最大跑台测试[13]后瘦素水平未发生变化，12 岁男孩在进行分级踏车测试后胃饥饿素水平未发生变化[14]。目前还没有关于健康青少年在运动后脂联素水平的变化数据，但 8~17 岁 1 型糖尿病患者进行一次急性运动后其水平是未发生改变的[15]。总的来说，现有的数据表明，瘦素、脂联素、胃饥饿素在急性运动后未观察到显著变化，但是仍然缺乏最权威的研究[16]。

激素和运动训练

生长激素 – 胰岛素样生长因子 –1 轴

很少有研究探讨运动训练对青少年运动员 GH-IGF-1 轴的影响。来自训练有素的女性体操运动员[17]和高中男性摔跤选手[18]的数据表明，训练计划与运动能量消耗（energy expended during exercise，EEE）密切相关，训练最初会导致前炎症细胞因子增加，并导致 IGF-1 水平降低。随着训练的持续和随后的适应，前炎症细胞因子水平下降，且对 IGF-1 的抑制效应降低。这会导致 GH-IGF-1 轴合成代谢的回弹，循环系统中的 GH 和 IGF-1 超过训练前水平。有人认为，监测训练中合成代谢和分解代谢激素水平的动态变化及炎症介质的水平，有可能会帮助青少年运动员和教练员来备战比赛和避免过度训练[19]。

下丘脑 – 垂体 – 性腺轴

HPG 轴对生理应激高度敏感，在青少年运动员中，运动训练导致的扰动与降低生长速度、延缓骨骼发育、延缓月经初潮有关[20-22]。数项研究监测了青少年运动员训练中睾酮水平的变化，但是数据仍值得商榷，可能是由于运动训练和发育的影响没办法分隔开研究。有研究报道，在摔跤运动员[18]、游泳运动员[23]和足球运动员[24]中，男性青少年的睾酮水平下降，然而还有研究报道在跑步运动员[25]、体操运动员[26]和游泳运动员[27]中，睾酮的基线水平和训练量之间没有关系。有研究发现，女性跑步运动员[12]和女性体操运动员[17]的睾酮水平相对增加，但优秀游泳运动员[28]的睾酮水平是稳定的。

有研究报道，对于女性运动员来说，高强度训练加上慢性 LEA 会抑制 HPG 轴的效应，从而增加运动性闭经的风险[20,29,30]。闭经运动员的 GH 释放会减弱。关于这方面的机制还没有完全被研究清楚，但是有证据表明，低雌激素水平与 HPT 轴的三碘甲腺原氨酸（T_3）降低相关，进而减弱 GH 的反应[31]。青少年运动员出现闭经的概率是常人的 4~20 倍，通常与长时间的 LEA 有关，特别是会出现在身材瘦小才具有竞争优势的运动中。目前，还没有强有力的证据来支持训练会导致 EA 和营养摄入充足的青少年运动员会发生发育延迟或月经紊乱[20]。

下丘脑 – 垂体 – 肾上腺素轴

HPA 轴在应对训练和比赛中的生理及心理应激时发挥重要作用。在前面提到的跆拳道格斗模拟比赛中，男孩比成年男性有更高的分解代谢（皮质醇）反应和更低的合成代谢（睾酮）反应，这可能与青春期前儿童抗阻训练肌肉肥适应性降低相关[2]（关于激素对抗阻训练的反应的讨论详见第 6 章）。

青少年运动员持续暴露在 LEA 环境中会导致 HAP 轴激活，皮质醇分泌增加，与交感神经系统共同应对挑战。青少年女性运动员常被报道皮质醇的基线值过高，特别是那些出现闭经的青少年女性运动员[21,22]。当能量匮乏时，HPT 轴可能会被下调，LEA 会显著抑制 HPT 轴，进而扰乱 HPG 轴。在青少年女性运动员中这可能会使 HPG 轴保持在青春期前的状态，从而延缓生长发育，或者导致已经发生月经初潮者继发闭经。优秀体操运动员在长期高强度的慢性 LEA 训练中，已经被观察到皮质醇水平昼夜节律的紊乱[32]。慢性 LEA 会导致 IGF-1 水平的降低及 GH 水平的上升，从而导致 GH 敏感性下降，这在从事按体重分类的运动项目的青少年运动员中很常见[19]。

脂肪因子和胃饥饿素

很少有纵向研究被报道，大多数研究都是对比青少年运动员和同龄非运动员的相关研究，结果是一致的。在体操运动员中，发现低瘦素水平与体脂下降及长期运动训练有关[33-35]。研究发现，优秀体操运动员脂联素水平较高，并且与训练量相关；但是由于脂联素水平与体脂和体重下降相关[21]，因此，脂联素和训练量的关系反映了 LEA 而不是训练应激[37]。胃饥饿素水平随着长期训练而增高[16]，与未经训练的同龄人相比，青春期前体操运动员检测到更高的胃饥饿素水平[38]。运动训练引起的胃饥饿素水平的提高，具有刺激食欲和增加能量摄入（energy intake，EI）的作用，以满足青少年运动员的高水平 EEE 需求[39]。正如前面所指出的，从青春期开始血液中胃饥饿素水平会大大降低，并且该现象在 EEE 长期过高时也会发生。

激素作为提高运动表现的"补剂"

基于激素对于生长和发育的影响，以及有训练经验的同龄人群拥有更大的体形、更好的发育和更强的肌力，GH、IGF-1 及蛋白同化雄性类固醇（anabolic-androgenic steroids，AAS）可作为提高运动表现的"良药"。目前还没有关于青少年运动员应用 GH 或者 IGF-1 的确切数据[40]，但是 AAS 的使用可以追溯到 20 世纪 50 年代的美国高中青少年运动员[41]。20 世纪 70~80 年代，政府组织青少年运动员使用 AAS（口服特力补），使得东德青少年体操和游泳运动员（特别是年轻女性）取得了优异成绩。他们招募有天分的年轻运动员，然后在运动员对 AAS 缺乏充分了解的情况下，队医让运动员使用该类药物[42]。这种违法滥用药物的行为不仅导致运动员过早死亡和严重的健康问题，而且还会使他们的孩子患有严重的健康问题[43]。

很难准确判断关于 AAS 在青少年运动中使用的普及率，但是调查显示其使用剂量较大[40,41,44]。AAS 促进肌肉肥大和增加肌力的证据是有力的，但是出于伦理考虑，所有关于青少年运动员该方面的研究已经被禁止。此外，随着发育期睾酮的分泌，很难把力量和身体成分的变化全部归因于药物制剂。使用 AAS 的潜在不良反应已经陈述得很全面，包括 HPG 轴关闭、肝功能紊乱、血脂异常、痤疮、骺生长板过早闭合、生理紊乱等。对于女孩，即使少量服用 AAS 也会诱发多毛症和月经紊乱。

国际奥林匹克委员会（International Olympic Committee，IOC）对于提高运动表现药物的使用是严格对待的。在 2010 年夏季青少年奥林匹克运动会期间，该机构一共监督了 1300 项测试，并雇用了 332 名工作人员进行药检，这为 2014 年的奥运会提供了一个反兴奋剂和医疗服务典范[45]。同样，当意识到优秀青少年运动员在没有成人支持情况下很少服用兴奋剂，世界反兴奋剂机构（World Anti-Doping Agency，WADA）在 2015 年的规章中加入了一条新的禁止条款。该条款内容为：服用过一段时间的兴奋剂的专业运动员或在过去 6 年有违法或存在专业冒犯行为的专业运动员，将无参赛资格。

然而，由于青少年运动变得压力越来越大、越来越职业化、越来越政治化，以及青少年运动员（及其随从工作人员）越来越容易受到金钱和其他诱惑的影响，需要 IOC、国际运动联盟、国家体操管理局（National Governing Bodies，NGB）和 WADA 采取更果断的青少年反兴奋剂行动。

营养状态和能量可用率

很少有人认识到，青少年运动员不是一个同质化的群体，营养和能量需求不仅在发育过程中有特殊性，在各项运动中也是。确认青少年运动员生长、发育的最佳需求，并对代谢和激素波动水平进行检测和追踪是科研工作者的任务。同时，满足营养和 EA 需求对于生活在以运动为导向的环境中并长期参加高强度训练项目的青少年运动员来说是有挑战的。

常量营养素

常量营养素作为代谢底物的研究已在第 2 章分析过，研究证据表明：①青少年的肌糖原和肝糖原储备比成人要低；②参与无氧酵解的酶的活性与年龄呈负相关，至少从儿童期到青春期是这样的，也可能直到青年期均如此；③进行中等强度运动时，与成人相比，有训练经验和无训练经验的青少年倾向于使用较高百分比的脂肪供能及较低百分比的 CHO 供能。④在能量平衡的个体中，蛋白质参与供能的比例较小，但是随着训练强度的增加，青少年运动员会将蛋白质作为能量来源之一，这样可能会降低蛋白质在生长发育中所起的主要作用。

这些儿童和成人在运动代谢方面的差异均表明，为成年运动员制订的营养指南并不适合直接应用于青少年运动员。

碳水化合物

碳水化合物（CHO）在能量供应和运动表现中扮演着至关重要的角色。它们是高强度运动中的主要能量底物，在常规条件下，血糖是中枢神经系统细胞的唯一能量底物。糖原少量贮存在肝脏和肌肉中，但是在持续高强度运动或在恢复时间较短的持续运动中会被完全消耗。摄入 CHO 可以迅速补充 CHO 的储存，多余的 CHO 会转化成脂肪储存在脂肪组织中。

9~18 岁儿童 CHO 的每日推荐摄入量（recommended daily intake，RDI）是 100 g/d，这是基于葡萄糖为主要组织（如脑组织）提供能量所需的量，并没有考虑肌糖原的补充。因此，关于非运动员青少年的 CHO 的 RDI 并不适用于青少年运动员。对于一系列青少年运动项目 CHO 摄入的估算表明，青少年运动员 CHO 摄入比非运动员青少年高 2~3 倍[47]。女性运动员 CHO 的摄入普遍比男性要低，但是也存在项目差异。研究报道，优秀男性足球运动员和优秀男性体操运动员日常 CHO 摄入分别是 526 g 和 153 g[48]。

建议青少年运动员至少将每日消耗的 CHO 的 50% 作为日常 EI[47]，这对于高强度训练项目运动员来说可能太低，通常情况下，EI 的 60% 应来自于 CHO，并且单糖的比例不超过 10%。然而，并没有通用的摄入标准，每一个青少年运动项目都应该被推荐以多种形式摄入足够的 CHO，包括全麦意大利面或面包、蔬菜、水果、牛奶或酸奶来维持最大 EA，同时要与 EEE 的季节变化和生长发育所需相一致[50-52]。运动后摄入 CHO 的时间对于最大限度获取糖原储备是十分重要的，对于训练或比赛恢复时间小于 8 小时的运动员推荐在运动后 30 分钟内补充 CHO（1.0~1.5g/kg），接下来 4~6 小时每 2 小时补充 1 次[53]。运动饮料、凝胶剂、能量棒等精炼的 CHO 补剂可以为高强度训练或比赛提供必要的补充，但是过度补充 CHO 会诱发超重和龋齿[50]。第 2 章回顾了利用稳定同位素技术（如 ^{13}C- 葡萄糖）证明男孩在运动中摄入 CHO_{exo} 会提高运动表现。然而，这些研究的受试者并不是专业青少年运动员，同时，运动中补充 CHO_{exo} 饮料对于运动表现的提升并没有经过严格的验证，不足以形成推荐意见。目前还没有强有力的证据证明，运动前补充 CHO 对于提高成人运动表现的作用同样适用于青少年，而且鉴于这种步骤的已知风险[54]，如果推荐青少年运动员使用这种方法是不负责任的做法。

脂肪

青少年运动员需要足够量的膳食脂肪来保护重要的器官，同时需要提供适当的脂肪酸、可溶性维生素和胆固醇，来为生长和发育提供足够的能量支撑。相较成人，青少年进行中等强度运动时更依赖脂肪作为能量底物，但是没有证据证明在耐力性运动中青少年运动员会从高脂饮食中受益。相反，运动前摄入高脂膳食可能对运动表现有负面影响，如 GH 分泌会下降[55]。摄入过量的脂肪与负面健康问题相关，并且建议脂肪摄入不能超过 EI 的 20%~30%，饱和脂肪酸和反式脂肪酸供应不能超过 EI 的 10%[51]。运动后脂肪储备的补充还没有被考虑，因为即使体形很瘦的青少年运动员体内仍然可能有大量的脂肪组织储备[56]。

关于青少年的饮食调查表明，脂肪大约占总 EI 的 30%，但是男性足球运动员[48]和男性橄榄球运动员[59]脂肪摄入比男性体操运动员至少高 3 倍[49]。一些接受高强度训练的女性运动员如果 EEE 大大超过 EI，则有发生月经失调的风险[60]。由于脂肪是能量密度最高的底物，在某些极端案例中对脂肪的消耗增加可能是必需的，以解决不理想的 EI[51]。总的来说，青少年运动员的脂肪摄入应该遵循公共健康管理指南，鼓励摄入不饱和脂肪酸，如鱼肉和植物蛋白。高浓度饱和脂肪酸，如炸薯条和烘焙产品等应该受到限制，来自动物脂肪的摄入也应该被合理监控。

蛋白质

蛋白质拥有多种调节功能，对维持细胞功能至关重要，为维持生长发育过程中的正氮平衡，青少年对于蛋白质有更大的需求。文献记录显示，日常高强度训练会增加成人蛋白质的需求，但没有青少年运动员的日常特定蛋白质需求的相关研究。当评估蛋白质需求时需要考虑总能量消耗。因为 LEA 会导致以蛋白质作为能量底物，并降低它在生长和发育中所起的主要作用[47,60]。

就身体质量而言，青少年运动员对蛋白质的摄入与成人运动员一致，大多数青少年运动员不需要额外补充蛋白质即可满足他们的蛋白质需求[61-63]。如果富含蛋白质的补充剂被推荐给青少年运动员，唯一正当的理由是它们可以作为蛋白质的便捷来源，而不是作为日常补充[60]。目前有明显的证据表明，摄入蛋白质的时间点也很重要，在训练中或训练后即刻补充适量的高质量蛋白质似乎可以最大限度提升肌肉在进行抗阻训练时的运动表现[64,65]。

由于青少年运动员生长发育所需的 RDI 可以轻易获得满足，所以他们摄入蛋白质的最谨慎的方法是采用一种可提高高质量蛋白质来源的日常饮食模式，如摄入鸡蛋、家禽肉、鱼肉、牛奶等。此外，还可以在训练后立即摄入高质量蛋白质[64]。

微量营养素

铁

在生长和发育中，铁在氧气运输系统、肌肉质量、肌肉代谢和认知功能中发挥着重要的作用。对于女孩来说，月经期开始后对铁的需求增加。据文献报道，铁摄入不足会降低运动表现，有研究报道，超过 50% 的青少年女性运动员铁蛋白储量较低[67]。然而，铁缺乏的相关数据很难解释清楚，因为随着青春期快速发育，血浆容量增多，一次急性训练就可导致"运动性贫血"现象[68]，这与铁含量无关。此外，铁的 RDI 因国家而异，一般范围为 8~15 mg/d[69]。

青少年运动员可能会通过排汗、排尿、胃肠出血等途径丢失铁。还没有强有力的证据表明青少年运动员相对普通青少年人群有更高的 RDI。

膳食摄入研究表明，男性青少年运动员的铁摄入量通常超过 RDI，而女性青少年运动员的铁摄入量仍然接近 RDI 值。然而，女性运动员个体铁摄入量差异相当大，女性青少年运动员比男性青少年运动员更易出现无任何征兆的铁缺乏现象。因此，建议女性在进行高强度训练后应当摄入含铁丰富的食物，如肝脏、瘦牛肉、烤青豆和菠菜等。关于铁的补充需要谨慎，仅在食补不能满足时才考虑使用铁补充剂。如果需要额外补充，应在医务监督下补充[47,60,70]。

钙和维生素 D

钙和维生素 D 是骨生长、维持和修复中的重要元素，在骨矿物质含量（BMC）自然增长达到峰值的青春期时，对二者的需求很高。国际上钙的 RDI 是 1300 mg/d，但是研究发现，女性青少年运动员普遍存在钙摄入不足，特别是体操运动员，研究报道其摄入量在 7~14 岁时平均值是 850 mg/d[71]。

关于维生素 D 的 RDI 值是存在争议的，一篇报道女性运动员（包括女性青少年运动员）的综述指出，超过 90% 的不同项目的运动员，维生素 D 的摄入量均较低[61]。针对青少年女性足球运动员[67]及艺术体操和竞技体操运动员[73,74]的研究发现，维生素 D 水平偏低，与运动表现受损相关[72]。相较月经正常的运动员和同龄非运动员，月经失调的青少年运动员骨骼肌微细结构受损，月经失调的青少年运动员需要补充足够的维生素 D 和钙。为了使 LEA 或月经失调的运动员最大限度地保持骨健康，推荐每天钙的摄入量为 1500 mg/d，维生素 D 的摄入量为 1500~2000 U[75]。证据表明，钙和维生素 D 的摄入量都很低，应当采取干预措施来支持青少年运动员，特别是女孩，以满足她们的维生素 D 和钙的日常需求[60]。富含钙和维生素 D 的食物包括牛奶、菠菜、西蓝花、鱼肉和鸡肝等。在某些情况下可能需要补充维生素 D，特别是在冬季，以保证骨骼的健康，但是应该视个体的实际情况而定。

液体

耐力训练或比赛，特别是在湿热环境中进行时，运动员会因排汗丢失大量体液和电解质[76]，这会影响运动表现[77]和健康[78]。尽管青少年出汗率比成人低，但若不及时补充液体，他们也会和成人一样发生脱水[79]。青少年往往不能充分补充水分，尽管在运动和恢复期[80]可以完全随时补充液体，并且他们可能在面对热相关问题时比成年运动员更脆弱[81]。

对于青少年运动员补液并没有国际通用规定，但是应谨慎采用成人运动员的推荐意见，在运动前、运动中和运动后他们应该依照出汗率定期补液。如果比赛或训练时间过长并且没有间歇，盐和 CHO 应该添加到调味冷饮中[82]。研究表明，相较白水，调味饮料或是调味 CHO 电解质饮料明显更受欢迎[83]。液体中含盐，不仅可提高饮用意愿，还能帮助补充因排汗丢失的盐分。在训练或比赛后，应该主动补充水和盐分以防发生严重缺水。

脱水会导致体重的严重降低，体重变化的监控可以为运动中液体缺失提供一个大致的参考，确保在进入下一个训练单元前液体得到及时的补充。不幸的是，有证据表明在一些以体重分级的运动比赛中，青少年运动员特意通过利尿剂来达到"减重"目的。在 2010 年和 2014 年青少年奥运会上，摔跤和跆拳道运动中就有违反兴奋剂规定使用利尿剂的案例。在 2014 年英联邦运动会上，一名 16 岁举重运动员因在赛后被发现使用利尿剂而被撤销金牌。

提高运动表现的膳食补剂

在法律许可售卖范围内，有一些膳食补剂（包括肌酸、咖啡因、特定缓冲剂和硝酸盐）对成年运动员某些方面的运动表现有积极影响。目前还没有提高运动表现的补剂的剂量数据，且并不是每个人都有积极的反应，也有一些危害健康的报道。补剂使用剂量过高或使用违法的补剂均可导致不良后果[84]，还有一种可能就是使用了含有不明成分的商业产品，如 AAS[85]。

关于提高青少年运动员运动表现的膳食补剂的生理学效应或者潜在的健康问题，目前还没有进行严格的研究。以补充肌酸为例，在成人中研究证实补充肌酸可以提高肌肉肌酸储备，提高 PCr 再合成速率，帮助提高训练强度，在力量和功率输出上提高表现[75]。然而，大约30%的运动员对此没有反应，并且有报道称，补充肌酸对肾脏、胃肠道、心血管功能以及体液平衡有负面影响[44,86]。目前还没有令人信服的证据表明青少年补充肌酸可以提高运动表现，肌肉 PCr 的储备随着年龄增长和身体发育而增加，在重复高强度运动中 PCr 的再合成速率更快（详见第 7 章）。肌酸补充对青少年健康的直接作用和长期服用（>5 年）效果都是未知的。然而，使用提取肌酸被报道为是提高青

少年运动表现的最常用手段之一[44,86]。一项关于美国高中运动员的研究报道
称，8.2% 的 14~18 岁学生使用 PCr，但是 7.5% 的使用者并不是很清楚摄入的
量是否超过了推荐量[87]。与提高运动表现的药物一样，在没有成人支持下青
少年运动员不太可能开始并持续补充肌酸。

有一些国际组织，包括 IOC 和美国运动医学学会，针对提高运动表现
的膳食补剂的使用提出了建议，明确反对 18 岁以下的青少年使用某些药
物，其中包括肌酸。此外，成人鼓励和帮助青少年运动员服用一些提高运
动表现的补剂是不道德的，因为这些青少年运动员并没有能力去判断可能
存在的健康风险[86,88,89]。

尽管存在健康警告，而且也没有强有力的证据来支持使用膳食补剂可
提高运动表现，然而此类补剂并未受到监管，且在青少年运动员中存在滥用
情况。由于对膳食补剂的界定和方法存在差异，相关的对比调查研究仍有问
题。之前的一篇综述报道，青少年膳食补剂使用占比为 22%~71%[90]，目前
一致认为该情况大量存在并且是逐渐增加的。例如，提高运动表现的膳食补
剂在加拿大的青少年项目中使用率是 97%~99%，在德国 15~18 岁运动员中是
75%，在南非 54%~56% 的橄榄球校队的男孩以使用膳食补剂来提高比赛成绩
（非精英青少年运动员）[93]。

IOC 已经就膳食补剂与运动表现高的运动员之间的关系发表了一份共识
声明[75]，但关于青少年运动员使用膳食补剂的权威指南仍有待研究。

能量可用率

能量摄入应该满足与运动相关的需求，同时还能提供足够的能量来满足
生长、发育和最佳生理功能及日常活动的需求。前面讨论过，LEA 会影响代
谢激素的水平，以及胰岛素、皮质醇、GH、IGF-1、胃饥饿素、瘦素、FFA
和葡萄糖等底物的水平，可能会对正常身体发育产生潜在的不利影响。

EI 和 EA 的关系在公式 3.1 中有明确阐述，但是根据个体发展所需来评
估运动员的 EA 是有挑战性的。

能量可用率（EA）= 能量摄入（EI）- 运动能量消耗（EEE）（公式 3.1）

尽管科技在不断发展[94]，对于 EI[95] 和 EEE[96] 的测量仍然不精确，而且由于训练和比赛量的个体差异，青少年能量需要的估算是混乱的。也有已发表的涉及多种身体活动的青少年随年龄增长所需能量的预测研究[97]，但这些数据并不能直接转移到青少年运动员身上，因为研究没有考虑青少年运动员的实足年龄和成熟状态的不相称性，也没有考虑他们较大的、多变的、季节性的 EEE。那些严格监控体重，采用平衡营养膳食摄入包括 CHO、高质量蛋白质和足够的铁、钙及维生素 D 的青少年不太可能受到 LEA 的困扰。

目前还没有关于 LEA 发生率的推算，但是毋庸置疑，这一定存在于少量青少年运动员中。不同运动项目 LEA 的发生率有所不同，在一些以体重较低作为优势的项目的运动员中，LEA 发生率更高[89]。在以体重分类的比赛中，通过使用内部或外部措施促使体重迅速降低，以满足一个特定重量等级的比赛（赛前称重）是一个普遍存在的问题，这可能导致运动员过量运动、节食、液体控制、服用泻药、催吐、蒸桑拿，以及在训练中穿减重服衫等。不推荐青少年运动员重复进行减体重和增加体重的循环过程，因为能量平衡持续被打乱、代谢速率的改变、暂时的负氮平衡等可能会扰乱生长并导致肌肉损伤等[98,99]。

当青少年运动员存在 DE 或 ED 时，会出现 LEA，而不是故意限制饮食造成的。这种情况容易发生在能量需求过大，但由于训练强度的急剧增加，食欲受到抑制或没时间进食时。通过饮食干预通常可以解决该问题。此外，ED 在运动员人群中的发生率比在普通人群中要高，分别困扰大约 14% 的女性和 3% 的男性青少年运动员[100]。此外，青少年在训练和比赛过程中存在不易察觉的或明显的压力，通常伴随 LEA，和 DE 模式相关，这个现象逐渐引起大家的关注。目前，通常通过 IOC 的 RED-S 的一系列方法和策略来推进和解决该问题[101]。

运动中相对能量不足

运动中相对能量不足（relative energy deficiency in sport，RED-S）属于 LEA 的一种，是一种生理和心理功能受损，对健康和个人状态造成影响的综合征。在青少年运动员中，这包括营养和能量的不充足，不足以满足日常活动、EEE、生长和发育所需。在青少年中，关于 RED-S 的健康困扰主要集中在女孩，常导致慢性 LEA、体脂储备不足、激素水平失常，以及与调节月经周期相关的主要激素轴的紊乱。目前研究证明，RED-S 综合征与多种生理、心理及潜在的健康问题相关，如图 3.1 所示[101]。

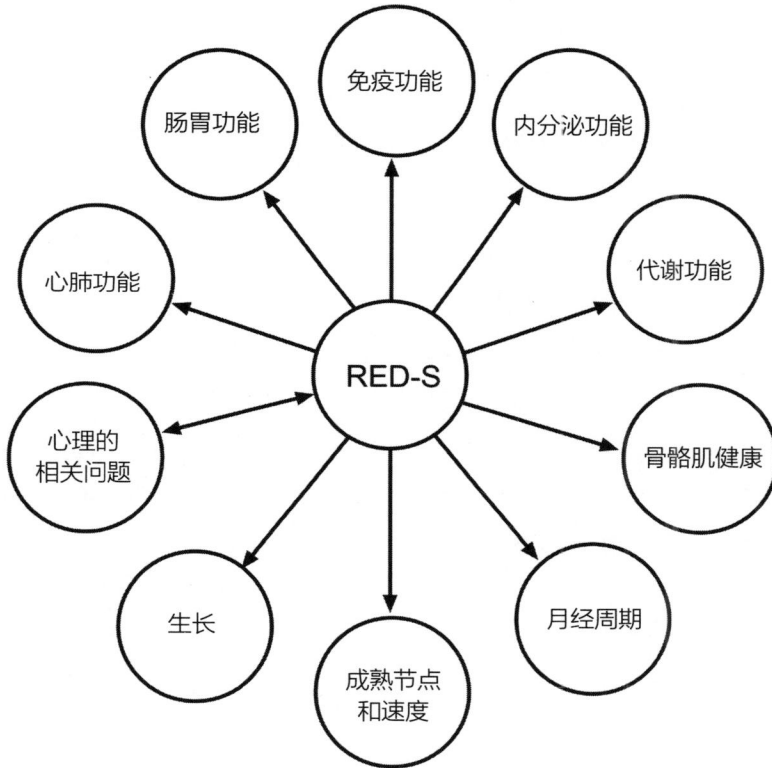

图 3.1 运动中相对能量不足综合征对健康相关因素的影响

心理问题可能发生在 RED-S 之前，或由 RED-S 导致（图片经许可转载自 Mountjoy et al.[10]）

RED-S 的出现与 ED 和 DE 密切相关，该综合征的发病初始时间与单项运动专项化程度相一致，并在高强度训练和比赛进程中增加[102]。RED-S 的发病机制是多因素的，但常见的切入点是节食——"瘦才能赢"。出现 RED-S 的运动员通常在较小的年龄开始训练，且经历了训练负荷和强度急剧增加的过程。在青少年运动员中经常发现的人格因素，如完美主义、过于顺从、高成就倾向性格因素[103]及强迫行为等与 RED-S 的风险上升有关[104]。LEA 常发生在需要低体重的运动中，如果青少年运动员为了运动比赛而降低体重且使其低于正常水平，可能是由于受到了来自教练、监护人或团队的压力，以致最终发生 RED-S[103]。这些微妙的压力在发育过程中体重没有增加而最初力量 / 功率输出相对体重高比例，以及暂时运动表现提高时会加强。不幸的是，尽管获得了暂时的成绩提升，但持续的 LEA 对营养的摄入、健康、生长、发育和中长期运动表现均有不利影响。RED-S 对运动表现的影响如图 3.2 所示[101]。

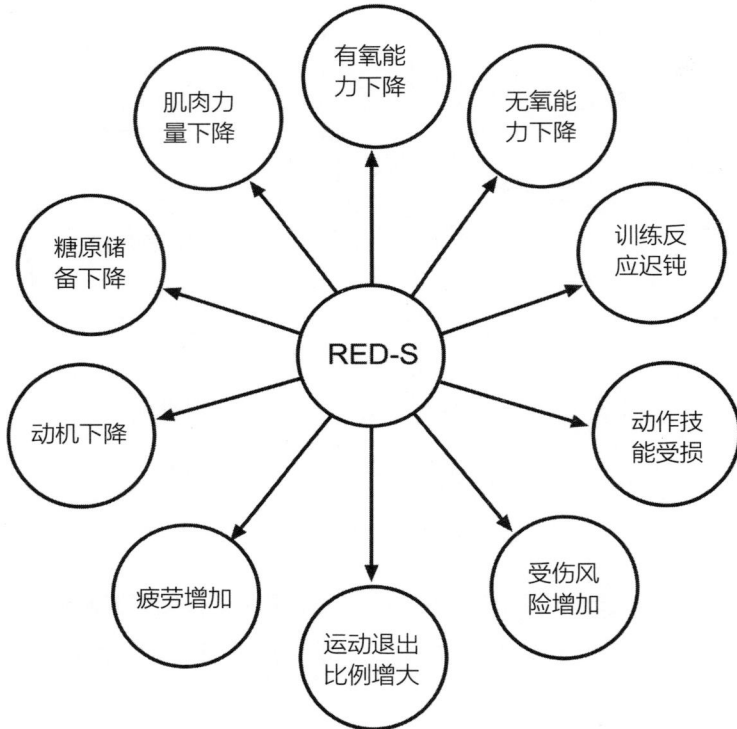

图 3.2　运动中相对能量不足综合征对运动表现的影响

（图片经许可转载自 Mountjoy et al.[101]）

　　健康青少年运动员的最佳发展需要其教练员和监护人进行密切监控和定期健康筛查，以便及早发现和治疗 RED-S 综合征，特别是对那些从事耐力和对体重敏感的项目的运动员更应如此。从长远看，需要研发和开展针对 NGB、青少年运动员、监护人、教练、优秀运动员和队医保障团队的恰当的教育项目。在某种情况下，整顿青少年体育的社会风气是至关重要的。

（李灵杰 译）

参考文献

[1] Malina RM, Bouchard C, Bar-Or O. *Growth, maturation, and physical activity*. 2nd edi- tion. Champaign, IL: Human Kinetics; 2004.

[2] Eliakim A, Nemet D. Exercise and hormones. In: Armstrong N, van Mechelen W, eds. *Oxford textbook of children's sport and exercise medicine*. 3rd edition. Oxford: Oxford University Press; 2017: 57–67.

[3] Scheett TP, Mills PJ, Ziegler MG, Stoppani J, Cooper DM. Effect of exercise on cyto- kines and growth mediators in prepubertal children. *Pediatr Res*. 1999; 46: 429–434.

[4] Nemet D, Oh Y, Kim HS, Hill M, Cooper DM. Effect of intense exercise on inflammatory cytokines and growth mediators in adolescent boys. *Pediatrics*. 2002; 110: 681–689.

[5] Pilz-Burstein R, Ashkenazi Y, Yaakobovitz Y, *et al*. Hormonal response to Taekwondo fighting simulation in elite adolescent athletes. *Eur J Appl Physiol*. 2010; 110: 1283–1290.

[6] Pullinen T, Mero A, Huttunen P, Pakarinen A, Komi PV. Resistance exercise-induced hormonal response under the influence of delayed onset muscle soreness in men and boys. *Scand J Med Sci Sport*. 2011; 21: e184–e194.

[7] Eliakim A, Portal S, Zadik Z, *et al*. The effect of a volleyball practice on anabolic hormones and inflammatory markers in elite male and female adolescent players. *J Strength Cond Res*. 2009; 23: 1553–1559.

[8] Urhausen A, Kindermann W. The endocrine system in overtraining. In: Warren MP, Constantini NW, eds. *Sports endocrinology*. Hoboken, NJ: Humana Press; 2000: 347–370.

[9] Pullinen T, Mero A, MacDonald E, Pakarinen A, Komi PV. Plasma catecholamine and serum testosterone responses to four units of resistance exercise in young and adult male athletes. *Eur J Appl Physiol*. 1998; 77: 413–420.

[10] Pomerants T, Tillmann V, Karelson K, Jürimäe J, Jürimäe T. Ghrelin response to acute aerobic exercise in boys at different stages of puberty. *Horm Metab Res*. 2006;

38: 752–757.

[11] Jürimäe J. Adipocytokine and ghrelin responses to acute exercise and sport training in children during growth and maturation. *Pediatr Exerc Sci*. 2014; 26: 392–403.

[12] Kraemer RR, Acevedo EO, Synovitz LB, Herbert EP, Gimpel T, Castracane VD. Leptin and steroid hormone responses to exercise in adolescent female runners over a 7-week season. *Eur J Appl Physiol*. 2001; 86: 85–91.

[13] Souza MS, Cardso AL, Yasbek P, Faintuch J. Aerobic endurance, energy expenditure, and serum leptin response in obese, sedentary, prepubertal children and adolescents participating in a short-term treadmill protocol. *Nutrition*. 2004; 20: 900–904.

[14] Sauseng W, Nagel B, Gamillscheg A, *et al.* Acylated ghrelin increases after controlled short-time exercise in school-aged children. *Scand J Med Sci Sports*. 2011; 21: e100–e105.

[15] Diabetes Research in Children Network (DirecNet) Study Group. Adiponectin and catecholamine concentrations during acute exercise in children with type 1 diabetes. *Pediatr Diabetes*. 2008; 9: 221–227.

[16] Kraemer RR, Castracane VD. Effect of acute and chronic exercise on ghrelin and adipocytokines during pubertal development. *Med Sport Sci*. 2010; 55: 156–173.

[17] Jahreis G, Kauf E, Fröhner G, Schmidt HE. Influence of intensive exercise on insulin-like growth factor I, thyroid and steroid hormones in female gymnasts. *Growth Regul*. 1991; 1: 95–99.

[18] Roemmich JN, Sinning WE. Weight loss and wrestling training: Effects of growth-related hormones. *J Appl Physiol*. 1997; 82: 1760–1764.

[19] Eliakim A, Nemet D. Exercise training, physical fitness and the growth hormone-insulin-like growth factor-1 axis and cytokine balance. *Med Sport Sci*. 2010; 55: 128–140.

[20] Malina RM, Baxter-Jones ADG, Armstrong N, *et al.* Role of intensive training in the growth and maturation of artistic gymnasts. *Sports Med*. 2013; 43: 783–802.

[21] Maimoun L, Georgopoulos NA, Sultan C. Endocrine disorders in adolescent and young female athletes: Impact on growth, menstrual cycles, and bone mass acquisition. *J Clin Endocrinol Metab*. 2014; 99: 4037–4050.

[22] Rubin DA, Tufano JJ, McMurray RG. Endocrine responses to acute and chronic exercise in the developing child. In: Constantini N, Hackney AC, eds. *Endocrinology of physical activity and sport*. New York, NY: Humana Press; 2013: 417–436.

[23] Carli G, Martelli G, Viti A, Baldi L, Bonifazi M, Lupo di Prisco C. Modulation of hormone levels in male swimmers during training. In: Hollander AP, Huijing PA, de Groot D, eds. *Biomechanics and medicine in swimming*. Champaign, IL: Human Kinetics; 1983: 33–40.

[24] Arruda AF, Aoki MS, Freitas CG, Spigolon LM, Franciscon C, Moreira A. Testosterone concentration and lower limb power over an entire competitive season

in elite young soccer players. *J Strength Cond Res*. 2015; 29: 3380–3385.

[25] Rowland TW, Morris AH, Kelleher JF, Haag BL, Reiter EO. Serum testosterone response to training in adolescent runners. *Am J Dis Child*. 1987; 141: 881–883.

[26] Gurd B, Klentrou P. Physical and pubertal development in young male gymnasts. *J Appl Physiol*. 2003; 95: 1011–1015.

[27] Maimoun L, Coste O, Philibert P, *et al*. Testosterone secretion in elite adolescent swimmers does not modify bone mass acquisition: A 1-year follow-up study. *Fertil Steril*. 2013; 99: 270–278.

[28] Eliakim A, Beyth Y. Exercise training, menstrual irregularities and bone development in children and adolescents. *J Pediatr Adolesc Gynecol*. 2003; 16: 201–206.

[29] Ignacio DL, da S Silvestre DH, Cavalcanti-de-Albuquerque JP, Louzada RA, Carvalho DP, Werneck-de-Castro JP. Thyroid hormone and estrogen regulate exercise-induced growth hormone release. *PLoS ONE*. 2015; 10: e0122556.

[30] Daly RM, Rich PA, Klein R. Hormonal responses to physical training in high-level peripubertal male gymnasts. *Eur J Appl Physiol*. 1998; 79: 74–81.

[31] Fuqua JS, Rogel AD. Endocrinology. In: Caine DJ, Russell K, Lim L, eds. *Gymnastics*. Chichester: Wiley-Blackwell; 2013: 28–39.

[32] Georgopoulos NA, Rottstein L, Tsekouras A, *et al*. Abolished circadian rhythm of salivary cortisol in elite artistic gymnasts. *Steroids*. 2011; 76: 353–357.

[33] Weimann E, Blum WF, Witzel C, Schwidergall S, Böhles HJ. Hypoleptinemia in female and male elite gymnasts. *Eur J Clin Invest*. 1999; 29: 853–860.

[34] Võsoberg K, Tillmann V, Tamm AL, *et al*. Adipocytokine and ghrelin levels in relation to body composition in rhythmic gymnasts entering into puberty: A three-year follow- up study. *Pediatr Exerc Sci*. 2014; 26: 477–484.

[35] Munoz MT, de la Piedra C, Barrios V, Garrido G, Argente J. Changes in bone density and bone markers in rhythmic gymnasts and ballet dancers: Implications for puberty and leptin levels. *Eur J Endocrinol*. 2004; 151: 491–496.

[36] Roupas ND, Maimoun L, Mamali I, *et al*. Salivary adiponectin levels are associated with training intensity but not with bone mass or reproductive function in elite rhythmic gymnasts. *Peptides*. 2014; 51: 80–85.

[37] Jürimäe J. Hormones and training. In: Armstrong N, van Mechelen W, eds. *Oxford textbook of children's sport and exercise medicine*. 3rd edition. Oxford: Oxford University Press; 2017: 455–464.

[38] Parm AL, Jürimäe J, Saar M, *et al*. Plasma adipocytokine and ghrelin levels in relation to bone mineral density in prepubertal rhythmic gymnasts. *J Bone Miner Metab*. 2011; 29: 717–724.

[39] Jürimäe J, Jürimäe T. Ghrelin responses to acute exercise and training. In: Constantini N, Hackney AC, eds. *Endocrinology of physical activity and sport*. New York, NY:

Humana Press; 2013: 207–220.

[40] Rogel AD. Drugs of abuse and the adolescent athlete. *Ital J Pediatr*. 2010; 36: 19.

[41] Harmer PA. Anabolic-androgenic steroid use among young male and female athletes: Is the game to blame? *Br J Sports Med*. 2010; 44: 26–31.

[42] Frahke WW, Berendonk B. Hormonal doping and androgenization of athletes: A secret program of the German Democratic Republic government. *Clin Chem*. 1997; 43: 1262–1279.

[43] Ungerleider S. *Faust's gold: Inside the East German doping machine*. New York, NY: Dunne; 2001.

[44] Calfee R, Fadale P. Popular ergogenic drugs and supplements in young athletes. *Pediatrics*. 2006; 117: e577–e589.

[45] Mountjoy M, Akef N, Budgett R, *et al*. A novel antidoping and medical care delivery model at the 2nd Summer Youth Olympic Games (2014), Nanjing China. *Br J Sports Med*. 2015; 49: 887–892.

[46] Vernec A, Gerrard D. Doping and anti-doping. In: Armstrong N, van Mechelen W, eds. *Oxford textbook of children's sport and exercise medicine*. 3rd edition. Oxford: Oxford University Press; 2017: 645–657.

[47] Petrie HJ, Stover EA, Horswill CA. Nutritional concerns for the child and adolescent competitor. *Nutrition*. 2004; 20: 620–663.

[48] Rico-Sanz J, Frontera W, Mole PA, Rivera MA, Rivera-Brown A, Meredith C. Dietary and performance assessment of elite soccer players during a period of intense training. *Int J Sport Nutr*. 1998; 8: 230–240.

[49] Lopez-Varela S, Montera A, Chandra RK, Marcos A. Nutritional status of young female elite gymnasts. *Int J Vit Nutr Res*. 2000; 70: 185–190.

[50] Meyer F, O'Connor H, Shirreffs S. Nutrition for the young athlete. *J Sport Sci*. 2011; 29(Suppl. 1): S73–S82.

[51] Desbrow B, Leveritt M. Nutritional issues for young athletes: Children and adolescents. In: Burke L, Deakin V, eds. *Clinical sports medicine*. 5th edition. Sydney, Australia: McGraw-Hill; 2015: 592–617.

[52] Burke LM, Hawley JA, Wong SH, Jeukendrup AE. Carbohydrates for training and competition. *J Sport Sci*. 2011; 29(Suppl 1); S17–S27.

[53] Rodriguez NR, Vislocky LM, Gaine RC. American dietetic association, dieticians of Canada, American college of sports medicine, nutrition and athletic performance. 2009 position. *J Am Diet Assoc*. 2009; 109: 509–527.

[54] Burke LM, Miller G, Tarnopolsky MA. Nutrition for distance events. *J Sport Sci*. 2007; 25(Suppl 1): S29–S38.

[55] Galassetti P, Larson J, Iwanaga K, Salsberg SL, Eliakim A, Pntello A. Effect of a high-fat meal on the growth hormone response to exercise in children. *J Pediatr*

Endocrin Metab. 2006; 19: 777–786.

[56] Burke LM, Kiens B, Ivy JL. Carbohydrates and fat for training and recovery. *J Sport Sci*. 2004; 22: 15–30.

[57] Croll JK, Neumark-Sztainer D, Story M, Wall M, Perry C, Harnack L. Adolescents involved in weight-related and power team sports have better eating patterns and nutrient intakes than non-sport-involved adolescents. *J Am Diet Assoc*. 2006; 106: 709–717.

[58] Juzwiak CR, Amancio OMS, Vitalle MSS, Pinheiro MM, Szejnfeld VL. Body composition and nutritional profile of male adolescent tennis players. *J Sports Sci*. 2008; 26: 1209–1217.

[59] Hickson JF, Duke MA, Risser WL, Palmer R, Stockton JE. Nutritional intake from food sources of high school football athletes. *J Am Diet Assoc*. 1987; 87: 1656–1659.

[60] Desbrow B, McCormack J, Burke LM, *et al*. Sports Dietitians Australia Position Statement: Sports nutrition for the adolescent athlete. *Sport Nutr Exerc Metab*. 2014; 24: 570–584.

[61] Heaney S, O'Connor H, Gifford J, Naughton G. Comparison of strategies for assessing nutritional adequacy in elite female athletes' dietary intake. *Int J Sport, Nutr, and Exerc Metab*. 2010; 20: 245–256.

[62] Aerenhouts D, Deriemaeker P, Hebbelinck M, Clarys P. Energy and macronutrient intake in adolescent sprint athletes: A follow-up study. *J Sport Sci*. 2011; 29: 73–82.

[63] Aerenhouts D, Van Cauwenberg J, Poortmans JR, Hauspie R, Clarys P. Influence of growth rate on nitrogen balance in adolescent sprint athletes. *Int J Sport Nutr Exerc Metab*. 2013; 4: 409–417.

[64] Hawley JA, Burke LM, Phillips SM, Spriet LL. Nutritional modulation of training-induced skeletal muscle adaptations. *J Appl Physiol*. 2011; 110: 834–845.

[65] Phillips SM, Van Loon LJ. Dietary protein for athletes: From requirements to optimum adaptation. *J Sport Sci*. 2011; 29: S29–S38.

[66] Escobar KA, McLain TA, Kerksick CM. Protein needs of young athletes. In: Kerksick CM, Fox E, eds. *Sports nutrition needs for child and adolescent athletes*. Boca Raton, FL: CRC Press; 2016: 59–75.

[67] Braun H, von Andrian-Werberg J, Schanzer W, Thevis M. Nutritional status of young female German football players. *Pediatr Exerc Sci*. 2018; 30: 170–177.

[68] Deakin V, Peeling P. Prevention, detection and treatment of iron depletion and deficiency in athletes. In: Burke L, Deakin V, eds. *Clinical sports medicine*. 5th edition. Sydney, Australia: McGraw-Hill; 2015: 266–309.

[69] Sundgot-Borgen C, Sundgot-Borgen J. Nutrition and eating disorders. In: Armstrong N, van Mechelen W, eds. *Oxford textbook of children's sport and exercise medicine*. 3rd edition. Oxford: Oxford University Press; 2017: 625–636.

[70] Martinez S, Pasquarelli BN, Romaguera D, Arasa C, Tauler P, Aguilo A.

Anthropometric characteristics and nutritional profile of young amateur swimmers. *J Strength Cond Res*. 2011; 25: 1126–1123.

[71] Benardot D, Schwartz M, Heller DW. Nutrient intake in young, highly competitive gymnasts. *J Am Diet Assoc*. 1989; 3: 401–403.

[72] Ward KA, Das G, Berry JL, *et al*. Vitamin D status and muscle function in post-menarchal adolescent girls. *J Clin Endocrin Metab*. 2009; 94: 559–563.

[73] Lovell G. Vitamin D status of females in an elite gymnastics program. *Clin J Sport Med*. 2008; 18: 159–161.

[74] Silva MR, Paiva T. Low energy availability and low body fat of female gymnasts before an international competition. *Eur J Sport Sci*. 2015; 15: 591–599.

[75] Maughan RJ, Burke L, Dvorak J, *et al*. IOC consensus statement: Dietary supplements and the high-performance athlete. *Br J Sports Med*. 2018; (in press).

[76] Bar-Or O, Wilk B. Water and electrolyte replenishment in the exercising child. *Int J Sports Nutr*. 1996; 6: 93–99.

[77] Dougherty KA, Baker LB, Chow M, Kenney WL. Two percent dehydration impairs and six percent carbohydrate drink improves boys' basketball skills. *Med Sci Sports Exerc*. 2006; 38: 1650–1658.

[78] Falk B, Dotan R. Temperature regulation. In: Armstrong N, van Mechelen W, eds. *Oxford textbook of children's sport and exercise medicine*. 3rd edition. Oxford: Oxford University Press; 2017: 195–212.

[79] Meyer F, Bar-Or O. Fluid and electrolyte loss during exercise: The pediatric angle. *Sports Med*. 1994; 18: 4–9.

[80] Iuliano S, Naughton G, Collier G, Carlson J. Examination of self-selected fluid intake practices by junior athletes during a simulated duathlon event. *Int J Sports Nutr*. 1996; 8: 10–23.

[81] Bergeron MF, McKeag DB, Casa DJ. Youth football: Heat stress and injury risk. *Med Sci Sports and Exerc*. 2005; 37: 1421–1430.

[82] Shirreffs SM, Cass DJ, Carter R. Fluid needs for training and competition in athletics. *J Sport Sci*. 2007; 25: S83–S91.

[83] Wilk B, Bar-Or O. Effect of drink flavour and NaCl on voluntary drinking and hydration in boys exercising in the heat. *J Appl Physiol*. 1996; 80: 1112–1117.

[84] Geyer H, Parr MK, Mareck U, *et al*. Analysis of non-hormonal nutritional supplements for anabolic-androgenic steroids- results of an international study. *Int J Sports Med*. 2004; 25: 124–129.

[85] Maughan RJ, Shirreffs SM. Dietary supplements. In: Armstrong N, van Mechelen W, eds. *Oxford textbook of children's sport and exercise medicine*. 3rd edition. Oxford: Oxford University Press; 2017: 637–644.

[86] Terjung RL, Clarkson P, Eichner ER, *et al*. American College of Sports Medicine

roundtable: The physiological and health effects of oral creatine supplementation. *Med Sci Sports Exerc.* 2000; 32: 706–717.

[87] Smith J, Dahm GL. Creatine use among select population of high school athletes. *Mayo Clin Proc.* 2000; 75: 1257–1263.

[88] Bergeron MF, Mountjoy M, Armstrong N, *et al.* International Olympic Committee consensus statement on youth athletic development. *Br J Sports Med.* 2015; 49: 843–851.

[89] IOC consensus statement on sports nutrition. *J Sport Sci.* 2011; 29(Suppl 1): S3–S4.

[90] McDowall JA. Supplement use by young athletes. *J Sports Sci Med.* 2007; 6: 337–342.

[91] Wiens K, Erdman KA, Stadnyk M, Parnell JA. Dietary supplement usage, motivation, and education in young, Canadian athletes. *Int J Sport Nutr Exerc Metab.* 2014; 24: 613–622.

[92] Braun H, Koehler K, Geyer H, Kleinert J, Mester J, Schänzer W. Dietary supplement use among elite young German athletes. *Int J Sport Nutr Exerc Metab.* 2009; 19: 97–109.

[93] Duvenage KM, Meltzer ST, Chantler SA. Initial investigation of nutrition and supplement use, knowledge and attitudes of under-16 rugby players in South Africa. *S Afr J Sports Med.* 2015; 27: 67–71.

[94] Intille SS, Lester J, Sallis JF, Glen S. New horizons in sensor development. *Med Sci Sports Exerc.* 2012; 44: 524–531.

[95] Burke LM, Cox GR, Cummings NK, *et al.* Guidelines for daily carbohydrate intake: Do athletes achieve them? *Sports Med.* 2001; 31: 267–299.

[96] Pfeiffer KA, Watson KB, McMurray RG, *et al.* Energy cost expression for a youth com- pendium of physical activities: Rationale for using age groups. *Pediatr Exerc Sci.* 2018; (in press).

[97] Torun G. Energy requirements of children and adolescents. *Pub Health Nutr.* 2005; 8: 968–993.

[98] Boisseau N. Consequences of sport-imposed weight restriction in childhood. *Ann Nestle.* 2006; 64: 77–84.

[99] Meyer NL, Sundgot-Borgen J, Closa AR. Eating disorders in young athletes. In: Green K, Smith A, eds. *Routledge handbook of youth sport.* London: Routledge; 2016: 424–440.

[100] Martinsen M, Sundgot-Borgen J. Higher prevalence of eating disorders among adolescent elite athletes than controls. *Med Sci Sports Exerc.* 2013; 45: 188–197.

[101] Mountjoy M, Sundgot-Borgen J, Burke L, *et al.* The IOC consensus statement: Beyond the Female Triad-Relative Energy Deficiency in Sport (RED-S). *Br J Sports Med.* 2014; 48: 491–497.

[102] Campbell K, Peebles R. Eating disorders in children and adolescents: State of the art review. *Pediatr.* 2014; 134: 582–592.

［103］Sundgot-Borgen J, Torstveit MK. Aspects of disordered eating continuum in elite high-intensity sports. *Scand J Med Sci Sports* 2010; 20(Suppl 2): 112–121.

［104］Leon GR. Eating disorders in female athletes. *Sports Med*. 1991; 12: 217–219.

第 4 章　生长、成熟与青少年运动员

众所周知，基因在解释生长和成熟的变化中起着重要作用，遗传性状对青少年运动表现有显著影响。相比之下，青少年运动和高强度训练对遗传性状的影响是有争议的，还没有被完全了解。不同运动项目中的青年运动员在体型、身体形态、身体成分及性成熟或骨骼成熟方面是否呈现出独特的趋势？本章研究了青少年运动员在团体项目和个人运动项目中的生长和成熟的特点，探讨了在高度集中的运动环境中进行高强度训练和比赛对生长和成熟的影响。选择性募集、早期专项化、EA、饮食限制、体重敏感性、RED-S、损伤发生率和管理、过度训练、非意外暴力和防护等问题的合理解决方式可以推广到其他青少年运动项目中。

青少年运动员的生长、成熟特征

Bob Malina 教授在过去几十年里一直引领着这一领域的研究，并为该领域提供了一系列富有洞察力的评论。在这些评论中，他整理并定期更新了一系列体育运动相关的数据。正如 Malina 教授强调的那样，来自青少年运动员群体的描述性数据为比较分析提供了一个有用的框架，但数据通常以群体方式呈现，不可避免的是有一些人将会在青少年体育运动中取得了成功，但却没有表现出具有专项代表性的身体特征[1-5]。

团体运动项目

男女青少年团体运动员的身高和体重通常与一般人群的参考中位数相似

或超过参考中位数，而且在某些运动中，他们甚至表现出了成年运动员的身材和体型。篮球就是一个典型的例子，在优秀男女篮球运动员中，高大的身材具有非常明显的优势。

美国职业篮球联赛（NBA）中男性球员的平均身高比一般男性高 15%，其中 11% 的球员身高在 2.13 m 以上，而 NBA 女性球员的平均身高比一般女性高 10%。身高的性别差异可能与职业联赛中巨大的性别收入差异有关。体型和形态与篮球运动成功的相关性在青少年篮球队的选拔和留用中得到了明显的体现，在这一过程中，男性青少年球员的身高通常处于第 50~95 百分位数的区间内，而女性球员通常处于第 75~90 百分位数的区间内。然而，值得注意的是，身高并不是区分 NBA 球员的唯一人体测量指标，尽管他们的身高非常出众，他们的平均臂长与身高之比为 1.063，而普通成年男性的平均臂长与身高之比为 1.000。目前还没有关于优秀青少年球员臂展距离的确切数据[5-7]。

关于青少年足球运动员的数据非常广泛，表明在整个儿童期和青春期早期到中期，男性和女性球员的平均身高在参考中位数附近波动，而平均体重（至少在男孩青春期后期）超过参考中位数。然而，身高、体重和其他人体测量指标（例如守门员的臂展）因场上位置的不同而不同，在所有年龄组中，守门员和后卫通常比中场和前锋队员更高、更重[8]。

据报道，1978~2015 年，男性足球运动员的体型有所增加，尤其是在 13~16 岁。但 PHV 和 PWV 的估算年龄在同一时期内没有差异。身高和体重的增加可能反映了营养的改善，但对于优秀的年轻球员来说，他们可能通过早期系统的选材和保持球员和提前成熟状态而增强这些指标。早期的训练计划强调肌肉力量和爆发力的发展，这可能有助于身体肌肉质量的增加[9]。

团队项目的运动员，尤其是男孩，通常比同龄的非运动员表现出更低的体脂率，但体型和身体成分根据特定团体运动和团队内位置的身高 – 体重 – 身体成分的需求而异。来自参加了些团体运动的男孩的数据表明，其 PHV 的估算年龄与非运动员相似，并且在 10~11 岁的实足年龄中，SA 涵盖了从延迟到准时到提前成熟。如图 1.1 所示，随着年龄的增长，在团体运动中取得成功的男孩的 SA 往往属于提前成熟，至少属于准时。在曼联 U15 青年队的男性运动员中，93% 的人都表现出了提前或准时成熟的 SA。在 U16 阵容中，98% 的球员的 SA 被划分为提前或准时成熟，63% 的球员表现为提前成熟[10]。然而，对于一些延迟成熟的男孩来说，如果他们继续保持运动，在 16~18 岁时就能在以年龄进行分组的团体运动中达到精英水平，这也是非常常见的。

针对男性足球运动员第二性征的研究反映了 SA 的调查数据。在 11 岁的儿童身上能够观察到 PH1~PH4 阶段，在 12~13 岁的孩子身上能够观察到 PH 的所有 5 个阶段。年龄在 14~16 岁之间的研究对象，大多为接近性成熟（PH4）或完全性成熟（PH5）。然而，为了正确解释数据，青春期状态需要考虑 PH/G 阶段和各个阶段的实足年龄变化。在按年龄划分的运动中，表现出提前成熟的运动员往往比那些准时或延迟成熟的运动员更成熟、更高、更重。同样，在性成熟程度相同的运动员中，年龄大的男孩往往比年龄小的男孩更高、更重。很少有来自团体运动女性运动员的数据，但同时有证据表明，女性运动员的成熟度与非运动员同龄人的成熟度相比存在显著差异，只不过差异不如男性明显[1-5]。

个人运动项目

青少年运动员在个人项目中的体型比团体项目的体型变化更大。在许多运动中，身高是一种优势，随着时间的推移，该项目中的年轻运动员通常会变得更高。相比之下，需要在空中旋转的青少年运动员，如体操运动员，则比非体育运动员有明显更短小的身材，而且在过去 30 年里，优秀女性体操运动员的平均身高下降了 10%[6]。

无论男女，体操运动员的平均身高都趋向于与年龄相关的参考数据保持一致或低于 10%。青少年赛艇运动员和游泳运动员的身高通常超过参考数据的第 50 百分位数。男女田径短跑运动员的平均身高和体重倾向于等于或超过第 50 百分位数。与短跑运动员相比，低体重 – 身高比是男女青少年长跑运动员的典型特征。长跑运动员的体重平均值通常低于参考数据的第 50 百分位数，很少有个体例外；在青春期，身高通常处于参考中位数水平或以下，尽管青春期后期男孩的身高一般在参考中位数水平以下。

不同运动项目的青少年运动员的体重与身高比存在特异性差异。例如，参加个人项目的运动员通常比不参加体育运动的同龄人更瘦，但这会因不同运动的需求而不同。运动引起的体脂变化在女性中尤为明显。据报道，女性竞技体操运动员的体脂含量约为 14%，长跑运动员和越野滑雪运动员的体脂含量为 21%~25%，游泳运动员和田径运动员的体脂含量约为 27%，而非运动员的体脂含量为 26%~31%。

从事赛艇、自行车和田径项目的男性运动员比不参加运动的同龄人的 PHV 估算年龄更早。男、女体操运动员的 PHV 年龄均与延迟成熟相一致。女性赛艇运动员和田径运动员的 PHV 估算年龄近似于非运动员同龄人。女性田径运动员、投掷运动员和跳远运动员的 SA 处于提前成熟状态，而跑步运动员则落后于实足年龄。14 岁以下的女性游泳运动员中能发现所有成熟状态，但 SA 倾向处于提前或准时成熟状态。14~15 岁仍然参加游泳比赛的女性运动员的 SA 以准时或提前成熟状态为主，大多数游泳运动员在 16 岁时骨骼达到成熟状态。运动员的月经初潮年龄与一般人群相似，除了体操运动员和跳水运动员，虽然她们的月经初潮出现的较晚，但仍在正常的差异范围内[1-5]。

运动训练

为了充分评价高强度训练和参与运动对青少年运动员成长和成熟状况的影响，需要对从儿童期训练开始之前到青春期再到成年早期的这段时期进行纵向研究。这就需要从非常年幼的儿童开始研究，如年龄在 5~6 岁的体操运动员，同时还应包括未参加训练的年龄相仿的对照组。研究还需要考虑影响生长和成熟的变量，如 EA、营养摄入、家庭成员和地理位置等。虽然目前还没有完全符合这些标准的调查，但一些相关的研究已在不断进行。在已经发表的针对青少年运动员和非运动员同龄人的纵向研究中，运动员和非运动员群体在初始体型上的差异并不十分明确。然而，在一些运动项目中，体型的差异是招募、选拔和判断是否能够长期从事这项运动的标准之一。

大多数与运动训练有关的身体、骨骼和性成熟的纵向数据来自前东欧集团国家。Malina 描述了波兰和捷克斯洛伐克运动员的纵向研究，其中包括摔跤、帆船、游泳、自行车、竞技体操、赛艇、网球、团体项目（篮球、冰球、排球、手球和足球）及田径项目运动员，研究对象的年龄范围为 11~14 岁、12~15 岁和 11~18 岁。其他学者对网球[11]、长跑[12]、摔跤[13]、跑步[14]和冰球[14]运动员的短期研究对上述研究数据做出了补充。与参考数据相比，观察到的生长和成熟模式在确定男性运动员的提前成熟和女性运动员的稍微延迟或准时成熟方面通常是一致的。身体质量、FM 和 FFM 等数据随季节变化而变化，在一些运动项目中，为了准备比赛而"增重"或"减重"也会影响数据[1-5]。

从整体上看（考虑到抽样、所代表的运动和方法的差异），对青少年运动员的研究表明，并没有令人信服的证据证明高强度训练影响身高、PHV 年龄、性成熟的时间和节奏、SA 或初潮年龄。

青少年运动员训练计划

青少年运动员训练（Training of Young Athletes，TOYA）计划是一项具有里程碑意义的研究，它为不同运动的高强度训练是否影响生长和成熟的正常发展提供了一些新的见解。参与者是从英国 NGB 提供的四项运动的精英青少年运动员名单中随机选择的。采用混合纵向设计，对竞技体操、游泳、网球和足球运动员的队列进行了为期 3 年的跟踪研究，年龄范围为 9~18 岁，训练时间因年龄和运动而异。足球运动员每周训练 3~10 小时，网球运动员每周训练 5~10 小时，游泳运动员每周训练 9~13 小时，体操运动员每周训练 10~15 小时。所有的训练方案都是高强度的[15-17]。

如图 4.1a 和图 4.1b 所示，在 TOYA 计划开始和整个过程中，男女体操运动员都比其他项目的运动员身高更低[18]。女性游泳运动员、女性体操运动员和女性网球运动员在达到 PH2、PH3 和 PH4 或 B2、B3 和 B4 阶段的实足年龄没有差异，但女性网球运动员和女性游泳运动员比女性体操运动员更早地达到 PH5 和 B5 阶段。同样地，女性体操运动员的平均初潮年龄为 14.5 岁，要比女性游泳运动员和女性网球运动员晚，后两者的平均初潮年龄为 13.3 岁。然而，研究人员注意到，女性体操运动员们的母亲比女性网球运动员和女性游泳运动员们的母亲回忆的初潮年龄要大得多。当初潮年龄（作为生物学年龄的指标）与其他运动员一致时，女性体操运动员和其他女性运动员之间达到PH5 阶段的差异不再明显。性成熟时间的差异在男性中也很明显，男性体操运动员通常比男性游泳运动员、男性网球运动员或男性足球运动员更晚到达 G2、G3 和 G4 阶段。男性体操运动员的睾丸体积在 9~13 岁或研究结束时与其他 3 项运动的运动员没有差异，但在 14~17 岁，男性体操运动员的睾丸体积较小。尽管经历了延迟成熟，但男女体操运动员在青春期的进展与预期一致[15-17]。

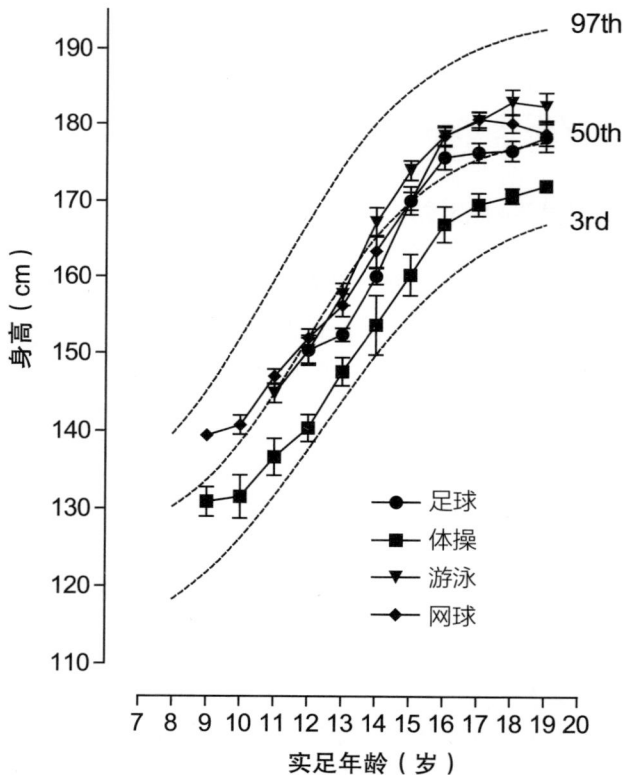

图 4.1a　4 种运动项目男性运动员的身高发展曲线

在每个年龄显示平均值和标准差，并与标准生长百分位数（虚线）进行比较（图片经许可转载自Baxter-Jones[18]）

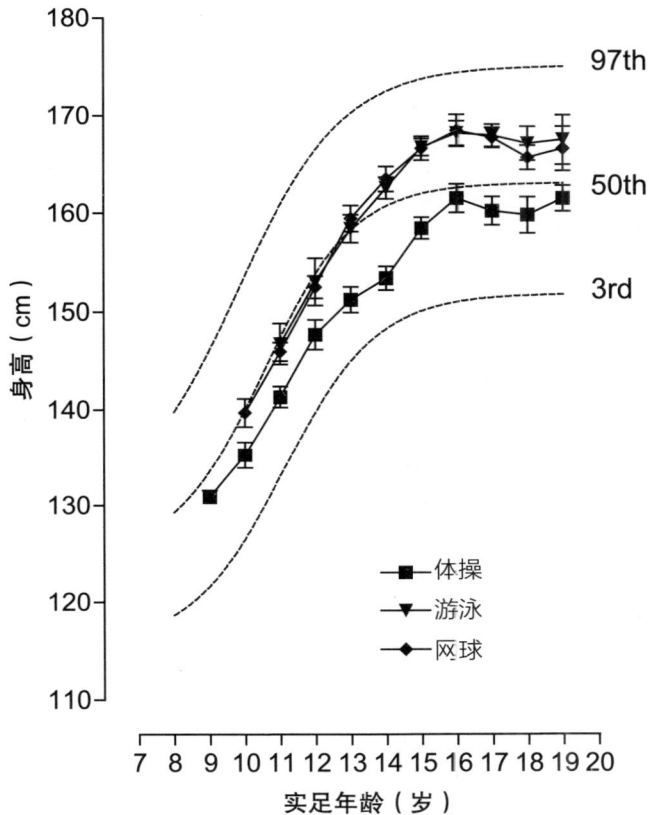

图 4.1b　3 种运动项目男性运动员的身高发展曲线

在每个年龄显示平均值和标准差，并与标准生长百分位数（虚线）进行比较（图片经许可转载自 Baxter-Jones[18]）

　　TOYA 计划补充了本章引用的其他研究，在这些研究中，体操运动员一直被认为比其他项目的运动员更矮、更瘦、更容易出现延迟成熟。人们一直认为，体操运动员从很小的时候就开始参与体操训练和比赛，而这些持续的、高强度的训练和比赛会抑制生长和延缓成熟[19-21]，但有些研究表达了不同的观点[22-25]。

　　高强度的体操训练和频繁的比赛是否影响成长和成熟的过程，这个问题比最初看起来要复杂得多。这个问题与家庭特征、体育精神、环境和需求、最初的选择和保留、EA 及营养状况有关。在某些情况下，这个问题还与 RED-S、过度训练综合征及运动相关损伤等有关。这些至关重要的问题使得体操成为案例研究的主要对象，其显著的项目特点和明确反映出的相关信息及其表达出的特定规律，对其他运动领域的青少年运动员的健康发展具有重要的指导意义。

体操案例研究

项目特征

体操是一项很受欢迎的运动，全世界约有 5000 万人经常参加体操运动。这项运动由国际体操联合会（Fédération International de Gymnastigue，FIG）管理，该联合会认可男性竞技体操、女性竞技体操、艺术体操、蹦床、有氧体操、杂技体操等项目，并从 2017 年 2 月起认可跑酷。竞技体操、艺术体操和蹦床目前都被列入奥运会项目。绝大多数关于生长和成熟的数据都是从竞技体操运动员（尤其是女性）中收集的，本文将重点介绍体操相关的补充数据。

生理和代谢需求

竞技体操是一项多项目运动，包括在不同的器械上进行的高强度动作，在不同的时间段里，有着不同的生理和代谢需求。它需要爆发力、平衡感和审美技巧，并在此基础上完成难度很高的动作。女性竞技体操运动员的动作完成时长各不相同，跳马小于 5 秒，高低杠（或不对称杠）是 45 秒，平衡木和地板技巧是 90 秒。男性竞技体操运动员在跳马、吊环、鞍马、双杠和单杠上的动作完成时长从小于 5 秒到 35 秒不等，地板技巧是 70 秒。艺术体操运动员的动作完成时长从个人 90 秒到团体 150 秒不等。

人们曾尝试直接测量完成艺术体操动作的能量消耗，但器械的技术难题和方法的缺陷对研究造成了一定的影响，所以对研究结果的解释必须谨慎。根据现有的数据分析，在男性体操运动中，总能量消耗最高的项目是自由体操，其次是鞍马、吊环、单杠、双杠和跳马。据报道，在女性竞技体操中，自由体操的总能量消耗最高，其次是高低杠、平衡木和跳马[26]。艺术体操动作的能量需求与相同持续时间的自由体操动作相似。此外，优秀艺术体操运

动员在球操中的峰值心率为 188 次 / 分，90 秒以上动作的平均心率为 177 次 /
分，相当于跑台确定的最大心率值的 88%，非常接近体操运动员的 T_{LAC}[27]。

　　自由体操和艺术体操在很大程度上依赖于有氧代谢，跳马、鞍马和棒操
主要依赖于无氧代谢。在跳马过程中，能量的主要来源是 PCr 分解后重新合
成的 ATP，无氧糖酵解贡献小部分，有氧代谢的贡献微乎其微。鞍马和棒操
主要是通过无氧糖酵解来供能，在前 10 秒 PCr 分解是重要的能量供应来源；
ATP 的有氧再合成也提供了支持，并随着动作时间的延长而增加。由于在常
规动作中使用的肌肉群（如手臂和腿）大小不同，无氧和有氧能量贡献之间
的平衡也不同，因此很难说得更具体。与肌肉疲劳相关的代谢副产物的积累
在小肌肉群参与的运动中表现得更为明显，并随着时间的推移对无氧 – 有氧
的相互作用产生显著影响[28]。

　　除了一系列实用的运动技能外，体操运动员在手臂和腿部运动时还需要
高水平的肌肉力量、无氧能力、有氧能力、柔韧性、灵敏性及抗疲劳能力。
这些变量的发展和可训练性与年龄、体型大小和成熟度的变化有关，这将在
第 5~10 章中讨论。对与运动表现相关的形态学和生理学变量的评估进行了批
判性的探讨，并强调数据分析应该在应用于运动的背景下加以解释[29]。

生理监测

　　生理监测已成为精英青少年运动员科学支持的一个重要组成部分，感
兴趣的读者请参阅我们最近的综述，以了解具体的理论基础和有效性的评
估[30]。从本质上讲，对运动员进行生理监测是为了增进对其目前运动能力的
了解，并分析其与年龄、生长和成熟状态之间的关系，从而最大限度地提高
他们的运动表现。有效的测试应该尽可能符合运动特性，但在实验室中监测
生理变量时，体操运动模式是极其难以复制的。虽然监测体操运动员的测试
组合已经被开发[31]，但仍缺乏对体操运动表现进行确信推断的专项性研究。
然而，定期监测（如每 3 个月一次），仔细记录，并对体型、身体成分、关键
生理变量、饮食摄入、总体健康和幸福感进行合理解释，能为参与高强度训
练和频繁比赛的优秀体操运动员的健康发展提供了重要的依据[30]。

　　在大多数国家针对未成年人进行研究的伦理要求也是有据可依的[32]。运

动科学和医疗支持团队必须遵守专业行为准则、机构伦理规范和国家法律。为保护各方利益，必须获得监护人的书面知情同意和青少年运动员的同意，并根据运动员和监护人对测试的目的、程序、潜在益处和风险的理解程度做出适当解释[30]。适当的生理监测突出了伦理问题，该问题在青少年运动领域经常被忽视。

项目环境

选择、退出、削减、保持

体操主要是青少年的运动，约 80% 的女性体操运动员年龄在 18 岁以下，大多数为 9~16 岁。2012 年伦敦奥运会上，女性竞技体操运动员的平均年龄是所有运动项目中最低的，为 18.9 岁。艺术体操运动员是第二年轻的，平均年龄为 19.5 岁。男性体操运动员的平均年龄稍大一些，但仍是所有开放年龄男性项目中第二年轻的，平均年龄为 23.4 岁，仅次于跳水；跳水是另一项受益于身材矮小的运动项目，平均年龄为 22.4 岁。

在 20 世纪 50 年代和 60 年代，女性奥运冠军通常都在 20 岁左右，但随着 1976 年 14 岁的 Nadia Comaneci 成为奥运会冠军，优秀体操运动员的年龄下降、身材矮小及延迟成熟成了一个被热烈讨论的话题。1987 年，参与世界体操锦标赛的平均参赛年龄为 13 岁，身高和体重反映了典型的青春期前特征。1997 年，最低参赛年龄提高到 16 岁，到 2008 年，世界体操锦标赛的平均参赛年龄提高到 18.8 岁。然而，这很好地说明了体型大小对体操运动员选择和保留的影响，体操运动员的身高和体重与 1987 年的观察结果相似[25]。

在体操启蒙项目的参与者中，2 岁的女孩并不罕见。女性体操运动员通常在 5 岁左右开始训练，而男性体操运动员通常在 8~9 岁开始训练。即使在这个年龄，体操运动员作为一个群体，也比平均身高水平要低，尽管他们的身高在正常范围内。男性和女性体操运动员的父母往往比其他运动员或普通人群的父母要矮，而且女性体操运动员的母亲回忆起的初潮年龄通常较晚[15]。来自几个欧洲国家的研究（尽管样本量较小）报道称，与坚持体育训练的人相比，中途退出的体操运动员个子更高，SA 更提前，出现 PHV 和月经初潮的年龄也更早[24]。

　　似乎在进入这项运动时，男女体操运动员都比平均身高水平低，而那些在青春期继续参加这项运动的人，比那些退出的运动员更矮，并且也更晚熟。至于这主要是自己选择退出还是教练在训练中人为筛选的结果，目前还不清楚。

能量可用率

　　精英体操运动员一般每天训练 2 次，每周训练 5~6 天，总训练时间为每周 30~40 小时，一年训练 11~12 个月，每年参加 5~10 项比赛。在体操比赛中，代谢应激条件下的优秀竞技表现能力是很重要的。在组织良好的体操比赛中，应该有适当的休息时间或者最好有比赛之间的低强度活动恢复期，对于训练有素的体操运动员来说，这不应该是一个大问题，因为他们有高质量的饮食、有足够的 EA，并能在比赛之间获得水和适当的营养物质。然而，频繁的比赛和每天的高强度训练（主要依赖于无氧代谢），加上有限的休息 / 恢复时间，易造成代谢应激，除非对他密切监测。教练和运动员需要注意肌糖原的消耗和代谢副产物的积累，这些可能会导致复杂动作重复表现水平的下降，并导致运动员沮丧、受伤风险增加和过度训练综合征的发生。

　　青春期前的体格赋予体操运动员一定的表现优势，有人担心虽然维持低体脂有利于美观，但它会促进 DE、ED 和 RED-S 综合征的出现。与同龄的非运动员女孩相比，5~7 岁的女性体操运动员对体重的焦虑更大[33]，并且几支女性体操队报告称，她们使用了自我规定的饮食和体重控制技术[34]。各种研究方法上的差异阻碍了对体操运动中 DE 患病率的详细分析[35]。但是，据报道，与非运动员相比，男性和女性优秀青少年运动员中 RED-S 综合征的发病率一直都较高[23]，并且在那些从事审美体育项目的运动员中更为普遍[36]。艺术体操运动员可能比竞技体操运动员更容易患 RED-S 综合征，因为在艺术体操中，轻体重几乎是技术表现和选拔优秀运动员的先决条件[37]。

　　由于 EI 和 EEE 测量的不精确，以及青春期前和青春期男女运动员的不同能量需求，使得很难对体操运动员的 EA 进行准确估计。训练通常以每周训练时数报告，但这提供的关于体操运动员的运动强度或总 EEE 的信息很少。训练时数通常包括与休息 / 恢复、教练指导和组间间歇相关的相当长的"停机时间"。因此，没有国际公认的关于体操运动员在训练中 EI 的建议。有人提出，为了支撑运动员每天 90 分钟的训练，可将 EI 设为 188 kJ·kg/（FFM·d）[38]，但为了支撑运动员的生长、成熟、生理功能、日常身体活动和 EEE，可能有必要制订一个稍高于此的目标。绝大多数研究（主要基于调查问卷数据）估计，许多女性体操运动员的日常 EI 可能比她们的 EEE 低 45%，从而导致能量不足[39-41]。相反，尽管对男性体操运动员的 EA 研究相对较少，但据报道，他们的 EI 更充足[34]。

激素对剧烈运动、高强度训练和 LEA 的反应在第 3 章已经进行了讨论，这里不再赘述。然而，有人认为，由于高强度训练和限制 EI 的倾向，女性体操运动员可能特别容易受到与生长和成熟相关的内分泌不利变化的影响[32]。此外，有些人注意到一些被广为引用的内分泌功能研究的方法学存在缺陷，并据此得出结论说，现有的数据不足以充分解释这个问题[24]。

营养状况

参与高强度训练的体操运动员需要每天进行恢复，维持肌糖原储备是必不可少的。有建议称，至少需要摄入 3 g/（kg·d）的 CHO，以防止糖原消耗，但对于体操运动员每天 5~6 小时的训练来说，CHO 摄入量在 5~6 g/（kg·d）似乎更合适[43]。大多数研究报告指出，体操运动员每天的 CHO 摄入量应达到或接近这一水平[41,44,45]，但 CHO 摄入量应根据高强度训练量的增加而进行监测。另一个值得关注的问题是，应在适当的时间摄入 CHO，以促进在常规训练和随后体操比赛期间糖原储备的最佳补充。

体操运动员不仅需要足够的蛋白质来促进肌肉生长，还需要在训练和比赛后加强肌肉修复。对于青少年运动员，推荐的摄入量是 1.2~1.6 g/（kg·d）[46]，大多数研究表明体操运动员达到了这一目标[45,47,48]。对一个体重 40 kg 的体操运动员来说，一个实用的方法是：在午餐或晚餐前 1~2 小时通过吃 2 种零食来补充 12~14 g 蛋白质，以保证恢复；每天 3 顿饭，平均每顿摄入 15~17g 蛋白质［即 1.4~1.6 g/（kg·d）］。如果早餐的蛋白质含量较低，晚餐的蛋白质含量应相对较高，如摄入鱼肉、蛋或家禽肉等，可能还会搭配富含 CHO 的食物，如意大利面。

脂肪摄入量不应低于 EI 的 15%~20%，但这很少作为体操运动员的问题提出。饮食中的脂肪摄入应符合公共卫生指南，该指南鼓励摄入不饱和脂肪。同样，有足够 EA 的体操运动员通常也有足够的维生素和矿物质的摄入量。但是，据报道，持续缺乏能量的体操运动员通常缺乏钙、维生素 B_1、铁、锌、维生素 B_6 和维生素 E 等。由于体操运动员花太多时间在室内训练和比赛，也有维生素 D 缺乏的风险。在这种情况下，在医疗监督下补充维生素和矿物质可能是必要的。

过度训练综合征

大量的体操运动员在训练中发现自己是过度训练综合征的受害者[50]。过度训练综合征通常发生在成年运动员中，但最近的研究发现，在从事游泳[51]、足球[52]和越野跑[53]等一系列运动项目的青少年运动员中，也存在这种综合征的表现。在对来自 19 个体育项目的 376 名英国青少年运动员（包括俱乐部、市、省、国家和国际水平的运动员）进行的调查中，29% 的受访者表示自己经历过过度训练综合征。报道称，过度训练综合征发生率在女性（36%）中明显高于男性（26%），在个人项目（37%）中明显高于团体项目（17%）。患病率最高的是体操运动员和游泳运动员（均为 50%）[54]。

高强度训练和频繁的比赛可能是体操运动员患过度训练综合征的主要潜在原因，但导致该问题的原因是多方面的。努力满足自我期望（优秀体操运动员常见的完美主义特质）及教练和监护人的期望所引起的焦虑，以及由于早期专项化训练和专注于单一目标而丧失生活方式规划的自主权，这些都是导致过度训练综合征的原因[55]。此外，在体操训练环境中，运动员需要应对运动 – 生活的压力，如应对家人、朋友、其他同龄人、学校和定期学业考试等的压力，这种压力所造成的影响通常需引起足够重视。

患有过度训练综合征的体操运动员会出现一系列体征和症状，但最常见的是持续的、显著的运动表现下降[55]。其他被证实的症状包括肌肉沉重、持续肌肉酸痛、睡眠障碍、食欲不振、全身疲劳和频繁的上呼吸道感染[56,57]。心理 – 社会迹象包括训练过程中努力感的增强、训练兴趣的降低、个人对训练的挫折感增强、竞争动机减少、与家人和教练发生冲突、自信心下降、情绪波动、脾气暴躁、悲伤和抑郁的感觉增加[58,59]。

治疗过度训练综合征最常见的建议是休息[50]，尽管这通常是合理的建议，但它过于简单，只有在导致体操运动员出现问题的原因得到确认和治疗，并且得到 4~12 周的管理时，才能进行恢复。训练和比赛负荷是过度训练综合征的重要前兆，应就此重新评估训练方案。体操运动员在赛前可以进行适度有氧训练、交叉训练和技术发展训练以代替竞技训练，然后视身体状态，逐渐恢复至竞技训练状态。应注意休息时间和休息日的安排，并逐步重新恢复到竞技状态。

除了前面列出的焦虑状况需要解决外，还有一些重要问题需要关注：①体操运动员是否享有自主的生活方式，包括与运动之外的新朋友和老朋友互动？②青少年体操运动员是否感觉被困在体操环境中？③体操运动员是否带伤比赛或掩盖伤病[60]，以免失去其在团队中的位置或失去入选区域、国家或奥林匹克代表队的机会？

运动损伤

运动是青少年受伤的主要原因。在欧盟，每年约有 130 万儿童因运动受伤而住院治疗。美国骨科医师学会（American Academy of Orthopaedic Surgeons，AAOS）指出，在美国，每年约有 350 万青少年因运动相关损伤需要就医。青少年运动损伤的病因、预防和治疗是一个庞大的课题，最近这一领域的专家已就此进行了全面讨论[61]，但这并不在本书的讨论范围之内。然而，据估计，在退出俱乐部级别体操比赛的运动员中，有 16%~52% 的人是因伤退出这项运动的，因此，在体操运动中，需要关注青少年运动员受伤的问题。

由于体操主要是年轻人的运动，许多体操运动员的肌肉骨骼系统并不成熟，因此他们的软骨和骨骼更容易受伤[63]。高冲击负荷会导致急性损伤（通常是单一创伤事件的结果）和过度使用损伤（由肌腱、骨骼和关节的重复微创伤引起）。跳马的起跳对腿部产生的地面反作用力可达人体重量的 5.1 倍[64]，而落地时的反作用力是人体重量的 8.8~14.4 倍[65]。有人担心这些重复的冲击力可能超过生长板的耐受极限，可能导致相关的生长障碍，但关于体操运动员生长板损伤的数据有限[19]。手臂在跳马中承受 1.6 倍体重的作用力[64]，而在吊环运动中承受 9.2 倍体重的作用力[66]。其他损伤风险包括涉及极端生物力学的躯干过度屈曲、旋转和过度伸展等动作[67]。

FIG 每 4 年召开一次会议，决定和批准对竞技体操技能评分规则的修改，通常每次修改都会增加难度。这一策略可能会增强这项运动的观赏价值，但也可能增加体操运动员受伤的风险。这至少可以部分解释为什么 2016 年奥运会竞技体操的受伤发生率比 2008 年奥运会高得多[68]。

由于损伤分类、数据解释和规则变化的差异，不同研究中的受伤发生率难以进行比较。最近的文献综述表明，年轻女性俱乐部体操运动员每训练 1000 小时，其受伤发生率为 0.5%~5.3%，其中优秀体操运动员的损伤率更高，受伤更严重。目前还没有关于青少年男性体操运动员受伤发生率的报道。据报道，大学女性体操运动员每训练 1000 小时，其受伤发生率为 22.7%，但也有更乐观的报道，数据显示，男女大学生体操运动员每训练 1000 小时，其受伤发生率分别为 8.8% 和 9.4%。对女性运动员急性损伤和过度使用损伤进行区分的研究表明，急性损伤的百分比为 44%~82%，过度使用损伤的百分比为 22%~56%。对男性体操运动员的研究也表明，急性损伤的比例高于过度使用损伤，但在这两种情况下，调查人员可能没有注意到急性损伤与现有的过度使用损伤的重叠，因此数据可能存在偏差。此外，过度使用与急性损伤的比例随着竞技水平的不同而变化，在一些研究中，高水平体操运动员过度使用损伤的比例更高[39-71]。

根据目前的数据无法精确地量化体操损伤的发生率，但对损伤的解剖位置却有普遍的共识。对男性和女性体操运动员来说，最常受伤的身体部位都是下肢，考虑到在各种器械上反复练习落地的次数，这并不奇怪。其次是上肢和脊柱 / 躯干。在下肢损伤中，踝和膝关节损伤是最常见的，尤其是踝关节扭伤。男性体操运动员肩部和腕关节受伤的比例高于女性体操运动员，这是由男性竞技体操比赛的动作特点决定的[70-72]。

来自女性体操运动员的已发表的数据表明，绝大多数损伤发生在训练中（71%~97%），而在比赛中受伤发生率为 3%~21%。然而，如果用暴露在体操比赛中的时间来更恰当地表达时，那么在比赛中损伤的概率大约是训练时的3倍[70]。来自比赛的数据很少，但一份关于2008年、2012年和2016年奥运会受伤情况的独特报告为精英比赛受伤情况提供了一些有趣的见解。受伤发生率显示，在女性竞技体操、男性竞技体操和艺术体操中，每1000名注册体操运动员中分别有106人、83人和73人受伤。蹦床的受伤发生率较低，男性和女性蹦床运动员每1000人中分别有63人和43人受伤。与比赛时相比，更多的受伤发生在训练中（40%），踝关节受伤率最高（22%）。最常见的是急性损伤（43%），其次是过度使用损伤（26%），但值得注意的是，在奥运会综合医疗支持的背景下，14%的损伤是旧伤复发[68]。

体操是一项公认的运动员会经常反复受伤的项目。根据女性竞技体操运动员的数据，所有的运动损伤中有25%~32%是复发伤病[62]。造成这种情况的原因不仅包括对最初受伤的严重程度估计不足，而且还包括当身体不适、压力过大及康复不足时而过早地恢复训练或比赛。国际奥委会的共识声明主张严格遵守以下政策："任何青少年运动员都不应在比赛、训练时使受伤部位负荷过大，从而在疼痛或没有完全从疾病或损伤中恢复过来时，妨碍或拖延恢复"（23，p.851）。然而，尽管人们普遍认识到受伤后继续比赛的严重性，但有证据表明，在青少年运动中，运动员在受伤后尚未完全康复时，通常会存在训练压力[73]，而且会过度使用镇痛药，以使他们能够带伤比赛[74]。

安全保障

青少年运动通常会为促进个人发展、运动能力提升、健康提供积极的环境[23]。然而，体操运动需要投入大量的时间用于训练和比赛，在这种环境中，青少年运动员由于处于未成年阶段，对其训练和使其参加比赛在欧洲和北美的大部分国家和地区都是非法的[75]。此外，在一个以纪律和服从为主的环境中，体操运动员（及其他一些运动项目的青少年运动员）可能很难质疑那些被委托照顾他们的成人，对于有抱负或精英体操运动员来说，他们未来的体育事业可能严重依赖于这些成人[76]。正如一位国际级体操运动员所呼喊的那样：

　　"在整个训练过程中，如果你做错了一件事，然后就会在整个体育馆中被怒吼，不管里面有 5 岁的孩子，还是只有你的团队。最终你将有可能被指责、被孤立或被送出体育馆。"

（77，p. 659）

　　在青少年运动中，存在监护人 – 儿童、教练 – 运动员、团队 – 个人运动员的权力差异，青少年可能会被教练、监护人或更具支配地位的同龄人强迫参加违背他们意愿的活动（如训练、参赛或节食）。越来越多的研究表明，男女青少年运动员都认为涉及心理虐待、身体虐待、性骚扰、性虐待及忽视的行为是其体育文化和实践的一部分，而联合国将这些行为认定为非意外暴力[77-79]。英国一项针对 1430 名青少年运动员的回顾性研究显示，23% 的女性和 26% 的男性受访者报告曾经历了导致心理或身体伤害的行为，如受伤或筋疲力尽时被打、被迫训练等[73]。报告的性骚扰率从 19% 到 22% 不等，性虐待率从 2% 到 49% 不等，精英青年运动员更有可能受到影响[77]。

　　青少年运动中的非意外暴力并不是最近才出现的现象。Bobby Charlton 爵士在他的自传中透露，1953 年，作为一名 15 岁的曼联球员，教练命令一名 16 岁的球员（另一名未成年人）"在我的第一场练习赛中粗暴对待我"（80，p.67）。在过去的 20 年中，对侵犯儿童运动权利的研究和探讨越来越多，已有研究揭露了骚扰和虐待的长期后果。保护青少年运动员的重要性怎么强调都不为过，请读者参考 Margo Mountjoy 博士和国际奥委会医学委员会发表的共识声明[78]，该声明为青少年体育组织提出了 78 项强有力的建议[23]，并制定了全面的"安全保障"框架[77,79]。

运动员健康发展

　　所有青少年运动员的培养都应该在"尊重、公平和不会对运动员产生任何形式的非意外暴力的运动环境中进行"（78，p.1019）。长期 LEA、肌糖原耗竭、常量和微量营养素缺乏、体重敏感性、带伤训练和比赛的内在和外在压力、RED-S 和过度训练综合征的发展、非意外暴力和安全保障不足的威胁是真实存在的。为了体操运动员（和其他青少年运动员）的健康成长和成熟，在适当的情况下，应当：进行体重和饮食监测；保障充足的能量和营养摄入；进行伤害监测和护理；定期评估及推行良好的道德操守；实施教练、监护人和运动员相关的教育；进行专业的外部咨询。由于优秀的青少年运动员致力于最大限度地提高他们的即时和长期运动表现，全面的医疗和科学支持是至关重要的。

存在问题

高强度训练是否会抑制生长或延缓成熟？为响应公众对青少年体操运动员健康和福祉的关注，FIG 于 2011 年组建了一个专家共识委员会，主要进行以下活动：①审查与高强度训练对竞技体操运动员的成长和成熟的影响相关的科学证据；②达成共识；③报告各项调查结果。

证据

FIG 专家共识委员会广泛审阅了相关文献，批判性地分析了个别研究中采用的方法，并将研究结果的提要制成列表[24]。证据可以简明扼要地概括如下。

（1）生长状态。优秀体操运动员在开始训练前体型较小是显而易见的；他们的父母的身高往往比平均水平低，那些坚持体育运动的人比那些自己选择退出或被教练淘汰的人身高更矮[22]。一些早期的调查报道称，体操运动员的生长高峰期的时间减少，或者没有达到预期的成年身高，但由于研究时间较短，没有给体操运动员足够的时间来度过青春期，或无法确定停止生长的时间，导致结果普遍受到影响。最近的研究已经观察到青春期发育的滞后和随后的快速增长，但没有确切的证据支持这种观点——成年或接近成年的男性或女性竞技体操运动员的身材受到高强度训练的影响[18,81]。

体操运动员的四肢通常比非体操运动员短，但有关他们身体部位生长的数据很少。有报道称，体操运动员上半身和下半身增长缓慢，但并不能将观察结果与训练联系起来。目前可用的数据较少，并且集中在坐高与身高比上。当把世界体操锦标赛和欧洲体操锦标赛参与者的这一比例与 10~17 岁的同龄参考样本进行比较时，两者没有显示出比例上的差异[24]。

（2）成熟状态。针对体操运动员成熟状态的几项研究在方法上存在缺陷（原因见第 1 章），并且很少有经过严格解释的数据。同样，报告体操运动员激素浓度与实足年龄相比较低的研究表明，相对于 SA，它们处于正常范围内。有关男性体操运动员成熟度的数据较少。

在 TOYA 的研究中，有关第二性征的数据表明，与其他年龄相仿的运动员相比，男性和女性体操运动员的成熟都较晚，但体操运动员在青春期的发育符合预期。体操运动员月经初潮年龄较晚，但她们的母亲回忆起的月经初潮年龄也比其他项目的运动员的要大[83]。考虑到样本的变化和评估程序，现存文献揭示了体操运动员进入 PHV 的年龄和速度与非运动员中成熟延迟的矮个子群体相一致。体操运动员在 PHV 和月经初潮之间的年龄间隔与非运动员女孩相似[86]。

当用 SA 来评估体操运动员时，延迟成熟和提前成熟的女孩在儿童期的表现大致相同。平均 SA 和实足年龄相似，但 SA 的标准偏差大约是实足年龄的 3 倍。在青春期，特别是青春期后期，表现出提前成熟的女孩占少数，但相当多的 15~16 岁的女孩骨骼已经发育成熟。值得注意的是，儿童和青少年体操运动员的身体成分差异很大，这反映了体操运动中运动员筛选的高度选择性。与那些被淘汰或自愿中途退出的女孩相比，继续从事这项运动的女孩往身高往更低、体重更轻，成熟程度也更低[87]。

共识

经过对已发表证据质量的仔细审查和几天的激烈辩论，FIG 专家共识委员会达成如下共识。

（1）坚持参加体操这项运动的运动员是一个高度精挑细选的群体，他们往往比同龄人更矮，但他们的体重与身高的比例合适。

（2）SA、第二性征、PHV 年龄和月经初潮年龄的数据表明，体操运动员成熟延迟，但他们的成熟状态在正常范围内。

（3）女性和男性竞技体操运动员成年时的身高不会受到年轻时或青春期

发育陡增期间高强度训练的影响。

（4）体操训练不会减慢上半身或下半身长度的增长。

（5）体操训练不会减缓青春期的生长和成熟，包括 SA、第二性征、PHV 年龄、月经初潮年龄及发育陡增的时间和节奏。

（6）体操运动员群体的生长和成熟模式，与非运动员中成熟延迟的矮个子群体相一致[24]。

结果

FIG 专家共识委员会仔细审阅了有关高强度训练对竞技体操运动员成长和成熟影响的文献，并准确地总结了基于循证的立场。然而，FIG 专家共识委员会并不负责处理体操环境中的相关因素。公众对当代问题广泛关注，包括能量和营养缺乏、DE、ED、RED-S、过度训练综合征、非意外暴力，以及急性损伤和过度使用损伤等，这些问题还将继续被探讨。再一次强调，上述问题普遍存在于整个青少年体育领域。

（赵可伟　译）

参考文献

[1] Malina RM. Physical growth and biological maturation of young athletes. *Exerc Sport Sci Rev*. 1994; 22: 389–433.

[2] Malina RM. Growth and maturation of young athletes – Is training for sport a factor. In: Chan K-M, Micheli LJ, eds. *Sports and children*. Hong Kong: Williams and Wilkins; 1998: 133–161.

[3] Malina RM, Coelho e Silva MJ, Figueiredo AJ. Growth and maturity status of youth players. In: Williams AM, ed. *Science and soccer*. London: Routledge; 2013: 307–332.

[4] Malina RM, Rogol AD, Cumming SP, Coelho e Silva MJ, Figueiredo AJ. Biological maturation of youth athletes: Assessment and implications. *Br J Sports Med*. 2015; 49: 852–859.

[5] Malina, RM. The influence of physical activity and training on growth and maturation. In: Armstrong N, van Mechelen W, eds. *Oxford textbook of children's*

sport and exercise medicine. 3rd edition. Oxford: Oxford University Press; 2017: 441–454.

［6］ Epstein D. *The Sports gene.* London: Yellow Jersey Press; 2013.

［7］ Malina RM, Bouchard C, Bar-Or O. *Growth, maturation, and physical activity.* 2nd edition. Champaign, IL: Human Kinetics; 2004.

［8］ Deprez D, Fransen J, Boone J, Lenoir M, Philippaerts R, Vaeyens R. Characteristics of high- level youth soccer players: Variation by playing position. *J Sports Sci.* 2015; 33: 243–254.

［9］ Malina RM, Figueiredo AJ, Coelho-e-Silva MJ. Body size of male youth soccer players: 1978–2015. *Sports Med.* 2017; 47: 1983–1992.

［10］ Johnson A, Farooq A, Whiteley R. Skeletal maturation status is more strongly associated with academy selection than birth quarter. *Sci Med Football.* 2017; 1: 157–163.

［11］ Kanehisa H, Kuno S, Katsuta S, Fukunago T. A 2-year follow-up study on muscle size and dynamic strength in teenage tennis players. *Scand J Med Sports.* 2006; 16: 93–101.

［12］ Daniels J, Oldridge N. Changes in oxygen consumption of young boys during growth and running raining. *Med Sci Sports.* 1971; 3: 161–165.

［13］ Roemmich JN, Sinning WEW. Weight loss and wrestling training: Effects on nutrition, growth, maturation, body composition, and strength. *J Appl Physiol.* 1997; 82: 1751–1759.

［14］ Fogelholm M, Rankinen R, Isokääntä M, Kujala U, Uusitupa M. Growth, dietary intake and trace element status in pubescent athletes and schoolchildren. *Med Sci Sports Exerc.* 2000; 32: 738–746.

［15］ Baxter-Jones ADG, Helms P, Baines-Preece J, Preece M. Menarche in intensively trained gymnasts, swimmers and tennis players. *Ann Hum Biol.* 1994; 21: 407–415.

［16］ Baxter-Jones ADG, Helms P, Maffulli N, Baines-Preece J, Preece M. Growth and development of male gymnasts, swimmers, soccer and tennis players: A longitudinal study. *Ann Hum Biol.* 1995; 22: 381–394.

［17］ Erlandson MC, Sherar LB, Mirwald RL, Maffulli N, Baxter-Jones ADG. Growth and maturation of adolescent female gymnasts, swimmers, and tennis players. *Med Sci Sports Exerc.* 2008; 40: 34–42.

［18］ Baxter-Jones ADG. The young athlete. In: Armstrong N, ed. *Paediatric exercise physiology.* Edinburgh: Elsevier; 2007: 299–324.

［19］ Caine DJ, Bass SL, Daly R. Does elite competition inhibit growth and delay maturation in some gymnasts? Quite possibly. *Pediatr Exerc Sci.* 2003; 15: 360–372.

［20］ Theodoropoulou A, Markou KB, Vagenakis GA, *et al.* Delayed but normally progressed puberty is more pronounced in artistic compared with rhythmic elite gymnast due to the intensity of training. *J Clin Endocrinol Metab*. 2005; 90: 6022–6027.

[21]   Georgopolous NA, Theodoropoulou A, Leglise M, *et al*. Growth and skeletal maturation in male and female artistic gymnasts. *J Clin Endocrinol Metab*. 2004; 89: 4377–4382.

[22]   Baxter-Jones ADG, Maffulli N, Mirwald RL. Does elite competition inhibit growth and delay maturation in some gymnasts? Probably not. *Pediatr Exerc Sci*. 2003; 15: 373–382.

[23]   Bergeron MF, Mountjoy M, Armstrong N, *et al*. International Olympic Committee consensus statement on youth athletic development. *Br J Sports Med*. 2015; 49: 843–851.

[24]   Malina RM, Baxter-Jones ADG, Armstrong N, *et al*. Role of intensive training on growth and maturation in artistic gymnasts. *Sports Med*. 2013; 43: 783–802.

[25]   Baxter-Jones ADG. Growth, maturation and training. In: Caine DJ, Russell K, Lim L, eds. *Gymnastics*. Oxford: Wiley-Blackwell; 2013: 17–27.

[26]   Jemni M. Physiology for gymnastics. In: Jemni M, ed. *The science of gymnastics*. Oxford: Routledge; 2011: 1–21.

[27]   Guidetti L, Baldari C, Capranica L, Persichini C, Figura F. Energy cost and energy sources of ball routines in rhythmic gymnastics. *Int J Sports Med*. 2000; 21: 205–209.

[28]   Armstrong N, Sharp NCC. Gymnastics physiology. In: Caine DJ, Russell K, Lim L, eds. *Gymnastics* . Chichester: Wiley-Blackwell; 2013: 85–96.

[29]   Barker AR, Armstrong, N. Exercise testing elite young athletes. *Med Sport Sci*. 2011; 56: 106–125.

[30]   Armstrong N, Barker AR. Physiological monitoring of elite youth athletes. In: Armstrong N, van Mechelen W, eds. *Oxford textbook of children's sport and exercise medicine*. 3rd edition. Oxford: Oxford University Press; 2017: 527–537.

[31]   Brevik SL. Artistic gymnastics. In: Winter EM, Jones AM, Davison RC, Bromley PD, Mercer TH, eds. *Sport and exercise physiology testing guidelines: Volume 1 Sport testing*. London: Routledge; 2007: 220–224.

[32]   Winter EM, Cobb M. Ethics in paediatric research. In: Armstrong N, van Mechelen W, eds. *Paediatric exercise science and medicine*. 2nd edition. Oxford: Oxford University Press; 2008: 3–12.

[33]   Davison KK, Earnest MB, Birch LL. Participation in aesthetic sports and girls' weight concerns at ages 5 and 7 years. *Int J Eat Dis*. 2002; 31: 312–317.

[34]   Sundgot-Borgen J, Garthe I, Meyer N. Energy needs and weight management for gymnasts. In: Caine DJ, Russell K, Lim L, eds. *Gymnastics*. Chichester: Wiley-Blackwell; 2013: 51–59.

[35]   Jeacocke NA, Beals KA. Eating disorders and disordered eating in athletes. In: Burke

L, Deakin V, eds. *Clinical sports medicine*. 5th edition. Sydney, Australia: McGraw-Hill; 2015: 212–233.

［36］ Bratland-Sanda S, Sungot-Borgen J. Eating disorders in athletes: Overview of prevalence, risk factors and recommendations for prevention and treatment. *Eur J Sport Sci*. 2011; 13: 499–508.

［37］ Nordin SM, Harris G, Cumming J. Disturbed eating in young competitive gymnasts: Differences between three gymnastics disciplines. *Eur J Sport Sci*. 2003; 3: 1–14.

［38］ Manore MM, Kam LC, Loucks AB. The female athlete triad: Components, nutrition issues and health consequences. *J Sports Sci*. 2007; 25(Suppl. 1): S61–S71.

［39］ Jonnalagadda SS, Bernadot D, Nelson M. Energy and nutrient intakes of the United States National women's artistic gymnastics team. *Int J Sport Nutr*. 1998; 8: 331–334.

［40］ Fogelholm GM, Kukkonen-Harjula TK, Taipale SA, Stevanen HT, Oja P, Vuori IM. Resting metabolic rate and energy intake in female gymnasts, figure skaters and soccer players. *Int J Sport Med*. 1995; 16: 551–556.

［41］ Michopoulou E, Avloniti A, Kambas A, *et al*. Elite premenarchael rhythmic gymnasts demonstrate energy and dietary intake deficiencies during periods of intense training. *Pediatr Exerc Sci*. 2011; 23: 560–572.

［42］ Fuqua JS, Rogel AD. Endocrinology. In: Caine DJ, Russell K, Lim L, eds. *Gymnastics*. Chichester: Wiley-Blackwell; 2013: 28–39.

［43］ Burke LM, Hawley JA, Wong SH, Jeukendrup AE. Carbohydrates for training and competition. *J Sports Sci*. 2011; 29(Suppl. 1): S17–S27.

［44］ Bernadot D, Schwarz M, Heller DW. Nutrient intake in young, highly competitive gymnasts. *J Am Diet Assoc*. 1989; 3: 401–403.

［45］ Filaire E, Lac G. Nutritional status and body composition of juvenile elite female gymnasts. *J Sports Med Phys Fit*. 2002; 42: 65–70.

［46］ Phillips SM, Van Loon L. Dietary protein for athletes: From requirements to optimum adaptation. *J Sport Sci*. 2011; 29(Suppl. 1): S29–S38.

［47］ Weimann E, Witzel C, Schwidergall S, Bohles HJ. Peripubertal pertubations in elite gymnasts caused by sport specific training regimes and inadequate nutritional intake. *Int J Sports Med*. 2000; 21: 210–215.

［48］ Boisseau N, Persaud C, Jackson AA, Poortmans JR. Training does not affect protein turnover in pre- and early pubertal female gymnasts. *Eur J Appl Physiol*. 2005; 94: 262–267.

［49］ Jemni M. Diet, nutrition, supplementation and related health issues in gymnastics. In: Jemni M, ed. *The science of gymnastics*. Oxford: Routledge; 2011: 39–44.

［50］ Meeusen R, Duclos M, Foster C, *et al*. Prevention, diagnosis and treatment of the over- training syndrome: Joint consensus statement of the European College of Sport Science and the American College of Sports Medicine. *Eur J Sport Sci*. 2013; 13: 1–24.

[51] Raglin J, Sawamura S, Alexiou S, Hassmen P, Kentta G. Training practices and staleness in 13–18-year-old swimmers: A cross-cultural study. *Pediatr Exerc Sci.* 2000; 12: 61–70.

[52] Schmikli SL, Brink MS, de Vries WR, Backx FJ. Can we detect non-functional over-reaching in young elite soccer players and middle-long distance runners using field performance tests? *Br J Sports Med.* 2011; 45: 631–636.

[53] Hill AP, Hall HK, Appleton PR. Perfectionism and athlete burnout in junior elite athletes: The mediating role of coping tendencies. *Anxiety Stress Coping.* 2010; 23: 415–430.

[54] Matos NF, Winsley RJ, Williams CA. Prevalence of nonfunctional overreaching/over-training in young English athletes. *Med Sci Sports Exerc.* 2011; 43: 1287–1294.

[55] Winsley RJ. Overtraining syndrome. In: Armstrong N, van Mechelen W, eds. *Oxford textbook of children's sport and exercise medicine.* 3rd edition. Oxford: Oxford University Press; 2017: 519–526.

[56] Matos N, Winsley RJ. Trainability of young athletes and overtraining. *J Sports Sci Med.* 2007; 6: 353-367.

[57] Fry RW, Morton AR, Keast D. Overtraining in athletes: An update. *Sports Med.* 1991; 12: 32–65.

[58] Hollander D, Meyers M, LeUnes A. Psychological factors associated with overtraining: Implications for youth sport coaches. *J Sport Behav.* 1995; 18: 3–15.

[59] Winsley R, Matos N. Overtraining and elite young athletes. *Med Sport Sci.* 2011; 56: 97–105.

[60] Harringe ML, Lindblad S, Werner S. Do team gymnasts compete in spite of symptoms from an injury? *Br J Sports Med.* 2004; 38: 398–401.

[61] Armstrong N, van Mechelen W, eds. *Oxford textbook of children's sport and exercise medicine.* 3rd edition. Oxford: Oxford University Press; 2017: 541–624.

[62] Engebretsen L, Steffen K, Bahr R, *et al.* The International Olympic Committee consensus statement on age determination in high-level young athletes. *Br J Sports Med.* 2010; 44: 476–484.

[63] O'Kane J, Levy MR, Pietila K, Caine D, Schiff MA. Survey of injuries in Seattle area level 4–10 gymnastics clubs. *Clin J Sports Med.* 2011; 21: 486–492.

[64] Takei Y. A comparison of techniques used in performing the men's compulsory gymnastic vault at the 1988 Olympics. *Int J Sport Biomech.* 1991; 7: 54–75.

[65] Panzer V, Wood G, Bates B, Mason B. Lower extremity loads in landings of elite gymnasts. In: de Groot G, Hollander A, Huijing P, van Ingen Schenau G, eds. *Biomechanics XI-B.* Amsterdam: Free University Press; 1988: 727–735.

[66] Sands W, Cheltham P. Velocity of the vault run: Junior elite female gymnasts. *Technique.* 1986; 6: 10-14.

［67］ Hall SJ. Mechanical contribution to lumbar stress injuries in female gymnasts. *Med Sci Sports Exerc*. 1986; 18: 599–602.

［68］ Edouard P, Steffen K, Junge A, *et al*. Gymnastics injury incidence during the 2008, 2012 and 2016 Olympic Games: Analysis of prospectively collected surveillance data from 963 registered gymnasts during Olympic Games. *Br J Sports Med*. 2018; (in press).

［69］ Caine D, Knutzen K, Howe W, *et al*. A three year epidemiological study of injuries affecting young female gymnasts. *Phys Ther Sport*. 2003; 14: 10–23.

［70］ Caine D, Harringe ML. Epidemiology of injury in gymnastics. In: Caine DJ, Russell K, Lim L, eds. *Gymnastics*. Chichester: Wiley-Blackwell; 2013: 111–124.

［71］ Hespanhol LC, Barboza SD, Mahler PB. Epidemiology and prevention of injuries in competitive non-contact sports. In: Armstrong N, van Mechelen W, eds. *Oxford textbook of children's sport and exercise medicine*. 3rd edition. Oxford: Oxford University Press; 2017: 565–576.

［72］ DiFiori JP, Caine DJ. Gymnastics. In: O'Conner FG, Casa DJ, Davis BA, St Pierre P, Sallis RE, Wilder RP, eds. *ACSM's sports medicine: Comprehensive review*. New York, NY: McGraw-Hill; 2012: 649–656.

［73］ Alexander K, Stafford A, Lewis R. *The experiences of children participating in organized sport in the UK*. Edinburgh: University of Edinburgh Press; 2011.

［74］ Tscholl P, Feddermann N, Junge A, Dvorak J. The use and abuse of painkillers in international soccer: Data from 6 FIFA tournaments for female and youth players. *Am J Sports Med*. 2009; 37: 260–265.

［75］ Rowland TW. On the ethics of elite-level sports participation by children. *Pediatr Exerc Sci*. 2000; 12: 1–5.

［76］ David P. *Human rights in youth sport*. London: Routledge; 2005.

［77］ Mountjoy M, Kirby S, Tiivas A. Protecting child athletes: Medical mismanagement and other forms of non-accidental violence. In: Armstrong N, van Mechelen W, eds. *Oxford textbook of children's sport and exercise medicine*. 3rd edition. Oxford: Oxford University Press; 2017: 659–670.

［78］ Mountjoy M, Brackenridge C, Arrington M, *et al*. The IOC Consensus Statement: Harassment and abuse in sport. *Br J Sports Med*. 2016; 50: 1019–1029.

［79］ Mountjoy M, Rhind D, Tiivas A, *et al*. Safeguarding the child athletes in sport: A review, a framework and recommendations for the IOC youth athlete development model. *Br J Sports Med*. 2015; 49: 883–886.

［80］ Charlton B. *My Manchester United years*. London: Headline Publishers; 2007.

［81］ Bass SM, Bradney G, Pearce E, *et al*. Short stature and delayed puberty in gymnasts: Influence of selection bias on leg length and the duration of training on trunk length. *J Pediatr*. 2000; 136: 149–155.

［82］ Jahreis G, Kauf E, Fröhner G, Schmidt HE. Influence of intensive exercise on insulin-like growth factor I, thyroid and steroid hormones in female gymnasts. *Growth Regul*. 1991; 1: 95–99.

[83] Baxter-Jones ADG, Helms PJ. Effects of training at a young age: A review of the Training of Young Athletes (TOYA) study. *Pediatr Exerc Sci*. 1996; 8: 310–327.

[84] Theintz GE, Howald H, Weiss U, Sizonenko PC. Evidence for a reduction of growth potential in adolescent female gymnasts. *J Pediatr*. 1993; 122: 306–313.

[85] Irurtia Amigo A, Busquets Faciaben A, Evrard MM, *et al*. Height, weight, somatotype and body composition in elite Spanish gymnasts from childhood to adulthood. *Apunts Med Esport*. 2009; 161: 18–28.

[86] Forbes K. Gymnastics changing for the better? *Br J Sports Med*. 1997; 31: 94.

[87] Malina RM. Skeletal age and age verification in youth sport. *Sports Med*. 2011; 41: 925–947.

第5章 青少年运动相关运动表现

动作模式的发展和基础运动技能的改善以及一系列运动相关技能的结合与演变，实质性地影响着青少年运动表现。随着儿童年龄的增长、生长和成熟，他们会重新调整身体变化和环境限制之间的交互作用，并改变运动技能的发展以增强各种运动相关的运动表现。本章介绍了运动发展、体育运动早期专业化的相关评论，并阐述了与年龄、成熟状态、性别和训练有关的运动表现的进展。

运动发展

运动发展是指对运动技能表现进行不断地学习和改善。众所周知，运动发展不会独立地发生，而且受行为领域（如情感、社会、道德和认知）变化的影响。专家们已经提出贯穿整个生命周期的一般性和特殊性运动发展的各种理论模型，感兴趣的读者可以参考专家文章进行详细讨论[1-3]。

运动发展的顺序通常是可预测的，并且大多数儿童最终会掌握基础的运动技能，但掌握技能的速度和程度因环境和基因影响而具有差异性[4]。6~7岁儿童的大部分基础性运动相关的运动技能，包括抓、打和踢。儿童时期的运动表现数据表明，大多数运动相关的技能随着年龄的增长呈近线性提高。性别差异较小，但是在踢和打的运动技能中男孩得分超过女孩，而较之于男孩，女孩抓的技能会较好。在儿童时期，男孩和女孩都逐渐发展出根据环境空间和时间变化而进行预测、预期、适应和调整的能力，并对运动目标和人做出适当的反应。这通过参与"运动游戏"可更好地提升抓、踢和打的能力而反映出来。当儿童掌握了必要的运动技能时，判定其是否具有参与有组织的运动的能力是必要的。从一个发展的角度来看，儿童未掌握好基础技能之前，在一个正常的训练计划中培养其抓、踢和打的能力比将其置于一个不相匹配的竞赛性的运动环境中要更好[5]。

在儿童期中期和青春期早期，青少年会完善运动技能，其运动表现差异性会变小，而到青春期中期他们会持续地做出高效的动作。有证据表明"青春期的尴尬"现象的存在会对一些运动任务的表现产生负面影响，主要发生在男孩身上，这是由于其下肢和肌肉质量发育陡增的时间不同造成的。但是，并不是所有运动任务中的运动表现都会因"青春期的尴尬"而下降，这并非一个普遍趋势，如果出现这种情况，也是暂时的[6]。

早期运动专项化

运动发展的个体差异性与"准备"概念有关，"准备"指的是"由于任务需求、个体生物特性及环境条件的集合使其适当掌握某一特定技能的时期"（1，p.67）。

如何准确地确定个体何时做好学习一项新的运动技能的准备是困难的，但在个体准备好之前进行早期运动或体育活动是大有益处的，儿童通常从5岁开始参与有组织的运动，该年龄阶段还处于发展基础运动模式的阶段。然而，在青少年运动员获得所需的动作技能范围和动作组合之前（即在他准备好之前），无须对一项特定运动进行早期专业化训练。从一般的动作实践到专注于某一特定的运动技能的最佳时间因人而异，但长期成功通常建立在良好的动作实践基础之上，并广泛发展运动相关的运动技能[7]。

与训练准备密切相关的是学习关键期的假设，在该假设中，有学者提出在学习关键期存在习得运动技能的最大准备期[8]。这一理念被深深嵌入至运动员长期发展的模式中[9]。但无令人信服的证据支持关键期的假设，即与运动相关的运动技能必须在特定的时间范围内发展[10]。青少年运动员可能会有许多个性化的敏感期，在这些时期，他们可以有效地学习新任务，但在受遗传、个人和环境因素限制（或促进）的整个生命周期中，所有领域的学习潜力都是存在的。普遍认为早期专项化会提升成年后的运动能力，这在很大程度上是建立在"10 000 小时定律"这一不合理的概念之上的。这一概念基于一项回顾性问卷调查数据，这些数据描述了专业小提琴手在他们的发展过程中独自"刻意训练"的平均时间。随后这些数据被曲解为一个理论，即一个人需要 10 000 小时的"刻意训练"（如 10 年时间内每天练习 3 小时）才能掌握一项运动。随后一项国际象棋大师赛的研究报道称，平均累积训练时间与小提琴手 11 053 小时的训练时间合理一致，但其变异系数为 50%。最快的棋手在练习 3016 小时后便达到国际大师赛的水平，然而最慢的棋手需要刻意练习 23 608 个小时[11]。Ericsson 和他的同事[12]，即小提琴手研究报告的作者，并未阐述研究对象练习时间的差异性。大量的科学研究表明，"10 000 小时定律"在运动发展中存在重大的缺陷[13]。一项报道明确地指出，精英运动员在达到国际水平前很少完成 10 000 小时的"刻意训练"，国际水平的曲棍球和足球运动员在代表他们的国家参赛之前刻意训练时间为 4000~5000 小时[14]。在最近的一篇社评中，Ericsson 认为他的数据被错误地解读为支持"10 000 小时定律"，他声称在自己的文章中并未使用此术语，并总结道"实际上 10 000 小时并没那么神奇……在更短的时间内达到国际水平是可能的"（15, p.534）。

从本书所描述的形态及生理变量的发展可以明确看出，个体运动表现的发展与个体生物钟相关，表现出年龄相关的异步性和运动特异性。因此，在青春期前或青春期早期选择某一运动项目并进行专项化发展往往不适合青少年运动员发育后期或晚期的形态和生理情况，这一点并不奇怪。很少有青少年运动员在很小的时候便确定并为将来在某一项运动中取得成功做好准备。青少年体育参与到专业运动之间的转化率为 0.01%。即使对于那些非常有天赋的青少年运动员，为提高他们的竞技表现而参与了高强度赛事和专门设计的训练系统，也很少有人（根据不同的运动项目，范围为 0.02%~0.46%）能够成为精英运动员[16]。

研究表明，多样化运动体验及广泛的运动员选材——而不是早期运动专项化——有利于促进个人和运动发展[7]。Cote 为运动参与发展模式提供了一个创新和灵活的框架，强调从游戏到训练，从运动多样性到强度的转变，与青少年运动员的发展保持一致[17]。研究认为，在运动训练的早期阶段，将多元训练与刻意训练相结合，可以促进运动技能发展及运动表现的优化，此外，与早期运动专项化相比，其社会成本较低[16]。

与体育相关的运动表现的发展

运动相关的动作技能通常可通过标准运动表现数据进行跟踪。一些基本的运动相关的运动技能，包括跑、跳、投，通常都可作为运动表现的测试因素，适用于这种与性别和年龄相关的量化方法。运动表现规范化的比较为理解运动发展与性别和年龄的关系提供了一个有益的框架，但仅代表非随机抽取的参与人员的平均分数，并在此提出注意事项。最大运动表现数据可能会受到性别刻板印象和最大表现动机的影响，而这些因素又可能会随着行为发展和成熟状态而变化。在这种类型的分析中，数据是平稳的，与个人专项运动技能表现相关的比较必须要谨慎解释。个体生物钟以个人的时间和节奏运行，通常早熟的青少年更具有优势。随着年龄的增长，女孩的分数可能会暂时比同龄男孩要高。

如果把大量的青少年运动员的数据也包括进来，如已经证明青少年时期的抗阻训练可以提高跑、跳和投的成绩，那么与运动相关的平均成绩很可能会有偏差[18-20]。相比之下，被挑选参加特定运动项目并接受不涉及特定运动技能的专门训练计划的青少年运动员在某些运动相关技能方面的表现可能不如同龄运动员[21]。

通常情况下，女孩和男孩在童年时期与运动相关的运动能力都在逐步提高。在青春期，由于肌肉力量、肌肉代谢、无氧适应性和有氧适应性的增强，以及体型和身体成分的有利变化，使男孩的运动表现改善速度得到提高。成熟变化的益处是存在的，但在与运动有关的运动表现往往从青春期中期开始趋于平稳的女孩中就不那么明显了。由于样本量小，数据必然会波动，但是跑步（冲刺）、跳跃和投掷的遗传率估计在60%~90%之间[22]。

跑步（冲刺）

跑步（冲刺）能力是许多运动项目的基本要求[23-25]。根据冲刺速度可判断运动项目中青少年运动员的水平[26-28]，它也通常被用作测试天赋运动员的考核指标[29-31]。冲刺可分为 4 个阶段：第一步快速启动、加速、最大速度和减速，但有关青少年各个阶段发展的数据十分有限。

当前的研究主要侧重在不同年龄和性别与运动员群体在 30~50 米的距离上测量的速度，并参考成人状态。数据表示为以"m/s"为单位的平均速度，包含第一快速启动，加速度，及可能的减速过程，具体速度则取决于年龄和运动距离。

众多研究测量了从站立起在短距离范围内冲刺所需的时间与年龄的关系。图 5.1 显示了根据性别和年龄在 27~46 米距离上根据一般人群的数据汇编确定的平均冲刺速度。平均而言，女性的冲刺速度从 7 岁到 17 岁逐步提升，增长 23%，而男性的冲刺速度在同一时期增长了 49%。7 岁时，男女性别差异为 3%，男孩和女孩的冲刺速度均以近线性的方式提升，直到 12 岁时，性别差异为 5%。到了青春期，男孩的冲刺速度突飞猛进，而女孩的冲刺速度则逐渐趋于平稳。因此，17 岁时的性别差异为 25%[3]。

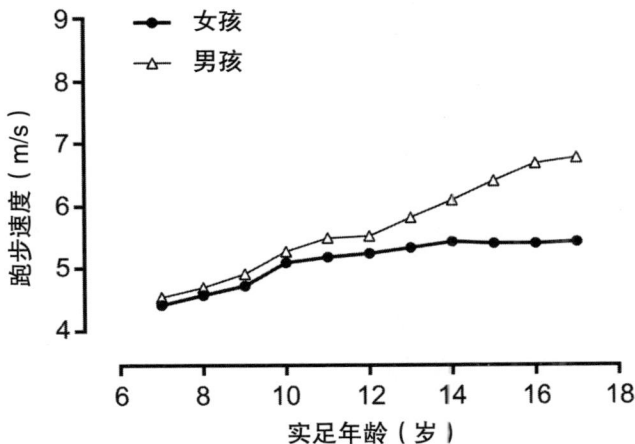

图 5.1　性别、年龄与跑步速度的关系

数据显示，性别差异从 13 岁开始变大，至 17 岁时，男孩的跑步速度比女孩快 25%（根据 Sugden 和 Wade 报告的健康青少年的综合平均运动表现数据重新计算和绘制[3]）

图 5.2 显示了不同性别和年龄的世界最快的跑步运动员的运动表现，并显示了在 50 米跑步中速度的性别差异，7 岁时为 2.5%，12 岁时为 6%，17

岁时为 10%。图 5.1 和 5.2 中跑步速度的性别巨大差异很有意思，但不能直接
比较，因为图 5.1 中是根据短距离范围内的数据汇编，而图 5.2 中的数据不仅
固定为 50 米，并且是在更理想的条件下［如起跑位置、设备和赛道（大多为
室内）］从训练有素的青少年运动员中获得的。此外，只有少数不同年龄组的
世界最佳表现是由同一名运动员创下的，而在较年轻的年龄组中，提前成熟
的运动员（尤其是男孩）可能会过多，然后逐渐被准时成熟或延迟成熟的运
动员所取代，这些运动员在接近青春期后期时会赶上或超过提前成熟的运动
员。数据表明，精英青少年运动员运动表现中的性别差异百分比通常小于非
专业青少年运动员之间的百分比，并显示了当考虑到不同成熟状态的运动员
的个人最高表现时，运动表现曲线与年龄的关系是如何被"平滑"的。

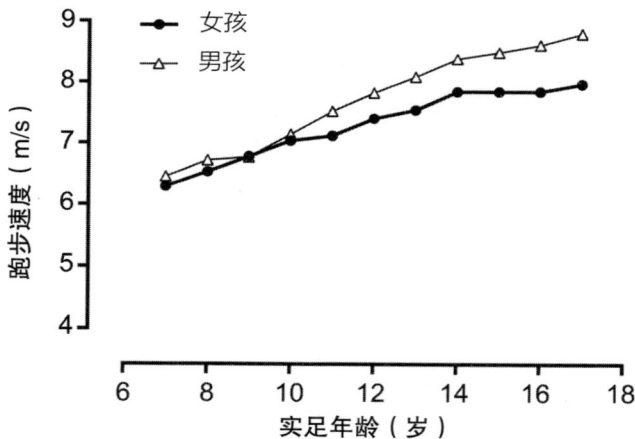

图 5.2　世界最快的 50 m 跑步运动员的速度与性别、年龄的关系

图中描述了 50 m 跑步运动员的平均跑步速度随年龄的变化，计算结果来自 2018 年 1 月 31 日
的世界最佳运动成绩

曾开展过一项针对 11~18 岁各个年龄段的研究，研究对象为 100 名挪威
史上 60 m 最佳运动成绩的男性和女性。该研究为受过训练的青少年运动员
在国家精英水平上冲刺速度的发展提供了见解。每个年龄段的平均数据表明，
从 11~18 岁，男性和女性的表现分别提高了 18% 和 11%。从 11~18 岁，表现
中的性别比（男女比例）从 0.99 降低到 0.91，这进一步证明了青少年运动表

现的性别差异通常小于非专业青少年之间的性别差异。男孩的最大年度增幅
（+5.8%）在 12~13 岁之间，并在逐年下降，在 17~18 岁之间降至 0.7%。在
11~12 岁之间，女孩 60 m 冲刺成绩提高了 4.0%，此后每年的进步几乎趋于平
稳，直到 15 岁，女孩们的 60 m 跑时间提高了 1.0%，然后从 17~18 岁再次趋
于平稳[32]。

机制

随着年龄增长及成熟状态的变化，个体的形态特征和生理特征也不断变
化，而这一系列复杂的特征变化决定了跑步速度的发展。发育期的各种要素
对提升冲刺速度的影响不是同步的，这些影响因素包括神经发展、雄性激素
的分泌和摄取、生物力学和运动协调、运动时的新陈代谢、肌肉横截面积、
运动时长、肌肉和肌腱的形态学变化、肌肉力量、肌肉强度和四肢长度[23]。
不断变化的形态和生理特征形成复杂的节奏速率，因此很难预测个体最快冲
刺速度的变化率。

冲刺速度受到步长和步频的影响。最新研究显示，童年中期男孩的步频
对最快冲刺速度的变异性影响最大。从 3 岁起一直到 PHV 的前 1 年，儿童步
频呈下降趋势，直到 PHV 前后才稳定下来。此后，随着肌肉力量、爆发力
和肢体长度的成熟度提高，冲刺速度的提高更多地依赖步长的增加，而不是
步频的增加。目前尚不清楚最快冲刺速度是否与儿童的 PHV[23] 相吻合，但
是各种证据显示，至少对于男孩来说，跑步速度增长峰值大约出现在 PHV
前后[33-35]。

跳跃

在童年中期和青春期，立定跳远（standing long jump，SLJ）的发展模式
与纵跳（vertical jump，VJ）的发展模式相似。通过分析 EUROFIT 项目中所
收集到的 29 个国家的立定跳远数据，我们绘制了图 5.3。

如图所示，所呈现的数据是与性别和年龄相关的第 50 百分位数，同时立
定跳远曲线和最高跑步速度曲线形状基本一致。9 岁的女孩跳远距离大约是同
龄男孩的 93%，13 岁时女孩的跳远距离达到了同龄男孩的 90%。男孩和女孩

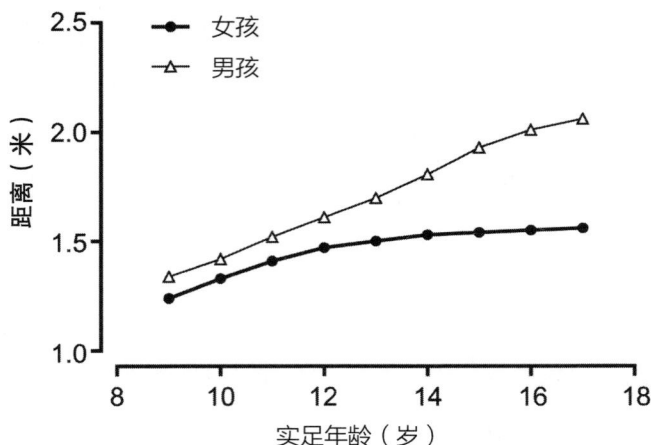

图 5.3　立定跳远成绩与性别和年龄的关系

　　数据显示，从 13 岁开始，性别差异逐渐变大，男孩到 17 岁时比女孩跳得高 32%（Tomkinson 等学者从 EUROFIT 项目中抽取了 237 696 名男孩和 227 204 名女孩的数据。所呈现的数据是第 50 百分位数[36]）

的跳远距离以近乎线性的方式增长，并且几乎平行。如前所述，在儿童发展的中期，一些女孩的个人表现或许会超过同年龄段的男孩，但普遍认为，从 13 岁开始，女孩几乎不能与同龄男孩相提并论。男孩在青春期，跳远能力突飞猛进，而女孩则很快停滞不前，这使得男孩在到达 17 岁的时候，其跳远距离可达到同龄女孩的 132%。总的来说，9~17 岁，男孩的跳远距离共提高了 54%，而女孩只提高了 26%，男女发展的主要差异在于 13~17 岁的这段时间，在此期间，男孩跳远距离增长了 21%，而女孩只增长了 4%[36]。

　　立定跳远的世界年龄记录展示了偶尔的非凡运动表现会如何使数据出现正偏态。年度运动表现发展表面上不够精确，但能清楚地阐明个体的差异。Ashlyn Mundell 9 岁时取得的世界最佳跳远成绩为 2.51 m，是 EUROFIT 所记录的 1.24 m 的 2 倍，同时比男孩年龄组的世界纪录高 5%。第二年，该女孩于 2016 年 9 月 4 日以单次跳 2.64 米的成绩打破了 10、11、12 岁女孩的世界纪录，迄今为止，没有任何 10~11 岁的男孩能达到这个距离。一些较老的数据显示，在运动表现上的性别差异有利于 13 岁的男孩（+11%），在 17 岁时增加到 16%，男女性别差异都比 EUROFIT 数据中的差异小。

当对比青少年运动员与同龄人的运动表现时，必须认识到，运动员群体往往具有反映其运动需求的特殊形态和生理特征。受过训练的青少年运动员需要经过几个月甚至可能几年的训练才能具有满足专项所需的一系列运动技能。因此，可以合理地预期到参加高强度项目及经历最大神经肌肉训练的青少年运动员在立定跳远和跳高中会有出色的表现，而专注于耐力项目的青少年运动员其形态、生理和训练计划可能会受到不利影响。9~17 岁竞技长跑运动员的混合纵向研究中的数据很好地说明了这一点。该研究报道称，男性长跑运动员的立定跳远和跳高的运动表现均低于普通人群。女性长跑运动员在 12 岁之前运动表现与未经训练的同龄儿童无差异，但之后，其立定跳远和跳高的运动表现均较低。跑步运动员的性别差异低于普通人群，但运动表现发展曲线与图 5.3 相似，男孩从 14 岁开始比女孩立定跳远跳得更远，从 15 岁开始跳高表现比女孩更好。EUROFIT 数据显示，17 岁时长跑运动员的立定跳远成绩性别差异是 20% 对 32%[21]。

机制

青春期的跳跃运动表现得益于生长、年龄变化及形态和生理特征的成熟变化，就像与前文介绍的跑步速度一样，男孩比女孩更具优势。虽然 7~12 岁男孩和女孩的跳跃距离都提升了 30%~33%，但肌肉力量相对于体重保持相当地稳定。这一现象出现的原因可能在于肌肉。肌肉的收缩速度与肌节的数量成正比，肌节的数量与身高成正比。快缩型肌纤缩将产生更大的力量，对地面产生更大的冲力，因此提升了跳跃运动能力[37]。

投掷

在投球测试中，不同的掷球步骤使得测试结果让人产生困惑，如过肩投和肩下投掷方式、球的大小、投掷人呈静止站立姿势或是跑步至投掷线处再进行投掷。但是，不同性别和年龄组的投掷距离差异明显，因此测试条件对表 5.4 中的不同组合无显著影响[38]。7 岁的女孩投掷的平均距离是年纪相仿的男孩的 60%。不同于跑步和跳远，童年中期的男孩和女孩的投掷表现并非同步提升。随着年龄增长和因性别而导致的运动能力差异，12 岁的男孩是同龄女孩投掷距离的 2 倍。青春期女孩达到投掷距离的高峰期，而这个时期也是男孩的成长期。到了 17 岁，男孩的投掷距离是同龄女孩的 2.5 倍。7~17 岁，男孩投掷的平均距离提高了 350%，女孩提高了 200%。10 岁男孩比年轻的成年女性投掷距离远是很正常的现象[3]。

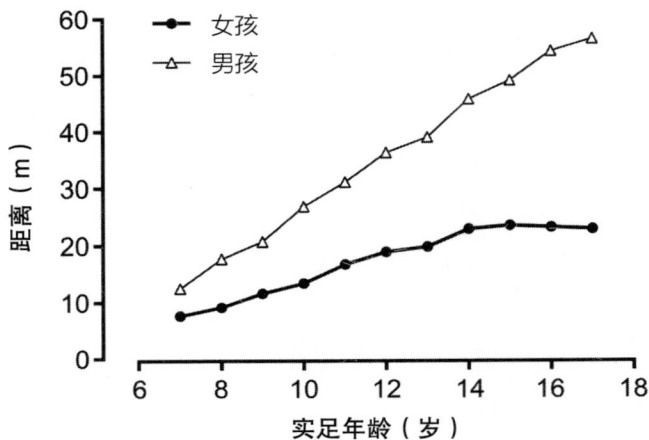

图 5.4　抛球距离与性别及年龄的关系

数据显示男孩 12 岁时投掷球的能力是女孩的 2 倍，其年度运动表现有所提高。此后，表现上的差异增加得更快，在 17 岁时，男孩投掷球的能力是女孩的 2.5 倍（根据 Sugden 和 Wade 报告的健康青少年平均投掷距离数据重新计算和绘制[3]）

在 198 g 标准球的赛事中，世界上最好的投掷成绩来自 5~14 岁的选手。与其他项目一样，处在这个年龄段的男选手比女选手投掷距离远 40%~45%，性别差异对竞技选手表现的影响程度下降。奥运投掷项目中优秀青年运动员的直接对比结果是令人困惑的，因为器械重量因性别而异。但是世界上最好的投掷成绩显示，任何年龄段的男孩都比同年龄段女孩投掷的距离远，比如 18 岁的男选手投掷 800 g 的标枪要比年龄相近的女选手投掷 600 g 的标枪远 20 m。

机制

形态特征和生理特征影响冲刺和跳高表现，而这些特点也影响青春期男孩的投掷表现。除此之外，青春期时的肩宽和臂长也是重要的影响因素。即使肩宽增加很小，上肢肌肉力量也会增强很多。加之手臂变长，以及青春期男孩肌肉力量突增，也就不难解释为什么青春期时不同性别之间投掷距离会有如此大的差异了。然而，这些变化及肌肉内部的变化并不能完全解释青春期前青少年在运动表现上的差异。这可能是因为青少年优秀运动员在投掷成绩上的性别差异刻板印象的影响。

运动相关动作技能的可训练性

已有大量文献对成年运动员的运动相关动作技能的可训练性进行了研究，但对青少年运动员的研究往往是短期的，参与者很少，对关键变量的实验控制有限。然而，近期通过 Meta 分析得出一致结论，抗阻训练是提高运动表现（如跑步、跳跃和投掷）最有效的途径。报告的相对效应大小及年龄和成熟状态的影响随研究人群的不同而不同。现有的数据表明，抗阻训练对女性青少年运动员的影响与对男性青少年运动员的影响相似，甚至更大，因为包括男女青少年运动员甚至仅包括女性青少年运动员的严格控制的研究非常少，性别特异性的研究发现是不确定的[18,19,39]。Behringer 等学者对与运动有关的运动技能数据的 Meta 分析报告指出，所有运动技能在训练后都有显著改善，其中影响最大的是投掷成绩，其次是跳跃和冲刺成绩。其结论为，与青少年相比，儿童的运动适应能力比青少年、未经训练的研究参与者和非运动员的适应能力更强。但他们推测，Meta 分析所包含的研究中所应用的训练项目可能不足以指导训练有素的青少年运动员取得进步[18]。

一项专门针对青少年运动员的 Meta 分析发现，抗阻训练对跳跃成绩的影响不大，对短跑和投掷成绩的影响较小。处于青春期前和青春期后的运动员，任何与运动相关的运动技能的影响大小均无显著差异。虽然研究人员发现青春期运动员与儿童相比有更大的影响趋势，但他们得出结论，无论年龄大小，青少年运动员从抗阻训练中获益的程度可能是相同的[39]。然而，这一结论由于缺乏对成熟度有效评估的研究而受限。

有研究证实，快速伸缩复合训练[40]在青少年单独[41]及组合的运动训练中可提高特定的运动技能[19]。例如，据报道，在经过 8 周的快速伸缩复合训练和足球训练的青少年运动员中，纵跳（VJ）能力显著提高，而仅进行足球训练的球员运动表现并未提升[42]。一项 Meta 分析研究了运动员对快速伸缩复合训练的特定反应，结论是快速伸缩复合训练在提高跳跃高度方面比抗阻训练更有效，但在提高短跑速度方面却不如抗阻训练有效[43]。

　　Avery Faigenbaum 教授有说服力地指出，将快速伸缩复合训练和抗阻训练相结合会使青少年运动员产生协同效应，对运动相关的运动技能的综合影响要大于每个单独进行的训练[44-46]。一个明确的论证体系仍有待建立，但如果肌肉运动同时涉及力量和速度，并结合抗阻和快速伸缩复合训练，则更有可能达到最佳效果[47]。为获得最佳效果，在进行快速伸缩复合训练前应进行抗阻训练，以此为快速伸缩复合训练活动奠定坚实的力量基础。综上所述，当肌肉运动的速度、类型和幅度与跑步、跳跃和投掷运动模式相一致时，可能发生运动相关运动表现的最佳训练诱导适应[43]。

　　就像第 6 章中讨论抗阻训练的机制一样，将训练诱导的青春期前运动员运动相关技能的提高主要归因于神经运动适应，这似乎是合理的，肌肉肥大诱导的力量增强了青春期运动员的运动表现。

灵活性和敏捷性

　　通常将灵活性与敏捷性描述为身体体能（physical fitness）的属性，而不是运动相关的运动表现的量度，但由于灵活性和敏捷性是运动表现测试的常规组成部分，因此在选材程序中占有重要地位。本章概述了灵活性和敏捷性对青少年的影响，以及灵活性和敏捷性的发展和可训练性。

灵活性

　　从人体结构的角度来看，"灵活性"一词是指"一个关节或一系列相关关节的活动范围"（48，p.142）；从功能的角度来看，"灵活性"可以定义为"在整个运动范围内运动关节的灵活能力"（49，p.5）。灵活性取决于关节骨骼、韧带和关节囊的排列和硬度，胶原蛋白的类型及交联度，以及肌腱硬度[50]。由于它是可训练的，具有关节及动作特异性，因此在特定运动平面中一个关节的灵活性几乎与另一关节的活动范围毫无关联[51,52]。

　　灵活性的特殊性掩盖了对其遗传性的解释。对躯干、髋部和肩部灵活性的遗传性的个体估计值在 70%~91%，但支撑该结论的数据很少。大多数研究都集中在坐位体前屈测试（sit and reach test，SRT）上，该测试旨在测量下背部、髋部和大腿上部的灵活性[54]。遗传性估计值从 18% 到 77% 不等，但是目前所有已发表的双胞胎研究的整合分析报告称，坐位体前屈表现的加权遗传性估计值为 50%[55]。

　　在青少年体育相关的背景下，由于灵活性是可训练的，具有关节及动作特异性，使其在整体评估和解释中变得混乱。Alter[56] 回顾了 1944—1992 年间关于青少年灵活性的大量研究，但并未发现青少年灵活性随年龄变化的明显趋势。最近，一系列综合性的灵活性测试被用于衡量年轻人的灵活性[57-59]，但提供测试群体水平数据的唯一测试项目就是 SRT。

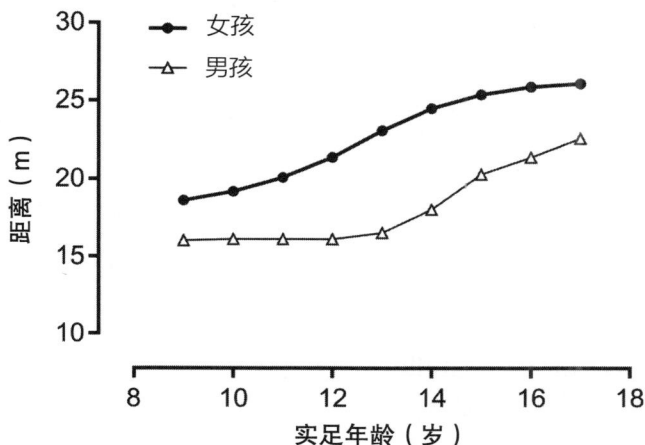

图 5.5　灵活性与性别、年龄的关系

数据显示，在坐姿伸展能力方面具有性别差异性，女孩在所有年龄阶段的得分（尤其是 12~15 岁）都高于男孩（Tomkinson[36] 等学者从 EUROFIT 项目数据中抽取了 235 169 名男孩和 229 638 名女孩。所呈现的数据是第 50 百分位数）

　　图 5.5 显示了根据 EUROFIT 项目从 27 个国家收集的数据汇编而成的坐位体前屈分数。数据呈现的是与实足年龄相关的第 50 百分位数，清楚地说明了性别在能力发展趋势上的差异。在 9~17 岁之间，男孩和女孩的 SRT 分数

均提高了 40%。女孩在 9 岁时的表现优于男孩，在 16 岁时的表现比男孩高 16%，在 13 岁时的表现比男孩高 40%，在 17 岁时的表现比男孩高 15%。男孩的成绩在 9~13 岁相对稳定，但在 13~17 岁时，他们的 SRT 分数惊人地增加了 37%。相比之下，女孩在 9~13 岁时显著增加（24%），然后从 13 岁到 17 岁时有较小的增加（13%）[36]。

与年龄和性别相关的 SRT 分数变化模式提供了一个很好的例子，说明了生长、成熟状态和运动表现测试之间复杂的内在关系。SRT 中的表现与测试机制的局限性与身体下肢和上肢的生长时期强烈相关。青春期早期腿长增长陡增导致 SRT 成绩下降，但男孩在 13 岁后的表现显著提高，这与男孩青春期中期坐高和臂长的快速增长相吻合，这显著扩大了活动范围，从而提高了灵活性。与此类似，女孩较早地在 SRT 表现上占优势，这与提前成熟有关的形态变化相对应。

SRT 的局限性突出了评估和理解灵活性发展的问题。然而，尽管灵活性是仅针对关节而言的，但在关节复合体中，与年龄和成熟状态有关的变化形式通常相似[38]。身体形态变化对青少年灵活性发展的影响是显而易见的，但其潜在的生理机制仍有待阐明。与年龄相关的肌肉僵硬、肌梭敏感性和肌肉共激活的变化也是其中相关机制之一，但其全面机制尚未完全清晰。

可训练性

在任何年龄段，都可以通过适当的训练来提高灵活性，但在整个生命周期内，无论是提高的潜力还是提高的速度都不一样。有证据表明，灵活性训练提高最快的时间在 7~11 岁[62]。

据报道，一些运动项目（以及团队内特定位置）的精英青少年运动员比不太成功的运动员表现出更大的灵活性，但最佳灵活性是与运动相关的，而且通常是与场上位置有关的。尚无可信的证据表明，在基于美感表现质量和极限姿势（如体操）能力的运动中，卓越的灵活性会提高运动表现。这并不奇怪，因为运动的形式具有多样性，且大多数运动形式具有最佳活动范围且对改善有上限作用的可能性。相反，精英体操运动员在某些动作中由于较好的灵活性表现更为突出，并且如果体操运动员没有特殊的活动范围，有些体操技巧是无法表现的。显然，提高灵活性在观赏性运动项目中十分重要，但在非观赏性的运动项目中，其重点是要达到运动员的最佳灵活性范围，若进一步提高灵活性可能会对运动表现造成不利影响。

使用静态、动态、冲击式或本体感觉神经肌肉促进技术进行适当的伸展运动[63-65]，以及最近使用的振动辅助伸展[66]，已被证明可以提高青少年运动员的灵活性。有教练协助的复杂的拉伸运动在某些运动项目（如体操和游泳）中很受欢迎且有据可查[67]，但在大多数运动项目中静态拉伸才是常用的拉伸方法，尤其是对于没有经验的青少年运动员来说。在静态拉伸中，青少年运动员可采取理想的姿势，并在自我控制下逐渐增加拉伸量。拉伸强度的高低是由身体所处姿势不适的程度决定的。一般情况下，极限姿势应保持 10~20 秒，每次练习重复 3 次。一般建议每周进行 2 次或 3 次拉伸，但是在几乎所有的观赏性运动中，每天进行拉伸训练是十分正常的[50]。

通过各种拉伸方案最能改变的指标是肌腱硬度，它有被动和主动成分。被动成分包括收缩组织和结缔组织，且主动肌腱硬度受神经系统输入的调节。成人某些关节中的被动成分能够适当地增大关节活动范围，这是已知的[56]，但在青少年训练后，是否能够引起肌肉松弛因子作用、张力类型等的变化尚不清楚。

敏捷性

最大跑步速度是许多运动项目的关键组成部分，但在一些运动项目中，决定成功的一个更重要的因素是对外界刺激做出适当反应并在一定速度下反复改变方向的能力[23]。直线冲刺与变向（change-of-direction，COD）速度之间的相关性很弱[68-70]。

在运动科学文献中，COD 速度与敏捷性是同义词，而敏捷性在传统上被定义为"快速、准确地改变方向的能力"（71，p. 920）。该定义没有提到根据外部刺激（如队友、对手球员和球的运动）快速、准确地变向，而这句话更好地定义了大多数运动所需的敏捷性。目前，许多旨在测量运动员敏捷性的实验已经在运动科学研究中被设计和使用，但通常是按照预先设计的运动来进行实验方案，这些运动中一般只测量 COD 速度，且还会造成对运动敏捷一词的误解。对敏捷性遗传性的估计被过多的相关可用的测试及其概念基础所混淆，但总的来说，在敏捷性测试研究中遗传因素在所有引起运动员敏捷性变量的权重为 33%[22]。

传统的 COD 速度测试通常没有充分的分数分布来区分敏捷性的好坏。测试是非常具体的，一个测试（如 10×5 m 敏捷性折返跑）中的个人表现与另一个测试（如象限跳跃）中的表现不一定有高度的相关性，尽管男孩和女孩随着年龄增长的趋势似乎是一致的[72]。在青春期，COD 速度得益于生长、衰老及形态和生理特征的成熟变化，就像前文所描述的短跑一样，且男孩比女孩更具优势。但值得注意的是，虽然肢体长度的增加通常会提高直线短跑和 COD 任务范围左右的速度，但实际的 COD 速度可能会因较短的肢体长度和重心的降低而加快。没有实质性的研究能够证明 COD 速度与个人成熟状态存在联系，且生长和成熟的时间和节奏的相对优缺点随研究的进行而变化。尽管如此，通过分析 COD 速度与年龄的关系，我们还是获得了一些发现。综合来看，大量测试数据表明，在儿童期和青春期早期，COD 速度出现非线性的提高（+9%~10%），且性别差异最小，随后，男孩的 COD 速度从 13 岁开始持续增长，而女孩没有达到这一水平[71]。

图 5.6 展示了青少年在 COD 速度测试中的典型表现，10×5 m 敏捷性折返跑的成绩是根据欧洲 EUROFIT 项目在 19 个国家收集的数据汇编而成的。所提供的数据是与年龄相关的第 50 百分位数。在 9 岁时，男孩的成绩比女孩好 4%，在 12~13 岁之前，男孩和女孩的成绩提升率没有显著差异（+10%），此后女孩的成绩显著保持稳定，而男孩的成绩从 13 岁到 17 岁提高了 8%，这导致 17 岁男女之间存在 13% 的性别差异。COD 速度和冲刺速度之间仅存在微弱的关系，在男孩运动表现中缺乏青春期陡增（比较见图 5.6）。

Shephard 和 Young[71] 发现，在许多运动项目中，球员无法准确预测对手球员或球会在何时何地移动，因此他们扩展了之前的研究，提出了一个令人信服的论点，即在运动项目中理解敏捷性需要接受空间和时间上的不确定性。他们提出，对运动敏捷性更恰当的定义是指"一种快速的、速度或方向随刺激而改变的全身运动"（71，p.922）。该定义抓住了运动的本质，提供了一种有关运动敏捷性更准确的表述方法，并同时区分出 COD 速度和感知及决策过

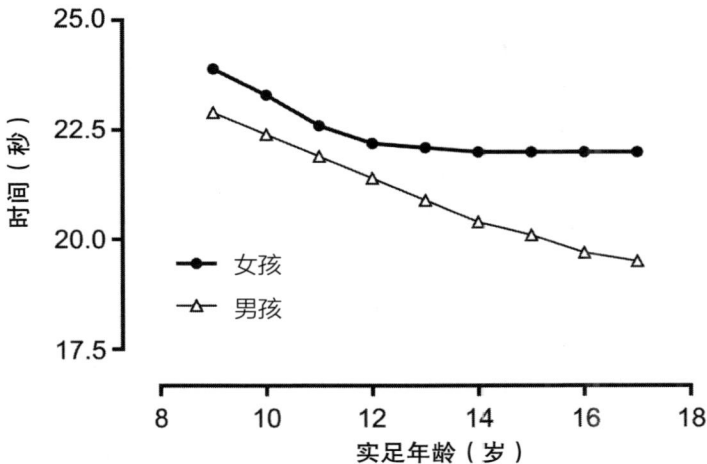

图 5.6　敏捷性方向变化与性别及年龄的关系

　　用 10×5 m 敏捷性折返跑运动表现来表示 COD 敏捷性。13 岁之前，数据显示提高速率性别间无显著差异，之后女孩分数保持平稳，男孩的 COD 敏捷性继续提升（Tomkinson[36] 等学者从 EUROFIT 项目数据中抽取了 162 577 名男孩和 96 041 名女孩的相关数据。所呈现的数据是第 50 百分位数）

程。迄今为止，缺乏来自设计良好的测试的儿童数据，这些测试能够满足运动敏捷性的定义，因此涉及身体表现（COD 速度）和感知及决策过程的组合。认知发展不在本章讨论的范围之内，但有关运动发展的文献[1-3]表明，感知和决策过程的最佳发展阶段始于儿童时期，而与 COD 提升速度相关的人体形态学和生理学特征在青春期表现得更为明显。

可训练性

　　由于缺乏对运动相关敏捷性概念的理解，有关敏捷性可训练性的研究相对较为困难。运动定义的范围、测量模式的数量限制了敏捷性训练干预的恰当诠释。大多数训练干预措施都是短期的，来自女孩的数据几乎不存在，且大多数涉及青少年运动员的研究都集中在足球方面。

　　在一系列的敏捷性测试中，对优秀青少年足球运动员（大部分为来自职业俱乐部学院的球员）的训练干预可提高运动员的敏捷性。在一项为期 2 年的研究中，在 112 名 13~18 岁的足球运动员中，50% 的人在每周进行 3~4 次的足球训练的正常计划之外，额外增加 2 次力量训练，另外 50% 的人则正常进行足球训练。研究结果显示，所有年龄组都从额外训练中得到提升，其 COD 速度和肌肉力量都显著提高[74]。短期（6~16 周）训练干预还表明，通过力量训练[75]、快速伸缩复合训练[42,76,77]、力量与快速伸缩复合训练联合训练[78]和多方向冲刺训练[79,80]，可以提高运动员的 COD 速度。

小型足球比赛的训练已经被证明对敏捷性测试有积极的作用，且在敏捷性测试（包括控球）上比多方向冲刺训练有更大的效果[79]。同样，一项有关澳大利亚规则下优秀足球青少年运动员的小型比赛和 COD 训练的对比研究也证明了敏捷训练的特殊性。在这种情况下，在为期 7 周的赛季训练计划之后，两种形式的训练都没有提高计划中的 AFL 敏捷性测试的成绩。但是，相比 COD 小型比赛训练组在反应性敏捷性测试（包括总时间、决策时间和移动时间）中的敏捷性明显提高。这种提高完全归功于决策时间的大幅减少[81]。

一项短期（3 周）干预计划，将受过良好训练的 U15 足球运动员的多方向 COD 冲刺与重复折返冲刺进行了比较，进一步证明了训练、评估和解释运动敏捷性的复杂性。COD 冲刺是随机的且是在视觉刺激的反应下进行的，而重复的折返冲刺包含了预先确定的 COD 运动。两组球员在训练后的敏捷性测试中的表现均显著提高[82]，但是只有多方向 COD 冲刺组在 COD 速度测试中表现出视觉刺激反应能力的提升[83]。

显然，通过结构化训练计划[84]可以提高敏捷性的各个方面，但还需要进行更有针对性、更明确和更长期的研究，以确定青少年运动敏捷性的可训练性，并为青少年运动员设计最佳训练计划。

（孙莉莉　译）

参考文献

［1］ Gallahue DL, Ozmum JC, Goodway J. *Understanding motor development*. 7th edition. Boston, MA: McGraw-Hill; 2012.

［2］ Haywood KM, Getchell N. *Life span motor development*. 6th edition. Champaign, IL: Human Kinetics; 2014.

[3]　Sugden D, Wade M. *Typical and atypical motor development*. London: MacKeith Press; 2013.

[4]　Schutte NM, Bartels M, de Gues EJC. Genetics of physical activity and physical fitness. In: Armstrong N, van Mechelen W, eds. *Oxford textbook of children's sport and exercise medicine*. 3rd edition. Oxford: Oxford University Press; 2017: 293–302.

[5]　Sugden D, Soucie H. Motor development. In: Armstrong N, van Mechelen W, eds. *Oxford textbook of children's sport and exercise medicine*. 3rd edition. Oxford: Oxford University Press; 2017: 43–55.

[6]　Beunen GP, Malina RM. Growth and physical performance relative to the timing of the adolescent spurt. *Exerc Sport Sci Rev*. 1988; 16: 503–540.

[7]　Bergeron MF, Mountjoy M, Armstrong N, *et al*. International Olympic Committee consensus statement on youth athletic development. *Br J Sports Med*. 2015; 49: 843–851.

[8]　Viru A, Loko J, Harro M, Volver A, Laaneots L, Viru M. Critical periods in the development of performance capacity during childhood and adolescence. *Eur J Phys Educ*. 1999; 4: 75–119.

[9]　Balyi I, Way R, Higgs C. *Long-term athlete development*. Champaign, IL: Human Kinetics; 2013.

[10]　Malina RM. Skill acquisition in childhood and adolescence. In: Hebestreit H, Bar-Or O, eds. *The young athlete*. 2nd edition. Oxford: Blackwell; 2008: 96–111.

[11]　Gobet F, Campitelli G. The role of domain-specific practice, handedness, and starting age in chess. *Dev Psychol*. 2007; 43: 159–172.

[12]　Ericsson KA, Krampe RT, Tesch-Romer C. The role of deliberate practice in the acquisition of expert performance. *Psychol Rev*. 1993; 100: 343–406.

[13]　Tucker R, Collins M. What makes champions? A review of the relative contribution of genes and training to sporting success. *Br J Sports Med*. 2014; 46: 555–561.

[14]　Helsen WF, Starkes JL, Hodges NJ. Team sports and the theory of deliberate practice. *J Sport Exerc Psychol*. 1998; 20: 12–34.

[15]　Ericsson KA. Training history, deliberate practice and elite sports performance: An analysis in response to Tucker and Collins review-what makes champions? *Br J Sports Med*. 2013; 533–535.

[16]　Cote J, Erikson K. Diversification and deliberate play during the sampling years. In: Baker J, Farrow D, eds. *Routledge handbook of sport expertise*. London: Routledge; 2015: 305–316.

[17]　Cote J, Abernethy B. A developmental approach to sport expertise. In: Murphy S, ed. *The Oxford handbook of sport and performance psychology*. Oxford: Oxford University Press; 2012: 435–437.

[18]　Behringer M, vom Heede A, Matthews M, Mester J. Effects of strength training on motor performance skills in children and adolescents: A meta-analysis. *Pediatr Exerc*

Sci. 2011; 23: 186–206.

[19] Harries SK, Lubans DR, Callister R. Resistance training to improve power and sports performance in adolescent athletes: A systematic review and meta-analysis. *J Sci Med Sport*. 2012; 15: 532–540.

[20] Moran J, Sandercock G, Rumpf MC, Parry DA. Variation in responses to sprint training in male youth athletes: A meta-analysis. *Int J Sports Med*. 2017; 38: 1–11.

[21] Eisenmann JC, Malina RM. Age- and sex-associated variation in neuromuscular capacities of adolescent distance runners. *J Sports Sci*. 2003; 21: 551–557.

[22] Beunen GP, Peeters MW, Malina RM. Twin studies in sport performance. In: Bouchard C, Hoffman EP, eds. *Genetic and molecular aspects of sport performance.* Oxford: Wiley- Blackwell; 2011: 101–110.

[23] Oliver JL, Lloyd RS. Speed and agility training. In: Armstrong N, van Mechelen W, eds. *Oxford textbook of children's sport and exercise medicine.* 3rd edition. Oxford: Oxford University Press; 2017: 507–518.

[24] Oliver JL, Rumpf MC. Speed development in youth. In: Lloyd RS, Oliver JL, eds. *Strength and conditioning for young athletes: Science and application.* London: Routledge; 2014: 80–93.

[25] Mendez-Villanueva A, Buchheit M, Kuitunen S, Douglas A, Peltola E, Bourdon P. Age-related differences in acceleration, maximum running speed, and repeated sprint performance in young soccer players. *J Sports Sci*. 2011; 29: 477–484.

[26] Gravina L, Gil SM, Ruiz F, *et al*. Anthropometric and physiological differences between first team and reserve soccer players aged 10–14 years at the beginning and end of the season. *J Strength Cond Res*. 2008; 22: 1308–1314.

[27] Jakovljevic ST, Karalejic MS, Pajic ZB, Macura MM, Erculj FF. Speed and agility of 12- and 14-year-old elite male basketball players. *J Strength Cond Res*. 2012; 26: 2453–2459.

[28] Gabbett TJ. Physiological characteristics of junior and senior rugby league players. *Br J Sports Med*. 2002; 36: 334–339.

[29] Hirose N, Seki T. Two-year changes in anthropometric and motor ability values as talent identification indexes in youth soccer players. *J Sci Med Sport*. 2016; 19: 158–162.

[30] Reilly T, Williams AM, Nevill A, Franks A. A multidisciplinary approach to talent identification in soccer. *J Sports Sci*. 2000; 18: 695–702.

[31] Keogh J, Weber CL, Dalton CT. Evaluation of anthropometric, physiological, and skill- related tests for talent identification in female field hockey. *Can J Appl Physiol*. 2003; 28: 397–409.

[32] Tennessen E, Svendsen IS, Olsen IC, Guttormsen A, Haugen T. Performance development in adolescent track and field athletes according to age, sex and sport discipline. *PLoS ONE*. 10(6): e0129014. doi:10.1371/journal.pone.0129014.

[33] Meyers RW, Oliver JL, Hughes MG, Cronin JB, Lloyd RS. Maximal sprint speed in

boys of increasing maturity. *Pediatr Exerc Sci*. 2015; 27: 85–94.

[34] Meyers RW, Oliver JL, Hughes MG, Lloyd RS, Cronin JB. The influence of maturation on sprint performance in boys over a 21 month period. *Med Sci Sports Exerc*. 2016; 48: 2555–2562.

[35] Philippaerts RM, Vaeyens R, Janssens M, *et al*. The relationship between peak height velocity and physical performance in youth soccer players. *J Sports Sci*. 2006; 24: 221–230.

[36] Tomkinson GR, Carver KD, Atkinson F, *et al*. European normative values for physical fitness in children and adolescents aged 9–17 years: Results from 2 779 165 Eurofit performances representing 30 countries. *Br J Sports Med*. 2018; (in press).

[37] Jones DA, Round JM. Muscle development during childhood and adolescence. In: Hebestreit H, Bar-Or O, eds. *The young athlete*. 2nd edition. Oxford: Blackwell; 2008: 18–26.

[38] Malina RM, Bouchard C, Bar-Or O. *Growth, maturation, and physical activity*. 2nd edition. Champaign, IL: Human Kinetics; 2004.

[39] Lesinski M, Prieske O, Granacher U. Effects and dose-response relationships of resistance training on physical performance in youth athletes: A systematic review and meta-analysis. *Br J Sports Med*. 2016; 50: 781–795.

[40] Chu DA, Myer GD. *Plyometrics*. Champaign, IL: Human Kinetics; 2013.

[41] Lloyd RS, Cronin JB. Plyometric development in youths. In: Lloyd RS, Oliver JL, eds. *Strength and conditioning for young athletes: Science and application*. London: Routledge; 2014: 94–106.

[42] Meylan C, Malatesta D. Effects of in-season plyometric training within soccer practice on explosive actions of young players. *J Strength Cond Res*. 2009; 23: 2605–2613.

[43] Brehm DG, Young JD, Whitten JHD, *et al*. Effectiveness of traditional strength vs. power training on muscle strength, power and speed with youth: A systematic review and meta-analysis. *Front Physiol*. 2017; 8: 423.

[44] Faigenbaum AD, Lloyd RS. Resistance training. In: Armstrong N, van Mechelen W, eds. *Oxford textbook of children's sport and exercise medicine*. 3rd edition. Oxford: Oxford University Press; 2017: 493–506.

[45] Faigenbaum A, McFarland J, Keiper F, *et al*. Effects of a short term plyometric and resistance training program on fitness performance in boys age 12 to 15 years. *J Sports Sci Med*. 2007; 6: 515–519.

[46] Faigenbaum A, Farrell A, Fabiano M, *et al*. Effects of integrated neuromuscular training on fitness performance in children. *Pediatr Exerc Sci*. 2011; 23: 573–584.

[47] Granacher U, Lesinski M, Busch D, *et al*. Effects of resistance training in youth athletes on muscular fitness and athletic performance: A conceptual model for long-

term athlete development. *Front Physiol.* 2016; 7: 164.

[48] McNeal JR, Sands WA. Stretching for performance enhancement. *Curr Sports Med Rep.* 2006; 5: 141–146.

[49] Heyward VH. *Designs for fitness: A guide to physical fitness appraisal and exercise prescription.* Minneapolis, MN: Burgess; 1984.

[50] Sands W, McNeal J. Mobility development and flexibility in youths. In: Lloyd RS, Oliver JL, eds. *Strength and conditioning for young athletes: Science and application.* London: Routledge; 2014: 132–145.

[51] Chandler TJ, Kibler WB, Uhl TL, Wooten B, Kiser A, Stone E. Flexibility comparisons of junior elite tennis players to other athletes. *Am J Sports Med.* 1990; 18: 134–136.

[52] Marshall JL, Johanson N, Wickiewicz TL, *et al.* Joint looseness: A function of the person and the joint. *Med Sport Sci Exerc.* 1980; 12: 189–194.

[53] Bouchard C, Malina RM, Perusse L. *Genetics of fitness and physical performance.* Champaign, IL: Human Kinetics; 1997.

[54] Wells KF, Dillon EK. The sit and reach test: A test of back and leg flexibility. *Res Quart.* 1952; 23: 115–118.

[55] Schutte NM, Nederend I, Hudziak JJ, de Geus EJ, Bartels M. Differences in adolescent physical fitness: A multivariate approach and meta-analysis. *Behav Genet.* 2016; 46: 217–227.

[56] Alter MJ. *Science of flexibility.* 3rd edition. Champaign, IL: Human Kinetics; 2004.

[57] Van Roy P, Borms J. Flexibility. In: Eston R, Reilly T, eds. *Kinanthropometry and exercise physiology laboratory manual. Volume 1: Anthropometry.* 3rd edition. London: Routledge; 2009: 129–159.

[58] Phillips N. Measuring flexibility. In: Winter EM, Jones AM, Davison RCR, Bromley PD, Mercer TH, eds. *Sport and exercise physiology testing guidelines.* London: Routledge; 2007: 84–100.

[59] Brodie DA, Royce J. Developing flexibility during childhood and adolescence. In: Van Praagh E, ed. *Pediatric anaerobic performance.* Champaign, IL: Human Kinetics; 1998: 65–93.

[60] Grosset JF, Mora I, Lambertz D, Perot C. Changes in stretch reflexes and muscle stiffness with age in pre-pubertal children. *J Appl Physiol.* 2007; 102: 2352–2360.

[61] Lambertz D, Mora I, Grosset JF, Perot C. Evaluation of musculotendinous stiffness in pre-pubertal children and adults taking into account muscle activity. *J Appl Physiol.* 2003; 95: 64–72.

[62] Sermeev BV. Development of mobility in the hip joint in sportsmen. *Yesis Rev.* 1966; 2: 16–17.

[63] Covert CA, Alexander MP, Petronis JJ, Davis D. Comparison of ballistic and static

stretching on hamstring muscle length using an equal stretching dose. *J Strength Cond Res*. 2010; 24: 3008–3014.

[64] Sands B. *Coaching women's gymnastics*. Champaign, IL: Human Kinetics; 1984.

[65] Faigenbaum AD, Bellucci M, Bernieri A, Bakker B, Hoorens K. Acute effects of different warm-up protocols on fitness performance in children. *J Strength Cond Res*. 2005; 19: 376–381.

[66] Issurin VB. Vibrations and their applications in sport: A review. *J Sports Med Phys Fit*. 2005; 45: 324–336.

[67] Fredrick A, Fredrick C. *Stretch to win*. 2nd edition. Champaign, IL: Human Kinetics; 2017.

[68] Baker D. A comparison between running speed and quickness between elite professional and young rugby players. *Strength Cond Coach*. 1999; 7: 3–7.

[69] Tsitskaris G, Theoharopoulus A, Garefis A. Speed, speed dribble, and agility of male basketball players playing in different positions. *J Hum Mov Stud*. 2003; 45: 21–30.

[70] Young WB, Hawken M, McDonald L. Relationship between speed, agility, and strength qualities in Australian Rules football. *Strength Cond Coach*. 1996; 4: 3–6.

[71] Sheppard JM, Young WB. Agility literature review: Classifications, training and testing. *J Sports Sci*. 2006; 24: 919–932.

[72] Thomas BL, Nelson JK. *Practical measurements for evaluation in physical education*. 4th edition. Champaign, IL: Human Kinetics; 1986.

[73] Chelladurai P. Manifestations of agility. *Can Assoc Health Phys Educ Rec*. 1976; 42: 36–41.

[74] Keiner M, Sander A, Wirth K, Schmidtbleicher D. Long-term strength training effects on change-of-direction sprint performance. *J Strength Cond Res*. 2014; 28: 223–231.

[75] Jullien H, Bisch C, Largouet N, *et al*. Does a short period of lower limb strength training improve performance in field-based tests of running and agility in young professional soccer players? *J Strength Cond Res*. 2008; 22: 404–411.

[76] Thomas K, French D, Hayes PR. The effect of two plyometric training techniques on muscular power and agility in youth soccer players. *J Strength Cond Res*. 2009; 23: 332–335.

[77] Sohnlein Q, Muller E, Stoggl TL. The effect of 16-week plyometric training on explosive actions in early to mid-puberty elite soccer players. *J Strength Cond Res*. 2014; 28: 2105–2114.

[78] Garcia-Pinillos F, Martinez-Amat A, Hita-Contreras F, Martinez-Lopez EJ, Latorre-Roman PA. Effects of a contrast training program without external load on vertical jump, kicking speed, sprint, and agility of young soccer players. *J Strength Cond Res*. 2014; 28: 2452–2460.

[79] Chaouachi A, Chtara M, Hammami R, *et al*. Multidirectional sprints and small-sided

games training effect on agility and change of direction abilities in youth soccer. *J Strength Cond Res*. 2014; 28: 3121–3127.

[80] Chaalall A, Rouissi M, Chatra M, *et al*. Agility training in young elite soccer players: Promising results compared to change of direction drills. *Biol Sport*. 2016; 33: 345–351.

[81] Young W, Rogers N. Effects of small-sided game and change-of-direction training on reactive agility and change-of-direction speed. *J Sports Sci*. 2014; 32: 307–314.

[82] Getchell G. *Physical fitness a way of life*. 2nd edition. Hoboken, NJ: John Wiley; 1979.

[83] Born D-P, Zinner C, Duking P, Sperlich B. Multi-directional sprint training improves change-of-direction speed and reactive agility in young highly trained soccer players. *J Sport Sci Med*. 2016; 15: 314–319.

[84] Dawes J, Roozen M. *Developing agility and quickness*. Champaign, IL: Human Kinetics; 2012.

第6章 肌肉力量

肌肉力量是许多青少年取得运动成功的重要决定因素，通常可以用于区分精英与普通青少年运动员。强壮的青少年运动员能更好地掌握与运动相关的技能，并能承受长期运动训练和定期参加比赛的要求。更好的肌肉力量还能增加关节稳定性，降低肌肉骨骼损伤风险，加快运动损伤后重返赛场的速度。本章回顾了肌肉力量的发展，以及抗阻训练提高儿童和青少年肌肉力量的效果。此外，本章还结合青少年运动员运动表现的提高探讨了肌肉力量随年龄、生长发育和训练而增长的机制。

肌肉力量

肌肉力量是指肌肉收缩发力对抗或移动外部负荷或对抗重力推动物体（包括一个人的自身体重）的能力[1]。青少年的肌肉力量与年龄、体型大小、生长发育有关，并存在性别差异，除受到肌肉发展和肌肉动作的调控外，还受到基因和环境因素的影响。

遗传

虽然神经肌肉激活的遗传程度尚不清楚，但通常认为肌肉质量的遗传程度较高（60%~90%）[2]。肌肉力量的遗传程度与力量测试时涉及的肌肉动作有关。一篇包含30项研究的综述报道肌肉力量的遗传程度为14%~90%[3]，总体平均约为50%[4,5]。

评估与解读

肌肉的激活导致向心、离心或等长肌肉收缩。向心肌肉收缩指肌肉起止点间的距离缩短且产生的肌肉张力超过其所对抗的阻力。向心肌肉收缩引发身体各部分在可变（等张）或恒定（等速）速度下的动态动作。精密等速测试系统的发展激发了科学家在实验室条件下对等速肌肉力量的研究兴趣，但等张收缩能更好地反映运动专项动作和可变速度肌肉收缩，如踢球时的伸膝动作，对于许多运动项目都至关重要。离心肌肉收缩指外部阻力超过肌肉内部张力且肌肉长度增加的收缩形式。等长肌肉收缩被定义为肌肉内部张力与外部阻力相匹配且肌肉外在长度不变的收缩形式。等长肌肉收缩可以稳定关节，因此在体操、高尔夫球和摔跤等项目中非常重要。

虽然肌肉收缩可以通过电流激发，但自主收缩更加重要。因此，最大肌肉力量被定义为一块肌肉或一组肌肉群在单次自主收缩过程中产生的最大力值或力矩。尽管本书一直使用"力量"这个词语，但它通常被表示为力值（单位为"牛顿"，N）或力矩（单位为"牛·米"，N·m）。力值指肌肉激活过程中产生的张力，可通过握力计在施加阻力的部位进行测量。如果阻力施加于关节或转动中心的远端，那么更适合使用"力矩"这个词语。使用等速测试系统进行等长测试（速度为零）即可获得力矩。在这种情况下，力矩是肌肉 – 肌腱复合体施加的最大力值和力臂的乘积。有兴趣进一步了解肌肉收缩相关概念的读者可以参考其他教程[6]。

等速力量的评估需要在测力计控制动作速度的情况下最大程度用力对抗移动的力臂。等张力量测试使用自由重量或固定阻力器械测量在特定的动作范围内举起的最大重量。等长力量测试通常使用应变计、张力计、拉力计、测力台或速度为零的等速测力计。值得重点强调的是，等速、等张和等长肌肉收缩均能提供肌肉力量测试指标，这些指标可反映出不同肌肉长度、关节位置和（或）移动速度下的肌肉激活情况。尽管在不同肌肉收缩条件下测试结果间的直接关系通常较低，但无论何种类型的肌肉收缩形式产生的肌肉力量在儿童和青少年时期均呈现出增长的趋势[7]。

　　最大力量的影响因素与肌肉生理特性有关，即主动肌收缩时通常伴随明显的拮抗肌收缩。对于成人的股四头肌，共同收缩活动对力量的影响约为10%[8]。原动肌－拮抗肌共同收缩的程度在儿童时期较高[9]，但也有相反的数据[10]，在肌肉最大等长收缩时，现有证据表明共同收缩的差异基本上与年龄无关[11-13]。

　　即使是相似的肌肉群，由于肌肉收缩形式不同，测试步骤的细微差别也会影响肌肉力量的测量。关于肌肉力量发展及儿童与成人间肌肉力量差异的比较数据需要在此背景下进行严格的分析和解读。

发展

　　Jones 和 Round[14,15] 提出了一个有说服力的论点，即在出于比较目的而将技术和协调的需求降到最低的情况下，测试主要肌肉群的等长力量是对青少年肌肉力量进行生理评估和解读的最佳选择。因此，本书中展示青少年肌肉力量相对于其他变量发展趋势的解释性图表使用的均是等长力量。为了让数据更有对比性和可信性，本书采用了一项混合纵向研究中约 100 名普通学龄儿童（其中50 名男孩）的肱二头肌（前臂屈肌）和股四头肌（膝关节伸肌）的力量数据[16]。

　　性别、年龄、体型和生长发育均关系到肌肉力量的发展，但这些因素之间的相互依赖性和肌肉力量的相对重要性在儿童和青少年时期呈现出不同的变化。在特定实足年龄阶段，提前发育的青少年，特别是男孩，通常比正常发育或延迟发育的青少年拥有更大的体型、更强的力量，因此，在按照年龄分组的运动项目中占据明显优势。为了逐步增加对力量发展的了解，在关注肌肉和肌肉力量表达及发展机制前，我们需要先讨论年龄、体型和生长发育与肌肉力量的关系。

年龄

　　无论肌肉群或肌肉动作的强度如何，数据非常一致地表明青少年的肌肉力量与年龄高度相关，尤其是男孩。图 6.1 和 6.2 显示了男孩和女孩最大自主收缩力量相对于年龄的发展趋势，可以看出不同肌肉群有着类似的趋势。男孩和女孩肌肉力量的表达从儿童早期到 13 岁期间呈现出近似线性的增加，男孩会经历一个明显的力量陡增期，而女孩则没有。女孩青春期的力量增长速率与儿童期相似（或稍快）并在 15 岁时进入平台期，而男孩的力量通常会一直增长到成年早期。

　　肌肉力量的性别差异最早可在 3 岁时出现，但儿童期的肌肉力量差异非常小且存在相当大的重叠，直至男孩出现青春期力量陡增时才会导致明显的运动表现差异。有研究表明，女孩在进行最大力量测试时的激活水平低于男孩[17]，尽管我们 40 年来进行的包括大量肌肉力量测试在内的儿童运动能力测试经验并非如此[18]。数据清晰地表明，在 15 岁时，不论肌肉群或肌肉动作的强度如何，鲜有女孩可以在力量测试中超过男孩。这种性别差异在上肢力量中更加明显，男孩 17 岁时的肱二头肌力量平均为同龄女孩的 2 倍（图6.1）。相比之下，17 岁男孩的股四头肌力量只比同龄女孩高出约 50%（图6.2）。Round 及其同事注意到在研究中只有一名男孩的肱二头肌最大力量不足200N，也只有一名女孩的肱二头肌最大力量超过 199N。对于股四头肌力量来

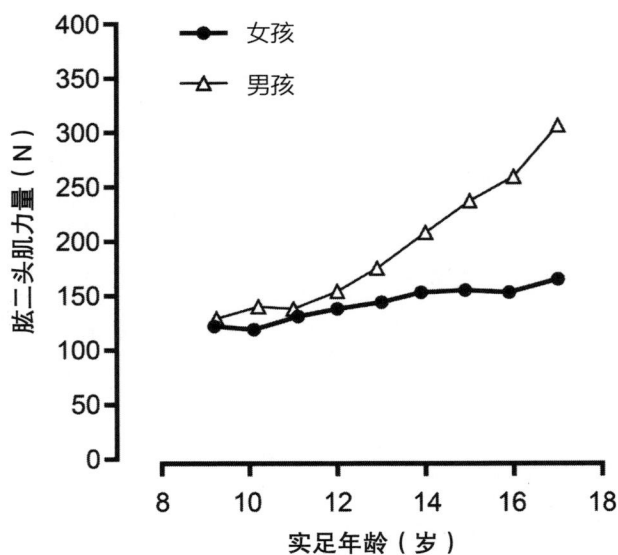

图 6.1　肱二头肌力量随性别和实足年龄的变化

图中显示，男孩肱二头肌力量从 13 岁开始出现明显升高，而女孩则不然（根据 Round 等人[16]报道的混合纵向数据重新绘制）

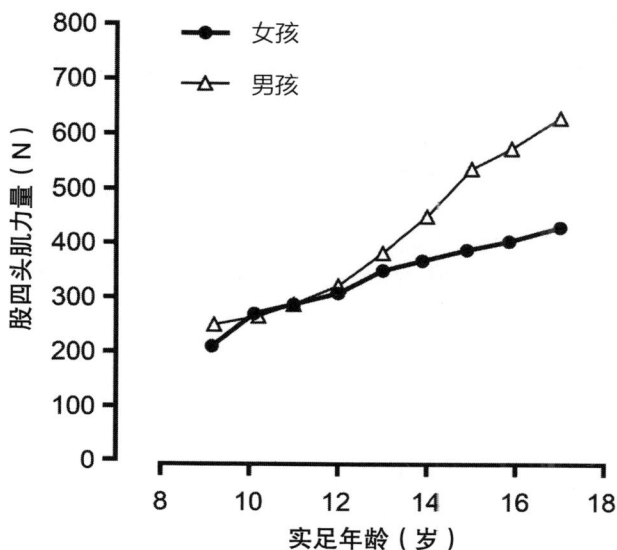

图 6.2　股四头肌力量随性别和实足年龄的变化

图中显示，男孩股四头肌力量从 13 岁开始出现明显升高，而女孩则不然（根据 Round 等人[16]报道的混合纵向数据重新绘制）

说，最强壮女孩的力量超过很多力量弱的男孩[16]。人们一直以来都认为这种性别差异是因为男孩比女孩在日常生活中更多地使用上肢肌肉[7,14]，但活泼好动的女孩与静坐少动的男孩之间的数据缺乏重叠，使得这种基于社会文化的解释无法完全令人信服。

　　青少年的肌肉力量强弱通常可以用于区分精英和普通青少年运动员。TOYA 计划就是一个很好的例子[19]。作为这项研究的一部分，研究人员对比了从事游泳、体操、足球和网球的精英运动员与年龄相仿的普通青少年的最大等长肌肉力量，两个人群力量测试方法相似[20]。男性青少年运动员的股四头肌和肱二头肌力量分别比同龄普通男性青少年高 13% 和 4%。女性青少年运动员的数据比同龄普通女性青少年分别高 22% 和 18%。女性青少年运动员的力量从 9 岁开始就一直显著高于同龄普通女性青少年，而男性青少年运动员与同龄普通男性青少年之间的力量差异在 15 岁之前并不明显[19]。

　　精英青少年运动员肱二头肌和股四头肌肌肉力量随年龄变化的趋势详见

图 6.1 和 6.2，可以看出男孩力量在 18 岁时仍在增加，而女孩已经进入平台期。值得注意的是，18 岁时有训练经历的男孩表现出的肱二头肌最大力量只比有训练经历的女孩高 54%，而无训练经历的男孩则比无训练经历的女孩高 90%~100%[20]。这表明上肢肌肉力量性别差异的增加与之前提及的社会文化或动机因素有关。

有一些研究报道称，在考虑体重和身高的差异后，年龄不再是肌肉力量的显著影响因素[21]，而另一些研究表明年龄是肌肉力量的独立影响因素[19]。尽管需要严格的数据解读，但是年龄与肌肉力量间的关系与体型的变化有关。

体型

男孩和女孩体型与肌肉力量间的关联在儿童时期呈现低度到中度相关，在青少年发育陡增期间关联程度达到峰值，在青春期后期又逐渐下降，有时甚至不存在显著相关，特别是对于女孩来说[22]。早期的相关和回归研究表明，青少年力量的差异有 40%~80% 都与年龄、身高和体重相关[17,23]。这些结果被最近发表的采用多层建模的复杂分析研究所确认，研究表明，身高和体重均是青少年等速和等长肌肉力量的重要独立解释变量[21,24,25]。

力量 – 体重比值对某些运动项目来说是非常重要的运动表现预测指标。最大自主收缩力量（单位为"N"）的绝对值使用体重进行"标准化"之后得到的比值（单位为"N/kg"）随性别和年龄的变化趋势与绝对力量指标相似。男孩在儿童时期通常比女孩表现出更高的比值，但这种性别差异从 13 岁开始显著增加。男孩力量 – 体重的比值一直增加到成年早期，而女孩的比值开始进入平台期甚至呈现出略微下降的趋势[15]。力量 – 体重比值的性别差异源自青春期女孩 FM 与 FFM 比值的增加，而男孩在青春期则相反。

精英青少年运动员的数据非常缺乏，且与无训练经历青少年的数据不一致，说明绝对力量与力量 – 体重比值之间的差异存在运动项目特异性。例如，一项针对 16 岁精英女性田径运动员下肢屈曲和伸展等速力量的研究数据表明，不同小项（如投掷、跳跃、短跑和中跑）运动员的最大力矩存在显著差异。然而，当对数据进行体重"标准化"之后，各小项运动员的下肢屈曲力量间不再有显著差异，下肢伸展力量除跳跃运动员高于中跑运动员外，其余各小项运动员间也无显著差异[26]。另一项研究报道，当有训练经历的青少年足球运动员的（U12~U18）股四头肌最大等速力矩进行体重"标准化"之后显示，在 15 岁时趋向平缓；尽管年龄更大的运动员开始进行全职训练，但该数据从 15~18 岁并无显著增加[27]。

TOYA 计划使得通过常规评估和解读方式在同一研究内比较不同项目成为可能。当使用体重作为股四头肌力量的协变量后，11 岁男性体操运动员比TOYA 计划中的其他项目运动员都要强壮。其他 3 个运动项目的男孩的力量没有显著差异。女孩的力量没有任何项目之间的差异，但有趣的是，女性体操和女性网球运动员 18 岁时的力量 – 体重比值均低于其 9 岁时，表明她们体重的增长速率超过其肌肉力量的增长[19]。

虽然肌肉力量发展与年龄、身高和体重等因素关系密切，但仍有很大一部分变化无法解释。观察研究表明，与年龄有关的力量增长不仅受到身高、体重或两者的共同影响，也受到随性别和肌肉动作而变化的其他因素（如生长发育和肌肉功能）的影响[16,25,28]。

生长发育

通过生长发育指标调整力量测试数据可以研究发育对肌肉力量的影响。肱二头肌和股四头肌的最大肌肉力量相对于生物学年龄（如 PHV 年龄之前和之后）的变化详见图 6.3 和 6.4。在 PHV 之前，男孩上下肢肌肉力量在到达 PHV 之前任一相对时间点均超过女孩，这与男孩 PHV 出现时间较晚有关。然而，当按照 PHV 之前和之后的时间排列时，男孩和女孩肌肉力量的年均增长在到达 PHV 前 1 年都是相似的。随着男孩肌肉力量在青春期出现陡增，力量增长速度从 PHV 时开始出现明显的性别差异并持续到 PHV 后约 2 年，此时男孩的力量增长速率开始趋向平缓。男孩青春期发育陡增期间血液循环中睾酮增多与肌肉力量增长显著相关，而力量的性别差异增加也反映出血液循环中睾酮的增加[15,16,22]。

虽然存在个体差异，男孩的研究数据较为一致地表明（如同图 6.3 和 6.4所示），力量增长速率在接近 PHV 时增加，且 PSV 出现在 PHV 后 1~1.5 年、PMV 后 0.4 年[15]。与许多运动相关变量一样，女孩的数据非常缺乏且不像同龄男生那样一致。平均来讲，女孩的 PSV 出现在 PHV 后 0.5 年，但在一项大型研究中显示，49% 的女孩在 PHV 后出现 PSV，其余女孩在 PHV 时或 PHV 之前出现 PSV[17]。

　　从青春期中期到青春期后期，提前成熟的男孩通常比准时成熟或延迟成熟的同龄男孩更加强壮，因此，在参与按年龄分组的运动竞赛时占据很大优势。随着延迟成熟男孩的生长发育，这种力量差异逐渐缩小，但提前成熟带来的优势可能一直持续到成年（见第 11 章）。经历提前成熟的女孩通常比准时成熟或延迟成熟的女孩更加强壮，但表现出的力量差异不像男孩一样明显且不会持续至青春期后期。因此，提前成熟的女孩在参加按年龄分组的运动竞赛时的优势不如类似的男孩，特别是考虑到力量 – 体重比值时[29,30]。

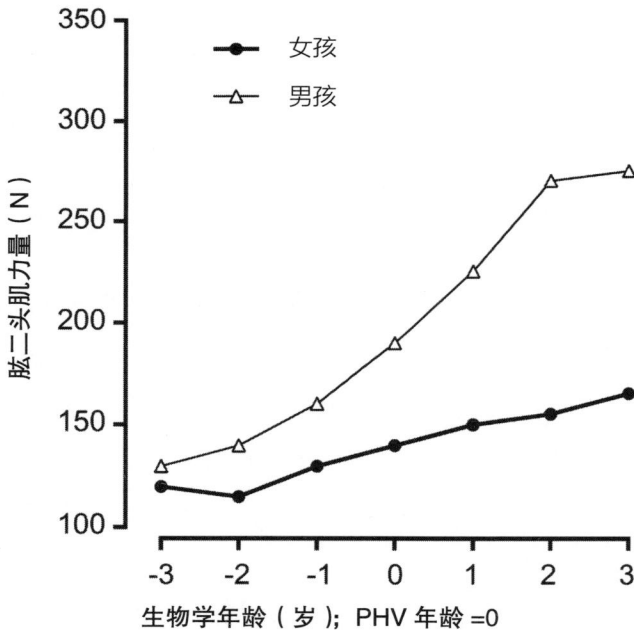

图 6.3　肱二头肌力量随性别和生物学年龄的变化

该图显示肱二头肌力量在身高增长速度高峰（PHV）（即 PHV 年龄 =0）前后的变化，PHV 后 0~2 年可见非常明显的力量增长速度的性别差异（根据 Round 等人[16]报道的混合纵向数据重新绘制）

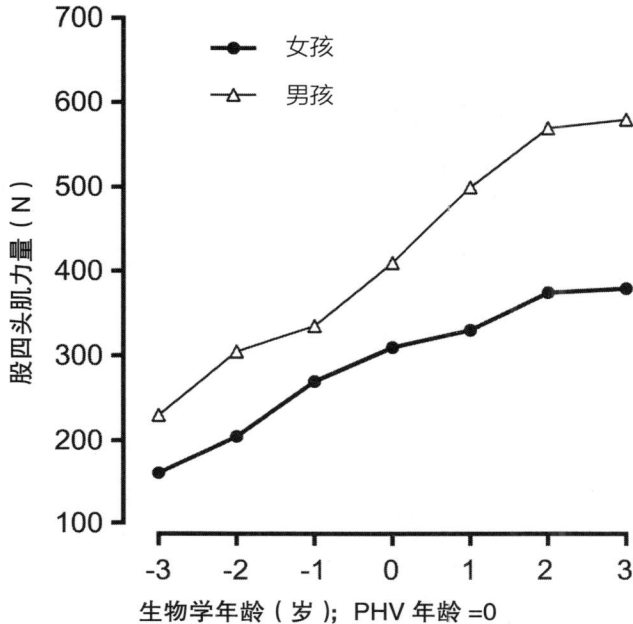

图 6.4　股四头肌力量随性别和实足年龄的变化

该图显示股四头肌力量在 PHV 前后的变化，PHV 后 0~2 年可见非常明显的力量增长速度的性别差异（根据 Round 等人[16]报道的混合纵向数据重新绘制）

机制

有非常令人信服的证据表明青少年肌肉体积与最大自主收缩力量呈正相关。但是，青少年在最大自主动作时［通常被称为最大自主收缩（maximal voluntary contractions，MVC）］的力量或力矩低于成人，这种现象在多大程度上与肌肉体积有关还不得而知[31]。

有人认为，如果对绝对力量进行肌肉横截面积（mCSA）标准化处理，年龄和性别差异就会消失[30]。但是，关于力量 /mCSA 比值的年龄和性别差异的研究数据非常模糊。使用 MRI 和多层建模的研究已经证明 mCSA 是力量发展的重要解释变量，但其重要性会随着模型中其他变量的加入而减弱[32]。因此，在研究成人 – 儿童肌肉力量差异时使用恰当的标准化指标非常重要[32-34]。

肌肉结构对儿童 – 成人力量差异的相对贡献尚不清楚，关于肌肉羽状角和力臂等因素随青少年肌肉激活和肌纤维募集而变化的研究非常缺乏。此外，青少年较大的肌腱顺应性会限制某些肌肉动作的发力，但这需要进一步的研究加以阐明[35,36]。

肌纤维在一个由肌腱和骨骼组成的机械系统中工作，这个机械系统可以调节产生的力量。很少有肌肉的肌纤维走行是从一个末端到另一个末端，它们大都以 10° ~20° 的角度斜向嵌入肌腱中，这个嵌入角度随肌肉解剖位置而变化。肌纤维与肌肉长轴间的羽状角越大，肌纤维传递至肌腱的张力比例越低。虽然研究不足且结论模糊，但主流观点认为羽状角与成熟状态无关，且儿童和成人的羽状角类似[36,37]。

很少有研究严格分析生长相关的 MVC 力矩增加与相应的力臂长度增加之间的关系，大多数研究只收集下肢长度等人体测量学指标并假设其与肌肉力臂变化一致[22]。但是，一项巧妙的研究促进了人们对于力臂对青少年力量测试影响的理解。研究小组使用 MRI 比较了青春期前儿童和成人髌腱力臂（patellar tendon moment arm，PTMA）与膝关节角度之间的关系。儿童与成人的 PTMA 长度相差 20%，表明成人膝关节伸肌 MVC 力矩较大主要是由于其 PTMA 较长，而与肌肉发力能力无关。此外，尽管研究表明儿童的 PTMA 与外部人体测量学指标（如肢体长度）相关，但成人的 PTMA 与外部人体测量学指标并无显著相关关系。因此，在解读与生长发育相关的伸膝力量变化时不考虑 PTMA 的变化会让人产生误解[38]。

一次最大自主用力不太可能充分激活肌肉，有报道认为青少年神经肌肉激活程度与肌肉的位置[7]及力量水平有关[39]。与成人相比，儿童自主激活其肌肉的能力较差，但这种激活不足会随年龄增长而降低[34,40,41]。现有数据表明，健康成人在 MVC 时肌肉激活程度为 86%~98%，而儿童为 70%~90%[41,42]。青少年存在激活不足的原因尚不清楚，但可能与其驱动运动神经元所需神经通路的逐渐成熟有关。有观点认为儿童募集或充分调动高阈值Ⅱ型运动单位的能力不及成人，这可以解释激活不足的存在，但尚无令人信服的证据表明儿童与成人的激活不足仅仅是由于肌纤维募集上的差异[34]。

总之，相关数据缺乏一致性，需要发展和应用现有成像技术以进一步增加对儿童和成人骨骼肌形态和功能差异的理解。肌肉体积的增加显然可以解释大部分与年龄、发育和性别相关的肌肉力量发展。但是，前面的讨论中也可以看出很多其他机制也起到重要作用，虽然它们对不同肌肉群和肌肉动作的相对作用尚不清晰。

最近的研究集中在对混杂变量的控制及对儿童和成人特定肌肉张力的对比方面[36,41,44]。当考虑到拮抗肌共激活、原动肌激活水平和力臂长度时，成年男性和女性、青春期前期男孩和女孩的特定肌肉张力是相似的。因此，从儿童到成年力量的增长可能并不是源于发育引发的特定肌肉张力的增长。至少在股四头肌的最大等长收缩下，青少年力量的发展看起来可能归因于肌肉体积（占原因的 50%~75% ）、力臂长度和肌肉自主激活的增加[36]。

抗阻训练

最佳长期运动能力发展需要整合不同的训练模式和方法并使之与年龄、体型、发育和动作发展相匹配[45,46]。肌肉力量强弱对许多青少年运动项目的表现影响极大，发展适当的力量训练对于均衡的青少年运动员训练计划至关重要。

抗阻训练是一种特殊的训练方法，包括逐步使用外部负荷、不同的运动速度和各种训练方式，包括固定器械、自由重量（杠铃和哑铃）、实心球、弹力带和自身体重等（47，p.493）。研究表明，从事游泳[48]、体操[49]、足球[50]、篮球[51]、手球[52]和网球[53]等项目的青少年运动员进行抗阻训练后对运动表现均有促进作用。

不同研究都已表明，抗阻训练的可训练性在不同个体和不同肌肉动作之间存在较大的差异。由于研究之间在训练量、测试精度和肌肉动作等因素上的差异，很难对可训练性的一般遗传成分进行量化。一项设计得当的双胞胎相关研究证实了这一点，10 周抗阻训练后向心和等长屈肘力量显著增加。抗阻训练后向心和等长力量的变化约有 20% 可以通过与训练相关的遗传因素解释，这些遗传因素独立于解释训练前表型的遗传因素。但是，这一研究中并未发现抗阻训练导致的离心力量的显著改变[54]。

安全性

抗阻训练是目前公认的增加青少年肌肉力量的安全有效的方法，但这一观点并非一直占主导地位，早期的文献综述错误地关注了其一般安全性、高损伤风险，以及对生长发育的不良影响[55,56]。抗阻训练的确会出现意外受伤的可能性，虽然直接对比受伤发生率的数据非常缺乏，但抗阻训练明显比许多其他运动专项训练更加安全[57]。与抗阻训练有关的意外大都可以通过恰当的指导、合格的监督、训练设备的仔细选择和严格遵守安全规定进行预防。抗阻训练环境下的特定安全细则超出了本章讨论的范畴，但抗阻训练的损伤风险因素，以及如何通过有资质、有经验的教练减少或消除风险已经在其他文献中有过较为全面的梳理[47]。

认为抗阻训练会增加青少年运动员伤病的观点与现有证据并不相符，抗阻训练实际上有助于降低青少年发生损伤的可能性[58-60]。若干研究报道称，当在运动员体能发展计划中使用了恰当的抗阻训练后，总体伤病和急性伤病发生率均会下降，受伤之后的康复时间也比那些不参加抗阻训练的运动员要短[61-63]。

对抗阻训练影响青少年运动员骨骼生长发育的恐惧毫无根据。尚未有任何研究报道显示遵循既定训练指南的青少年运动员进行抗阻训练会导致生长板损伤[64]。与之相反，科学报道和临床观察都表明抗阻训练对生长板施加的机械应力有助于骨骼的生成[65-67]，而且并无证据表明抗阻训练会影响青少年的线性生长或降低成年后的身高[67-69]。

抗阻训练指南

最近发表的一系列立场声明已经详细记录了包括青少年运动员在内的青少年抗阻训练计划的发展。这些研究强调了有资质教练的重要性，并要求青少年在进阶到大负荷高强度训练之前优先发展抗阻训练技术能力（pesistance training skill competence，RTSC）[60,70,71]。

有效抗阻训练计划的发展涉及预先计划好的和随时发生的一系列训练变量的调控。有关青少年运动员剂量效应的数据非常缺乏，直接将健康但无训练经历的青少年适用的训练模型转移到青少年运动员身上无法帮助他们取得最佳的生理适应[72]。在设计抗阻训练计划时，选择与青少年运动员 RTSC 相匹配的训练动作非常重要，同时训练动作可以使用包括自身体重在内的不同负荷。然而，使用自由重量进行抗阻训练可以增加活动范围，更好地刺激专项动作，已被证明可以对青少年运动员的肌肉力量产生最大的训练效果[73-75]。

训练强度和训练量作为主要训练变量既可以在每一次训练课中变化也可以在整体抗阻训练计划中变化。在制订计划时训练强度和训练量需要与训练目标相匹配，因为不同的训练强度和训练量的组合会引发不同的神经和肌肉适应[76]。训练强度指 1 次重复动作中需要克服的阻力，对于自由重量来说这通常指一名运动员 1 次最大重复重量（one-repetition maximun，1RM）的百分比。训练量指 1 次训练课中一项练习完成的总重复次数乘以阻力（例如，自由重量，以 "kg" 为单位）。每组重复次数、每项练习重复组数，以及举起的总重量构成了负荷量，每一个训练变量都可以在训练计划中进行调整。对动作速度也可以进行控制和调整，一般推荐初学者使用中等速度进行抗阻训练。由于在接近训练动作速度时的力量增长最显著，有训练经验的青少年运动员应该使用符合其运动项目需求的动作速度进行抗阻训练[77]。

为了保证动作重复时的技术准确性，组间间歇的长短非常重要，但是间歇时间随训练强度和训练量而变化，且循证的最佳间歇时间尚不明确。青少年从间歇性高强度训练中恢复的速度比成人要快[78]（见第 7 章）。通常建议初学者间歇 1 分钟，但随着青少年运动员训练经验和训练强度的增加，间歇时间应该逐步增加至 2~5 分钟。此外，每次训练课之间也要安排适当的恢复，每周的训练频率必须考虑到青少年运动员的其他训练和比赛安排。通常推荐一开始时采取隔天训练，每周 2~3 次，有经验的青少年运动员可以增加到每周 5 次[60]。然而，尚未有研究直接比较青少年运动员每周训练 2 次、3 次或更多次的训练效果[74]。

从来就没有现成的抗阻训练计划不加修改就可以应用于特定的青少年运动员。图 6.5 展示了英国体能协会推荐的适用于从初学者到高水平运动员的青少年训练计划指南[60]。但是，一项最近的 Meta 分析指出，持续 23 周以上，每个训练动作 5 组，每组重复 6~8 次，训练强度为 80%~89%1RM，间歇 3~4 分钟的抗阻训练对于提高青少年运动员的肌肉力量效果最好[74]。实际上，青少年运动员需要个性化的抗阻训练指南和计划，以匹配各自的年龄、体型、成熟状态、RTSC、专项运动技术、比赛规则，以及短期、中期和长期目标。无论何种情况，有资质的教练员都应该密切关注和评估抗阻训练计划以获得最佳的训练益处[47,60,74]。

肌肉力量增长

虽然大多数儿童 7~8 岁以后才可以进行结构化的抗阻训练计划，但研究表明 5~6 岁的儿童就可以从抗阻训练中获益[56,79]。但是直到 20 世纪 80 年代中期，主流的科学观点依然认为青春期前儿童因循环系统中缺乏足够的睾酮而无法通过抗阻训练增加肌肉力量。这一观点得到了若干儿童抗阻训练后肌

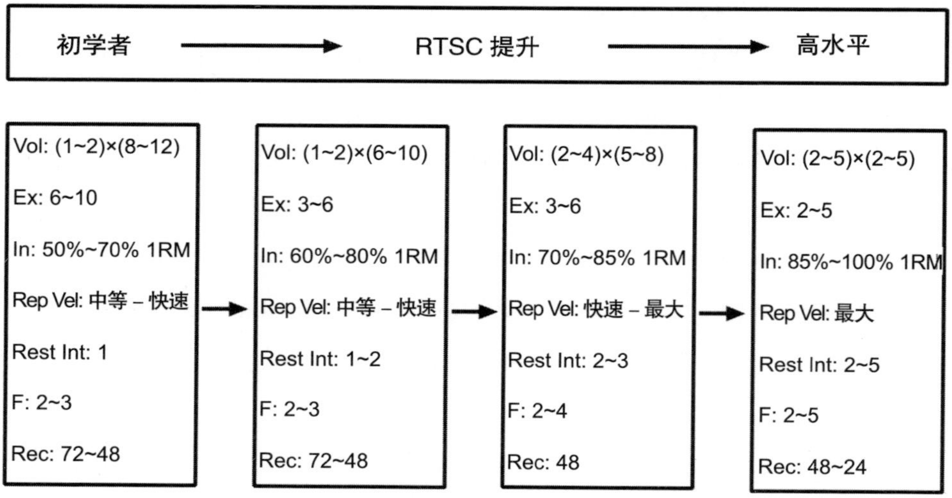

图 6.5　抗阻训练指南

该图展示了从初学者到高水平青少年运动员的抗阻训练指南，该图指出不同阶段进阶的速度应该依赖于 RTSC

Vol，训练量（组数 × 重复次数）；Ex，每次训练课动作的数量；In，训练强度（%1RM）；Rep Vel，每次重复动作的速度（动作速度）；Rest Int，以"分钟"为单位的组间间歇；F，训练频率（每周训练次数）；Rec，恢复时间（两次训练间隔的小时数）（经允许改编自 Lloyd 等人[60]）

肉力量并无显著增长的研究的支持。但是这些研究大都存在方法学限制，且研究结果无显著差异很大程度上都是由于使用中低训练负荷及训练时长不足等设计缺陷而造成的[55,71]。

最近发表的设计得当的研究清晰地表明儿童和青少年均可以通过抗阻训练增加肌肉力量。最近的 Meta 分析指出无训练经历的青少年在进行适当的抗阻训练后最大力量的增长范围为 10%~70%，但大都集中在 30%~40% 这一区间。直接比较使用不同训练变量组合及不同肌肉群和肌肉动作的研究数据可能会导致误读，但趋势是一致的。无论年龄、成熟状态和性别如何，通过抗阻训练青少年的肌肉力量都可以得到增长。有研究观察到，虽然青春期前青少年抗阻训练后绝对力量的增长幅度不及青春期青少年和成人，但其相对力量的可训练性与其他两个人群相似甚至更高。Meta 分析表明抗阻训练效果没有显著的性别差异，但这一结论因女孩研究数据的缺乏而被淡化[56,80,81]。

青少年抗阻训练后力量增长幅度的精确估计因正常生长发育的差异及个体发育速度的差异而难以获得。此外，虽然两个群体的可训练性相似，但无训练经历的健康青少年的力量增长数据不能直接应用到青少年运动员群体。然而，一些研究为青少年运动员的可训练性提供了宝贵数据。基于 16 项满足纳入标准的青少年运动员研究的系统综述与 Meta 分析表明，抗阻训练对增加肌肉力量有中等水平的效果。抗阻训练引发的力量增长对儿童（男孩 ≤ 13 岁，女孩 ≤ 11 岁）的相对效果超过青少年（男孩 14~18 岁，女孩 12~18 岁），但男性和女性青少年运动员之间没有差别[74]。一项长达 2 年的精英青少年足球运动员的研究支持了更年轻的青少年运动员的可训练性更好这一结论。此研究表明，与刚开始时相比，U13 队伍男孩抗阻训练后的力量增长（+230%~250%）远远超过 U15 队伍或 U17 队伍（+56%~80%）[50]。最近的一项关于青春期男性运动员短期抗阻训练后生理适应性差异与成熟状态关系的 Meta 分析指出，力量训练对成熟状态非常敏感，PHV 期间和 PHV 之后的绝对力量增长超过 PHV 之前[82]。

训练后肌肉力量增长的留存

训练引发的力量增长并不是永久性的。研究报道，7~12 岁青少年在停止训练之后其力量会以每周 3% 的速率向未训练状态衰减[83]。青少年运动员停训之后也会出现力量下降，但研究表明青少年棒球运动员每周 1 天的维持训练可以有效维持抗阻训练引发的力量增长[84]。对于竞赛期的青少年运动员来说，常规的非专项训练可以在数周内维持抗阻训练引发的力量增长[74]。

机制

抗阻训练引发力量增长的机制同样也是生长发育引发力量增长的机制，因此很难区分和量化抗阻训练和正常生长发育各自对肌肉力量增长的影响。少量设计良好的研究分析了青少年运动员抗阻训练引发肌肉力量增长的特定机制，但很显然，形态学和神经肌肉因素均起作用且各自的相对贡献随发育水平而变化。抗阻训练对激素反应的影响及其引发的任何力量增长仍然有待阐明。

尽管有一些支持性数据，但尚无令人信服的证据显示健康青春期前儿童抗阻训练后会引发显著的肌肉肥大。但是，有理由相信敏感性较低的测试技术可能影响了对青春期前儿童肌肉形态学变化的正确解读[48,71]。此外，较短的训练持续时间和较轻的训练负荷可能不足以引发青春期前儿童出现明显的肌肉肥大[47,55]。与之相反，青春期男性抗阻训练后总会出现肌肉肥大。来自女孩的数据较为缺乏，但女孩的肌肉肥大反应个体差异较大，且绝对变化幅度不及青春期男孩。无论性别和成熟状态如何，肌肉肥大的变化幅度均小于抗阻训练引发的力量增长。抗阻训练引发的青少年肌肉构建变化情况尚不清楚[40,56,71]。

关于年轻成人对抗阻训练的激素反应有大量文献记载[85]，但青少年运动员的相关研究非常缺乏且结果不一致。青少年抗阻训练引发的激素反应通常是根据血液循环中的物质浓度进行评估的，组织层面的激素反应需要使用侵入式技术进行研究，但因伦理原因这些技术未被开发。这使得系统反应和局部反应的交互分析无法进行，而这种交互分析可能在一定程度上可以解释有关青少年和成人抗阻训练后力量增长机制的矛盾观点。与之相似，大多数研究都只关注抗阻训练后激素反应的效果，而通常忽略了可能同等重要的激素反应模式，特别是那些脉冲式分泌的激素[86]。

尚无令人信服的证据表明抗阻训练会导致 GH-IGF-1 轴静息激素水平的变化[86-88]。与之相似，17 岁举重运动员的研究显示高强度训练前后静息皮质醇水平并无差异，经验丰富和经验一般的运动员的静息皮质醇水平也无差异。研究人员报道称，运动后即刻皮质醇升高幅度在 1 周抗阻训练后下降，提示分解代谢反应减弱[87,88]，但尚无针对青少年抗阻训练的长期皮质醇适应的研究[86]。

这一领域仅有的一些儿童研究中大都集中在 HPG 轴且数据并不一致。青少年举重运动员的研究表明有经验和无经验运动员的静息睾酮水平并无差异[87]，且 1 周抗阻训练后静息睾酮水平均会下降[88]，但上述研究均未设置对照组。在一项控制较好的针对 11~16 岁青少年的研究中，研究者注意到 2 个月的抗阻训练引发干预组青春期前和青春期男孩静息睾酮水平的升高，而年龄匹配的对照组则没有这种变化。有趣的是，虽然绝对升高幅度相似，但年龄越小的男孩的睾酮升高幅度相对越大。但是，抗阻训练后所有的睾酮数值都在正常参考范围以内，作者认为青少年进行抗阻训练并不会对体内激素环境产生显著影响[89]。在随后的研究中，研究人员报道称，2 个月抗阻训练后力量增长和睾酮升高之间没有关联，提示睾酮的合成代谢作用对男孩抗阻训练后的力量增长并非关键[90]。尚未有关于抗阻训练对女孩 HPG 轴激素影响的研究发表，但人们观察到主要进行高强度抗阻训练的青春期前女性体操运动员的睾酮和雌激素浓度低于进行更多以有氧训练的青春期前女性游泳运动员[91]。

训练引发合成代谢和分解代谢激素变化研究证据的缺乏，以及与肌肉肥大相关的较大幅度的肌肉力量增长，都支持了神经肌肉适应在青少年抗阻训练后肌肉力量增长中的作用。青少年运动员受益于抗阻训练诱导的神经肌肉适应，至少在青春期阶段与肌肉形态变化同等重要。在青春期前，力量增长主要源于运动单位激活的增加（包括 II 型运动单位募集的增加）[53]。对于青春期前和青春期运动员来说，内在肌肉适应、肌腱硬度增加和电机械延迟降低进一步促进了运动单位激活的增加[92-96]。动作技能表现和肌间协调的提高在复杂多关节动作力量增加中也有至关重要的作用[40,55,56]。

对成人来说，抗阻训练引发的肌肉体积和神经支配的增加在停训后会以训练时相同的增长速度下降[97]。只有一项实证研究充分阐述了青少年（青春期前男孩）的停训机制，研究发现力量增长的损失主要是由于神经肌肉支配能力的下降[98]。研究表明，青少年运动员停训后复杂多关节动作的力量下降可能与动作协调性下降有关[55]。这与前文提到的青少年运动员在竞赛期把训练重点从抗阻训练向专项运动技能转移后依然可以在数周内维持力量增长的能力是一致的。

（王然　译）

参考文献

［1］ Farpour-Lambert NJ, Blimkie CJR. Muscle strength. In: Armstrong N, van Mechelen W, eds. *Paediatric exercise science and medicine*. 2nd edition. Oxford: Oxford University Press; 2008: 37–53.

［2］ Lionikas A, Wackerhage H. Genetics, muscle mass and strength. In: Wackerhage H, ed. *Molecular exercise physiology*. Oxford: Routledge; 2014: 156–173.

［3］ Peeters MW, Thomis MA, Beunen GP, Malina RM. Genetics and sports: An overview of the pre-molecular biology era. *Med Sport Sci*. 2009; 54: 28–42.

［4］ Wackerhage H, Smith J, Wisneiwski, D. Molecular exercise physiology. In: Armstrong N, van Mechelen W, eds. *Oxford textbook of children's sport and exercise medicine*. 3rd edition. Oxford: Oxford University Press; 2017: 429–440.

［5］ Silventoinen K, Magnusson PK, Tynelius P, Kaprio J, Rasmussen F. Heritability of body size and muscle strength in young adulthood: A study of one million Swedish men. *Genet Epidemiol*. 2008; 32: 341–349.

［6］ Wood L, De Ste Croix M. Development of strength during childhood. In: De Ste Croix M, Korff T, eds. *Paediatric biomechanics and motor control*. Oxford: Routledge; 2012: 73–95.

［7］ Blimkie CJR. Age and sex-associated variation in strength during childhood: Anthropometric, morphologic, neurologic, biomechanical, endocrinologic, genetic and physical activity correlates. In: Gisolf CV, Lamb DR, eds. *Perspectives in exercise science and sports medicine: Youth, exercise and sport*. Vol. 2. Indianapolis, IN: Benchmark Press; 1989: 99–163.

［8］ Kellis E, Baltzopoulos V. The effects of the antagonistic muscle force on intersegmental loading during isokinetic efforts of the knee extensors. *J Biomech*. 1999; 32: 19–25.

[9]　Frost G, Dowling J, Dyson K, Bar-Or O. Cocontraction in three age groups of children during treadmill locomotion. *J Electromyogr Kinesiol*. 1997; 7: 179–186.

[10]　Bassa E, Patias D, Kotzamanidis C. Activation of antagonistic knee muscles during isokinetic efforts in prepubertal and adult males. *Pediatr Exerc Sci*. 2005; 17: 65–75.

[11]　O'Brien TD, Reeves ND, Baltzopoulos V, Jones DA, Maganaris CN. The effects of agonist and antagonist muscle activation on the knee extension moment-angle relationship in adults and children. *Eur J Appl Physiol*. 2009; 106: 849–856.

[12]　Falk B, Brunton L, Dotan R, Usselman C, Klentrou P, Gabriel D, Muscle strength and contractile kinetics of isometric elbow flexion in girls and women. *Pediatr Exerc Sci*. 2009; 21: 354–364.

[13]　Falk B, Usselman C, Dotan R, *et al*. Child-adult differences in muscle strength and activation pattern during isometric elbow flexion and extension. *Appl Physiol Nutr Metab*. 2009; 34: 609–615.

[14]　Jones DA, Round JM. Strength and muscle growth. In: Armstrong N, van Mechelen W, eds. *Paediatric exercise science and medicine*. Oxford: Oxford University Press; 2000: 133–142.

[15]　Jones DA, Round JM. Muscle development during childhood and adolescence. In: Hebestreit H, Bar-Or O, eds. *The young athlete*. 2nd edition. Oxford: Blackwell; 2008: 18–26.

[16]　Round JM, Jones DA, Honour JW, Nevill AM. Hormonal factors in the development of differences in strength between boys and girls during adolescence: A longitudinal study. *Ann Hum Biol*. 1999; 26: 49–62.

[17]　Faust MS. Somatic development of adolescent girls. *Monogr Soc Res Child Dev*. 1977; 42: 1–90.

[18]　De Ste Croix MBA, Deighan MA, Armstrong N. Assessment and interpretation of isokinetic strength during growth and maturation. *Sports Med*. 2003; 33: 727–743.

[19]　Maffulli N, King JB, Helms P. Training in elite youth athletes: Injuries, flexibility and isometric strength. *Br J Sports Med*. 1994; 28: 123–136.

[20]　Parker DF, Round JM, Sacco P, Jones DA. A cross-sectional survey of upper and lower limb strength in boys and girls during childhood and adolescence. *Ann Hum Biol*. 1990; 17: 199–211.

[21]　De Ste Croix MBA, Armstrong N, Welsman JR, Sharpe P. Longitudinal changes in isokinetic leg strength in 10–14-year-olds. *Ann Hum Biol*. 2002; 29: 50–62.

[22]　De Ste Croix MBA. Muscle strength. In: Armstrong N, van Mechelen W, eds. *Oxford textbook of children's sport and exercise medicine*. 3rd edition. Oxford: Oxford University Press; 2017: 89–103.

[23]　Carron AV, Bailey DA. Strength development in boys from 10 through 16 years. *Monogr Soc Res Child Dev*. 1974; 39: 1–37.

[24] Nevill AM, Holder RL, Baxter-Jones A, Round JM, Jones DA. Modelling developmental changes in strength and aerobic power in children. *J Appl Physiol*. 1998; 84: 963–970.

[25] Wood LE, Dixon S, Grant C, Armstrong N. Elbow flexion and extension strength relative to body size or muscle size in children. *Med Sci Sports Exerc*. 2004; 36: 1977–1984.

[26] Housh TJ, Thorland WG, Tharp GD, Johnson GO, Cisar CJ. Isokinetic leg flexion and extension strength of elite adolescent female track and field athletes. *Res Quart Exerc Sport*. 1984; 55: 347–350.

[27] Forbes H, Bullers A, Lovell A, McNaughton LR, Polman RC, Siegler JC. Relative torque profiles of elite male youth footballers: Effects of age and pubertal development. *Int J Sports Med*. 2009; 30: 592–597.

[28] Camic CL, Housh TJ, Weir JP, *et al*. Influences of body-size variables on age-related increases in isokinetic peak torque in young wrestlers. *J Strength Cond Res*. 2010; 24: 2358–2365.

[29] Froberg K, Lammert O. Development of muscle strength during childhood. In: Bar-Or O, ed. *The child and adolescent athlete*. Oxford: Blackwell; 1996: 25–41.

[30] Blimkie CJR, Sale DG. Strength development and trainability during childhood. In: Van Praagh E, ed. *Pediatric anaerobic performance*. Champaign, IL: Human Kinetics; 1998: 193–224.

[31] Bouchant A, Martin V, Maffiuletti A, Ratel S. Viewpoint: Can muscle size fully account for strength differences between children and adults? *J Appl Physiol*. 2011; 110: 1748–1749.

[32] De Ste Croix MBA. Advances in paediatric strength testing: Changing our perspective on age and sex associated differences in muscle strength. *J Sports Sci Med*. 2007; 6: 292–304.

[33] Welsman JR, Armstrong N. Interpreting exercise performance data in relation to body size. In: Armstrong N, van Mechelen W, eds. *Paediatric exercise science and medicine*. 2nd edition. Oxford: Oxford University Press; 2008: 13–21.

[34] O'Brien TD, Reeves ND, Baltzopoulos V, Jones DA, Maganaris N. Commentary on child-adult differences in muscle activation: A review. *Pediatr Exerc Sci*. 2012; 24: 22–25.

[35] Herzog W, Sartorio A, Lafortuna CL, *et al*. Commentaries on viewpoint: Can muscle size fully account for strength differences between children and adults? *J Appl Physiol*. 2011; 110: 1750–1753.

[36] O'Brien TD, Reeves ND, Baltzopoulos V, Jones DA, Maganaris N. *In vivo* measurements of muscle specific tension in adults and children. *Exp Physiol*. 2010; 95: 202–210.

［37］ Binzoni T, Bianchi S, Hanquinet S, *et al*. Human gastrocnemius medialis pennation angle as a function of age: From newborn to the elderly. *J Physiol Anthropol*. 2001; 20: 293–298.

［38］ O'Brien TD, Reeves ND, Baltzopoulos V, Jones DA, Maganaris N. Moment arms of the knee extensor mechanism in children and adults. *J Anat*. 2009; 215: 198–205.

［39］ Belanger AY, McComas AJ. Contractile properties of human skeletal muscle in child-hood and adolescence. *Eur J Appl Physiol Occup Physiol*. 1989; 58: 563–567.

［40］ Legerlotz K, Marzilger R, Bohm S, Arampatzis A. Physiological adaptations following resistance training in youth athletes – A narrative review. *Pediatr Exerc Sci*. 2016; 28: 501–520.

［41］ Grosset JF, Mora I, Lambertz D, Perot C. Voluntary activation of the triceps surae in prepubertal children. *J Electromyogr Kinesiol*. 2008; 18: 455–465.

［42］ Rutherford OM, Jones DA, Newham DJ. Clinical and experimental application of the twitch superimposition technique for the study of human muscle activation. *J Neurol, Neurosurg and Psychiat*. 1986; 49: 1288–1291.

［43］ Dotan R, Mitchell C, Cohen R, Klentrou P, Gabriel D, Falk B. Child-adult differences in muscle activation: A review. *Pediatr Exerc Sci*. 2012; 24: 2–21.

［44］ Morse CI, Tolfrey K, Thom JM, Vassilopoulos V, Maganaris CN, Narici MV. Gastroc-nemius muscle specific force in boys and men. *J Appl Physiol*. 2008; 104: 469–474.

［45］ Lloyd R, Oliver J, Faigenbaum A, *et al*. Long-term athletic development-Part 1: A pathway for all youth. *J Strength Cond Res*. 2015; 29: 1439–1450.

［46］ Lloyd R, Oliver J, Faigenbaum A, *et al*. Long-term physical development: Barriers to success and potential solutions-Part 2. *J Strength Cond Res*. 2015; 29: 1451–1464.

［47］ Faigenbaum AD, Lloyd RS. Resistance training. In: Armstrong N, van Mechelen W, eds. *Oxford textbook of children's sport and exercise medicine*. 3rd edition. Oxford: Oxford University Press; 2017: 493–506.

［48］ Blanksby BA, Gregor J. Anthropometric strength, and physiological changes in male and female swimmers with progressive resistance training. *Aust J Sport Sci*. 1981; 1: 3–6.

［49］ Piazza M, Battaglia C, Fionelli G, *et al*. Effects of resistance training on jumping per-formance in pre-adolescent rhythmic gymnastics: A randomised controlled study. *Ital J Anat Embryol*. 2014; 119: 10–19.

［50］ Sander A, Keiner M, Wirth K, Schmidtbleicher D. Influence of a 2 year strength training programme on power performance in elite youth soccer players. *Eur J Sport Sci*. 2013; 13: 445–451.

［51］ Santos E, Janeira M. Effects of complex training on explosive strength in adolescent male basketball players. *J Strength Cond Res*. 2008; 22: 903–909.

［52］ Ignjatovic A, Markovic Z, Radovanovic D. Effects of 12-week medicine ball training on muscle strength and power in young female handball players. *J Strength Cond Res*. 2012; 26: 2166–2173.

[53] Behringer M, Neuerburg S, Mathews M, *et al*. Effects of two different resistance-training programs on mean tennis-serve velocity in adolescents. *Pediatr Exerc Sci*. 2013; 25: 370–384.

[54] Thomis MA, Beunen GP, Maes HH, *et al*. Strength training: Importance of genetic factors. *Med Sci Sport Exerc*. 1998; 30: 724–731.

[55] Blimkie CJR, Bar-Or O. Muscle strength, endurance, and power: Trainability during childhood. In: Hebestreit H, Bar-Or O, eds. *The young athlete*. 2nd edition. Oxford: Blackwell; 2008: 65–83.

[56] Behringer M, vom Heede A, Yue Z, Mester J. Effects of resistance training in children and adolescents: A meta-analysis. *Pediatrics*. 2010; 126: e1199–e1210.

[57] Hamill B. Relative safety of weight lifting and weight training. *J Strength Cond Res*. 1994; 8: 53–57.

[58] Lloyd RS, Faigenbaum AD. Age- and sex-related differences and their implications for resistance exercise. In: Haff GG, Triplett NT, eds. *Essentials of strength training and conditioning*. Champaign, IL: Human Kinetics; 2016: 135–154.

[59] Myer GD, Wall EJ. Resistance training in the young athlete. *Op Tech Sports Med*. 2006; 14: 218–230.

[60] Lloyd RS, Faigenbaum AD, Myer GD, *et al*. UKSA position statement: Youth resistance training. *Strength Cond J*. 2012; 26: 26–39.

[61] Cahill B, Griffith E. Effect of preseason conditioning on the incidence and severity of high school football knee injuries. *Am J Sports Med*. 1978; 6: 180–184.

[62] Soligard T, Mycklebust G, Steffen K, *et al*. Comprehensive warm-up programme to prevent injuries in young female footballers: Cluster randomised controlled trial. *Br Med J*. 2008; 337: a2469.

[63] Emery CA, Meeuwisse W. The effectiveness of a neuromuscular prevention strategy to reduce injuries in youth soccer: A cluster-randomised control trial. *Br J Sports Med*. 2010; 44: 555–562.

[64] Faigenbaum AD, Myer GD. Resistance training among young athletes: Safety, efficacy and injury prevention effects. *Br J Sports Med*. 2010; 44: 56–63.

[65] Myers AM, Beam NW, Fakhoury JD. Resistance training for children and adolescents. *Trans Pediatr*. 2017; 6: 137–143.

[66] Falk B, Eliakim A. Resistance training, skeletal muscle and growth. *Pediatr Endocrinol Rev*. 2003; 1: 120–127.

[67] American Academy of Pediatrics. Strength training by children and adolescents. *Pediatr*. 2008; 121: 835–840.

[68] Sadres E, Eliakim A, Constantini N, Lidor R, Falk B. The effect of long-term

resistance training on anthropometric measures, muscle strength, and self-concept in pre-pubertal boys. *Pediatr Exerc Sci.* 2001; 13: 357–372.

[69] Malina R. Weight training in youth-growth, maturation, and safety: An evidence-based review. *Clin J Sport Med.* 2006; 16: 478–487.

[70] Lloyd RS, Faigenbaum AD, Stone MH, *et al.* Position statement on youth resistance training: The 2014 International Consensus. *Br J Sport Med.* 2014; 48: 498–505.

[71] Behm DG, Faigenbaum AD, Falk B, Klentrou P. Canadian Society for Exercise Physiology position paper: Resistance training in children and adolescents. *Appl Physiol Nutr Metab.* 2008; 33: 547–561.

[72] Faigenbaum AD, Lloyd RS, Myer GD. Youth resistance training: Past practices, new perspectives, and future directions. *Pediatr Exerc Sci.* 2013; 25: 591–604.

[73] Harries SK, Lubans DR, Callister R. Resistance training to improve power and sports performance in adolescent athletes: A systematic review and meta-analysis. *J Sci Med Sport.* 2012; 15: 532–540.

[74] Lesinski M, Prieske O, Granacher U. Effects and dose-response relationships of resistance training on physical performance in youth athletes: A systematic review and meta-analysis. *Br J Sports Med.* 2016; 50: 781–795.

[75] Granacher U, Lesinski M, Busch D, *et al.* Effects of resistance training in youth athletes on muscular fitness and athletic performance: A conceptual model for long-term athlete development. *Front Physiol.* 2016; 7: 164.

[76] Toigo M, Boutellier U. New fundamental resistance exercise determinants of molecular and cellular muscle adaptations. *Eur J Appl Physiol.* 2006; 97: 643–663.

[77] Behm DG, Sale DG. Velocity specificity of resistance training. *Sports Med.* 1993; 15: 374–388.

[78] Ratel S, Williams CA. Neuromuscular fatigue. In: Armstrong N, van Mechelen W, eds. *Oxford textbook of children's sport and exercise medicine.* 3rd edition. Oxford: Oxford University Press; 2017: 122–131.

[79] Myer G, Lloyd R, Brent J, Faigenbaum AD. How young is too young to start training? *ACSM Health Fit J.* 2013; 17: 14–23.

[80] Payne VG, Morrow JR, Johnson L, Dalton SN. Resistance training in children and youth: A meta-analysis. *Res Q Exerc Sport.* 1997; 68: 80–88.

[81] Falk B, Tenenbaum G. The effectiveness of resistance training in children: A meta-analysis. *Sports Med.* 1996; 22: 176–186.

[82] Moran J, Sandercock GRH, Ramirez-Campillo R, Meylan C, Collinson J, Parry DA. A meta-analysis of maturation-related variation in adolescent boy athletes' adaptations to short-term resistance raining. *J Sport Sci.* 2017; 35: 1041–1051.

[83] Faigenbaum A, Westcott W, Micheli L, *et al.* The effects of strength training and detraining on children. *J Strength Cond Res.* 1996; 10: 109–114.

［84］ DeRenne C, Hetzler RK, Buxton B, Ho KK. Effects of training frequency on strength maintenance in pubescent baseball players. *J Strength Cond Res*. 1996; 10: 8–14.

［85］ Kraemer WJ, Vingren JL, Spiering BA. Endocrine responses to resistance exercise. In: Haff GG, Triplett NT, eds. *Essentials of strength training and conditioning*. Champaign, IL: Human Kinetics; 2016: 65–86.

［86］ Falk B, Eliakim A. Endocrine response to resistance raining in children. *Pediatr Exerc Sci*. 2014; 26: 404–422.

［87］ Fry AC, Kraemer WJ, Stone MH, *et al*. Endocrine and performance responses to high volume training and amino acid supplementation in elite junior weightlifters. *Int J Sport Nutr*. 1993; 3: 306–322.

［88］ Kraemer WJ, Fry AC, Warren BJ, *et al*. Acute hormonal responses in junior weightlifters. *Int J Sports Med*. 1992; 13: 103–109.

［89］ Tsolakis CK, Messinis D, Sterigioulas A, Dessypris AG. Hormonal responses after strength training and detraining in prepubertal and pubertal boys. *J Strength Cond Res*. 2000; 14: 399–404.

［90］ Tsolakis CK, Vagenas GK, Dessypris AG. Strength adaptations and hormonal responses to resistance training and detraining in preadolescent males. *J Strength Cond Res*. 2004; 18: 625–629.

［91］ Peltenberg AL, Erich WB, Thijssen JJ, *et al*. Sex hormone profiles of premenarchael athletes. *Eur J Appl Physiol*. 1984; 52: 385–392.

［92］ Ozmun JC, Mikesky AE, Surburg PR. Neuromuscular adaptations following prepubescent strength training. *Med Sci Sports Exerc*. 1994; 26: 510–514.

［93］ Ramsay JA, Blimkie CJ, Smith K, Garner S, MacDougall JD, Sale DG. Strength training effects in prepubescent boys. *Med Sci Sports Exerc*. 1990; 22: 605–614.

［94］ Granacher U, Goesele A, Roggo K, *et al*. Effects and mechanisms of strength training in children. *Int J Sports Med*. 2011; 32: 357–364.

［95］ Waugh C, Korff T, Fath F, Blazevich A. Effects of resistance training on tendon mechanical properties and rapid force production in prepubertal children. *J Appl Physiol*. 2014; 117: 257–266.

［96］ Lloyd R, Oliver J, Hughes M, Williams C. Effects of 4-weeks plyometric training on reactive strength index and leg stiffness in male youths. *J Strength Cond Res*. 2012; 26: 2812–2819.

［97］ Narici MV, Roi GS, Landoni L, Minetti AE, Cerretteli P. Changes in force, cross-sectional area and neural activation during strength training and detraining of the human quadriceps. *Eur J Appl Physiol*. 1989; 59: 310–319.

［98］ Blimkie CJR, Martin J, Ramsay J, Sale D, MacDougal D. The effects of detraining and maintenance weight training on strength development in prepubertal boys. *Can J Sport Sci*. 1989; 14: 102P.

第 7 章　高强度运动

能够根据实际体育情景的需要做出一次最大努力程度和强度的运动，是竞技体育的基础，而能够反复性地完成短时、高强度的运动，并保持运动表现不出现显著下降，则是很多青少年在运动中获得成功的先决条件。本章探讨青少年运动员的最大强度运动和高强度运动，并探索决定青少年运动员发展和可训练性的机制。本章对青少年和年轻成人的重复性高强度运动［如重复冲刺序列（repeated sprint sequences，RSS）］的表现和恢复进行了比较。本章还将对高强度间歇训练（high-intensity interval training，HIIT）与青少年运动表现之间的关系进行讨论。

遗传

在进行最大和高强度运动的能力方面存在相当大的个体差异，相关数据非常稀少，并且因评估测试和阐述方面带来的挑战而令人困惑。遗传和环境因素相关影响的证据尚不确凿，但据估计，"无氧运动表现特征"（anaerobic performance trait）的遗传力被评估为 44%~92%。文献的综述通常较为保守，较一致地认为"无氧运动表现"（anaerobic performance）或"无氧能力"（anaero bicfitness）的遗传因素占比高于 50%[1]。

最大强度运动

最大强度运动的定义为"一个个体所能进行的最高强度的运动（如个体

以'全力以赴'的努力程度进行或完成的运动），并仅能持续非常短的时间"。辨别"真正的"最大强度运动［通常在实验室环境中表示为功率自行车峰值功率输出（CPP）］和$\dot{V}O_{2\,max}$（通常指最大有氧功率）是非常重要的。青少年运动员使用功率自行车进行逐级递增负荷测试$VO_{2\,max}$过程中的功率的峰值一般仅能达到 Wingate 测试（WAnT）中峰值功率的 25%~33%。在运动科学领域通常将$\dot{V}O_{2\,max}$强度以上的运动强度称作"超最大强度"（supramaximal），但在一些情况下，这个强度实际上仅是"次最大强度"。"超最大强度"这个术语通常仅为儿童运动科学研究者所采用，但其具有误导性，因为超最大强度运动不可能比"真正"的最大强度运动低。

评估和解释

伦理和技术上的限制制约了青少年最大强度运动中 ATP 生成率的直接测量。因此，对生长和发育过程中的最大强度运动的相关知识很大程度上都来自运动表现相关研究。当前已经发展出了非常多的用以评估最大强度运动的测试，但实验室研究主要还是采用自行车测功仪对功率输出进行测量[2]。WAnT 根据测试过程中的自行车蹬踏频率（pedalling cadence）和固定阻力，计算出外部输出 CPP 和功率自行车平均输出功率（cycling mean power，CMP），该测试是包括运动实验室在内的各类实验室评估最大强度运动时最为流行的测试[3]。在 WAnT 测试中，CPP 通常在测试开始之后的数秒即可达到，单位为"瓦特"（W），功率峰值通常以 1 秒为标准单位采集（早期测试中采样时长通常为 3~5 秒），而 WAnT 测试中 CMP 为 30 秒测试时间内的平均功率，单位同样为"瓦特"（W）。

WAnT 测试提供了一种测试青少年 CPP 的有力方法，但对比不同研究中该测试的结果时需要额外注意，不同的研究可能对测试流程进行特定的修订，例如，实验对象进行了特定的热身[4]、非静止启动[5]、使用定趾器（toe clips）[6]，和（或）根据受试者腿长调节自行车曲柄长度（cycle crank length）[7]等。还有一些研究将飞轮的惯性和功率自行车内部阻力以一定的系数纳入后期计算，不论受试对象是男孩还是女孩，采用此种后期方法将导致 CPP 结果增加约 20%[8]。

在 WAnT 中表现出理想的测试表现取决于选择合适的阻力，通常根据体重进行设定，数值为 0.74 N/kg，然而，WAnT 进阶至力竭，将会造成蹬踏节奏的下降，因此影响到功率 – 速率比值，进而造成功率输出除因疲劳所导致的直接下降以外，还出现其他表现的下降。换言之，恒定阻力不变，可能不是在同一个测试中判定 CPP 和 CMP 的最佳方式。即使仅为了研究 CPP，根据相对体重能够设定适宜的阻力，但在青少年研究中仍存在问题[9]，9 岁儿童的 CPP 与 MRI 测得的大腿肌肉体积（thigh muscle volume，TMV）之间关系的调查便清晰地展现了这方面的问题。常用的以"0.74 N/kg"为标准的根据相对体重设定的阻力既被用于男生也被用于女生，但进一步的分析显示，如果对男性和女性青少年采用一样的标准来设定阻力，在男女生体重相似的情况下，如果根据 TMV 来考量，女生比男生的阻力要高 19%[10]，在研究中，不管性别如何，个体差异可达到 49%[10]。

为了克服 WAnT 中常出现的体重相关的制动力问题，出现了力 – 速测试（force-velocity test，F-VT），作为 WAnT 的一种"改良"测试[11-13]。相关的基本理论概念、数理计算方法和方法论问题已有他人进行过全面的描述[14]，F-VT 通常由一系列 4~8 次、每次持续 5~8 秒的最大努力程度的冲刺骑行组成，在随机引入的恒定阻力范围内进行，中间穿插 5 分钟的动态恢复或静态休息间歇。测试可以识别并应用个体的最适阻力，以能出现最佳峰值输出功率（optimised peak power，OPP）。有报告称，相隔 1 周的测试的典型误差钧为 3%，同时，一项针对 9~15 岁男女青少年的研究也显示，F-VT 中测得的 OPP 显著高于采用保守的 0.74 N/kg 的标准设定阻力的 WAnT 测试中的 CPP[11]。并且因为测试中的最佳阻力值是随着青少年年龄的增长而增加[11]，如果在长期的生理监控计划中采用功率自行车判定峰值功率，建议采用 F-VT 测试方法。

WAnT 中的 30 秒"全力以赴"的测试时长不仅要求运动员有很强的动机（主观能动性），同时也令有氧代谢显著地参与运动，由此，CMP 不仅仅是一项无氧指标变量。据估计，在 11~12 岁的青少年中，有氧供能对 CMP 的作用占 16%~45%（取决于蹬自行车的机械学效率），无显著性别差异[15]。在 WAnT 中，据观察，7~15 岁的男孩达到 60%~70% 峰值 $\dot{V}O_2$[16]，仅有一篇文献将 12 岁女性青少年（达到 67%~73% 峰值 $\dot{V}O_2$）纳入研究，没有报告显著性别差异[15]。但对于青少年来说，在 WAnT 后，6.0~10.0 mmol/L 的峰值血乳酸浓度（BLA）明显反映出了 CMP 的有氧部分。CMP 取决于有氧和无氧代谢能力的发展水平，并多发两者相互作用，这是非常清楚的。训练对青少年有氧供能和无氧供能在 CMP 中的相关作用尚待明晰，青少年运动员和非运动员之间尚无可靠的比较数据。本章节重点关注 CPP 的发展，其中与 CMP 相关的方面则将进一步在有关间歇性高强度运动的章节中进行讨论。

WAnT 测试和 F-VT 测试的数据加深了人们对生长和发育过程中 CPP 发展的理解，然而尽管青少年的 CPP 和 OPP 与高强度专项运动表现（high-intensity sport related-performances）之间通常都存在数理统计学上的显著相关性，但仍不足以高到可以预测专项运动表现的地步。在未经训练[17-19]和经过训练[20-22]的青少年中，WAnT 或 F-VT 测试中的外部功率与运动相关表现（如冲刺跑、垂直纵跳、单腿跳）之间的相关系数 r 的范围为是 0.2~0.7。

一些 WAnT 测试的变式也已经成为监控青少年自行车运动员运动表现的基础方法。例如，英国自行车队发展出了一种方案，其中"最大输出功率"通过 6 秒最高强度站姿启动骑行测试进行判定[23]。为了更贴近运动专项，以手臂摇动曲柄进行的 WAnT 测试（对抗 0.44 N/kg 的阻力）被用来对比经过训练和未经训练的游泳运动员。正如研究预期一样，发育期之前、发育期和发育期之后的经过游泳训练的女性青少年运动员进行脚踩自行车的 WAnT 测试时没有出现显著差异，但在手臂转动曲柄的测试中相对未经训练的女性青少年运动员表现出显著更高的手臂（上肢）峰值功率，并与年龄和自主报告的 PH 阶段相吻合[24]，由此可见在评估或监控青少年运动员表现时，最大强度运动测试需要具备生态有效性[25]。

在无动力跑台（non-motorised treadmill，NMT）上进行的最大冲刺测试相较于功率自行车测试而言，似乎更适于评估那些需要全身体重参与的专项运动的相关表现。一些实验室已经验证 NMT 上 10~30 秒的冲刺测试可以作为一种控制良好的、基于实验室的探测青少年最大强度运动能力的方法[26-28]。埃克塞特大学儿童健康和运动研究中心（Children's Health and Exercise Research

Centre，CHERC）研发了一种固定式测试台（图 7.1），在评估儿童于 NMT 上进行最大强度运动及反复高强度冲刺后的反应上表现出良好的可靠性。最大冲刺过程中的功率输出根据阻力和跑台履带速率来计算，由电子感应元件监控并连接电脑。对于 10 岁的儿童来说，NMT 上和 WAnT 测试中的外部峰值功率具有显著相关性，相关系数 r 为 0.82。以 1 周为间隔的测试之间的典型误差约为 6%，这使得其相比 WAnT 测试来说表现更好[28]。但目前 NMT 上还没有足够的数据来与现有的 WAnT 测试数据进行对比，以及讨论是否与 WAnT 测试得出的青少年最大强度运动能力发展特征相一致。

　　不仅对于探索最大强度运动表现发展，而且对分析多次高强度冲刺跑运动表现和恢复而言，NMT 跑台测试都是一种有前景的实验室测试模型[29]。此外，最初的 NMT 重复性冲刺跑台测试以及恢复时间设置，已经成功地被发

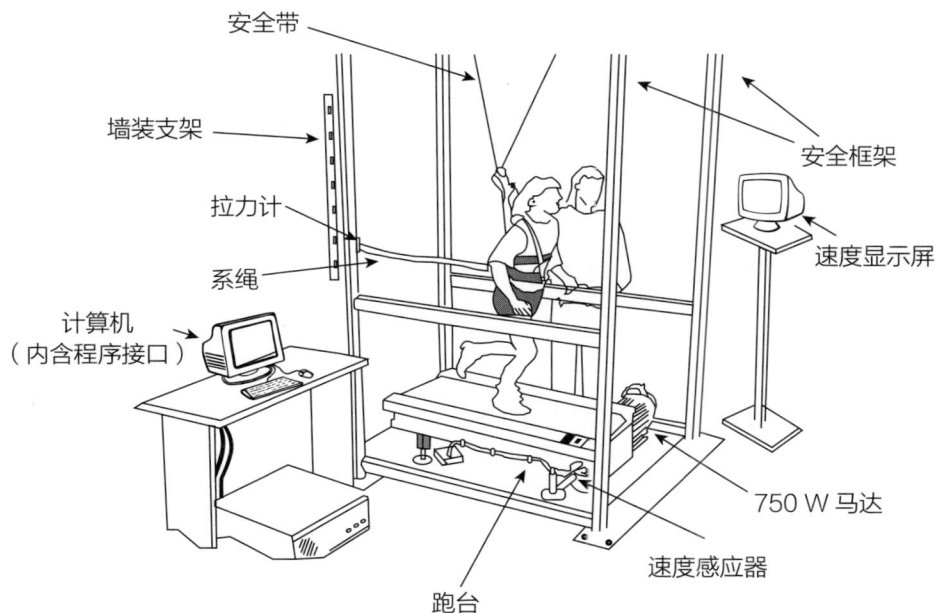

图 7.1　埃克塞特儿童无动力跑台测试站

英国埃克塞特大学 CHERC 的 NWT 测试站，可用来研究功率输出、抗疲劳和反复冲刺表现。图中的动力马达是用来进行 5 分钟跑以标准化测试前的内部阻力。在测试过程中动力马达切断，提供动力（有关 NMT 的完整规范，请参见 Sutton 等人[28]的研究）

展出多种更复杂的测试方案，以反映和复刻专项运动表现。例如，CHERC 团队设计了一种时长延长的包括冲刺、跑动、慢跑和行走在内并间隔以特定的间歇休息时间段的 NMT 测试方案，以反映半场足球比赛（也有可能是指橄榄球比赛）的生理需求。测试产生的生理压力根据心率和 BLA 来判定，并与前人报道的青少年足球比赛的数据非常相似[30]。当然尚需更多研究以发展更多适用于青少年运动员生理监控的 NMT 测试方案。

发展

　　WAnT 和 F-VT 测试的数据可以用来研究最大强度运动表现能力的发展，但尚缺乏标准化的方法原理，这就导致很难将不同实验室的研究数据进行对比。因此，应该对研究得出的趋势和相同实验室测试的比较进行分析，而非纠结于实验室得出的 CPP 和 OPP 数据的绝对值，来阐明最大强度运动表现与年龄、性别、体型和成熟状态之间的关系。因为与年龄相关的趋势并没有不同，一些研究也没有将 CPP 和 OPP 数据加以区分，为了避免混淆，将在接下来针对不同变量的讨论中采用通用术语——峰值功率（peak power，PP）。

年龄

　　针对健康青少年的大样本（$n>200$）研究的数据显示了年龄与 PP 之间的近线性关系，这种线性关系持续到约 13 岁，没有明显的性别差异[31,32]。事实上，女孩通常比相近年龄的男孩得分更高，可能因为相同年龄的女孩成熟程度更高[5]。13 岁开始，男孩，而非女孩的数据呈现出不同的图景，出现了一个 PP 的显著增加，并持续到早期成年期。到 16 岁之前，男孩的 PP 值平均比女孩高 59%，同时有报告显示，16 岁青少年的上肢 PP（男孩平均高 57%）和下肢 PP（男孩平均高 64%）也存在相似的性别差异[33]。约 1000 名不同年龄的男女儿童青少年典型 PP 侧写描述指标（描述性平均值）随年龄的变化情况见图 7.2。

　　与儿童有氧能力研究[34]相比，关于 PP 的纵向数据非常稀少。如果纵向研究被定义为"连续跟踪同年出生的一组孩子，并至少进行 3 次不同时段的评估"（[35, p16]），那么有关与年龄和性别相关的 PP 的纵向研究报道仅有 2 例[12,36]，另有 2 例研究仅针对男性[37,38]。

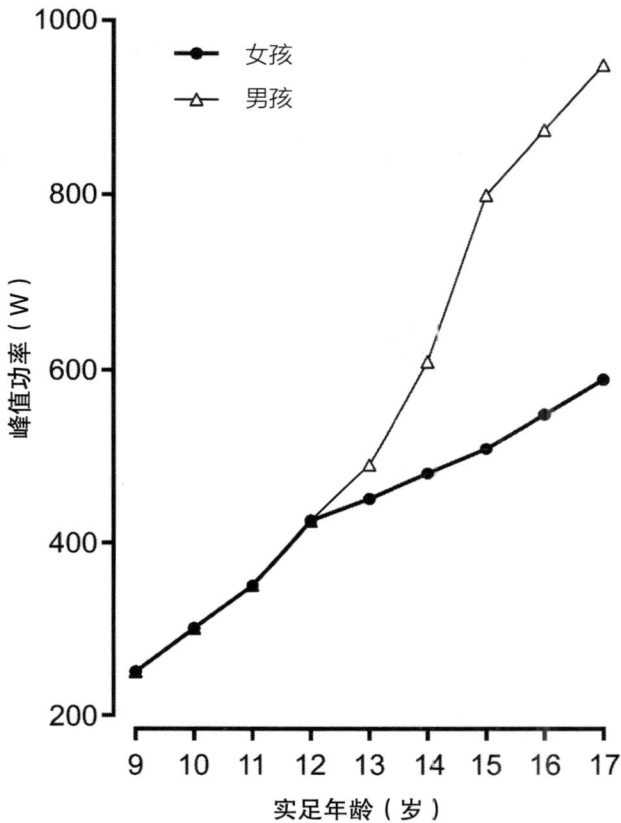

图 7.2　峰值功率与性别和年龄的关系

图中显示 9~13 岁峰值功率没有出现显著性别差异，性别差异的逐渐增加从 14~17 岁开始（根据 Van Praagh 等人[31]报告的数据绘制）

体型

身高和体重均与 PP 有强相关性。据估计，体重可以解释 PP 方差的 50%[5]。但是 PP 在青春期的增加速度远高于体重[36]。当用 PP 相对体重的比来表达时（即 W/kg），显著的性别差异出现在 10 岁左右，男孩和女孩的值从 10~17 岁分别增加了 36% 和 22%，此时性别差异为 35%[31]。但采用等比缩放来控制体型这个变量是一种不太恰当的方法（见第 8 章），当采用异速缩放控制体重时，儿童中的性别差异很小，但在青春期逐渐显现，并增加至成人早期，在此过程中男孩的表现一直优于女孩[11]。

成熟状态

成熟状态对 PP 独立影响的证据可见于一项涉及 200 名不同 PH 阶段的 12 岁青少年（其中有 100 名女孩）的横断面研究中。从该研究可以看出不同 PH 阶段，男孩和女孩峰值功率显著地逐级递增。没有研究对象处于 PH5 阶段，但处于 PH4 的男、女孩的 PP 比生物年龄相似但发育阶段处于 PH1 的同龄人分别高 66% 和 51%。数据还支持了下述假设：在 13 岁之前，由于女孩比男孩的发育成熟程度高，不存在与年龄相关的性别差异。研究还指出，采用异速缩放控制体重时，PH4 和 PH1 阶段的 PP 出现了显著差异，男孩为 31%，女孩为 20%。因此，可以被确定的是：成熟状态对 PP 的积极影响不仅与年龄无关，与体重也无关。研究还报告了，在男孩中 PP 与血清睾酮浓度呈显著正相关[5]。

从纵向研究中获得的稀少数据是不明确的。根据观察，PP 最大幅度的增加出现在青春期开始时[38]，峰值功率从 PH1 到 PH5 阶段逐级递增[37]。相反，当将 PH 阶段（PH1~PH5）引入 12~17 岁的多水平模型时，识别出不显著的参数估计值，表明在控制年龄、体型和身体成分的情况下，根据 PH 估计的成熟度状态不会对 PP 产生额外影响[36]。发育引起的影响可能被体重和皮褶厚度相结合所代表的肌肉质量所掩盖。当前我们迫切需要更多的纵向研究，来厘清并阐释成熟状态与最大强度运动的表现之间关系的联系机制，以及如何将它应用于可量化的与体育相关的运动表现研究中去。

机制

在功率自行车上测量的产生 PP 的最佳制动阻力，即便是根据体重标准化之后，成人的数值也显著高于儿童[39]。生长发育过程中肌肉质量的增加是导致最佳制动阻力和 PP 的年龄和性别差异的主要原因。在 5~18 岁时，男孩的肌肉质量增加 7.5~37.0 kg，女孩的肌肉质量增加 7.0~24.0 kg。CPP 主要产生于腿部肌肉，在青春期结束之前，女孩下肢肌肉仅相当于男孩的 70% 左右[40]。

肌肉的最大力量取决于平行排列的肌小节数量，因此必然与 mCSA 或线性维度指标的平方（l^2）成比例。功率是力量（l^2）和速度的乘积。肌肉收缩

（缩短）的速率取决于排列线上的肌小节的数量，并与肌肉长度成比例。由此，功率与肌肉长度的平方[13]相关．如果讨论下肢功率，那么下肢功率最可能直接为大腿肌肉体积（TMV）这个指标所反映。TMV 或腿部瘦体重（lean leg volume，LLV）与 PP 之间的关系已经被一些研究所探索，但也有一些相矛盾的结果[32,41,42]。数据的相互矛盾可能是由于研究者估算 LLV 时采用人体测量学的技术方法[43]并不太适用于儿童和青少年群体[44]，和（或）是因为采用比率缩放分析数据。因为意识到 LLV 人体测量学方法和比例缩放分析数据的缺陷，一个研究小组进行了 2 个独立的多层建模调查，探索 TMV 和 PP 之间的关系，其分别在一年中对 10~12 岁儿童和 12~14 岁青少年的 TMV 进行 2 次 MRI 测量，一组受试者进行 WAnT 测试，另一组进行 F-VT 测试来判定 PP。研究数据确认了不论是在男性还是女性青少年，TMV 在 PP 的性别差异和随年龄变化上具有显著性作用，作用高于身体形态和身体质量[12,45]。

然而，PP 输出不仅与肌肉大小有关，还与神经激活情况、肌肉结构、肌纤维类型和新陈代谢有关。激活更多动作单元的能力的发展（如肌肉激活的下降），以及肌肉结构在肌肉运动过程中对力的增长方面的相关作用，已在本书第 6 章进行了讨论，同时也包括不同成熟状态下对训练反应的内容。肌纤维的生长、发育和肌纤维类型的分布等内容在第 2 章进行了讨论。但值得注意的是，在成人的股四头肌中，Ⅱa 型肌纤维和Ⅱb 型肌纤维分别是Ⅰ型肌纤维的收缩速率的 3~10 倍[46]。如果将肌肉收缩特征与年龄情况、成熟状态和性别差异相结合，肌纤维类型的分布和肌肉募集的差异毫无疑问会影响 PP 的表现，让年龄更大和（或）成熟程度更高的男性青少年运动表现更好，因为该人群中Ⅱb 型肌纤维的占比更高。

可训练性

有训练经历的青少年的 PP 始终比那些没有经过训练的同龄者要高[21,24,47]，并且训练对 PP 的影响似乎特定于受过训练的肌肉群。一项研究显示，经过训练的青春期前、青春期和青春期后的女性游泳青少年运动员（根据自我评估的 PH 发展阶段划分），上肢的 PP 显著比未经训练的同龄人要高，但其下肢 WAnT 测试结果并没有显著高于未经训练的同龄人。此研究还报告，在研究涉及的不同 PH 阶段，训练和成熟状态之间没有明显的相互作用，在受训练和未受训练的女孩中，不同 PH 阶段，PP 的差异程度相似[24]。这些研究结果显示，训练所引发的 PP 变化不受"成熟阈值"的控制。

现有的前瞻性研究在研究设计和研究计划执行上缺乏一致性，导致现有的前瞻性研究尚不清晰，如研究对象具有异质性、男性青少年和女性青少年混编成组进行分析、仅报告了"W/kg"数据、训练刺激的差异非常大，以及对训练引发的 PP 变化这个概念的量化和解读的混乱等[48-50]。有氧训练、无氧训练及有氧无氧混合训练计划之后，观察到 PP 出现显著增高，但是相较于（一般）增强青少年耐力素质能力的训练计划，专项无氧训练计划的定义不明确。短时、高强度的训练是被推荐进行的，但现有研究采用的训练模式非常广泛，如冲刺跑、跳跃、投掷、冲刺自行车和超等长（增强式）训练等。青春期前和青春期青少年的 PP 被观察到出现显著增加，男孩和女孩都是如此[51-57]。但相对地，也有一些调查没有发现训练后 PP 增加[58,59]。不同研究之间及不同个体之间得出的 PP 变化幅度的差异较大，范围为 0~20%，其中，大多数的研究报告在 8~10 周的训练后，PP 增加了 5%~12%[48-50]。

在整个生长发育过程中，一些会增强 PP 表现的机制会随着训练进一步增强。本书第 2 章讨论了支持峰值功率可训练性的肌肉机制，值得重申的是，随着训练的进行，Ⅱ型肌纤维的大小随着运动表现的增加而增大。静息 ATP 和 PCr 储备随着年龄和训练而增加，但尚无坚实证据支持 ATP 和（或）PCr 浓度的增加会影响青少年 PP 的表现。

间歇性高强度运动

儿童生理学家经常注意到，在短时间高强度运动时，儿童似乎比成人经历更少的疲劳（或者感觉到疲劳）。这种情况通常发生在孩子们被要求完成 10~15 分钟重复高强度的运动实验室测试后，因为教练员认为这样的训练可以提高他们的成绩，这是目前在年轻成人（如大学生）训练中没有发现的现象。毫无疑问，这种现象引起了青少年运动员和教练员的极大兴趣，因为很多体育项目的成功都依赖于短时恢复的条件下重复进行短时间的高强度运动的能力，同时运动表现的下降幅度较小。现有研究中主要集中在跑台和功率自行车测试上。

功率自行车研究

Hebestrei 等人首次通过实验证明了儿童在高强度运动中具有比成人更快的恢复能力[60]。在包含 3 次独立实验的系列测试中，8 名青春期前男孩和 8 名年轻成年男性进行了 2 次连续的 WAnT，间歇时间分别为 1、2 和 10 分钟。男孩的 CMP 在 1、2 和 10 分钟休息后，分别达到初始值的 90%、96% 和 104%，而年轻成年男性的值则分别是 71%、77% 和 94%。研究者总结认为，男孩从单次的高强度运动中的恢复要比年轻成年男性快。该结论在一项针对 13 岁女孩和 25 岁年轻成年女性的研究中重现。在该研究中，进行了 3 次 15 秒最大强度自行车冲刺，每次冲刺间隔 45 秒的主动恢复，女孩在最后一次自行车冲刺中 CMP 恢复达到第一次冲刺的 81%，而年轻成年女性最后一次自行车冲刺表现则恢复到第一次冲刺的 63%[61]。

此外，还有一项更加综合性的研究，探索了自行车重复冲刺的 PP 恢复的时间，显示恢复时长与年龄呈负相关。在这项研究中，11 名 9 岁男孩、9 名 15 岁男性青少年和 10 名 20 岁年轻成年男性连续进行了 10 次 10 秒自行车冲刺，自行车阻力为各自的最适宜阻力的 50%，每次冲刺间隔 30 、60 或 300 秒的被动恢复。无论被动恢复时间多长，年龄较小的男孩（9 岁）的 PP 在 10 次冲刺中保持不变，15 岁青少年 30 、60 秒的间歇休息后，PP 分别显著下降 18.5% 和 15.3%，300 秒的间歇休息后，PP 不变。而年轻成年男性的相关数据分别是：30 秒时间歇后，PP 显著下降 28.5%；60 秒时间歇后，PP 显著下降 11.3%；300 秒时间歇后，PP 略有下降但不明显[62]。

跑步研究

一项控制良好的研究对比了 12 名 11 岁男性青少年与 13 名年轻成年男性

在 NMT 上连续 10 秒冲刺的跑动表现，第一次中间被动休息 15 秒，第二次被动休息 180 秒，见图 7.1。研究计算了受试者每次冲刺的平均力量输出（mean force，MF）、跑步速度（running speed，RS）、步长（step length，SL）、步频（step rate，SR）和 MP。在以 15 秒为恢复间歇的 RSS 中，对于所有测量结果，男孩的下降程度均低于年轻成年男性（例如，MP 28.9% 对 47.0%；MF 13.1% 对 25.6%；RS18.8% 对 29.4%）；在以 180 秒为恢复间歇的 RSS 中，整个 RSS 过程中男性青少年的各项测试结果保持不变，而年轻成年男性的 MP 和 MF 显著下降，分别为 7.8% 和 4.6%。年轻成年男性的 RS 不变，因为 SR 下降被 SL 提高所代偿[63]。涉及 RSS 的场地测试也报告了类似的运动表现下降情况[64,65]。

跑步与功率自行车的对比

为了对比冲刺跑和功率自行车测试中的功率输出情况，12 名 11 岁的男性青少年和 13 名 22 岁的年轻成年男性在 NMT 和功率自行车上进行了连续的 10 秒冲刺间隔 15 秒恢复的冲刺测试。研究的主要结果是，不论运动形式如何，年轻男性的 PP 和 MP 的下降情况都显著高于男性青少年，并且跑步测试和自行车测试后的 BLA 堆积及主观疲劳感觉显著高于男性青少年。

尽管运动表现的下降情况存在显著的年龄差异，但跑步测试和功率自行车测试的 PP 值均下降相似的幅度（男性青少年分别下降 17.7% 和 14.3%；年轻成年男性分别下降 43.3% 和 40.0%）。与之相反，正如图 7.3 所示，在 RSS 中，男性青少年和年轻成年男性的跑步冲刺的 MP 与功率自行车相比均显著下降（男性青少年分别下降 28.9% 和 18.7%，年轻成年男性分别下降 47.0% 和 36.7%）。跑步测试的运动表现下降幅度更大，这个也被在 NMT 上冲刺跑后 BLA 和主观疲劳感觉比功率自行车冲刺更高的结果所支持。该项目的研究者认为，跑步过程中更大的疲劳感是由于负责身体平衡和承受体重的相关肌肉的募集程度更高[66]。

跑步 RSS 和自行车 RSS 这两种运动模式是与青少年运动员运动表现最相关的两种测试应用，但最大等速[67-69]和等长[70]测试中也出现了相似的抗疲

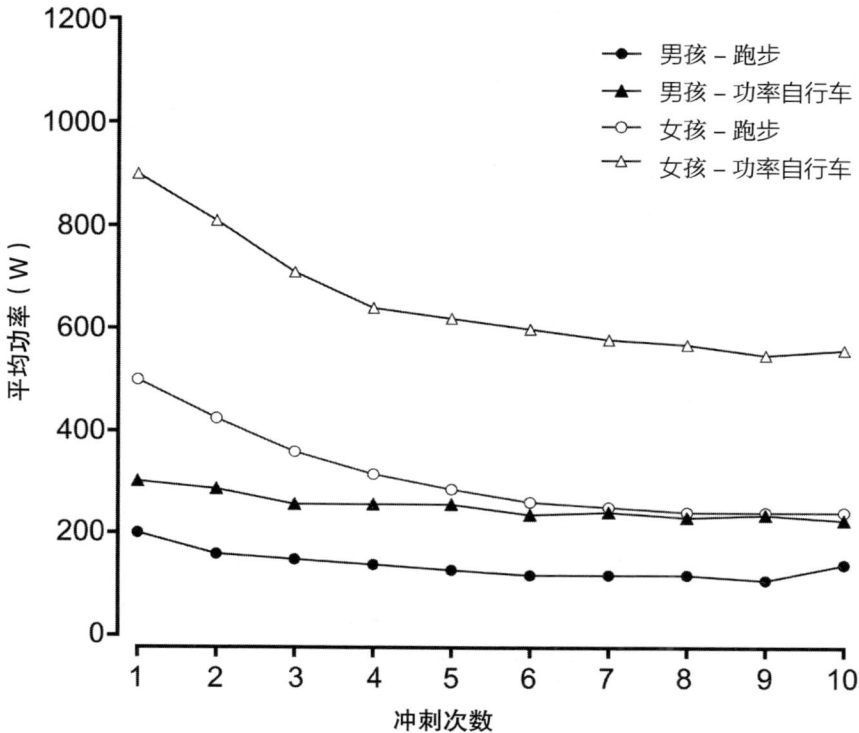

图 7.3　重复 10 次以 15 秒为间歇的 10 秒骑行和 10 秒冲刺跑
的平均功率曲线

在重复进行的 10 秒冲刺测试后，不论运动方式如何，年轻成年男性的 MP 下降显著高于男性青少年（根据 Ratel 等人的研究数据绘制[66]）

劳的趋势。不同的研究方法一致报告了男孩从重复高强度冲刺运动中恢复得比年轻成人要快[71]。关于女性的数据较为有限，但显示了相似的趋势，这个趋势至少持续到 14~15 岁，而这个年龄段开始出现成人特征。

机制

有一个问题仍然被争论，就是男孩的功输率出比成人要低，因此男孩的快速恢复能力与高强度运动能力不能直接对应，因为男孩需要恢复的基数本来就低[73]。在反复进行 MVC 过程中，男孩和男性成人第一次 MVC 与多次收缩的峰值力矩的下降均有正相关性[70]，这也支持了前面陈述的假设。这个观点有说服力和价值，但同时也有一些其他生理机制能够支持与年龄相关的对 RSS 的反应差异的假说。

心肺变量的恢复动力学有很好的文献支撑，明确的证据表明，短时间高强度运动后儿童的心率、$\dot{V}O_2$ 和肺通气量（pulmonary ventilation，$\dot{V}_E$）恢复速度显著快于成人[74-76]。随着年龄增长和发育而出现的运动代谢上的变化，可能潜在地令儿童在 RSS 中对疲劳的抵抗更好，有关这方面的内容在本书第 2 章中已经进行了介绍，在此仅做简要描述。

相较于成人，儿童的 II 型肌纤维占比较低，I 型肌纤维占比更高，因此儿童的肌肉构成更有利于抵抗疲劳。其他研究方法得出的大量证据显示，儿童在体育运动中更依赖有氧代谢而非无氧代谢，由此强烈地预示着在重复冲刺序列中，相较于成人，儿童的（无氧）代谢副产物（如氢离子和磷酸盐）浓度更低。代谢副产物会改变肌肉收缩和兴奋－收缩耦联，由此增加外周疲劳，而成人更高浓度的代谢副产物和可能更慢的代谢副产物清除速率会加速外周疲劳的发生并延长疲劳持续的时间[77]。

若干采用 PMRS 监控磷酸盐恢复动力学的研究已经显示，在高强度运动的恢复过程中，儿童相较成人磷酸重新合成的速率更快[31]。该结果显示儿童线粒体氧化能力更大，ATP 通过有氧机制再生成的速率更快，这可能是儿童在高强度间歇式运动中抵抗疲劳能力更大的因素之一[78-80]。值得注意的是，一项精心设计的 PMRS 研究专门探讨了高强度运动后的代谢恢复[31]。该研究招募了 16 名 9 岁儿童（8 名女孩，8 名男孩）和 16 名 26 岁的成人（8 名女性，8 名男性），进行了 10 次 30 秒的运动，并间歇 20 秒以休息。在运动阶段，研究参与者重复 24 次举起各自预估 25%1RM 的负重，之后休息 10 分钟，同时收集恢复期间的数据。数据显示，成人相较儿童，PCr 分解显著更高，但这种情况仅出现在第一次运动间歇。在后续的运动中，儿童和成人 PCr 的分解和恢复情况相似。因此，儿童的总体 PCr 浓度在运动和恢复间隔之间的波动大于成人。没有观察到男孩和女孩之间或男性和女性之间的代谢差异。结论是，儿童肌肉中较高的氧化 ATP 再合成速率使他们能够以显著较高的 PCr 浓度开始每次运动，从而使整体肌肉酸化程度降低并具有更强的抗疲劳能力。

除了外周疲劳，中枢神经系统因素同样也在儿童的抗疲劳中起作用。在与年龄相关的疲劳发展的中枢神经相关因素方面，尚未达成一致的意见，但一些因素，如最大程度激活主动肌和拮抗肌运动单元的能力（主动肌 – 拮抗肌协同激活）可能是显著因素之一[82]。

从跑步和功率自行车运动中可以很清晰地看出，在多次重复冲刺中，能够维持运动表现的间歇休息时间依年龄不同而不同。对于青少年运动员来说，间歇训练中的运动强度是高强度间歇训练（HIIT）计划设计的决定性内容，因此急需进一步研究年龄、成熟状态和性别差异对多次冲刺的恢复时间和运动表现保持的影响。

高强度间歇训练

HIIT 的特点是反复进行短暂的间歇性运动，"全力以赴"或以接近 $\dot{V}O_{2\,max}$ 的强度进行，其间穿插着休息或低强度运动。HIIT 的应用可以追溯到 100 多年前，并在 20 世纪上半叶在斯堪的纳维亚地区不断发展，并在第二次世界大战后，因 Emil Zatopeck 变得非常流行。20 世纪 50 年代，HIIT 便出现在科学研究文献中，之后这种训练方法被科学严谨地进行了审视和研究，现如今它已经被国际公认为是提高成人运动员运动表现的最有效的训练形式之一[83]。应用于成年运动员的 HIIT 训练计划已经经过了良好的发展，并根据实际需求进行定制化调整，在各种文献中能很容易地找到非常多的关于 HIIT 训练计划和设计原则的内容[84-86]。

HIIT 被认真地应用于青少年训练是近些年的事，研究首先聚焦于 HIIT 对青少年健康促进的效果，仅较为有效地扩展到青少年身体素质 / 体适能和运动表现方面。HIIT 有关健康促进方面的研究可见于其他文献[87-89]，本书第 8 章讨论了 HIIT 在增强青少年有氧能力方面的作用。本章的重点则是 HIIT、运动表现及涉及青少年运动员的科学研究。实验室研究首先探索了 HIIT 训练诱导的与运动相关的生理学指标上的变化，而最近兴起的基于场地的研究则主要聚焦于 HIIT 在提升专项运动测试成绩和增强竞技运动表现的作用上。

青少年运动表现的生理学因素

针对 HIIT 提高青少年运动表现的生理学因素有效性的研究，主要聚焦于以峰值 $\dot{V}O_2$ 和"爆发性力量"为指标的有氧能力，主要根据一系列跳跃运动的表现来评估。涉及青少年的训练学研究通常较为复杂，同时无法像那些非运动员的自愿受试对象一样"良好控制"。训练干预通常与常规的训练一同进行，同时没有可对照的控制组，所以从测试结果中单独分离出 HIIT 的独立效果是不可能的。此外，有过训练经验的运动员通常其测量的基线值比未经训练过的青少年要高，所以训练引发的收益可能比预期要小。此外，由于已报道的 HIIT 计划的时长、每周训练次数，以及至关重要的是，运动强度和运动间隔之间的恢复时间的规定各不相同，因此难以量化 HIIT 诱导的青少年运动员收益的剂量 – 反应关系。因此，必须谨慎解释针对青年运动员的 HIIT 计划对训练所带来的改进的定量估计。

有氧能力

大部分已经发表的研究集中于 HIIT 对青少年足球运动员的影响，研究报告 5~10 周共计 14~30 次 HIIT 训练课之后，14~18 岁的青少年足球运动员的峰值 $\dot{V}O_2$ 增加 6%~11%，其中训练强度通常被设定为 90%~95%HR$_{max}$[90-95]。相对来说，有关青少年运动员的其他项目的研究则较少，但其中有两项研究非常值得注意。9~11 岁青少年游泳运动员在室外泳池中进行 5 周 HIIT 训练，训练强度为达到 92% 个人游泳最好成绩，结果显示训练使峰值 $\dot{V}O_2$ 增加 10%[96]。有趣的是，在这个研究中，峰值 $\dot{V}O_2$ 是在功率自行车上进行测试的，根据其他研究，如果在游泳训练台、游泳水槽或使用手臂摇动曲柄进行标准测试，则很可能会观察到专项肌肉动作下的峰值 $\dot{V}O_2$ 会显著提高[97,98]。一项针对精英青少年越野滑雪运动员进行的 8 周的研究发现，无论是继续进行正常训练的对照组还是进行 HIIT 训练的试验组均未发现峰值 $\dot{V}O_2$ 发生显著变化，但在该研究中，训练前经过良好训练的耐力型高水平青少年运动员峰值 $\dot{V}O_2$ 的基线值本身就非常高，为 85%~92%HR$_{max}$，HIIT 中间歇期间的训练强度一般相对较低[99]。

两项使用 HIIT 的"冲击式小周期"的研究得出了不同的结论。第一项研究报道，为期 11 天的 HIIT 计划将 17 岁高山滑雪者的峰值 $\dot{V}O_2$ 值提高了 5%[100]。而另一项研究，观察到为期 2 周的 HIIT 计划对 15 岁铁人三项运动员的峰值 $\dot{V}O_2$ 没有明显影响[101]。

爆发性力量

冲刺和跳跃是成功运动表现的一个重要组成部分，一些研究对所谓的"爆发性力量"（或"肌肉功率"）进行了分析，并探索了 HIIT 对运动表现的影响。在相关研究中，爆发性力量是通过反向跳（counter movement jumps，CMJ）、纵跳（VJ）、立定跳远（SLJ）、深蹲跳（squat jumps，SJ）和下落跳（drop jumps）进行测试。相关研究一般进行 5~10 周，这些研究所得的数据在报告 HIIT 后跳跃的距离或高度的变化上尚无确切一致的结论，数值的变化范围为 1%~15%。绝大多数报告显示不管是在跳跃高度或跳跃距离上，HIIT 训练前后没有统计上的显著差异[93-95,100,102,103]，但也有研究报告出现显著增加[90,104]，还有一项研究报告测试表现下降了 5%[105]。所有涉及有氧能力和爆发性力量的有关 HIIT 的研究均报告，不管跳跃的运动表现如何变化，峰值 $\dot{V}O_2$ 均显著增加[94,95,100]，其中一项针对青少年足球运动员的研究结果显示，10 周的 HIIT 训练后，CMJ 和 SJ 出现了小幅度但不显著的提高，分别提高 3% 和 7%，同时，峰值 $\dot{V}O_2$ 增加 10%[90]。

运动专项测试和竞技表现

显然，HIIT 是一种有效且省时的提高青少年运动员峰值 $\dot{V}O_2$ 的方法，但该方法是否适用于增强爆发性力量则尚有待进一步证明。但是，将基于实验室的研究结果转化用于优化青少年运动员的运动表现是一项挑战，因为生理指标的变化并不总能够转化为运动表现的有意义的变化。为了解决这一问题，少数研究已经检验了 HIIT 对竞技比赛中专项运动测试和运动表现的直接影响。

专项测试

4~8 周的青少年足球运动员的高强度间歇训练计划较为一致地在足球专

项测试中产生显著的阳性结果，如 Ekblom 循环测试（提高 13%）[91]、Hoff 测试（提高 10%）[92] 和 YO-YO 间歇性恢复测试（提高 13%）[94]。其他项目的研究数据比较少，但总体的特征和图景慢慢显现。两项针对青少年游泳运动员的短期（4~5 周）HIIT 项目报告了不同的发现，其中一项研究的 100 m 和 400 m 最大时间没有显著改变[106]，另一项研究发现 2000 m 时间有小幅度（+3%）但显著的改善，但没有改善 100 m 时间[96]。对青少年篮球运动员进行的 6 周 HIIT 训练干预，结果显示进攻敏捷性表现显著提高（4%），而防守敏捷性表现没有变化[107]。还有研究显示，15 岁青少年铁人三项运动员进行 2 周的冲击式小周期 HIIT 训练后，在对比赛情景可靠模拟的计时测试中 MP 显著提高[101]。8 周训练干预后，精英青少年越野滑雪运动员峰值 $\dot{V}O_2$ 没有显著变化，但 HIIT 训练组滑雪冲刺速度有小幅度（提高 3%）但显著的变化[99]。

竞技运动表现

一项针对精英青少年足球运动员的创新性研究，探索了 HIIT 与运动表现生理方面的因素和实际竞赛中竞技表现的关系。两队精英挪威青少年足球队被随机分配为 HIIT 组和对照组。HIIT 组每周在指导下进行 2 次 HIIT 训练，训练进行 8 周，8 周中还每周进行 2 次常规训练课，对照组仅每周进行 2 次常规训练课。在 HIIT 训练中，运动（跑步）间歇期间的强度保持在每名运动员各自的 90%~95%HR_{max}。通过对足球运动表现的一系列综合组成部分进行分析，显示峰值 $\dot{V}O_2$ 提高 11%，T_{LAC} 提高 16%，跑步经济性提高 7%，同时 VJ、速度、力量、踢球的球速和准确性没有显著变化。值得注意的是，HIIT 对任何测量变量都没有出现不利影响。同时还通过视频系统，在 HIIT 训练干预前后的两场常规比赛中对这些足球运动员进行监控，并通过 HR 监控设备对运动强度进行分级分类。根据视频录像分析运动员跑动覆盖的距离、传球数、触球次数和 2 秒以上的冲刺速度，发现对照组的上述变量没有显著变化，HIIT 训练组的冲刺数量（增加 10%）、触球次数（增加 24%）、比赛中的跑动覆盖距离（增加 20%）和运动强度（提高 4%）显著提高。此外，在 HIIT 训练组中，传球次数显著增加 8%[93]。

另一项针对意大利职业俱乐部青少年队的研究与上述研究类似，同样是在常规训练外额外增加 HIIT 训练，但持续 12 周，跟前述研究结果相似，HIIT 训练组峰值 $\dot{V}O_2$ 提高 7%，T_{LAC} 提高 10%，采用 Ekblom 循环测试进行运动表现测试的得分提高 13%。该研究中，所有人的表现提高的最大幅度发生在 HIIT 训练的前 4 周。同样，该研究也采用了视频分析，通过运动 - 时间来评估比赛，并发现运动员总跑动覆盖距离提高 6%。运动员在比赛中的时间被分为站立、走动、低强度运动（如慢跑）和高强度运动（如冲刺跑）时间 4 个类别，并发现，高强度运动（增加 23%）时间和低强度运动（18%）时间显著增加，站立时间和走动时间显著降低（分别降低 9% 和 10%）。至于生理变量方面，大多数生理变量在 HIIT 训练的前 4 周中增加[91]。

上述研究都证明 HIIT 训练的有效性，比赛中的竞技表现可通过 HIIT 训练在短时内提高，因此鼓励将 HIIT 训练额外添加到常规的足球训练中，并为后续的有关 HIIT 与竞技比赛之间关系的研究打下了良好的基础。

综述

HIIT 对青少年运动员的吸引力在于这种训练方式更重视运动的强度而不是持续时间，与传统的恒定强度运动训练（constant-intensity exercise training，CIET）相比，更具时效性。HIIT 训练和 CIET 训练一样能够提高青少年运动员的有氧能力，此外它能够额外"节省"出时间用以进行体育专项所需的技术训练，而且相比 CIET 训练，HIIT 训练更容易根据专项需求个性化。相比采用 CIET 训练的研究，控制良好的有关青少年 HIIT 的研究相对较少，但总体上数据和结果显示了一致性，证据证实 HIIT 能够提供一种有效、省时的方法来设计个性化运动专项训练计划，以提高有氧能力。HIIT 对运动表现中非耐力素质方面因素的影响，如爆发性力量，尚待更多研究证实，但没有证据证明 HIIT 诱导的有氧能力的提高会对其他与体育相关的因素产生不利影响。

当前 HIIT 训练对专项测试的积极影响有令人信服的证据，最近鼓励进行更多有关 HIIT 和足球运动员真实比赛表现的研究以探索如何在青少年中应用该种训练方法并直接转化为运动表现的提高。

（杨圣韬　译）

参考文献

［1］ Simoneau J-A, Bouchard C. The effects of genetic variation on anaerobic performance. In: van Praagh E, ed. *Pediatric anaerobic performance*. Champaign, IL: Human Kinetics; 1998: 5–21.

［2］ Armstrong N, Welsman JR, Williams CA. Assessment: Maximal intensity exercise. In: Armstrong N, van Mechelen W, eds. *Paediatric exercise science and medicine*. 2nd edition. Oxford: Oxford University Press; 2008: 55–66.

［3］ Inbar O, Bar-Or O, Skinner JS. *The Wingate anaerobic test*. Champaign, IL: Human Kinetics, 1996: 1–76.

［4］ Inbar O, Bar-Or O. The effects of intermittent warm-up on 7- to 9-year-old boys. *Eur J Appl Physiol*. 1975; 34: 81–89.

［5］ Armstrong N, Welsman JR, Kirby BJ. Performance on the Wingate anaerobic test and maturation. *Pediatr Exerc Sci*. 1997; 9: 253–261.

［6］ Lavoie N, Dallaier J, Brayne S, Barrett D. Anaerobic testing using the Wingate and the Evans-Quinney protocols with and without toe stirrups. *Can J Appl Sport Sci*. 1984; 9: 1–5.

［7］ Bar-Or O. The Wingate anaerobic test: An update on methodology, reliability, and validity. *Sports Med*. 1987; 4: 381–394.

［8］ Chia M, Armstrong N, Childs D. The assessment of children's anaerobic performance using modifications of the Wingate anaerobic test. *Pediatr Exerc Sci*. 1997; 9: 80–89.

［9］ Sargeant AJ. Problems in, and approaches to the measurement of short term power output in children and adolescents. In: Coudert J, Van Praagh E, eds. *Children and exercise XVI, Pediatric work physiology*. Paris: Masson; 1992: 11–17.

［10］ Welsman JR, Armstrong N, Kirby BJ, Winsley RJ, Parson G, Sharp P. Exercise performance and magnetic resonance imaging determined thigh muscle volume in children. *Eur J Appl Physiol*. 1997; 76: 92–97.

［11］ Santos AM, Welsman JR, De Ste Croix MB, Armstrong N. Age-and sex-related differences in optimal peak power. *Pediatr Exerc Sci*. 2002; 14: 202–212.

［12］ Santos AMC, Armstrong N, De Ste Croix, Sharpe P, Welsman JR. Optimal peak power in relation to age, body size, gender, and thigh muscle volume. *Pediatr Exerc Sci*. 2003; 15: 406–418.

[13] Doré E, Duché P, Rouffer D, Ratel S, Bedu M, Van Praagh E. Measurement error in short-term power testing in young people. *J Sports Sci*. 2003; 21: 135–142.

[14] Winter EM, Brown D, Roberts NKA, Brookes FBC, Swaine IL. Optimized and corrected peak power output during friction-braked cycle ergometry. *J Sport Sci*. 1996; 14: 513–521.

[15] Chia YHM. Aerobic energy contribution to maximal exercise in children. *Biol Sport*. 2006; 23: 117–125.

[16] Van Praagh E, Bedu M, Falgairette G, Fellman N, Coudert J. Oxygen uptake during a 30 s supramaximal exercise in 7- to 15-year-old boys. In: Frenkl R, Szmodis I, eds. *Children and exercise: Pediatric work physiology XV*. Budapest: National Institute of Health Promotion; 1991: 281–287.

[17] Van Praagh E, Falgariette G, Bedu M, Fellman N, Coudert J. Laboratory and field tests in 7 year-old boys. In: Osied S, Carlsen K-H, eds. *Children and exercise XIII*. Champaign, IL: Human Kinetics; 1989: 11–17.

[18] Van Praagh E, Fellmann N, Bedu M, Falgairette G, Coudert J. Gender difference in the relationship of anaerobic power output to body composition in children. *Pediatr Exerc Sci*. 1990; 2: 336–348.

[19] Almuzaini KS. Optimal peak and mean power on the Wingate test: Relationship with sprint ability, vertical jump, and standing long jump in boys. *Pediatr Exerc Sci*. 2000; 12: 349–359.

[20] Hoffman JR, Epstein S, Einbinder M, Weinstein Y. A comparison between the Wingate anaerobic power test to both vertical jump and line drill tests in basketball players. *J Strength Cond Res*. 2000; 14: 261–264.

[21] Bencke J, Damsgaard R, Saekmose A, Jorgensen P, Jorgensen K, Klausen K. Anaerobic power and muscle strength characteristics of 11 years old elite and non-elite boys and girls from gymnastics, team handball, tennis and swimming. *Scand J Med Sci Sports*. 2002; 12: 171–178.

[22] Baker JS, Bell W. Anaerobic performance and sprinting ability in elite male and female sprinters. In: Ring FJ, ed. *Children and sport*. Bath: Bath University Press; 1995: 134–140.

[23] Davison RC, Wooles AL. Cycling In: Winter EM, Jones AM, Davison RC, Bromley PD, Mercer TH, eds. *Sport and exercise physiology testing guidelines: Volume 1 sport testing*. London: Routledge; 2007: 160–164.

[24] McNarry MA, Welsman JR, Jones AM. The influence of training and maturity status on girls' responses to short-term, high-intensity upper- and lower- body exercise. *Appl Physiol Nutr Metab*. 2011; 36: 344–352.

[25] Armstrong N, Barker AR. Physiological monitoring of elite young athletes. In: Armstrong N, van Mechelen W, eds. *Oxford textbook of children's sport and exercise*

medicine. 3rd edition. Oxford: Oxford University Press; 2017: 527–537.

[26] Fargeas MA, Van Praagh E, Léger L, Fellmann N, Coudert J. Comparison of cycling and running power outputs in trained children. (Abstract). *Pediatr Exerc Sci*. 1993; 5: 415.

[27] Falk B, Weinstein Y, Dotan R, Abramson DA, Mann-Segal D, Hoffman JR. A treadmill test of sprint running. *Scand J Med Sci Sports*. 1996; 6: 259–264.

[28] Sutton NC, Childs DJ, Bar-Or O, Armstrong N. A non-motorized treadmill test to assess children's short-term power output. *Pediatr Exerc Sci*. 2000; 12: 91–100.

[29] Oliver JL, Williams CA, Armstrong N. Reliability of a field and laboratory test of repeated sprint ability. *Pediatr Exerc Sci*. 2006; 18: 339–350.

[30] Oliver JL, Armstrong N, Williams CA. Reliability and validity of a soccer-specific test of prolonged repeated sprint ability. *Int J Sports Physiol Perf*. 2007; 2: 137–149.

[31] Van Praagh E. Development of anaerobic function during childhood and adolescence. *Pediatr Exerc Sci*. 2000; 21: 150–173.

[32] Martin RJF, Doré E, Twisk J, Van Praagh E, Hautier CA, Bedu E. Longitudinal changes of maximal short-term peak power in girls and boys during growth. *Med Sci Sports Exerc*. 2004; 36: 498–503.

[33] Nindl BC, Mahar MT, Harman EA, Patton JF. Lower and upper body anaerobic performance in male and female adolescent athletes. *Med Sci Sports Exerc*. 1995; 27: 235–241.

[34] Armstrong N, McManus AM. Aerobic fitness. In: Armstrong N, van Mechelen W, eds. *Oxford textbook of children's sport and exercise medicine*. 3rd edition. Oxford: Oxford University Press; 2017: 162–180.

[35] Baxter-Jones ADG. Growth and maturation. In: Armstrong N, van Mechelen W, eds. *Oxford textbook of children's sport and exercise medicine*. 3rd edition. Oxford: Oxford University Press; 2017: 13–24.

[36] Armstrong N, Welsman JR, Chia MYH. Short term power output in relation to growth and maturation. *Brit J Sports Med*. 2001; 35: 118–124.

[37] Falk B, Bar-Or O. Longitudinal changes in peak aerobic and anaerobic mechanical power of circumpubertal boys. *Pediatr Exerc Sci*. 1993; 5: 318–331.

[38] Duché P, Falgairette G, Bedu M *et al*. Longitudinal approach of bio-energetic profile in boys before and during puberty. In: Coudert J, Van Praagh E, eds. *Pediatric work physiology*. Paris: Masson; 1992: 43–55.

[39] Doré E, Bedu M, Franca NM, Diallo O, Duché P, Van Praagh E. Testing peak cycling performance: Effects of braking force during growth. *Med Sci Sports Exerc*. 2000; 32: 493–498.

[40] Van Praagh E, Doré E. Short-term muscle power during growth and maturation. *Sports Med*. 2002; 32: 701–728.

［41］ Mercier B, Mercier J, Ganier P, La Gallais D, Préfaut C. Maximal anaerobic power: Relationship to anthropometric characteristics during growth. *Int J Sports Med.* 1992; 13: 21–26.

［42］ Doré E, Diallo O, Franca NM, Bedu M, Van Praagh E. Dimensional changes cannot account for all differences in short-term cycling power during growth. *Int J Sports Med.* 2000; 21: 360–365.

［43］ Jones PRM, Pearson J. Anthropometric determination of leg fat and muscle plus bone volumes in young male and female adults. *J Physiol.* 1969; 204: 63P–66P.

［44］ Winsley R, Armstrong N, Welsman J. The validity of the Jones and Pearson anthropometric method to determine thigh volumes in young boys: A comparison with magnetic resonance imaging. *Port J Sport Sci.* 2003; 3: 94–95.

［45］ De Ste Croix MBA, Armstrong N, Chia MYH, Welsman JR, Parsons G, Sharpe P. Changes in short-term power output in 10- to 12-year-olds. *J Sports Sci.* 2001; 19: 141–148.

［46］ Colling-Saltin A-S. Skeletal muscle development in the human fetus and during childhood. In: Berg K, Eriksson BO, eds. *Children and exercise IX.* Baltimore, MD: University Park Press; 1980: 193–207.

［47］ Kasabalis A, Douda H, Tokmakidis SP. Relationship between anaerobic power and jumping of selected male volleyball players of different ages. *Percept Motor Skills.* 2005; 100: 607–614.

［48］ Ratel S. High-intensity and resistance training and elite young athletes. In: Armstrong N, McManus AM, eds. *The elite young athlete.* Basle: Karger; 2011: 84–96.

［49］ McNarry AM, Jones A. The influence of training status on the aerobic and anaerobic responses to exercise in children: A review. *Eur J Sport Sci.* 2012; 14(Suppl 1): 557–568.

［50］ Tolfrey K. Maximal intensity exercise and strength training. In: Armstrong N, van Mechelen W, eds. *Paediatric exercise science and medicine.* 2nd edition. Oxford: Oxford University Press; 2008: 531–549.

［51］ Obert P, Mandigout M, Vinet A, Courteix D. Effect of a 13-week aerobic training programme on the maximal power developed during a force-velocity test in prepubertal boys and girls. *Int J Sports Med.* 2001; 22: 442–446.

［52］ McManus AM, Armstrong N, Williams CA. Effect of training on the aerobic power and anaerobic performance of prepubertal girls. *Acta Paediatr.* 1997; 86: 456–459.

［53］ Grodjinovsky A, Inbar O, Dotan R, Bar-Or O. Training effect on the anaerobic performance of children as measured by the Wingate anaerobic test. In: Berg K, Eriksson BO, eds. *Children and exercise IX.* Baltimore, MD: University Park Press; 1980: 139–145.

［54］ Ingle L, Sleap M, Tolfrey K. The effect of a complex training and detraining programme on selected strength and power variables in early pubertal boys. *J Sport Sci*. 2006; 24: 987–997.

[55] Rotstein A, Dotan R, Bar-Or O, Tenenbaum G. Effect of training on anaerobic threshold, maximal aerobic power and anaerobic performance of preadolescent boys. *Int J Sports Med*. 1986; 7: 281–286.

[56] Sargeant AJ, Dolan P, Thorne A. Effects of supplemental physical activity on body composition, aerobic and anaerobic power in 13 year-old boys. In: Binkhorst RA, Kemper HCG, Saris WHM, eds. *Children and exercise XI*. Champaign, IL: Human Kinetics; 1985: 135–139.

[57] Diallo O, Doré E, Duche P, Van Praagh E. Effects of plyometric training followed by a reduced training programme on physical performance in prepubescent soccer players. *J Sports Med Phys Fit*. 2001; 41: 342–348.

[58] Hetzler RK, DeRenne C, Buxton BP, Ho KW, Chai DX, Seichi G. Effects of 12 weeks of strength training on anaerobic power in prepubescent male athletes. *J Strength Cond Res*. 1997; 11: 174–181.

[59] Williams CA, Armstrong N, Powell J. Aerobic responses of prepubertal boys to two modes of training. *Br J Sports Med*. 2000; 34: 168–173.

[60] Hebestreit H, Minura K-I, Bar-Or O. Recovery of muscle power after high intensity short-term exercise comparing boys to men. *J Appl Physiol*. 1993; 74: 2875–2880.

[61] Chia M. Power recovery in the Wingate anaerobic test in girls and women following prior sprints of a short duration. *Biol Sport*. 2001; 18: 45–53.

[62] Ratel S, Bedu M, Hennegrave A, Dore E, Duche P. Effects of age and recovery duration on peak power output during repeated cycling sprints. *Int J Sports Med*. 2002; 23: 397–402.

[63] Ratel S, Williams CA, Oliver J, Armstrong N. Effects of age and recovery duration on performance during multiple treadmill sprints. *Int J Sports Med*. 2006; 27: 1–8.

[64] Dupont G, Berthoin S, Gerbeaux M. Performances lors d'un exercice intermittent anaérobie: Comparaison entre enfants et sujets matures. *Sci Sports*. 2000; 15: 147–153.

[65] Lazaar N, Ratel S, Rudolf P, Bedu M, Duché P. Etude de la performance au cours d'un exercice intermittent en course à pied: Influence de l'âge et de la durée de récupération. *Biométrie Humaine et Anthropologie*. 2002; 20: 29–34.

[66] Ratel S, Williams CA, Oliver J, Armstrong N. Effects of age and mode of exercise on power output profiles during repeated sprints. *Eur J Appl Physiol*. 2004; 92: 204–210.

[67] De Ste Croix M, Deighan M, Ratel S, Armstrong N. Age and sex-associated differences in isokinetic knee muscle endurance between young children and adults. *Appl Nutr Metab*. 2009; 34: 725–731.

[68] Zafeiridis A, Dalamitros A, Dipla K, Manou V, Galanis N, Kellis S. Recovery during

high-intensity intermittent anaerobic exercise in boys, teens and men. *Med Sci Sports Exerc*. 2005; 37: 505–512.

[69] Paraschos I, Hassani A, Bassa E, Hatzikotoulas K, Patikas D, Kotzamanidis C. Fatigue differences between adults and prepubertal males. *Int J Sports Med*. 2007; 28: 958–963.

[70] Ratel S, Kluka V, Vicencio SG, *et al*. Insights into the mechanisms of neuromuscular fatigue in boys and men. *Med Sci Sports Exerc*. 2015; 47: 2319–2328.

[71] Ratel S, Duche P, Williams CA. Muscle fatigue during high-intensity exercise in children. *Sports Med*. 2006; 36: 1031–1065.

[72] Dipla K, Tsirini T, Zafeiridis A, *et al*. Fatigue resistance during high-intensity intermittent exercise from childhood to adulthood in males and females. *Eur J Appl Physiol*. 2009; 106: 645–653.

[73] Falk B, Dotan R. Child-adult differences in the recovery from high-intensity exercise. *Exerc Sport Sci Rev*. 2006; 34: 107–112.

[74] Zanconato S, Cooper DM, Armon Y. Oxygen cost and oxygen uptake dynamics and recovery with 1 min exercise in children and adults. *J Appl Physiol*. 1991; 71: 841–848.

[75] Baraldi E, Cooper DM, Zanconato S, *et al*. Heart rate recovery from 1-minute of exercise in children and adults. *Pediatr Res*. 1991; 29: 575–579.

[76] Armon Y, Cooper DM, Zanconato S. Maturation of ventilatory responses to 1-minute exercise. *Pediatr Res*. 1991; 29: 362–368.

[77] Allen DG, Lamb GD, Westerblad H. Skeletal muscle fatigue: Cellular mechanisms. *Physiol Rev*. 2008; 88: 287–332.

[78] Ratel S, Tonson A, Le Fur Y, Cozzone P, Bendahan D. Comparative analysis of skeletal muscle oxidative capacity in children and adults: A ^{31}P-MRS study. *Appl Physiol Nutr Metab*. 2008; 33: 720–727.

[79] Taylor DJ, Kemp GJ, Thompson CH, Radda GK. Ageing: Effects on oxidative function of skeletal muscle *in vivo*. *Mol Cell Biochem*. 1997; 174: 321–324.

[80] Tonson A, Ratel S, Le Fur Y, Vilmen C, Cozzone P, Bendahan D. Muscle energetics changes throughout maturation: A quantitative ^{31}P-MRS analysis. *J Appl Physiol*. 2010; 109: 1769–1778.

[81] Kappenstein J, Ferrauti A, Runkel B, Fernandez-Frenadez J, Zange J. Changes in phosphocreatine concentration of skeletal muscle during high-intensity intermittent exercise in children and adults. *Eur J Appl Physiol*. 2013; 113: 2769–2779.

[82] Ratel S, Williams CA. Neuromuscular fatigue. In: Armstrong N, van Mechelen W, eds. *Oxford textbook of children's sport and exercise medicine*. 3rd edition. Oxford: Oxford University Press; 2017: 121–131.

[83] Gibala MJ, McGee SL. Metabolic adaptations to short-term high-intensity interval

training: A little pain for a lot of gain? *Exerc Sport Sci Rev*. 2008; 36: 58–63.

[84] Buchheit M, Laursen PB. High-intensity interval training, solutions to the programming puzzle. Part I: Cardiopulmonary emphasis. *Sports Med*. 2013; 43: 313–338.

[85] Buchheit M, Laursen PB. High-intensity interval training, solutions to the programming puzzle. Part II: Anaerobic energy, neuromuscular load and practical applications. *Sports Med*. 2013; 43: 927–954.

[86] Bishop D, Girard O, Mendez-Villanueva A. Repeated sprint ability - Part II: Recommendations for training. *Sports Med*. 2011; 41: 741–756.

[87] Logan GRM, Harris N, Duncan S, Schofield G. A review of adolescent high-intensity interval training. *Sports Med*. 2014; 44: 1071–1085.

[88] Eddolls WTB, McNarry MA, Stratton G, Winn CON, Mackintosh KA. High-intensity interval training interventions in children and adolescents: A systematic review. *Sports Med*. 2017; 47: 2363–2374.

[89] Bond B, Weston KL, Williams CA, Barker AR. Perspectives on high-intensity interval exercise for health promotion in children and adolescents. *Open Access J Sports Med*. 2017; 8: 243–265.

[90] McMillan K, Helgerud J, Macdonald R, Hoff J. Physiological adaptations to soccer specific endurance training in professional youth soccer players. *Br J Sports Med*. 2005; 39: 273–277.

[91] Impellizzeri FM, Marcora SM, Castagna C, *et al*. Physiological and performance effects of generic versus specific aerobic training in soccer players. *Int J Sports Med*. 2006; 27: 483–492.

[92] Chamari K, Hachana Y, Kaouech F, Jeddi R, Moussa-Chamari I, Wisløff U. Endurance training and testing with the ball in young elite soccer players. *Br J Sports Med*. 2005; 39: 24–28.

[93] Helgerud J, Engen LC, Wisloff U, Hoff J. Aerobic endurance training improves soccer performance. *Med Sci Sports Exerc*. 2001; 33: 1925–1933.

[94] Ferrari-Bravo D, Umpellizzeri FM, Rampinini E, Castagna C, Bishop D, Wisloff U. Sprint vs. interval training in football. *Int J Sports Med*. 2008; 29: 668–674.

[95] Sperlich B, De Marées M, Koehler K, Linville J, Holmberg HC, Mester J. Effects of 5 weeks of high-intensity interval training vs. volume training in 14-year-old soccer players. *J Strength Cond Res*. 2011; 25: 1271–1278.

[96] Sperlich B, Zinner C, Heilemann I, Kjendlie PL, Holmberg HC, Mester J. High-intensity interval training improves VO_2 peak, maximal lactate accumulation, time trial and competition performance in 9–11-year-old swimmers. *Eur J Appl Physiol*. 2010; 110: 1029–1036.

[97] Armstrong N, Davies B. An ergometric analysis of age-group swimmers. *Br J Sports Med*. 1981; 15: 20–26.

[98] Winlove MA, Jones AM, Welsman JR. Influence of training status and exercise modality on pulmonary O_2 uptake kinetics in pre-pubertal girls. *Eur J Appl Physiol*. 2010; 108: 1169–1179.

[99] Sandbakk O, Welde B, Holmberg HC. Endurance training and sprint performance in elite junior cross-country skiers. *J Strength Cond Res*. 2011; 25: 1299–1305.

[100] Breil FA, Weber SN, Koller S, Hoppeler H, Vogt M. Block training periodization in alpine skiing: Effects of 11-day HIT on $\dot{V}O_2$ max and performance. *Eur J Appl Physiol*. 2010; 109: 1077–1086.

[101] Wahl P, Zinner C, Grosskopf C, Rossmann R, Bloch W, Mester J. Passive recovery is superior to active recovery during a high-intensity shock microcycle. *J Strength Cond Res*. 2013; 27: 1384–1393.

[102] Meckel Y, Gefen Y, Nemet D, Eliakim A. Influence of short versus long repetition sprint training on selected fitness components in young soccer players. *J Strength Cond Res*. 2012; 26: 1845–1851.

[103] Buchheit M, Laursen PB, Kuhnle J, Ruch D, Renaud C, Ahmaidi S. Game-based training in young elite handball players. *Int J Sports Med*. 2009; 30: 251–258.

[104] Buchheit M, Mendez-Villanueva A, Delhomel G, Brughelli M, Ahmaidi S. Improving repeated sprint ability in young elite soccer players: Repeated sprints vs. explosive strength training. *J Strength Cond Res*. 2010; 24: 2715–2722.

[105] Faude O, Schnittker R, Schulte-Zurhausen R, Muller F, Meyer T. High-intensity interval training vs. high-volume running training during pre-season conditioning in high-level youth football: A cross-over trial. *J Sport Sci*. 2013; 31: 1441–1450.

[106] Faude O, Meyer T, Scharhag J, Weins F, Urhausen A, Kindermann W. Volume vs. intensity in the training of competitive swimmers. *Int J Sports Med*. 2008; 29: 906–912.

[107] Delextrat A, Martinez A. Small-sided game training improves aerobic capacity and technical skills in basketball players. *Int J Sports Med*. 2014; 35: 385–391.

第8章 最大摄氧量与峰值摄氧量

有氧能力可定义为在运动过程中向肌肉输送氧气并利用其产生能量以支持肌肉活动的能力。最大摄氧量（$\dot{V}O_{2\,max}$）是国际公认的测量有氧能力的"金标准"。然而，由于只有少数青少年在单次运动试验中满足 $\dot{V}O_2$ 平台标准来确定 $\dot{V}O_{2\,max}$，因此在讨论青少年有氧能力的测量时通常采用术语"峰值 $\dot{V}O_2$"。本章旨在阐明 $\dot{V}O_{2\,max}$ 和峰值 $\dot{V}O_2$ 之间的区别。本章讨论了峰值 $\dot{V}O_2$ 的评估、解释、发展和可训练性，并探讨了年龄、成熟状态和训练引起的有氧能力变化的基础机制。

评估与解释

用于确定 $\dot{V}O_{2\,max}$ 的常规实验室模型包括递增负荷至力竭的运动试验，其中 $\dot{V}O_2$ 随着运动强度以近似线性的方式增加，直到 $\dot{V}O_2$ 不再额外增加的那一刻，即使参与者动机良好，能够进一步提高运动强度。高于 $\dot{V}O_{2\,max}$ 强度的运动是由 ATP 无氧再合成供能，这会导致乳酸在细胞内累积从而产生酸中毒，并最终导致运动终止。

Robinson[1] 于 1938 年对男孩的"身体素质"进行了第一次实验室研究，Åstrand[2] 于 1952 年发表了他对男孩和女孩的"体能"的开创性研究。自这些先驱者具有里程碑意义的研究以来，$\dot{V}O_{2\,max}$ 或峰值 $\dot{V}O_2$ 已成为儿科运动科学中研究最多的生理变量，但其评估和解释仍存在争议。

最大或峰值摄氧量

Åstrand[2] 观察到，在递增负荷运动测试至自主力竭结束时，只有约 50%

的青少年表现出常规的 $\dot{V}O_2$ 平台期，并且他提出疑问，即是否需要 $\dot{V}O_2$ 平台期来确认青少年有氧能力的最大测量值。随后的一项研究表明，对于具有良好动机并习惯于实验室环境的年轻群体来说，尽管大多数参与者没有出现 $\dot{V}O_2$ 平台期[3]，但在单次测试中自主力竭从而达到"真正的" $\dot{V}O_2{}_{max}$ 值。然而，由于术语 $\dot{V}O_2{}_{max}$ 通常假定 $\dot{V}O_2$ 平台期已经出现，所以通常的做法是将单次递增负荷运动试验至自主力竭时观察到的最高 $\dot{V}O_2$ 称为峰值 $\dot{V}O_2$。

如果没有 $\dot{V}O_2$ 平台期的证据，就没有简单的方法来确定青少年个体是否在单次测试中付出了最大的努力。实验人员的儿科运动测试经验，即通过其对剧烈运动的主观标准（如面部潮红、出汗、呼吸困难、不稳定步态）的理解，可能是决定终止测试的唯一最重要的因素。各种预设指标，如在 $\dot{V}O_2{}_{max}$ 下的心率（HR）、呼吸交换率（R）和 BLA 的预估值已经被作为验证最大努力的次要标准。但是，根据预估的 HR、R 或 BLA 值终止测试可能既会低估 $\dot{V}O_2{}_{max}$ 又会错误地拒绝真正的最大值，潜在误差高达约 40%[4]。所有次要标准都被明确证明与所选的运动方案和测功仪相关。在一项年龄相近的青少年自主力竭的递增负荷测试中，在峰值 $\dot{V}O_2$ 时的 HR（正常范围为 185~215 次 / 分）、R（0.94~1.20）和 BLA（4.0~13.0 mmol/L）值存在较大的个体差异[5]。在运动测试期间监控 HR 可以为测试团队提供有用的反馈，但预测个体 HR_{max} 并将其用来确认最大努力是不可取的。心率通常在 $\dot{V}O_2{}_{max}$ 之前达到峰值而不是在到达 $\dot{V}O_2{}_{max}$ 时或之后达到峰值，并且无效运动测试终止标准的出现（如大于预估 HR_{max} 的 85%~90%）进一步混淆了对青少年有氧能力的理解。

在我们的研究中，每周进行 3 次测试，每次运动至力竭测得的青少年峰值 $VO_2{}_{max}$ 的一般误差约为 4%，其可以重复优于年轻人的 $VO_2{}_{max}$ 测试[6]。然而，对于青少年运动员来说即使变化很小也非常重要，建议确认峰值 $\dot{V}O_2$ 是最大值，且遵循先进行初始斜坡运动测试至自主力竭，并包含一个短的主动恢复期，然后进行短暂的热身，再进行验证运动测试至力竭。验证测试中的运动强度应设置为初始测试时终止强度的 5%，如图 8.1 所示。在初始测试中有少数情况会是 $\dot{V}O_2$ 高于峰值 $\dot{V}O_2$（根据我们的经验约为 5%），验证测试可以在完全恢复后以比初始测试高 10% 的运动强度重复进行[4]。这项技术得益于青少年从力竭运动中恢复得比成人更快的能力（见第 7 章）。本文作者认为，在测试或监控青少年运动员的有氧能力时，必须进行 $\dot{V}O_{2\,max}$ 验证测试。

关于经过训练和未经训练的青少年有氧能力的绝大多数数据已经在单次递增负荷运动测试至自主力竭中确定，其中 $\dot{V}O_2$ 平台期仅在少数受试者中呈现（30%~40%）。因此，本书在适当情况下使用术语峰值 $\dot{V}O_2$，峰值 $\dot{V}O_2$ 定义为在单次递增负荷运动至自主力竭试验期间观察到的最高 $\dot{V}O_2$。但是，读者应该意识到，在所有测试场景中都不会引发"真正的"个体 $\dot{V}O_{2\,max}$，且应谨慎进行交叉研究比较。鉴于此，本文强调了峰值 $\dot{V}O_2$ 与年龄、体型和成熟状态相关的趋势，而不是以"L/min"为单位计算的绝对值。此外，需要密切关注的是，在评估训练计划中，将青少年运动员的峰值 $\dot{V}O_2$ 解释为最大值（即未经验证的 $\dot{V}O_{2\,max}$）时，干预的效果可能会在训练后的测试中被高估，因为年轻运动员在测试过程中获得了经验，并可能增加"打破之前的得分"的动机。

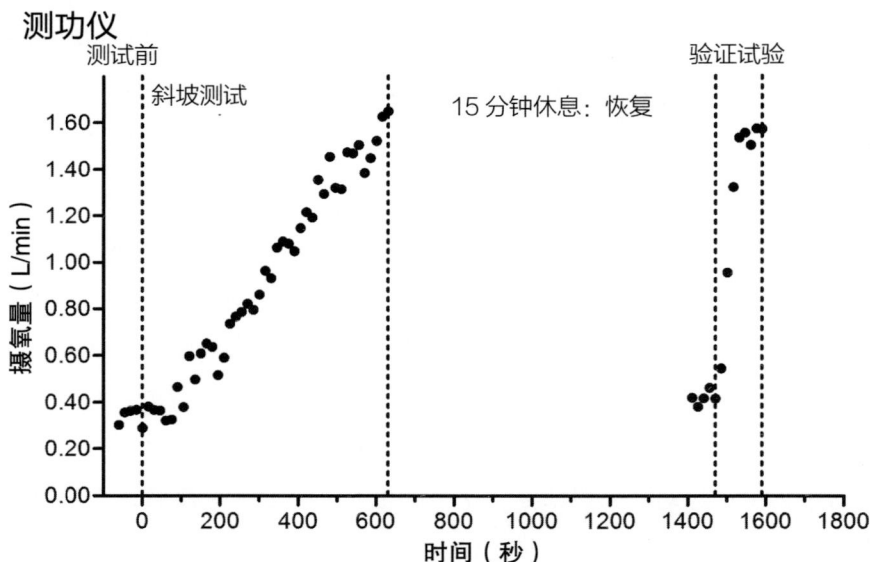

图 8.1　通过斜坡和验证测试确定最大摄氧量

该图显示了一名 9 岁男孩在斜坡递增负荷运动至自主力竭试验期间的数据，随后以高于初始测试结束时强度 5% 的运动强度进行后续测试。两次测试之间间歇 15 分钟恢复。从斜坡测试测得的的峰值 $\dot{V}O_2$ 为 1.63 L/min，随后试验中记录的最高 $\dot{V}O_2$ 为 1.59 L/min（即在 2.5% 以内）（根据 Barker 等人报道的数据绘制[4]）

有很多关于健康青少年峰值 $\dot{V}O_2$ 的数据，其中绝大多数来自自行车测功仪或跑台测试。这些测功仪的优势和劣势都有详细记录，且在运动过程中易作为辅助测试［如每搏输出量（stroke volume，SV）、心输出量（cardiac outpnt，$\dot{Q}$）和血压］。本质上，跑台运动比自行车运动调用更大的肌肉量，且在运动期间增加静脉回流、减少外周阻力、增强 $\dot{Q}$ 和峰值 $\dot{V}O_2$，这可能更受到中枢因素而不是诸如限制股四头肌血流的外周因素的限制。因此，尽管有研究报道一些青少年运动员（如自行车运动员）在自行车测功仪上会获得更高的峰值 $\dot{V}O_2$，但是在跑台上确定峰值 $\dot{V}O_2$ 是实验室选择的方法。青少年运动员[7]和非运动员[8]在跑台上测出的峰值 $\dot{V}O_2$ 通常比在功率自行车上测出的值高 8%~10%。然而，即使绝对值存在差异，但与年龄相关的峰值 $\dot{V}O_2$ 的数据趋势是一致的，和测功仪无关[9]。

传统的测功仪可以用于研究健康青少年的有氧能力，但负责监控青少年精英运动员的生理学家经常面临设计运动测试的挑战，这些测试重现了专项运动模式，并能够对关键的生理功能进行可靠的测试和监控。在某些情况下，可以通过在跑台上跑步（如中长跑）来提供合适的实验室动作模式模拟。然而，以青少年游泳运动员为例，如果监控有氧能力，那么通过跑步或骑自行车确定的峰值 $\dot{V}O_2$ 缺乏专向性，因为他们可能不会使用到和蹬伸有关的肌群。研究已经证明，可以区分经过训练和未经训练的青春期前女性游泳运动员[10]之间有氧能力差别的是手臂运动而不是腿部运动，并且针对青少年精英游泳运动员的测功仪分析明确证明了对测试专向性的需求。据观察，功率自行车测得的平均峰值 $\dot{V}O_2$ 为跑台测得平均值的 91%、游泳凳上测得的平均峰值 $\dot{V}O_2$ 为跑台测定值的 67%、为功率自行车测得值的 74%。但是，最优秀的游泳运动员（一名 12 岁的全国冠军和英国纪录保持者）记录的游泳凳上测得的峰值 $\dot{V}O_2$ 比其功率自行车测得的值要高，这明显说明在监控精英青年运动员时专项运动测试的重要性[7]。

场地测试

用于成年运动员实验室评估的专项运动测功仪已被开发出来，且经过微小的修改也常适用于监控青少年运动员[11]。然而，一些运动中的动作模式难以在实验室内重复，已经为一些运动中的青少年运动员开发了具有更高生态效度的场地运动表现测试。场地测试在青少年足球中广泛应用于用于监控体能，但它们预测青少年球员 $\dot{V}O_{2\,max}$ 的能力最多只能是低到中等[12,13]。场地测试为监控青少年运动员做出了重要贡献，它们提供了有价值的补充数据，并且通常比实验室测试更能反映实际的运动表现，但场地测试的局限性往往不被了解。

有人提出了一系列用于预测青少年 $\dot{V}O_{2\,max}$ 的场地测试，而 20 m 递增负荷折返跑（20mSRT）已成为最受欢迎的测试。不幸的是，20mSRT 的得分受到动作、形态学、生物力学和社会心理因素及生理变量的影响，$\dot{V}O_{2\,max}$ 是根据 17 个已发表的公式之一推算出来的，这些公式都提供了不同的计算值[14]。用于估计青少年 $\dot{V}O_{2\,max}$ 的 20mSRT 校标效度远低于成人，并且最近对与青少年有氧能力有关的 20mSRT 表现的 Meta 分析表明，超过 50% 的相关系数解释了直接确定峰值 $\dot{V}O_2$ 的方差低于 50%[15]。此外，已经证明 20mSRT 不是青少年足球运动员峰值 $\dot{V}O_2$ 的良好预测方法，并且通过练习和（或）训练可以提高青少年运动员在 20mSRT 上的表现，但不会增加峰值 $\dot{V}O_2$[17]。由于大多数运动涉及移动身体，20mSRT 可能是监控青少年运动员动机和表现的可用辅助工具，但用 20mSRT 表现得分代表 $\dot{V}O_{2\,max}$ 是不可信的。

发展

运动表现测试不是严格的实验室测定 $\dot{V}O_{2\,max}$（或峰值 $\dot{V}O_2$）的可行替代，但在确定适合青少年 $\dot{V}O_{2\,max}$[18]或青少年运动员 $\dot{V}O_{2\,max}$[19]最佳评估的方法方面尚未达成国际共识。峰值 $\dot{V}O_2$ 是一个稳固的变量，在特定的测功仪上通常独立于运动测试方案，但研究中的比较数据解释必须与整体方法相关，包括呼吸气体收集和分析，以及测试终止标准[18]。

在跑台或自行车测功仪上测定的峰值 $\dot{V}O_2$ 不应合并在研究内部或研究之间进行分析，而从任一测功仪得到的数据可用于阐明青少年峰值 $\dot{V}O_2$ 的发展。

应该对标准值持怀疑态度并且在此后优先考虑跑台确定的数据。将讨论峰值 $\dot{V}O_2$ 的趋势而不是绝对值，重点是探索健康青少年峰值 $\dot{V}O_2$ 的发展。青少年运动员的专项运动测试数据很少，在比较研究中很难区分运动中训练、选择和去留的影响。尽管如此，青少年运动员峰值 $\dot{V}O_2$ 的生理发育和基础机制与健康青少年一致。

年龄

从横断面研究的平均值收集到的健康、未受训练的青少年的数据，包括约 5 000 人（其中约 1 200 名女孩）跑台测定，显示男孩的峰值 $\dot{V}O_2$ 随着年龄的增长以近线性方式增加。女孩的数据显示，在相同的年龄范围内有类似的趋势，尽管一些研究表明在 13~14 岁时峰值 $\dot{V}O_2$ 趋于平稳。为了清晰起见，图 8.2 显示了由这些数据导出的线性回归方程生成的平均峰值 $\dot{V}O_2$，表明 10~17 岁峰值 $\dot{V}O_2$ 平均增加男孩为 96%，女孩为 58%[9]。

纵向数据为峰值 $\dot{V}O_2$ 的发展提供了独特的视角，但很少有良好控制的纵向研究发表。尽管如此，趋势反映了来自横向研究的结果，尽管有报道称，峰值 $\dot{V}O_2$ 与 PHV 同时出现，并且男孩高于女孩[20]。一项严格控制的纵向研究对数据趋势的谨慎分析表明，10~17 岁男孩的峰值 $\dot{V}O_2$ 以近乎线性的方式增加了 94%，但在 13~15 岁之间年增幅更大。女孩的数据表明，从 10~17 岁，峰值 $\dot{V}O_2$ 增加了 56%，从 10~13 岁逐渐上升，13~14 岁峰值 $\dot{V}O_2$ 则呈现趋于平稳的趋势。图 8.3 显示了在加拿大[21]和英格兰[22,23]进行的纵向研究的数据非常一致，并且间隔约 20 年。

横断面和纵向数据一致显示出峰值 $\dot{V}O_2$ 的显著性别差异，这种情况在早期就很明显[24]，并且在青少年时期不断增加[25]。平均而言，男孩 10 岁时的数值比同龄女孩高 13%，12 岁时差异增加到 23%，14 岁时增加到 31%，16 岁时增加到 37%，这明确表明分析来自青少年运动员或非运动员的混合性别的有氧能力数据是徒劳的。

在过去的 50 年中，使用一系列方法对峰值 $\dot{V}O_2$ 进行横向比较，结果表明，男女青少年运动员，尤其是参加耐力运动的青少年运动员，其峰值 $\dot{V}O_2$

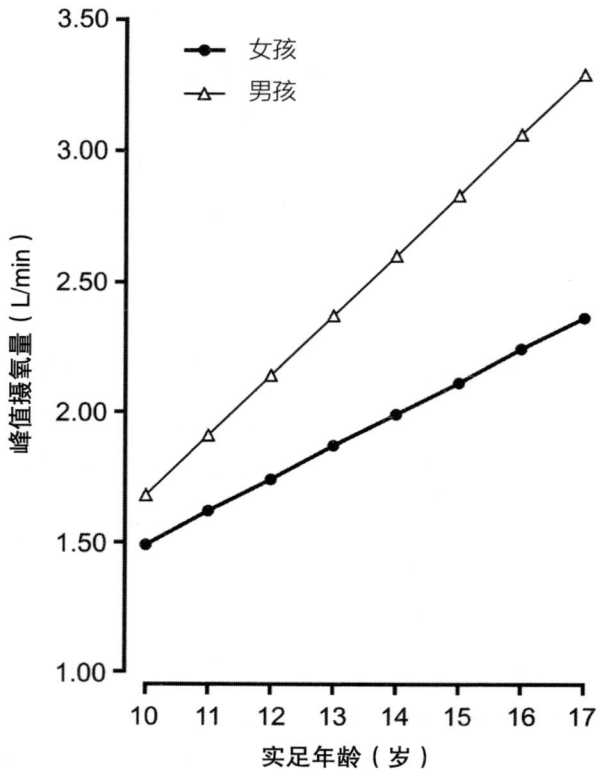

图 8.2　与性别和年龄相关的峰值摄氧量

由横断面研究［包括约 5000 人（其中约 1200 名女孩）跑台测定健康未经训练的青少年的峰值 $\dot{V}O_2$］平均值导出的线性回归方程计算得出的数据，其中男孩的峰值 $\dot{V}O_2$（L/min）=-0.623+0.230×年龄（岁），女孩的峰值 $\dot{V}O_2$（Lmin）=0.253+0.124×年龄（岁）（根据 Armstrong 和 Welsman 编制和报告的数据绘制[9]）

高于同龄的健康青少年[26-28]。研究一致表明，自行车运动员[29-31]、越野滑雪运动员[32]、游泳运动员[7,33,34]、田径运动员[35]和皮划艇运动员[32]的峰值 $\dot{V}O_2$ 高于同龄非运动员。在研究中，青少年运动员的峰值 $\dot{V}O$ 通常比同龄的非运动员高 40%~50%，但不清楚多少差异是由遗传或环境因素造成的。似乎只有四项研究直接调查了年轻人峰值 $\dot{V}O_2$ 的遗传性，估计 10 岁儿童为 85%~93%[36,37]，15~17 岁人群为 35%~60%[38,39]。有人提出，估计值的变化可能是由于个体间的

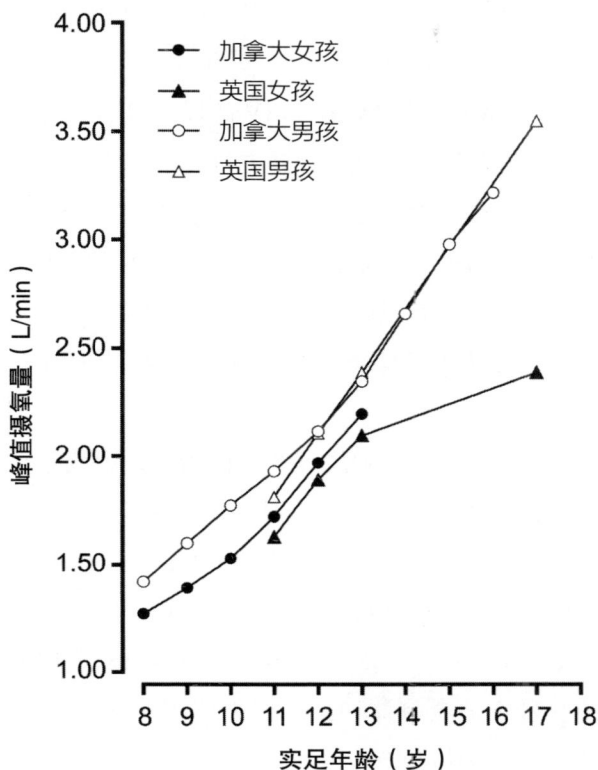

图 8.3　与性别和年龄相关的峰值摄氧量的纵向研究

该图显示了峰值 $\dot{V}O_2$ 随年龄的变化，使用的数据分别来自加拿大（＞ 800 人）和英格兰（＞ 650 人）进行的大型纵向研究。纵向数据通常与图 8.2 中的横向数据一致，但表明女孩从 13 岁开始的数值趋于平稳（根据 Mirwald 和 Bailey、Armstrong 等人，以及 Armstrong 和 Welsman 报道的数据绘制[21-23]）

生长和成熟差异，文献综述一般认为，峰值 $\dot{V}O_2$ 的遗传性约为 50%[40]。

体型

在健康的青少年中体重与峰值 $\dot{V}O_2$ 高度相关，综合考虑年龄、身高和体重因素约占峰值 $\dot{V}O_2$ 方差的 89%[41]。

大多数年龄和体型相关的峰值 $\dot{V}O_2$ 增加反映了肌肉质量的增加，峰值 $\dot{V}O_2$ 与 FFM 的相关性高于体重。在大多数活动中，腿部肌肉是最主要动力，并且有人认为青少年峰值 $\dot{V}O_2$ 应该与腿部肌肉质量（leg muscle mass，LMM）、腿部肌肉体积（leg muscle volume，LMV）或 TMV 有关[42-44]。

由于对 FFM、LMM、LMV 和 TMV 的评估具有难度，少儿运动科学家通常试图通过将峰值 $\dot{V}O_2$ 简单除以体重并以"ml/（kg·min）"为单位表示来控制体型（即等比缩放）。然而，峰值 $\dot{V}O_2$ 与体重比值很大程度上受到代谢惰性 FM 以及肌肉质量的影响，并且在解释峰值 $\dot{V}O_2$ 的绝对值时，会出现不同的性别特征图像。8~18 岁男孩的峰值 $\dot{V}O_2$ 与体重的比值基本保持不变，而女孩的体重值至少从 13 岁左右逐渐下降，青春期女孩的体脂增加更多，性别差异更大[9]。

在进行身体负重任务时必须要运载身体脂肪，因此它与一些青少年运动（如跑步[45]）的表现呈负相关。以"ml/（kg·min）"为单位表示的峰值 $\dot{V}O_2$ 已经被证明是青少年男孩[46]1 英里（约 1.6 km）跑步速度的最佳预测因子，因此可有助于监控青少年运动员在运动中的表现。然而，使用这种方法比较有不同需求的青少年运动员（如艺术体操运动员与橄榄球前锋）的有氧能力是不合理的，并且不适合将这种技术优先使用在从事体重相关的运动项目（如游泳）的青少年运动员身上。

体型比值

尽管为和体重相关项目的青少年运动员的表现提供了有用信息，但等比缩放已经混淆了对峰值 $\dot{V}O_2$ 的生理理解。等比缩放运动数据的谬误在 1949[47]年得到了深刻的展示，Åstrand[2] 在 1952 年评论了它与儿童峰值 $\dot{V}O_2$ 有关的局限性，但是一些运动科学家坚持报道将等比缩放的峰值 $\dot{V}O_2$ 作为主要（甚至唯一）描述青少年运动员的有氧能力。原则上，在没有统计验证的情况下使用等比缩放，这些符合生理变量和体重大小测量之间的正比关系数据可能会导致人们对这些研究发现持怀疑态度。

探索与体型大小相关的缩放运动数据的理论和数学基础超出了本章讨论的范围，感兴趣的读者可以参考我们的专题论文[48]，我们已经解释了异速缩放和多层次建模的原理并将其应用于一组儿科运动数据与工作实例中。然而，很容易地通过等比缩放来证明控制体重对运动相关生理变量影响的不足，并且在此使用大量峰值 $\dot{V}O_2$ 数据来解释缩放原理，这可以应用于其他与运动相关的变量如肌肉力量和无氧能力的测量。

　　在本例中，要创建一个无尺寸变量，需要峰值 $\dot{V}O_2$［单位为"ml/（kg·min）"］与体重（单位为"kg"）之间的 Pearson 积矩相关系数与零没有显著差异。研究人员经常观察到，在使用大数据时，峰值 $\dot{V}O_2$［单位为"ml/（kg·min）"］与体重呈显著负相关，因此明确证明等比缩放无法消除体重对峰值 $\dot{V}O_2$ 的影响。相比之下，相同数据的异速缩放显示与体重的相关性与零没有显著差异，表明已经产生了一个无体重变量[5]。

　　一项针对 11~13 岁儿童的纵向研究（125 名男孩和 128 名女孩）[22] 第一年得出的数据清楚地说明了这一点，并在图 8.4a、b 和 c 中进行了总结。图 8.4a 说明了峰值 $\dot{V}O_2$（单位为"L/min"）与体重（单位为"kg"）之间存在［$r=0.69$（男孩）和 $r=0.83$（女孩）］显著正相关。图 8.4b 显示峰值 $\dot{V}O_2$［单位为"mL/（kg·min）"］和体重（单位为"kg"）之间［$r=-0.54$（男孩）和 $r=-0.52$（女孩）］存在显著负相关，证实无法从峰值 $\dot{V}O_2$ 中消除体重影响的简单比值。图 8.4c 显示了相同的数据，其中使用异速（对数线性）缩放模型确定了常规质量指数为 0.68，并证明了异速缩放峰值 $\dot{V}O_2$［单位为"ml/（$kg^{0.68}$·min）"］和体重（即男孩和女孩分别为 $r=-0.13$ 和 $r=0.07$）的相关性与零没有显著差异。因此，可使用异速缩放适当地控制体重[5]。

　　很简单，等比缩放中的"过度缩放"有利于体重较轻的人，但不利于较重的青少年。如在一些体育运动中，青少年运动员的去留是基于体型，他们可能在与非活跃同龄人或跨体育运动的运动员之间进行等比例比较时有利（如艺术体操运动员）或处于不利地位（如橄榄球前锋）。因此，在报告峰值 $\dot{V}O_2$［单位为"ml/（kg·min）"］的比较研究中，不同运动或非运动青少年之间有氧能力的真实差异被掩盖了。

　　一项研究已证实等比缩放如何混淆了大部分现有的文献并模糊了青少年峰值 $\dot{V}O_2$ 与体重之间的真实关系。在该研究中，等比缩放和异速缩放用于区分年龄范围为 11~23 岁男性和女性群体的体型大小效应。比值分析结果与传统解释一致，三组男性（11 岁、14 岁和 23 岁，体重分别为 34.9 kg、49.5 kg 和 78.6 kg）

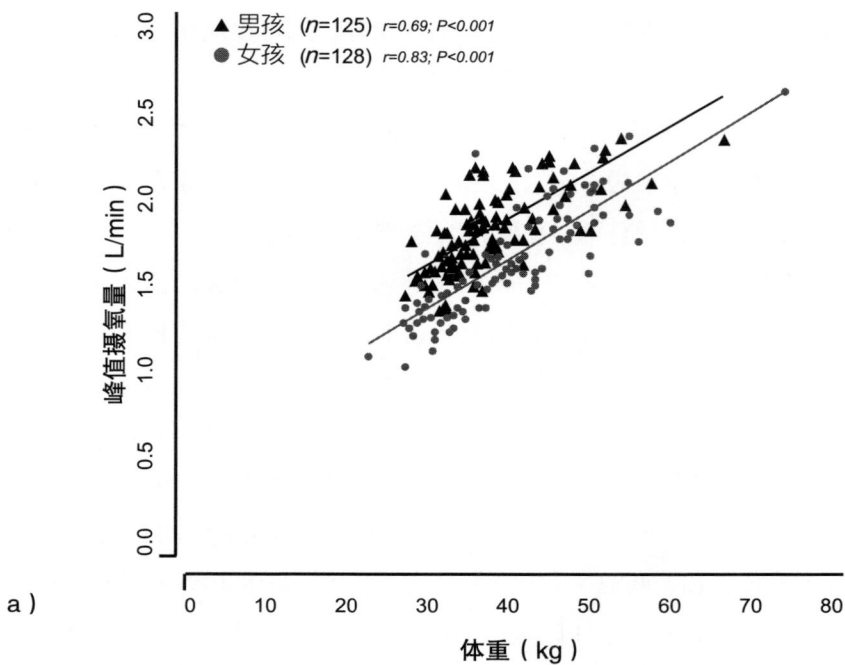

a)

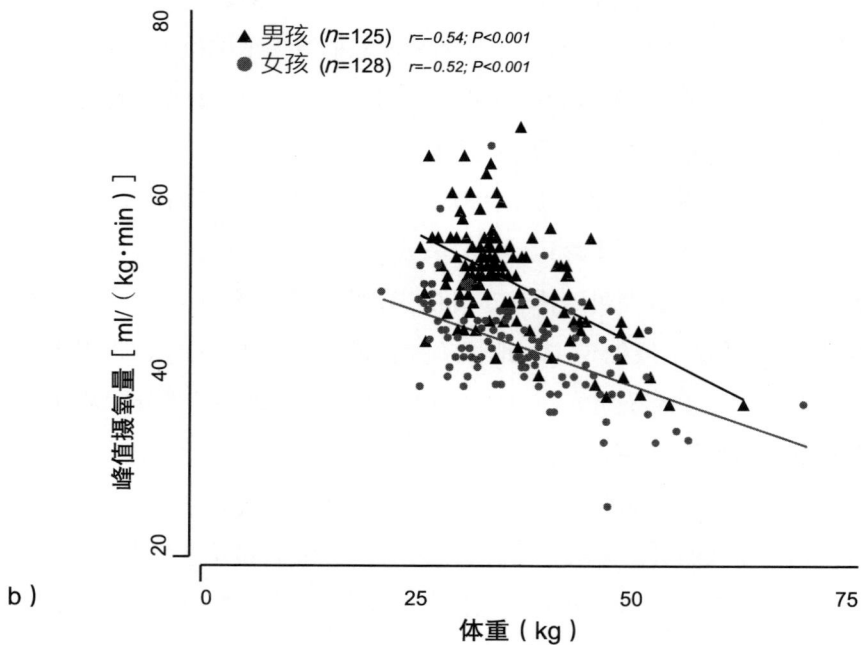

b)

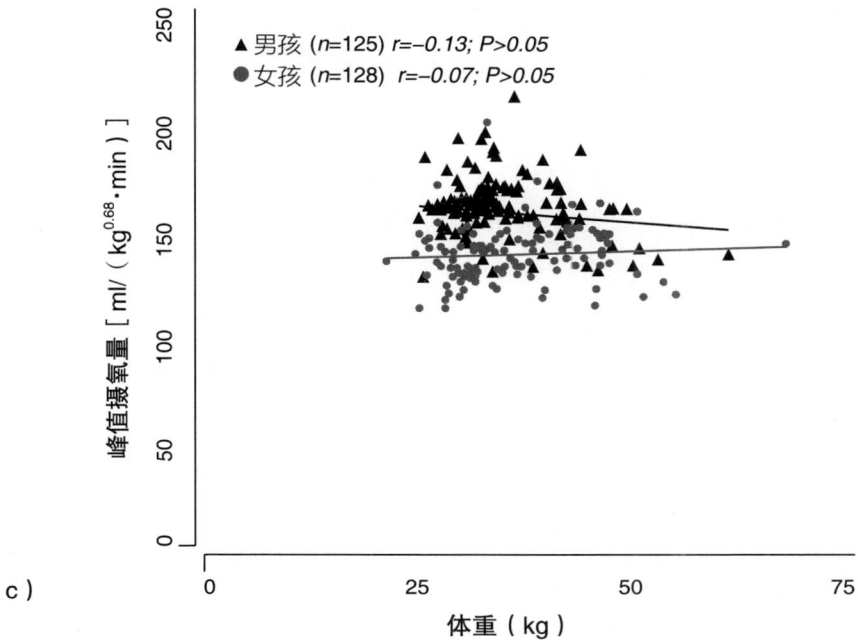

c）

图 8.4　11 岁儿童的缩放峰值摄氧量和体重。a）与体重相关的峰值摄氧量；b）等比缩放峰值摄氧量与体重的关系；c）异速缩放峰值摄氧量与体重的关系

　　图 8.4a 显示男孩（$r=0.69$）和女孩（$r=0.83$）的峰值 $\dot{V}O_2$（L/min）和体重（kg）之间存在显著的正相关关系

　　图 8.4b 显示了男孩（$r=-0.54$）和女孩（$r=-0.52$）的等比缩放峰值 $\dot{V}O_2$ [ml/（kg·min）] 与体重（kg）之间存在显著的负相关关系，并说明了等比缩放无法提供无体重变量

　　图 8.4c 显示了男孩（$r=-0.13$）和女孩（$r=0.07$）的异速缩放峰值 $\dot{V}O_2$ [ml/（$kg^{0.68}$·min）] 与体重（kg）之间的关系与零没有显著差异，并且证明了使用异速缩放可适当地控制体重，在这种情况下，常规质量指数为 0.68

　　（来自 Armstrong 等人[22] 报告的 253 名 11 岁儿童的数据，并经 Armstrong 和 McManus[5] 许可转载）

体重相关的峰值 $\dot{V}O_2$ 一致。在女性（11、13 和 22 岁，体重分别为 32.7、46.5 和 60.5 kg）中，与体重相关的峰值 $\dot{V}O_2$ 在 11~13 岁没有变化，但 13 ~22 岁峰值 $\dot{V}O_2$ 显著下降。在直接对比中，异速缩放显示男性峰值 $\dot{V}O_2$ 显著、逐渐增加，表明在适当控制体重的情况下，在生长期间峰值 $\dot{V}O_2$ 增加而不是保持不变。女性中峰值 $\dot{V}O_2$ 在 11~13 岁明显增加，随后保持不变，直到青少年不会出现明显下降[49]。

　　异速缩放在纵向数据中的应用是复杂的，但是多层建模技术在运动数据中的出现和应用使得体型、年龄和性别影响能够在异速缩放框架内同时划分，以便更好地理解纵向研究[48]。很少有纵向研究采用多层次建模方法，但研究结果是一致的[22,23,50]，并且以一项关于11~13岁儿童的大型研究为代表，该研究建立在对590例儿童进行3次峰值$\dot{V}O_2$测定的基础上。这项研究表明，虽然身高和体重都是显著的协变量，但年龄对峰值$\dot{V}O_2$有额外显著的正面影响，且对男孩的影响比女孩更明显。数据证实，男女峰值$\dot{V}O_2$随着年龄的增长而逐渐增加，不受体型的影响。有趣的是，在模型中加入2处皮褶的总和使得身高变得多余，这增加了体重指数的影响，并且减小了性别项的重要性，反映出男孩的FFM的增加更大[22]。

经验表明，从生理学的角度来看，将峰值$\dot{V}O_2$异速缩放至FFM、LMM、LMV或TMV，优于将峰值$\dot{V}O_2$缩放至体重[42-44]。但是，由于确定FFM、LMM、TMV和LMV复杂、耗时且昂贵，体重可能会继续作为青年大型研究中的主要变量。与精英青年运动员一起工作的运动科学家必须根据运动员运动的生理需求来决定哪些是解释峰值$\dot{V}O_2$变化的主要变量（如游泳运动员与橄榄球前锋和耐力跑运动员比较）。

但经过适当分析后，横向和纵向数据都反驳了与体重相关的峰值$\dot{V}O_2$的传统观点，并明确证明峰值$\dot{V}O_2$随着年龄的增长而增加，与体重无关。实际上，这与青少年运动员在受峰值$\dot{V}O_2$影响的体育运动中，随着年龄增长运动表现的提升是一致的。

成熟状态

等比缩放也混淆了对峰值$\dot{V}O_2$与成熟过程之间关系的理解。横向分析一致报告峰值$\dot{V}O_2$［单位为"ml/（kg·min）"］与成熟状态无关[25]。这些研究对数据施加了比例标准，而不是从统计模型中推导出适当的指数，因此掩盖了峰值$\dot{V}O_2$和成熟状态之间的真实关系。为说明此问题，选定了176名（93名男孩）12岁儿童的峰值$\dot{V}O_2$，并根据PH指数对其进行了分类。与现有文献一致，峰值$\dot{V}O_2$与体重的比值与成熟状态（PH阶段）无关，但当使用异速缩放控制体重时，两个性别的峰值$\dot{V}O_2$从PH1显著增加到PH4。这些12岁的儿童中没有一个处于 PH5 阶段，但 PH4 中的男、女童的 $\dot{V}O_2$ 值分别高达 14%和 12%，都比 PH1 高，表明成熟状态比实足年龄和体重更有积极作用[51]。

从纵向研究中可以看出，峰值 $\dot{V}O_2$（L/min）的最大提升与男孩和女孩所达到的 PHV 有关[20]，但是其他人已经注意到从 PHV 前 3 年至 PHV 后 2 年测量到的峰值 $\dot{V}O_2$ 持续增加，至少在男孩中如此。但是要严格调查年龄、性别、体型和成熟状态对峰值 $\dot{V}O_2$ 的是否有影响，需要进行适当且并行的分析，可能会用混合纵向数据集的多级建模来进行。有两项研究值得注意，一项是关于健康青少年[23]，另一项是关于青少年运动员[50]。

第一项研究将多级回归模型应用于 388 例 11~17 岁健康青少年混合纵向研究数据确定的峰值 $\dot{V}O_2$，及从男孩和女孩的 PH 分级估计的成熟状态。成熟状态对峰值 $\dot{V}O_2$ 的显著递增的效应被证实与年龄、身高和体重无关，对于男性和女性来说成熟状态的积极影响都是一致的。有趣的是，将皮肤皮褶的总和纳入模型中增加了体重指数，使身高项变得多余，并且减小了 PH 指数的大小，该指数反映了成熟状态和身体成分（即 FFM）之间的关系[23]。

第二次调查使用了 TOYA 研究的数据，跟踪了 453 名足球、游泳、体操和网球运动员的发展。研究设计为混合纵向研究，随访 3 年，共 5 个年龄组（8 岁、10 岁、12 岁、14 岁和 16 岁）。根据男孩的生殖器和女孩的乳房发育估计成熟状况。在多级回归模型中控制年龄、身高和体重，观察到男孩的峰值 $\dot{V}O_2$ 随着成熟状态而增加。在女孩中也注意到类似的模式，但在青春期后期的男孩中发现的峰值 $\dot{V}O_2$ 的显著增加在女孩中并不明显[50]。有趣的是，不同的运动都呈现出峰值 $\dot{V}O_2$ 随年龄增长的不同模式。这表明在一项运动和（或）运动训练类型中的遗传、选择和保留会影响青少年运动员的峰值 $\dot{V}O_2$，但需要进一步研究以阐明青少年长期有氧训练的影响。

机制

Fick 公式将 $\dot{V}O_2$ 定义为 $\dot{Q}$（即 $HR \times SV$）和动静脉血氧差（a-vO$_2$diff）的乘积。青春期达到峰值 $\dot{V}O_2$ 时 HR 保持稳定。相反，SV_{max} 的绝对值和 $\dot{Q}max$ 随着年龄增长而增加，其中 SV_{max} 随着左心室大小而增加[53]。与年龄

相关的心脏功能比较可以使用"运动因子"来评估，运动因子是运动强度增加时 $\dot{Q}$ 与 $\dot{V}O_2$ 变化的比值。虽然来自年轻人的数据稀少，但表明运动因子为 6.1，与在青年观察到的数据非常接近，表明年龄对相对心脏功能没有显著影响[54]。尽管对心脏数据的等比缩放有充分保留的记录[47]，但 SV 和 $\dot{Q}$ 通常分别因为搏出量指数（SI）和心脏指数（CI）而作为体表面积的指数。在年轻人中观察到 SI_{max} 和 CI_{max} 一直保持稳定[31,55,56]。

与年龄相关的峰值 $\dot{V}O_2$ 的 $a\text{-}vO_2diff$ 变化数据是模棱两可的[57-59]。有些研究支持动脉氧含量随年龄增长而增加的观点。在儿童和青少年期，血液血红蛋白浓度（[Hb]）增加[25]，血容量上升[60]。因此，总血红蛋白含量增加，并表明与所有年龄和性别中的峰值 $\dot{V}O_2$ 呈线性相关。此外，与年轻成人相比[61]，青少年的组织脱氧能力更强，并且由于 2,3- 二磷酸甘油酸（2,3-DPG）降低了血红蛋白对氧的亲和力，这可能是由于 2,3-DPG 随着年龄的增长而下降[62]。

青春期骨骼肌对峰值 $\dot{V}O_2$ 的提升有显著影响。肌肉质量的增加不仅会增加运动中肌肉的总 $\dot{V}O_2$，而且通过外周肌肉泵也会促进静脉血回流到心脏，从而增加 SV[54]。此外，与年轻成人相比，儿童在最大运动期间能够自主激活其运动单位池中明显较小的部分。随着年龄的增长，骨骼肌的活化缺陷逐渐消失，骨骼肌对峰值 $\dot{V}O_2$ 的影响也随之增大。相当有说服力的观点是，与年龄相关的更多肌纤维募集的能力是峰值 $\dot{V}O_2$[63] 的发展和表达的核心，但这仍有待经验验证。

在 5 到 16 岁之间，男孩的相对肌肉质量从占体重的 42% 增加到 54%，而女孩的相对肌肉质量在 5 到 13 岁之间从占体重的 40% 增加到 45%，然后由于脂肪积累的增加而导致肌肉占比减少。男孩较大的肌肉质量对青春期峰值 $\dot{V}O_2$ 的性别差异有非常显著的贡献[23]。男孩的 [Hb] 和携氧能力也显著增加，而女孩的 [Hb] 在青少年中期趋于平稳。然而，据报道，女性的 2,3-DPG 与 [Hb] 的比值明显高于同等体能水平的男性，这可能至少在一定程度上抵消了 [Hb] 的性别差异[64]。

在青春期开始之前，肌肉质量和 [Hb] 方面只有很小的性别差异，但即使控制了体型，青春期前男孩的峰值 $\dot{V}O_2$ 始终高于青春期前女孩[24]。对青

春期前峰值$\dot{V}O_2$性别差异的解释是有争议的。目前没有令人信服的数据表明
HR_{max}的差异和青春期前性别差异通常是由于男孩的SV_{max}更大，尽管从类似
的数据中已经提出了关于心脏大小和功能的相对贡献的矛盾观点[65,66]。

　　两项针对青春期前男孩和女孩的研究（其中一个案例实际上是女孩初潮
前）采用了多普勒超声心动图和适当的缩放技术，并证实了区分女孩与男孩
之间的峰值$\dot{V}O_2$部分是因为其较低的SV_{max}。还有人注意到，女孩在运动开
始时 SV 的上升较低。早期的研究表明导致儿童[65]SV_{max}性别差异的原因是
心脏功能因素（骨骼肌泵功能、全身血管阻力和肾上腺素能反应）而不是左
心室大小。但是，后来的研究假设表明，整体心脏收缩、舒张和可塑性或负
荷条件不太可能导致SV_{max}的性别差异，因此SV_{max}的性别差异是由于心脏大
小而不是功能的差异造成的[66]。

　　尽管进行了 80 年的实验室研究，但支持青少年峰值$\dot{V}O_2$发展的机制仍
有待充分阐明。然而，诸如 MRI、MRS、近红外光谱（NIRS）和生物阻
抗心动描记术等易于使用的无创性技术的出现为研究开辟了富有成果的道
路。目前数据稀少，但新技术的应用为研究峰值$\dot{V}O_2$的性别差异提供了另
一种思路，这与现有文献相矛盾。一项综合研究表明是最大 a-vO_2diff 而不
是SV_{max}或$\dot{Q}_{max}$的差异解释了青春期前峰值$\dot{V}O_2$性别差异的原因。使用生
物阻抗心电图描记测量峰值$\dot{V}O_2$时的心输出量，观察到青春期前男孩的峰
值$\dot{V}O_2$（+19%）和最大 a-vO_2diff（+17%）显著高于青春期前女孩，而在峰值
$\dot{V}O_2$时的$\dot{Q}$、HR 或 SV 没有相似之处。此外，使用 MRI 确定静息时心脏尺寸
的变量表明左心室肌肉质量、左心室肌肉体积、后壁厚度、室间隔厚度、左
心室舒张末期腔室容积或左心室收缩末期室容积没有显著性别差异。同一研
究小组最近的另一项研究使用 NIRS 监控递增负荷至力竭运动试验中的去氧
血红蛋白和肌红蛋白（［HHb］）的变化。观察到氧运输和氧利用之间平衡的
性别差异，这可能导致青春期前的性别差异，并可能导致青少年峰值$\dot{V}O_2$与
年龄相关的变化[68]。

可训练性

峰值 $\dot{V}O_2$ 是少儿运动科学中研究最多的生理变量，因此本文将利用综合文献对青少年训练研究做出一般性评论，这些评论适用于解释训练对青少年健康的其他方面所产生的影响的研究。

若要将青年峰值 $\dot{V}O_2$ 可训练性研究划分为"良好控制"或"高质量"，必须符合以下标准。

（1）发表在同行评审的文献中。

（2）包括试验组和比较对照组。

（3）使用适当的统计过程。

（4）根据频率、强度、持续时间和计划长度提供明确的训练干预处方。

（5）使用直接确定的（非预测的）峰值 $\dot{V}O_2$ 作为标准测量。

令人惊讶的是，很少有研究，特别是对青少年运动员的研究，能够满足这些基本条件。最近对该领域的系统评价涉及 69 项已发表的 8~18 岁青少年训练研究，但只有 21 项符合确定的纳入标准。有兴趣的读者可以参考我们的综述[69]，了解个别研究的简介表。

方法论问题

即使满足基本标准，仍需要考虑以下方法问题。

（1）样本量通常很小，对研究的统计效力具有不可避免的影响。

（2）对照组和试验组通常不匹配，参与者是志愿者而不是随机选择的青少年。

（3）大多数研究不包括成熟状态的估计。

（4）训练研究需要时间和精力，许多已发表的研究并未提及参与者中途退出率（已发表的范围为 0~63%）或严格遵守规定的训练计划。

（5）研究通常是短期的（6~12 周），也许是为了和学期一致。

（6）为了记录和保持训练强度，一些研究在训练期间对所有参与者的 HR 进行了细致的电子设备监控。其他人对随机选择的参与者进行监控或使用自我监控，而其余的人没有客观地监控训练强度。

（7）由于训练处方的不同、研究的持续时间不同、训练方案和标准测试中使用的训练方式的不同，关于训练引起的变化的研究之间的直接比较是混乱的。

（8）有充分证据表明，训练时峰值 $\dot{V}O_2$ 的变化百分比与训练前（基线）峰值 $\dot{V}O_2$ 之间成反比关系，并且由于青少年运动员通常在训练开始时具有高峰值 $\dot{V}O_2$ 这一特征，因此训练引起的变化可能比那些没有运动经验的同龄人要少。

遗传

遗传因素对峰值 $\dot{V}O_2$ 对训练反应的影响还没有很好地量化，但很明显有高反应者和无反应者，以及这两种极端之间的连续反应表型。对成人的研究估计峰值 $\dot{V}O_2$ 的可训练性 50% 是遗传，这一估计得到了一项独立的青年研究的支持，该研究调查了 9 对同卵双胞胎，年龄为 11~14 岁，每对中的一个男孩接受了 24 周 HIIT 的研究，并报告了训练峰值 $\dot{V}O_2$ 的遗传性估计为 45%[71]。

在记录反应范围的研究中，峰值 $\dot{V}O_2$ 对训练的反应的变化是显而易见的。例如，一项研究对 2 组男孩进行了为期 8 周的训练，一组使用 CIET，另一组使用 HIIT，并报告统计学上非显著性峰值 $\dot{V}O_2$ 平均增长分别 7% 和 4%。然而，对反应范围的详细研究发现，CIET 组中峰值 $\dot{V}O_2$ 的变化从 –10% 到 +25%，HIIT 组中 –6% 到 +16%，这意味着可能存在响应性的遗传差异[72]。

持续强度的运动训练

峰值 $\dot{V}O_2$ 对训练的反应取决于所使用的训练计划。大多数研究都采用了 CIET，它由运动类型、计划时长，以及训练课程的频率、持续时间和强度来决定。

运动类型

报告峰值 $\dot{V}O_2$ 显著增加的训练计划包括各种运动模式，包括跑步[73]、骑自行车[74]、游泳[75]、循环训练[76] 和抗阻训练[77]。基于跑步而非骑自行车的 CIET 计划进行的研究通常会引起峰值 $\dot{V}O_2$ 的增加更多，但可以肯定的是，无论运动方式如何，大肌肉群的训练都有可能增加峰值 $\dot{V}O_2$[69]。

计划时长

在 6~12 周的持续时间内，训练计划的时长似乎不是决定峰值 $\dot{V}O_2$ 是否可以增强的决定性因素。在一项为期 20 周的低强度 CIET 研究中证实运动强度比计划时长更重要，该研究报告峰值 $\dot{V}O_2$ 没有变化。而在另一项研究中，在 4 周等速抗阻训练[77]后观察到青少年峰值 $\dot{V}O_2$ 增加 18%[78]。对于训练计划的最佳时长没有明确的推论，但鉴于短期方案的反应不太一致，支持至少 12 周的时长似乎是明智的[69]。

频率和持续时间

大多数研究采用每周 3~4 次、持续时间为 12~90 分钟的训练课。没有令人信服的经验证据支持与剂量反应结果相关的频率和持续时间的精确定义，但是无论是对文献的叙述还是系统的回顾，都一致认为每周 3~4 次、每次 40 分钟左右的训练课对于健康青少年来说是合适的[69]。

强度

CIET 的关键因素是运动强度，这在 40 多年前就得到了很好的证明。比较了连续 6 周、每周 3 次、每次 12 分钟不同运动强度下进行持续的自行车训练的男孩的反应。将这些男孩分为对照组和 3 个试验组，他们分别在 130~140 次 / 分、150~160 次 / 分和 170~180 分的 HR 范围内训练。只有在 170~180 次 / 分（即其预先确定的 HR_{max} 的 88%~93%）训练的组显著改善（+11%）了峰值 $\dot{V}O_2$[74]。许多场合都支持将有青少年参与的 CIET 的强度设置为高于通常提高成人峰值 $\dot{V}O_2$ 所需的强度，经实证表明，参与 CIET 的青少年的最佳运动强度范围为 85%~90%HR_{max}[69]。

高强度间歇训练

第 7 章介绍了高强度间歇训练，重点强调了青少年运动员和运动表现参数，但青少年运动员的训练研究设计往往不允许孤立研究 HIIT 对峰值 $\dot{V}O_2$ 的独立影响。在此，我们关注的是 HIIT 对健康青少年的影响的良好控制研究，尽管 20 多年前就证明健康的青春期前女孩可以通过 HIIT 提高其峰值 $\dot{V}O_2$，但对这类运动训练的研究仍相对较少。少数关于健康青少年且符合之前提到的标准被划分为"高质量"HIIT 的研究包含青春期前期的男孩和女孩，但结果并不明晰。在 7~8 周 HIIT 后，记录到峰值 $\dot{V}O_2$ 显著增加，但并非所有研究都观察到 HIIT 后峰值 $\dot{V}O_2$ 有所增加。然而很难直接比较研究，因为已发表的 HIIT 计划的内容，特别是运动间歇的强度和恢复期的持续时间不一致。

最近的一项 Meta 分析表明，只有 8 项研究符合纳入标准，但认为 HIIT 是提高青少年峰值 $\dot{V}O_2$ 的有效手段。一项系统的综述在研究的基础上得出结论，其中也包括肥胖青少年和场地评估的有氧能力："HIIT 可以显著提高峰值 $\dot{V}O_2$，但其是否优于其他训练方式尚未得到可靠的证实"（84，p.489）。从高质量研究中整理的数据很难量化 HIIT 在提高青少年峰值 $\dot{V}O_2$ 方面的效果。

组合方案

一些研究包括混合 CIET 和 HIIT 的方案，并观察到峰值 $\dot{V}O_2$ 的增加[85-87]，但不可能分离独立的影响，并且没有研究报告显示同时包含 CIET 和 HIIT 的两组在峰值 $\dot{V}O_2$ 的增加上存在显著差异。

运动处方

CIET 和 HIIT 的关键因素是规定运动的相对强度。国际奥委会关于训练精英儿童运动员的共识声明推荐使用大肌肉群的 CIET 计划，每周进行 3~4 次训练，每次 40~60 分钟，最少持续 12 周。至关重要的是，建议运动强度应保持在 85%~90%HR_{max} 之间。

关于 HIIT 方案的优化方面还有很多需要学习的地方。它们为 CIET 提供了一种有用的替代或补充，但是关于健康青少年的证据基础不足以明确定义并认可特定的 HIIT 方案，同时适当考虑与年龄、成熟状态、基线体能和训练经验相关的训练和恢复期。运动间歇的强度是最重要的，应设置为 $\geqslant 95\%$ HR_{max}，但要重现这种质量的多个运动间歇，间歇之间的恢复时间至关重要。正如第 7 章所述，青少年的最佳恢复持续时间随年龄和成熟状况而变化，需要进一步研究以阐明不同恢复持续时间对维持 RSS 期间高强度表现的影响。

预期收益

对青少年训练研究的评论一直认为，峰值 $\dot{V}O_2$ 的较大增加在高质量研究中更为明显，但平均而言，在 CIET 和 HIIT 方案中，预计实施 8~12 周训练方案后，峰值 $\dot{V}O_2$ 有望增加 8%~10%[69]。在长期实施（如 ≥ 12 个月）CIET、HIIT 和（或）CIET 与 HIIT 组合方案后，峰值 $\dot{V}O_2$ 可能会出现更大的增加，但尚无关于这一持续时间的良好对照研究发表。然而，一项关于青春期前期女性游泳运动员的观察性研究为长期训练的潜力提供了一些有趣的见解，在研究开始时为 9 岁。这些女孩的峰值 $\dot{V}O_2$ 基线值较高，并且在研究之前至少已经训练了 1 年，但仍然证明在 12 个月泳池训练期间，每周训练 10次，每次训练时间为 60~90 分钟，确定了峰值 $\dot{V}O_2$ 增加了 39%。为了进行比较，在研究开始和结束时与游泳运动员年龄和人体测量变量相匹配的非训练对照组表明峰值 $\dot{V}O_2$ 增加 13%，这归因于正常的生长和成熟状态[75]。

专项运动训练

与传统的 CIET 或 HIIT 方案相比，定义不太明确的专项有氧能力训练方案效果更难量化，但一些更好的对照研究为青少年有氧训练提供了进一步解释。两项针对精英青少年球员的足球训练研究比较了 HIIT 与小型比赛的影响。一项研究报告称，足球专项有氧训练与 HIIT 一样有效，可提高 17 岁球员的峰值 $\dot{V}O_2$，在为期 12 周的训练后，两种训练方式均可使峰值 $\dot{V}O_2$ 显著提高 7%[89]。相比之下，一项 14 岁球员参加的为期 7 周的训练计划，将 HIIT与小型比赛进行了比较，结果表明无论是哪种方案峰值 $\dot{V}O_2$ 都没有变化。然而，观察到 HIIT（+22%）和小型游戏训练（+17%）的 Yo-Yo 间歇恢复测试的表现显著改善，表明专项运动测试的表现是由多种因素决定的，而不只是有氧能力本身[90]。另一项针对 14 岁足球运动员的为期 8 周的足球专项活动干预，包括传球和运球训练，其中 HR 保持在最大值的 90%~95%。据报道，经过 8 周训练后峰值 $\dot{V}O_2$ 提升了 12%[91]。

专项运动训练也被证明对篮球运动员有效。例如，20 名具有 2 年篮球运动经验的青春期前男孩经过持续 78 周，每周 6 次，每次 90 分钟的训练，期间使用一系列包括运球、快速突破和跳跃的篮球训练，该方案的最佳分类属于 CIET 和 HIIT 的混合方案，虽然运动中的高强度通常低于 HIIT 的推荐强度，但是 78 周后观察到峰值 $\dot{V}O_2$ 显著增加 35%。相比之下，来自同一所学校的仅参加学校体育课程的对照组的峰值 $\dot{V}O_2$ 值增加了 24%[92]。另一项研究比较了两种不同干预措施对峰值 $\dot{V}O_2$ 和技术能力的效果。将 15 岁的篮球运动员随机分为专项篮球训练组和混合篮球训练组。在进行为期 4 周、每周 100~120 分钟的训练计划之后，两个试验组的峰值 $\dot{V}O_2$ 均显著增加（+5%），但是专业训练组在投篮和传球技能方面有了更大的提升趋势。作者得出的结论是，尽管专业训练和混合训练在改善有氧能力方面同样有效，但混合组的场上时间减少导致关键篮球技术技能的提升较小[93]。

从所引用的研究中可以明显看出，将青年运动员置于适当训练区的小型比赛和专项运动训练，其频率、持续时间和强度都与非专项的 CIET 和 HIIT 项目类似，可导致峰值 $\dot{V}O_2$ 的增加。更多的控制研究采用一系列专业运动需要为各种青少年运动建立最佳方案，但也需要提高技术技能的潜在附加值，在不影响有氧训练的前提下，正确认识有氧训练对青少年运动员有氧能力的发展具有重要意义。

年龄、性别和成熟状态

对高质量研究结果的回顾清楚地表明，没有令人信服的证据表明峰值 $\dot{V}O_2$ 对青少年训练的反应随性别或年龄而变化[69,94,95]。专门研究峰值 $\dot{V}O_2$ 可训练性在性别差异的研究明确报道，这种训练引起的变化与性别无关[81,87,96]，但据报道健康青少年峰值 $\dot{V}O_2$ 训练性增加通常远低于健康成人，这导致人们普遍认为，与成人相比，青少年对有氧训练的反应"迟钝"。如果这是事实，这可能是由于成人能够用比青少年更低的相对训练强度来提高其峰值 $\dot{V}O_2$，大量关于青少年的研究的训练强度不足，或者青少年的基线有氧健身水平较高。

间接证据的估计确实表明年轻成人比青少年更容易接受有氧训练，但只有两项已发表的研究将青少年直接与成人进行比较，并且都反驳了成人与青少年在有氧训练方面的差异。第一项研究以同样的相对强度训练青春期前的男性和青少年男性，并证明在 10 周相同的运动训练后男孩和成年男性峰值 $\dot{V}O_2$ 的变化没有差异[97]。第二项研究发现，在 14 周同样的训练后，12 岁女孩和年轻女性的峰值 $\dot{V}O_2$ 变化幅度或变化率没有显著差异，并且解决了女性峰值 $\dot{V}O_2$ 的训练效果与年龄无关[98]。

没有可靠的证据表明峰值 $\dot{V}O_2$ 对青少年训练的反应受到性别或年龄的影响，但是儿童在"成熟阈值"或"触发点"之前无法从训练中受益这一概念在儿科运动生理学中嵌入已有近 40 年的历史，并已成为运动员长期发展模式中不可或缺的一部分。

成熟度阈值

成熟度阈值的概念是由 Gilliam 和 Freedson 提出的，他们报告在 8 岁儿童进行为期 12 周提高的体育教育计划中，峰值 $\dot{V}O_2$ 或其他生理变量没有变化。他们的结论是存在"一个成熟度阈值，在此阈值下，青春期前的儿童无法通过运动训练引起生理变化"（99，p.76）。Katch 进一步发展了这个概念，他假设：

> "孩子的一生中有一个关键时期（称为'触发点'），与大多数孩子的青春期相吻合，但也有可能发生在更早的时期，若低于此时期，身体调节的影响将是最小的，或根本不会发生。"（100，p.241）

关于训练对青春期前儿童影响的早期研究通常支持成熟度阈值/触发点假说，因为他们经常得出结论，训练对峰值 $\dot{V}O_2$ 的影响很小或没有影响。对这些观察结果需要谨慎解释，由于通常较低的训练剂量（即运动强度）和其他逻辑、实验设计、方法和分析的局限性，我们在其他研究的基础上详细介绍了这些局限性。现在有大量证据表明，成熟后阈值或触发点的存在是一个谎言，因为已经明确证明，青春期前儿童确实对适当的训练做出了反应，即

峰值 $\dot{V}O_2$ 发生了显著变化[69,94,101]。

　　虽然没有成熟的"阈值"，但有可信的理论论据表明成熟对峰值 $\dot{V}O_2$[102] 的可训练性有影响，尽管没有令人信服的证据支持这一论点。然而，最近的一项纵向研究数据显示，对接受游泳训练的 10~12 岁男孩和女孩及年龄相仿的未接受训练的同龄人进行了基线和随后 2 年的峰值 $\dot{V}O_2$ 测量，对之前关于成熟对可训练性的影响的假设提出了挑战。训练有素的游泳运动员在每次测量时都呈现出更高的峰值 $\dot{V}O_2$，并且两组之间的差异在每次测试中都会增加。使用多层次建模数据进行分析，结果显示峰值 $\dot{V}O_2$ 的增加与成熟状态的变化无关，因此不支持成熟状态对峰值 $\dot{V}O_2$ 的训练能力的影响[103]，但是最终的定性调查结果尚未公布：这将需要来自控制良好的干预训练研究的纵向数据，包括青春期前、青春期和青春期后的时间段。

机制

　　关于青少年训练中支持峰值 $\dot{V}O_2$ 变化机制的知识主要来自 CIET，并侧重于向活跃的肌肉输送氧气。没有令人信服的证据表明最大 a-vO_2diff 或 HR_{max} 受到训练的影响，大多数研究认为，耐力训练后峰值 $\dot{V}O_2$ 的增加几乎完全归因于 SV_{max} 的增强，即 $\dot{Q}_{max}$[73,104,105]。

　　支持 SV_{max} 训练增益的生理和形态学因素尚未得到解决。比较训练有素和未受训练的青少年心脏尺寸的研究结果并不明晰，一些研究报告称两者左心室大小和质量[35,106]没有差异。另一些研究[104,107]表明训练有素的青少年心室尺寸较大。同样，大多数[106,107]但并非所有研究[28]都注意到心室壁厚度两者之间没有差异。来自干预研究的稀疏数据也与训练增加[73]后的报告不一致，并且心脏尺寸没有显著变化[108,109]。

　　尽管使用 CIET 的研究一直表明峰值 $\dot{V}O_2$ 的增加与活跃肌肉的氧输送（中心因素）增强有关，但没有相关对于峰值 $\dot{V}O_2$ 的可训练性进行良好控制同时调查肌肉内的氧利用（外周因素）的研究。然而，一项针对 16~17 岁男孩的研究值得注意，尽管存在设计缺陷。将 12 名男孩随机分配到 CIET 或 HIIT

组，每周训练 4 次，持续 12 周。经过训练后，两组的峰值 $\dot{V}O_2$ 均出现类似 [（+10~+12）%] 的显著增加。CIET 组的股外侧肌 SDH（一种需氧酶）活性增加 42%，但 PFK（一种厌氧酶）的活性没有变化，HIIT 组的 PFK 活性增加 21%，但 SDH 活性没有显著变化。相比之下，对成人 HIIT 的研究一致表明，在 2 周内进行 6 次 HIIT 训练课后肌肉氧化能力增加 15%~35%。其他耐力适应性，如增强的外周血管结构和功能，在计时赛和力竭测试中改善了运动表现，以及在 HIIT 数周后记录到成人峰值 $\dot{V}O_2$ 的增加[111]。

正如本书所强调，从成人到青少年的数据推断必须非常谨慎。但是，由于对成人的 HIIT 干预，得到了一项少儿研究的间接支持，表明峰值 $\dot{V}O_2$ 增加的主要原因可能是外周而不是中枢适应。一个有趣的问题出现了：如果 CIET 主要诱导中枢适应，而 HIIT 刺激外周变化，那么这两种方案的结合是否会优化训练引起的青少年运动员峰值 $\dot{V}O_2$ 的增加？如果是这样，那么 CIET 和 HIIT 诱导的反应如何通过实足年龄、成熟状态和（或）性别来调节？

（路恒　译）

参考文献

［1］　Robinson S. Experimental studies of physical fitness in relation to age. *Arbeitsphysiologie.* 1938; 10: 251–323.

［2］　Åstrand PO. *Experimental studies of physical working capacity in relation to sex and age.* Copenhagen: Munksgaard; 1952.

［3］　Armstrong N, Welsman J, Winsley R. Is peak $\dot{V}O_2$ a maximal index of children's aerobic fitness? *Int J Sports Med.* 1996; 17: 356–359.

［4］　Barker AR, Williams CA, Jones AM, Armstrong N. Establishing maximal oxygen uptake in young people during a ramp test to exhaustion. *Br J Sports Med.* 2011; 45: 498–503.

［5］　Armstrong N, McManus AM. Aerobic fitness. In: Armstrong N, van Mechelen W, eds. *Oxford textbook of children's sport and exercise medicine.* 3rd edition. Oxford: Oxford University Press; 2017: 161–180.

［6］　Welsman JR, Bywater K, Farr C, Welford D, Armstrong N. Reliability of peak $\dot{V}O_2$

and maximal cardiac output assessed using thoracic bioimpedance in children. *Eur J Appl Physiol*. 2005; 94: 228–234.

[7] Armstrong N, Davies B. An ergometric analysis of age-group swimmers. *Br J Sports Med*. 1981; 15: 20–26.

[8] Boileau RA, Bonen A, Heyward VH, Massey BH. Maximal aerobic capacity on the treadmill and bicycle ergometer of boys 11–14 years of age. *J Sports Med Phys Fit*. 1977; 17: 153–162.

[9] Armstrong N, Welsman JR. Assessment and interpretation of aerobic fitness in children and adolescents. *Exerc Sport Sci Rev*. 1994; 22: 435–476.

[10] Winlove MA, Jones AM, Welsman JR. Influence of training status and exercise modality on pulmonary O_2 uptake kinetics in pre-pubertal girls. *Eur J Appl Physiol*. 2010; 108: 1169–1179.

[11] Armstrong N, Barker AR. Physiological monitoring of elite young athletes. In: Armstrong N, van Mechelen W, eds. *Oxford textbook of children's sport and exercise medicine*. 3rd edition. Oxford: Oxford University Press; 2017: 527–537.

[12] Paul D, Nassis GP. Physical fitness testing in youth soccer: Issues and considerations regarding reliability, validity, and sensitivity. *Pediatr Exerc Sci*. 2015; 27: 301–313.

[13] Chamari K, Hachana Y, Ahmed YB, *et al*. Field and laboratory testing in young elite soccer players. *Br J Sports Med*. 2004; 38: 191–196.

[14] Armstrong N. Commentary on the assessment and interpretation of pediatric aerobic fitness: The year that was 2017. *Pediatr Exerc Sci*. 2018; 30: 12–18.

[15] Mayorga-Vega D, Aguiler-Soto P, Viciana J. Criterion-related validity of the 20-m shuttle run test for estimating cardiorespiratory fitness: A meta-analysis. *J Sports Sci Med*. 2015; 14: 536–547.

[16] Higino WP, de Souza Sorroche A, de Mattos Falqueiro PG, Lima YCS, Higa CL. Determination of aerobic performance in youth soccer players: Effect of direct and indirect methods. *J Hum Kin*. 2017; 56: 109–118.

[17] Harrison CB, Gill ND, Kinugasa T, Kilding AE. Development of aerobic fitness in young team sport athletes. *Sports Med*. 2015; 45: 969–983.

[18] McManus AM, Armstrong N. Maximal oxygen uptake. In: Rowland TW, ed. *Cardiopulmonary exercise testing in children and adolescents*. Champaign, IL: Human Kinetics; 2017: 79–93.

[19] Barker AR, Armstrong N. Exercise testing elite young athletes. In: Armstrong N, McManus AM, eds. *The elite young athlete*. Basle: Karger; 2011: 106–125.

[20] Geithner CA, Thomis MA, Vanden Eynde B, *et al*. Growth in peak aerobic power during adolescence. *Med Sci Sports Exerc*. 2004; 36: 1616–1624.

[21] Mirwald RL, Bailey DA. *Maximal aerobic power*. London, Ontario: Sports Dynamics; 1986.

[22] Armstrong N, Welsman JR, Nevill AM, Kirby BJ. Modeling growth and maturation changes in peak oxygen uptake in 11–13 yr olds. *J Appl Physiol*. 1999; 87: 2230–2236.

[23] Armstrong N, Welsman JR. Peak oxygen uptake in relation to growth and maturation in 11–17-year-old humans. *Eur J Appl Physiol*. 2001; 85: 546–551.

[24] Armstrong N, Kirby BJ, McManus AM, Welsman JR. Aerobic fitness of prepubescent children. *Ann Hum Biol*. 1995; 22: 427–441.

[25] Armstrong N, Williams J, Balding J, Gentle P, Kirby B. Peak oxygen uptake of British children with reference to age, sex and sexual maturity. *Eur J Appl Physiol*. 1991; 62: 369–375.

[26] Rowland TW, Unnithan V, Fernhall B, Baynard T, Lange C. Left ventricular responses to dynamic exercise in young cyclists. *Med Sci Sports Exerc*. 2002; 34: 637–642.

[27] Mayers N, Gutin B. Physiological characteristics of elite prepubertal cross-country runners. *Med Sci Sports*. 1979; 11: 172–176.

[28] Van Huss WD, Evans SA, Kurowski T, Anderson DJ, Allen R, Stephens K. Physiological characteristics of male and female age-group runners. In: Brown EW, Branta CF, eds. *Competitive sports for children and youth*. Champaign, IL: Human Kinetics; 1988: 143–158.

[29] Rowland TW, Wehnert M, Miller K. Cardiac responses to exercise in competitive child cyclists. *Med Sci Sports Exerc*. 2000; 32: 747–752.

[30] Unnithan VB, Rowland TW, Cable NT, Raine N. Cardiac responses in elite male junior cyclists. In: Armstrong N, Kirby BJ, Welsman JR, eds. *Children and Exercise XIX*. London: Spon; 1997: 501–506.

[31] Nottin S, Agnes V, Stecken N, *et al*. Central and peripheral cardiovascular adaptations during maximal cycle exercise in boys and men. *Med Sci Sports Exerc*. 2002; 33: 456–463.

[32] Wells CL, Scrutton EW, Archibald LD, Cooke WP, De La Mothe JW. Physical working capacity and maximal oxygen uptake of teenaged athletes. *Med Sci Sports*. 1973; 5: 232–238.

[33] Cunningham DA, Enyon RB. The working capacity of young competitive swimmers, 10–16 years of age. *Med Sci Sports*. 1973; 5: 227–231.

[34] Nomura T. Maximal oxygen uptake of age group swimmers. *Swim Tech*. 1979; 15: 105–109.

[35] Rowland TW, Unnithan VB, MacFarlane NG, Gibson NG, Paton NY. Clinical manifestations of the athlete's heart in prepubertal male runners. *Int J Sports Med*. 1994; 15: 515–519.

[36] Klissouras V. Heritability of adaptive variation. *J Appl Physiol*. 1971; 31: 338–344.

[37] Maes HH, Beunen GP, Vlietinck RF, *et al.* Inheritance of physical fitness in 10-yr-old twins and their parents. *Med Sci Sports Exerc.* 1996; 28: 1479–1491.

[38] Lortie G, Bouchard C, Leblanc C, *et al.* Familial similarity in aerobic power. *Hum Biol.* 1982; 54: 801–812.

[39] Schutte NM, Nederend I, Hudziak JJ, Bartels M, de Geus EJ. A twin-sibling study and meta-analysis on the heritability of maximal oxygen consumption. *Physiol Genomics.* 2016; 48: 210–219.

[40] Schutte N., Bartels M, de Gues EJC. Genetics of physical activity and physical fitness. In: Armstrong N, van Mechelen W, eds. *Oxford textbook of children's sport and exercise medicine.* 3rd edition. Oxford: Oxford University Press; 2017: 293–302.

[41] McMiken DF. Maximum aerobic power and physical dimensions of children. *Ann Hum Biol.* 1976; 3: 141–147.

[42] Welsman JR, Armstrong N, Kirby BJ, Winsley RJ, Parson G, Sharp P. Exercise performance and magnetic resonance imaging determined thigh muscle volume in children. *Eur J Appl Physiol.* 1997; 76: 92–97.

[43] Tolfrey K, Barker AR, Thom JM, Morse CI, Narcici MV, Batterham AM. Scaling of maximal oxygen uptake by lower leg muscle volume in boys and men. *J Appl Physiol.* 2006; 100: 1851–1856.

[44] Graves LEF, Batterham AM, Foweather L, *et al.* Scaling of peak oxygen uptake in children: A comparison of body size index models. *Med Sci Sports Exerc.* 2013; 45: 2341–2345.

[45] Rowland TW, Kline G, Goff D, Martel L, Ferrone L. One-mile run performance and cardiovascular fitness in children. *Arch Adolesc Med.* 1999; 153: 845–849.

[46] Nevill A, Rowland TW, Goff D, Martell L, Ferrone L. Scaling or normalizing maximum oxygen uptake to predict 1-mile run time in boys. *Eur J Appl Physiol.* 2004; 92: 285–288.

[47] Tanner JM. Fallacy of per-weight and per-surface area standards and their relation to spurious correlation. *J Appl Physiol.* 1949; 2: 1–15.

[48] Welsman JR, Armstrong N. Interpreting exercise performance data in relation to body size. In: Armstrong N, van Mechelen W, eds. *Paediatric exercise science and medicine.* 2nd edition. Oxford: Oxford University Press; 2008: 13–22.

[49] Welsman JR, Armstrong N, Kirby BJ, Nevill AM, Winter EM. Scaling peak $\dot{V}O_2$ for differences in body size. *Med Sci Sports Exerc.* 1996; 28: 259–265.

[50] Baxter-Jones A, Goldstein H, Helms P. The development of aerobic power in young athletes. *J Appl Physiol.* 1993; 75: 1160–1167.

[51] Armstrong N, Welsman JR, Kirby BJ. Peak oxygen uptake and maturation in 12 year-olds. *Med Sci Sports Exerc.* 1998; 30: 165–169.

[52] Cunningham DA, Paterson DH, Blimkie CJR, Donner AP. Development of the

cardio- respiratory system in circumpubertal boys: A longitudinal study. *J Appl Physiol*. 1984; 56: 302–307.

[53] Obert P, Mandigout S, Vinet A. Relationships between left ventricular morphology, diastolic function, and oxygen carrying capacity and maximal oxygen uptake in children. *Int J Sports Med*. 2005; 26: 122–127.

[54] Rowland TW. Cardiovascular function. In: Armstrong N, van Mechelen W, eds. *Oxford textbook of children's sport and exercise medicine*. 3rd edition. Oxford: Oxford University Press; 2017: 147–159.

[55] Rowland T, Miller K, Vanderburgh P, Goff D, Martel L, Ferrone L. Cardiovascular fitness in premenarcheal girls and young women. *Int J Sports Med*. 1999; 20: 117–121.

[56] Rowland T, Hagenbuch S, Pober D, Garrison A. Exercise tolerance and thermoregulatory responses during cycling in boys and men. *Med Sci Sports Exerc*. 2008; 40: 282–287.

[57] Rowland T, Popowski B, Ferrone L. Cardiac responses to maximal upright cycle exercise in healthy boys and men. *Med Sci Sports Exerc*. 1997; 29: 1146–1151.

[58] Miyamura M, Honda Y. Maximum cardiac output related to sex and age. *Jpn J Physiol*. 1973; 23: 645–656.

[59] Yamaji K, Miyashita M. Oxygen transport system during exhaustive exercise in Japanese boys. *Eur J Appl Physiol*. 1977; 36: 93–99.

[60] Koch G. Aerobic power, lung dimensions, ventilatory capacity, and muscle blood flow in 12–16 year-old boys with high physical activity. In: Berg K, Eriksson BO, eds. *Children and exercise IX*. Baltimore, MD: University Park Press; 1980: 99–108.

[61] Cassels DE, Morse M. *Cardiopulmonary data for children and young adults*. Springfield, IL: CC Thomas; 1962.

[62] Kalafoutis A, Paterakis S, Koutselinus A, Spanos V. Relationship between erythrocyte 2,3-diphosphoglycerate and age in a normal population. *Clin Chem*. 1976; 22: 1918–1919.

[63] Dotan R, Mitchell C, Cohen R, Klentrou P, Gabriel D, Falk B. Child-adult differences in muscle activation: A review. *Pediatr Exerc Sci*. 2012; 24: 2–21.

[64] Pate RR, Barnes C, Miller W. A physiological comparison of performance matched female and male distance runners. *Med Sci Sports Exerc*. 1985; 56: 245–250.

[65] Rowland T, Goff D, Martel L, Ferrone L. Influence of cardiac functional capacity on gender differences in maximal oxygen uptake in children. *Chest*. 2000; 17: 629–635.

[66] Vinet A, Mandigout S, Nottin S, *et al*. Influence of body composition, hemoglobin concentration, and cardiac size and function on gender differences in maximal oxygen uptake in prepubertal children. *Chest*. 2003; 124: 1494–1499.

[67] Winsley RJ, Fulford J, Roberts AC, Welsman JR, Armstrong N. Sex difference in peak oxygen uptake in prepubertal children. *J Sci Med Sport*. 2009; 12: 647–651.

[68] McNarry MA, Farr C, Middlebrooke A, *et al*. Aerobic function and muscle deoxygenation dynamics during ramp exercise in children. *Med Sci Sports Exerc*. 2015; 47: 1877–1884.

[69] Armstrong N, Barker AR. Endurance training and elite young athletes. In: Armstrong N, McManus AM, eds. *The elite young athlete*. Basle: Karger; 2011: 84–96.

[70] Bouchard C, An P, Rice T, *et al*. Familial aggregation of $\dot{V}O_2$ max response to exercise training: Results from the HERITAGE family study. *J Appl Physiol*. 1999; 87: 1003–1008.

[71] Danis A, Kyriazis Y, Klissouras Y. The effect of training in male prepubertal and pubertal monozygotic twins. *Eur J Appl Physiol*. 2003; 89: 309–318.

[72] Williams CA, Armstrong N, Powell J. Aerobic responses of pre-pubertal boys to two modes of training. *Br J Sports Med*. 2000; 34: 168–173.

[73] Obert P, Mandigout S, Nottin S, Vinet A, N'Guyen D, Lecoq A-M. Cardiovascular responses to endurance training in children: Effect of gender. *Eur J Clin Invest*. 2003; 33: 199–208.

[74] Massicote DR, Macnab RBJ. Cardiorespiratory adaptations to training at specific intensities in children. *Med Sci Sports*. 1974; 6: 242–246.

[75] Obert P, Courteix D, Lecoq A-M, Guenon P. Effect of long-term intense swimming training on the upper body peak oxygen uptake of pre-pubertal girls. *Eur J Appl Physiol*. 1996; 73: 136–143.

[76] Rowland TW, Boyajian A. Aerobic response to aerobic exercise training in children. *Pediatr*. 1995; 96: 654–658.

[77] Docherty D, Wenger HA, Collis ML. Effects of resistance training on aerobic and anaerobic power in young boys. *Med Sci Sports Exerc*. 1987; 19: 389–392.

[78] Stoedefalke K, Armstrong N, Kirby BJ, Welsman JR. Effect of training on peak oxygen uptake and blood lipids in 13 to 14-year old girls. *Acta Paediatr*. 2000; 89: 1290–1294.

[79] McManus AM, Armstrong N, Williams CA. Effect of training on the aerobic power and anaerobic performance of prepubertal girls. *Acta Paediatr*. 1997; 86: 456–459.

[80] McManus AM, Cheng CH, Leung MP, Yung TC, MacFarlane DJ. Improving aerobic power in primary school boys: A comparison of continuous and interval training. *Int J Sports Med*. 2005; 26: 781–786.

[81] Baquet G, Berthoin S, Dupont G, Blondel N, Fabre C, Van Praagh E. Effects of high intensity intermittent training on peak $\dot{V}O_2$ in prepubertal children. *Int J Sports Med*. 2002; 23: 439–444.

[82] Stewart KJ, Gutin B. Effects of physical training on cardiorespiratory fitness in children. *Res Q*. 1976; 47: 110–120.

[83] Costigan SA, Eather N, Plotnikoff RC, Taaffe DR, Lubans DR. High-intensity interval

training for improving health-related fitness in adolescents: A systematic review and meta-analysis. *Br J Sports Med*. 2015; 49: 1253–1261.

[84] Tolfrey K, Smallwood J. High-intensity interval training. In: Armstrong N, van Mechelen W, eds. *Oxford textbook of children's sport and exercise medicine*. 3rd edition. Oxford: Oxford University Press; 2017: 477–491.

[85] Mahon AD, Vaccaro P. Ventilatory threshold and changes in children following endurance training. *Med Sci Sports Exerc*. 1989; 21: 425–431.

[86] Burkett LN, Fernhall B, Walters SC. Physiological effects of distance running training on teenage females. *Res Q Exerc Sport*. 1985; 56: 215–220.

[87] Mandigout S, Lecoq A-M, Coutreix D, Guenon P, Obert P. Effect of gender in response to an aerobic training programme in prepubertal children. *Acta Paediatr*. 2001; 90: 9–15.

[88] Mountjoy M, Armstrong N, Bizzini L, *et al*. IOC Consensus statement: Training the elite young athlete. *Br J Sport Med*. 2008; 42: 163–164.

[89] Impellizzeri FM, Marcora SM, Castagna C, *et al*. Physiological and performance effects of generic versus specific aerobic training in soccer players. *Int J Sports Med*. 2006; 27: 483–492.

[90] Hill-Haas SK, Coutts AJ, Rowsell GJ, Dawson BT. Generic versus small-sided game training in soccer. *Int J Sports Med*. 2009; 30: 636–642.

[91] Chamari K, Hachana Y, Kaouech F, Jeddi R, Moussa-Chamari I, Wisløff U. Endurance training and testing with the ball in young elite soccer players. *Br J Sports Med*. 2005; 39: 24–28.

[92] Vamvakoudis E, Vrabas IS, Galazoulas C, Stefanidis P, Metaxas TI, Mandroukas K. Effects of basketball training on maximal oxygen uptake, muscle strength, and joint mobility in young basketball players. *J Strength Cond Res*. 2007; 21: 930–936.

[93] Bogdanis GC, Ziagos V, Anastasiadis M, Maridaki M. Effects of two different short-term training programs on the physical and technical abilities of adolescent basketball players. *J Sci Med Sport*. 2007; 10: 79–88.

[94] Bacquet G, Van Praagh E, Berthoin S. Endurance training and endurance fitness in young people. *Sports Med*. 2003; 33: 1127–1143.

[95] Pfeiffer K, Lobelo F, Ward DS, Pate RR. Endurance trainability of children and youth. In: Hebestreit H, Bar-Or O, eds. *The young athlete*. Oxford: Blackwell; 2008: 84–95.

[96] Tolfrey K, Campbell IG, Batterham AM. Aerobic trainability of pre-pubertal boys and girls. *Pediatr Exerc Sci*. 1998; 10: 248–263.

[97] Savage MP, Petratis MM, Thomson WH, Berg K, Smith JL, Sady SP. Exercise training effects on serum lipids in prepubescent boys and adult men. *Med Sci Sport Exerc*. 1986; 18: 197–204.

[98] Eisenmann PA, Golding LA. Comparison of effects of training on $\dot{V}O_2$ max in girls

and young women. *Med Sci Sport Exerc*. 1975; 7: 136–138.

［99］ Gilliam TB, Freedson PS. Effects of a 12-week school physical fitness programme on peak V̇O₂, body composition and blood lipids in 7 to 9 year old children. *Int J Sports Med*. 1980; 1: 73–78.

［100］Katch VL. Physical conditioning of children. *J Adolesc Health*. 1983; 3: 241–246.

［101］McNarry MA, Armstrong, N. Aerobic trainability. In: Armstrong N, van Mechelen W, eds. *Oxford textbook of children's sport and exercise medicine*. 3rd edition. Oxford: Oxford University Press; 2017: 465–476.

［102］ Rowland TW. The 'Trigger Hypothesis' for aerobic training: A 14-year follow-up. *Pediatr Exerc Sci*. 1997; 9: 1–9.

［103］ McNarry MA, Mackintosh KA, Stoedefalke K. Longitudinal investigation of training status and cardiopulmonary responses in pre- and early-pubertal children. *Eur J Appl Physiol*. 2014; 114: 1573–1780.

［104］ Nottin S, Vinet A, Stecken F, *et al*. Central and peripheral cardiovascular adaptations to exercise in endurance trained children. *Acta Physiol Scand*. 2002; 175: 85–92.

［105］ Eriksson BO, Koch G. Effect of physical training on hemodynamic response during submaximal and maximal exercise in 11–13-year-old boys. *Acta Physiol Scand*. 1973; 87: 27–39.

［106］ Telford RD, McDonald IG, Ellis LB, Chennells MHD, Sandstrom ER, Fuller PJ. Echo- cardiographic dimensions in trained and untrained 12-year-old boys and girls. *J Sport Sci*. 1988; 6: 49–57.

［107］ Obert P, Stecken F, Courteix D, Lecoq AM, Guenon P. Effect of long-term intensive endurance training on left ventricular structure and diastolic function in prepubertal children. *Int J Sports Med*. 1998; 19: 149–154.

［108］ Geenen DL, Gilliam TB, Crowley D, Moorehead-Steffans C, Rosenthal A. Echocardiographic measures in 6 to 7 year old children after an 8 month exercise program. *Am J Cardiol*. 1982; 49: 1990–1995.

［109］ George KP, Gates PE, Tolfrey K. Impact of aerobic training upon left ventricular morphology and function in pre-pubescent children. *Ergonomics*. 2005; 48: 1378–1389.

［110］ Fournier M, Ricci J, Taylor AW, Ferguson RJ, Montpetit RR, Chaitman BR. Skeletal muscle adaptation in adolescent boys: Sprint and endurance training and detraining. *Med Sci Sports Exerc*. 1982; 14: 453–456.

［111］ Gibala MJ, McGee SL. Metabolic adaptations to short-term high-intensity interval training: A little pain for a lot of gain? *Exerc Sport Sci Rev*. 2008; 36: 58–63.

第9章　有氧能力和运动表现的次最大指标

在某些运动项目中，高的 $\dot{V}O_{2\,max}$ 是优秀运动表现的先决条件，但在许多运动项目中，成功同样（或更多）取决于在次最大运动强度或低于 $\dot{V}O_{2\,max}$ 强度的各级运动中维持运动表现的能力。本章首先描述了运动强度增加时的生理和代谢反应，然后讨论了有氧能力和运动表现的次最大运动相关指标，这些指标独立地或与 $\dot{V}O_{2\,max}$ 或肺 $\dot{V}O_2$ 动力学相关联地在青少年运动表现中起关键作用。最后，本章批判性地探讨了血乳酸阈和气体交换阈、临界功率（critical power，CP）[或临界速度（critical velocity，CV）]和运动经济性（running economy，RE）在青少年体育运动中的发展、可训练性和应用。

递增负荷运动的生理反应

在体育运动中，递增负荷直至力竭的运动测试可被视为便利的研究工具，虽不是"真实"运动的反映，但它们使人们能够理解支撑青少年运动表现的复杂生理过程的发展和相互作用。

递增负荷运动测试方案

递增负荷运动测试方案可以分为3类：多阶段连续测试、多阶段间歇测试和持续斜坡式测试。多阶段连续测试方案是由多个在特定时间间隔内运动强度的增量变化组成。间歇运动方案要求参与者在固定的运动强度下进行一定时间的训练，其间穿插休息/恢复期。如果目标是确定最大生理参数，则这两种训练方案都是耗时和无效的，但对于在到达最大值的过程中确定次极限大变量是必要的。对于次极量（低于 T_{LAC} 的稳态运动）$\dot{V}O_2$ 值来反映运动强度，每个特定运动阶段 2 分钟的运动就足够了。对于 BLA 的评估，3 分钟的运动阶段是必要的，以允许乳酸从肌肉充分地扩散到血液。随着计算机化的测功仪和分析系统的出现，耗时更短的持续斜坡式测试方案（持续线性递增运动负荷直至力竭）已经成为确定最大值的流行方法。实时连续测量气体交换（breath-by-breath）的持续斜坡式测试方案也是确定气体交换阈的选择方法[1-3]。

肺部反应

$\dot{V}_E$ 在递增负荷运动中的一般反应在健康青少年、青少年运动员和年轻人中是相似的，但是 $\dot{V}_E$ 对定量运动的反应有明显的年龄、性别和体型差异。为了使研究具有可比性，呼吸气体分析系统必须适当调整大小，以适应青少年运动时较小的肺部反应（如系统中最小的无效腔）。此外，连续测量气体交换法气体分析系统受到运动中青少年呼吸间变化很大的挑战，需要适当的呼吸气体采样间隔（即 15~30 秒），如果数据要真正反映运动的需要，就应该在报告中说明[4]。

在跑台上递增负荷运动到开始感觉疲劳时，$\dot{V}_E$ 随呼吸频率（respiratory frequency，f_R）和潮气量（tidal volume，V_T）的增加而上升。随着运动强度的增加，年轻人更加依赖 f_R，导致 f_R / V_T 比率增加。在成人中，f_R 水平约在最大运动的 70% 处有所下降，而 $\dot{V}_E$ 的进一步上升完全是因为 V_T 的增加。儿童的情况并非总是如此，其中 f_R 可能会持续增加直至力竭。儿童在测试结束时 $f_R > 60$ 次 / 分与年轻人约 40 次 / 分相比并不罕见。肺通气最初与反映 $\dot{V}O_2$ 和 $\dot{V}CO_2$ 的代谢需求密切相关。在达到 T_{VENT} 之前，$\dot{V}_E$、$\dot{V}O_2$ 和 $\dot{V}CO_2$ 一直是平行变化的，然后 $\dot{V}_E$（主要由 $\dot{V}CO_2$ 驱动）开始随着 $\dot{V}O_2$ 的增加而不成比例地上升。在 T_{VENT} 之上，$\dot{V}CO_2$ 通过伴随乳酸离解的氢离子的碳酸氢盐缓冲而增强，并且 $\dot{V}_E$ 比 $\dot{V}O_2$ 上升得更快。随着运动强度接近最大值，代谢性酸中毒的通气补偿导致 $\dot{V}_E$ 进一步升高，与 $\dot{V}O_2$ 和 $\dot{V}CO_2$ 不成比例，该拐点称为呼吸补偿点（respiratory compensation point，RCP）[3,5,6]。

运动期间 $\dot{V}_E$ 的效率由氧气的通气当量（$\dot{V}_E/\dot{V}O_2$）表示。成人表现出较低

的 $\dot{V}_E/\dot{V}O_2$，因此对特定代谢需求的反应比青少年更有效。在相同的相对运动强度下，$\dot{V}_E/\dot{V}O_2$ 随着年龄的增长而下降，这表明在儿童和青少年时期通气控制机制有所成熟。然而，肺泡气体交换依赖于肺泡通气而不是 $\dot{V}_E$ 通气，年轻人肺泡通气足以优化气体交换。在测试结束时，$\dot{V}_E$ 很少超过最大自主通气量的 70%，并且通常不会限制健康青年的运动表现[3,5,6]。

没有确凿的证据表明 $\dot{V}_E$ 对青少年递增负荷运动的反应模式存在性别差异，但在递增负荷运动测试结束时，男孩比同龄女孩表现出更高的 $\dot{V}_E$，这主要是通过更高的 V_T 来实现。这是由于男孩的 $\dot{V}O_{2\,max}$ 较高，因为没有可靠证据证明最大 $\dot{V}_E/\dot{V}O_2$ 或 $\dot{V}_E/\dot{V}O_2$ 存在显著的性别差异。$\dot{V}_E$ 对递增负荷运动的次最大反应似乎与性别无关，但是男孩表现出更高的 V_T，女孩在所有次最大运动水平下补偿更大的 f_R，尽管在运动试验终止时 f_R 没有显著的性别差异。总的来说，尽管存在相互矛盾的数据，但在最大运动期间 $\dot{V}_E/\dot{V}O_2$ 或 $\dot{V}_E/\dot{V}CO_2$ 似乎没有显著的性别差异。在相同的运动强度（即 $\%\dot{V}O_{2\,max}$）下，男孩的 $\dot{V}_E$ 和 V_T 高于女孩，但这可归因于男孩的 $\dot{V}O_{2\,max}$ 较高[5,6]。

与健康青少年相比，受过训练的青少年游泳运动员，肺容量更大、肺扩散能力更强[7-9]，然而，来自 TOYA 研究的证据表明[10]，肺容量大可能是那些人被选为游泳运动员的一个特征，因为这些变量不会随着随后的长期训练而改变。来自从事陆上运动的青少年运动员的数据并不能明确地表明青少年运动员比非运动员同龄人更具有肺功能优势[11-13]。

心血管反应

伦理和方法问题模糊了对心血管运动反应的理解。运动期间的心率可以常规监测，但 $\dot{Q}$ 值和 SV 的准确、非侵入性测量，特别是在高强度运动期间，仍然难以实现。使用不同技术确定的数据不能直接比较，但数据趋势通常是一致的[14]。

在达到 80% 的最大运动强度之前，心率随着运动强度的增加以接近线性的方式增加，然后逐渐减小，并且通常在达到 $\dot{V}O_{2\,max}$ 之前达到其峰值。HR_{max} 存在相当大的个体差异［例如，在跑台上测得的（平均值 ± 标准差）约为（200 ± 7）次 / 分，至少对 8~16 岁的青少年来说是这样的］，但 HR_{max} 与健康青少年的年龄、性别和成熟状态无关[15,16]。通常用于设置或监控训练计划的常用预测公式，如 220- 年龄，对青少年运动员无效[17]。没有确切的证据表明青少年的 HR_{max} 因训练而异，但据报道，与非运动员相比，青少年耐力运动员（如游泳运动员[18]、自行车运动员[19]和跑步运动员[20]）的静息 HR 相对较低[21]。这表明青少年运动员 HR 对运动的反应比非运动员更大。一些研究表明，在给定的亚极量运动强度下，青少年运动员的 HR 值低于非运动员[22-24]，但在相同的相对运动强度下，青少年运动员和非运动员的 HR 似乎相似[25]。

在递增负荷运动中，$\dot{Q}$ 随着运动强度的增加而增加，反映了 $\dot{V}O_2$ 的上升。$\dot{Q}_{max}$ 的性别差异完全归因于 SV_{max}。

然而，虽然在幼年时男孩的 SV_{max} 大于女孩，但 SV 对运动的定性反应没有性别差异[26-28]。未经训练青少年的 SV 随着递增负荷运动而比静息值增加约 30%，但在约 50% 的 $\dot{V}Omax$ 处平稳，并且通常保持稳定直至力竭，随后 $\dot{Q}$ 的增加仅仅是由于 HR 的增加。相比之下，观察到青少年运动员的 SV 随着运动强度的增加而持续增加，直到达到力竭[20,29,30]。如图 9.1 所示，参加游泳训练的女孩的 SV 在递增负荷运动中逐渐增加，这已被证明与运动方式（即手臂或腿部运动）和成熟状态无关[29]。在成人运动员中观察到类似结果，这归因于舒张压增强，这与训练引起的血容量增加有关[31]。早期对受过训练的男孩的侵入性研究提供了血容量增加的指征[32,33]，但训练引起的血容量增加导致青年运动员 SV 增加的经验证据是不确定的[24,34]。

据报道，青少年运动员的静息和最大 SV 比未经训练的同龄人大，在相同的相对运动强度时 SV 也是如此[19,24,35]。与年龄相近的非运动员相比，青少年运动员始终表现出较高的 SI 和 CI 最大值，这可能是训练后心肌形态和（或）功能适应的标志[29]。

在运动过程中，动静脉氧压差（$a\text{-}vO_2diff$）随着运动强度的增加而逐渐增加，然后在力竭或接近力竭时趋于平稳。总的来说，在次最大运动强度时 $a\text{-}vO_2diff$ 没有性别差异[15]，但至少有一项研究报告指出，在最大运动强度时，青春期前男孩表现出比青春期前女孩更大的 $a\text{-}vO_2diff$[36]。青少年运动员

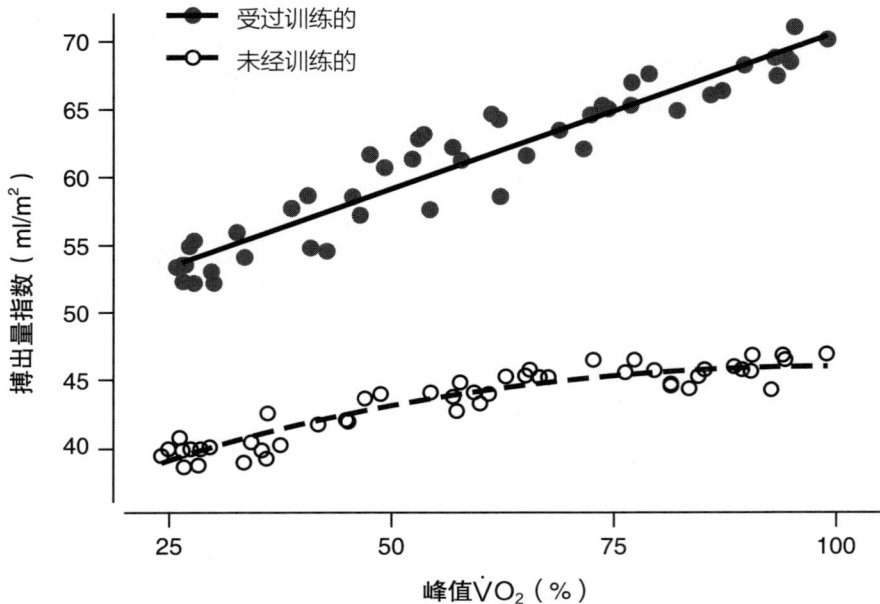

图 9.1   经过训练的女孩和未经训练的女孩在递增负荷
运动中达到峰值$\dot{V}O_2$时的搏出量指数反应模式

图中显示，随着峰值$\dot{V}O_2$的临近，受过训练的女孩的搏出量指数持续上升，而未受过训练的女孩的搏出量指数在峰值$\dot{V}O_2$的大约 50% 时开始趋于平稳（经许可图片转自 McNarry 等[29]）

和未受过训练的青少年之间的稀疏对比数据表明，在静息或最大运动强度时 a-vO$_2$diff 方面没有差异，但有趣的是，有报道称在次最大运动强度时存在差异[24,25,29]。通过 NIRS 获得的［HHb］信号反映了肌肉氧摄取的分数，并且和 SV 一样，在青少年运动员中已经观察到递增负荷运动的典型反应模式的变化。如图 9.2 所示，相对于峰值$\dot{V}O_2$时工作速率百分比［或如图所示，即运动强度百分比］的 HHbS 形曲线表现出右移，表明在递增负荷运动期间加速氧摄取的需求延迟。这些都与有氧能力相关的一系列因素有关，包括肌肉氧化能力增加、Ⅰ型肌纤维比例增加、肌肉氧输送增加和（或）青少年运动员局部灌注与代谢率适应性增强等[29]。

血乳酸浓度

运动引起的 BLA 的变化反应不仅受运动方式、运动方案、采样部位和采

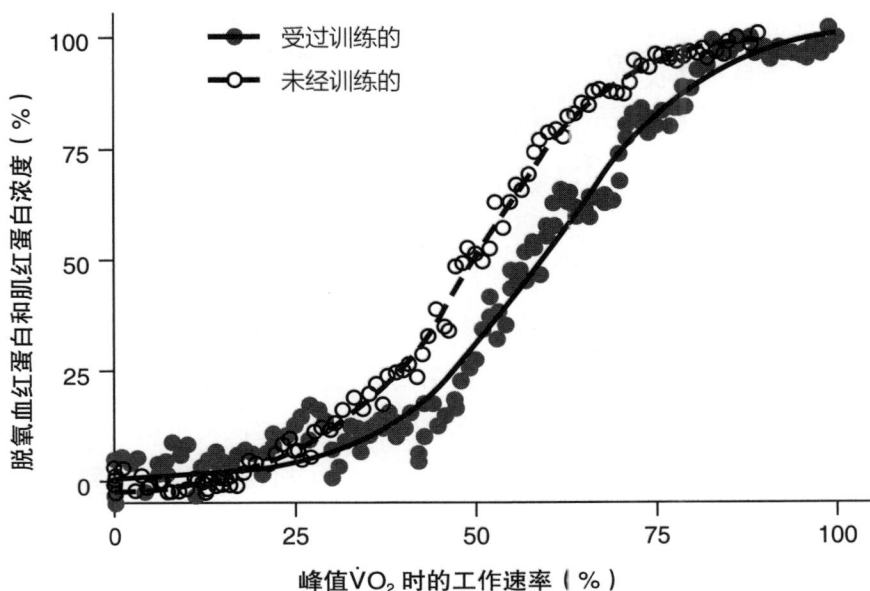

图 9.2 经过训练的女孩和未经训练的女孩在
递增负荷运动中达到峰值$\dot{V}O_2$时的脱氧血红蛋白和肌红蛋白反应模式

　　图中显示，与未受过训练的女孩相比，受过训练的女孩相对于峰值$\dot{V}O_2$时工作速率百分比（即运动强度）的［HHb］反应模式出现了右移，说明在递增负荷运动期间加速氧摄取的需求延迟。［HHb］测定是利用近红外光谱测定脱氧血红蛋白和肌红蛋白（经许可图片转自 McNarry 等[29]）

样时间的显著影响，还受评估和分析技术变化的显著影响[37]。因此，必须谨慎解释研究中关于 "BLA" 的比较。这对于在自动全血分析仪出现之前报告的 BLA 变化尤其重要，当时乳酸分析通常在无蛋白血、溶解血、血清或血浆等制剂中进行，通常报告为 "BLA"。据报道，同一血样中乳酸值的差异在全血和血浆制剂之间高达 35%，在全血和溶解的血液之间高达 10%[38]。因此，这里讨论的是趋势而不是绝对 BLA 值，如果引用实际值，除非另有说明，否则即代表全血乳酸。

　　休息时，骨骼肌中不断产生乳酸，但随着运动的开始，糖酵解重新合成 ATP 的速率增加，乳酸生成也相应增加。肌肉中乳酸积累并扩散到血液中，理论上可以定期取样监测肌肉乳酸的产生，并监测运动诱导的糖酵解活性。然而，肌肉乳酸代谢是一个动态过程，其中乳酸的净积累不一定完全反映乳酸的产生。乳酸可在某些肌肉纤维中产生，同时作为同一肌肉内相邻纤维的能量来源被消耗。此外，扩散到血液中的乳酸通过骨骼肌和心肌的氧化，以及作为糖异生前体在肝脏或肾脏中不断被清除。因此，从血液中提取的乳酸只能作为了解运动时糖酵解速率的一个指标，而不能精确测量糖酵解速率。

在递增负荷运动测试的早期阶段，BLA 的变化很小，因为肌肉乳酸的产生和扩散速度可能与血液中的清除速度相当，所以 BLA 通常不会显著高于静息值。BLA 最初随着运动而升高，然后回落到静息值，这也很正常，这是由于 I 型和 II 型肌纤维的募集及随后乳酸生成和消除之间的平衡。随着运动试验的进行，达到了一个拐点，如图 9.3 所示，在该拐点之上，随着跑步速度的增加，可观察到 BLA 显著升高。BLA 拐点被称为 T_{LAC}，它被广泛认为是反映有氧能力的一个指标[16]。

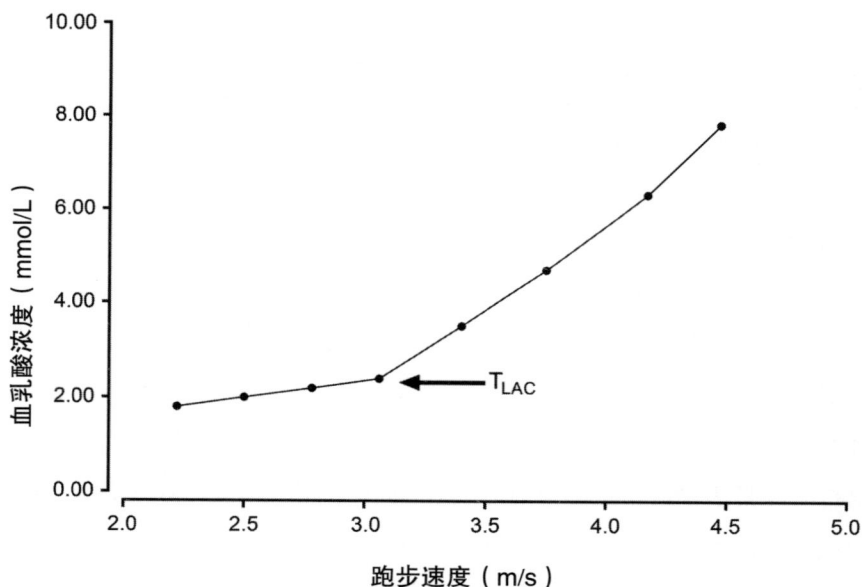

图 9.3　递增负荷运动至力竭时的血乳酸浓度

图中显示了在跑台上进行 3 分钟的递增负荷运动时血乳酸浓度（BLA）的变化。箭头所示的拐点为速度在 3.06 m/s（或 11 km/h）时的乳酸阈值，超过该阈值后，随着运行速度的增加，BLA 显著增加

在相同的相对运动强度下，研究一致报告成人的 BLA 高于青少年。潜在的机制包括青少年不同的肌肉代谢特征、对儿茶酚胺和（或）雄激素反应减弱、更快的肺 $\dot{V}O_2$ 动力学和更少的血液循环时间[16]。相比之下，运动诱发的 BLA 在 11~16 岁之间的年龄相关差异并不总是很明显[39-41]。对于成熟状态对青少年肌肉乳酸生成的积极影响，可以做出有说服力的理论论证，但实证研究未能明确地确定运动期间成熟状态对 BLA 的独立影响[41-43]。由于大多数研究都是单一性别研究，关于女孩的数据很少，但是没有确切的证据表明相对运动强度和青少年 BLA 之间存在显著的性别差异[41,44,45]。

青少年 BLA 在递增负荷运动测试至力竭后 2~3 分钟内达到峰值。值得注意的是，这并不代表能达到个人的最大 BLA 值，在短期最大运动和长期高强度运动后都记录到了更高的 BLA 值[45,46]。在一些实验室测试中，BLA 的运动后峰值测试值通常被用来估计是否已经实施了最大的努力，但由于成人的峰值 BLA 明显高于青少年[47]，因此有人提出了用较低的 BLA 值来确定青少年的最大努力[48-50]。然而，即使使用相同的递增负荷运动方案、血液采样和测试技术，青少年运动后的 BLA 值也存在很大的个体差异和普遍较低的可靠性[51]。例如，在对 11~16 岁的人进行递增负荷跑台运动测试至力竭时，BLA 值的范围从 4.0 mmol/L 到 13.0 mmol/L 不等[41]。在对受过训练和未受过训练的青少年使用不同的运动方案或测功仪进行运动测试后，BLA 的测量值甚至差异更大[52,53]。因此，以一个特定的运动后最低 BLA 来验证青少年是否达到最大努力是不可靠的。

血乳酸阈和气体交换阈

T_{LAC}（图 9.3）被广泛认为是反映青少年有氧能力的有力指标，但 T_{LAC} 不是唯一的 BLA 指标，一些血乳酸参考值已被提议作为青少年有氧能力的衡量标准、训练阈值的基线或训练区域的标志。此外，为了避免从青少年身上采集多份血液样本，T_{LAC} 的非侵入性替代品已成为许多儿科运动科学实验室的首选。在这些实验室测试中，气体交换阈值通常被用作血乳酸阈值的替代值。

血乳酸阈

在青少年中，BLA 与运动方式、运动方案、检测方法、采血时间、采血部位及运动强度有关，这在所有有氧能力相关的血乳酸指标的解释中都得到反映。

乳酸阈

T_{LAC} 通常被定义为在 3 分钟不连续递增负荷运动试验中，BLA 开始上升超过基线水平以上的点。在青少年有氧能力或运动表现中，T_{LAC} 通常与 % 峰值 $\dot{V}O_2$、跑台跑步速度或自行车测功仪的功率输出相关。

在实践中，并不是总能精确识别 BLA 拐点，并且对 T_{LAC} 的解释受到一系列定义的影响。血乳酸运动强度曲线的拐点通常由一个或多个研究者通过目测来确定，但由于并不总是有可辨别的清晰拐点出现，一些实验室提倡用数学插值法，而另一些实验室则建议将拐点设置在比基线水平高 1 mmol/L 处[37]。然而，无论如何定义，在递增负荷间歇性运动中，据报道，青少年的 T_{LAC} 相对应的峰值 $\dot{V}O_2$ 始终高于成人。未经训练的青少年的 T_{LAC} 一般处于峰值 $\dot{V}O_2$ 的 60%~70%[54]，没有确切的证据表明 T_{LAC} 存在性别差异[39]。少量数据表明，受过训练的青少年的 T_{LAC} 相对应的 % 峰值 $\dot{V}O_2$ 高于非运动员[55]。

乳酸参考值

BLA 的固定值经常被用作有氧能力的次最大参考指标，在成年运动员中，4 mmol/L 的值，被视为血乳酸积累的开始（onset of blood lactate accumulation, OBLA），这与耐力相关，并且对训练诱导的耐力表现的改善很敏感[56-58]。4 mmol/L 的参考值已被用于对受过训练和未受过训练的青少年进行运动表现评估和训练处方监控[55,59,60]，但解释存在一定问题，因为不仅成人的固定血乳酸值不等同于青少年，而且最初的 OBLA 概念也不是建立在全血分析的基础上。已经清楚地证明，与成人相比，11~16 岁的人可以在接近峰值 $\dot{V}O_2$ 的强度下训练，而 BLA 水平相对较低[45]。例如，一项对 103 名（50 名女孩，53 名男孩）11~13 岁儿童的研究报告称，平均而言，在 91% 峰值 $\dot{V}O_2$ 时 BLA 达到了 4 mmol/L，但 23% 的参与者在递增负荷运动中测试峰值

$\dot{V}O_2$ 直到结束，BLA 也没有达到 4 mmol/L [44]。使用 4 mmol/L 标准的理由是，假定它代表了几乎完全由有氧代谢供能所能达到的最高运动强度 [61]，但是即使在成人中，也已经证明存在广泛的个体间差异，特别是在运动员中 [62]。现在人们认识到，尽管从实践的角度来看它很有吸引力，但使用单一的固定 BLA 值来评价青少年有氧能力或耐力运动表现过于简单，而且个人 MLSS 的概念也在不断发展。

最大乳酸稳态（maximal lactate steady state，MLSS）

MLSS 可以定义为在不引起 BLA 进一步增加的情况下可以持续运动的最高恒定强度。这是肌肉乳酸扩散到血液和从血液中清除的平衡点。在 MLSS 以下，运动可以持续较长时间，MLSS 界定了由高强度运动到极量运动的过渡。在高强度运动中，$\dot{V}O_2$ 高于预期的稳态值但随着时间的推移趋于稳定；在极量运动中，$\dot{V}O_2$ 和 BLA 都会继续增加，直到运动终止。与 MLSS 以下强度的运动相比，MLSS 以上强度的运动会导致明显不同的代谢、呼吸和主观感觉反应 [63]。

成人在 MLSS 时的跑步速度与耐力跑成绩密切相关，因此，MLSS 可以作为一种敏感的监控训练强度的方法和一种有价值的衡量青少年有氧能力的方法。与 T_{LAC} 类似，MLSS 可以与 % 峰值 $\dot{V}O_2$ 相对应，但作为青少年运动员的训练工具，最好用跑步速度来表达。然而，由于确定 MLSS 的理想方法需要在高强度或极量强度下进行 4~5 次 20 分钟的跑步，每次都涉及采集多个血样（图 9.4），因此很少有针对青少年直接测定 MLSS 的研究，并且尚未将其充分用于青少年运动员的训练工具 [65-74]。近年的研究利用 MLSS 与 CP 的理论关系以及 CP 与青少年 MLSS 密切相关的实验验证，证明了用 CP 替代 MLSS 的合理性 [75-77]。

似乎只有 3 项关于 MLSS 的研究包括女性样本 [65-67]，有 2 项研究对青少年运动员进行了测试 [66,73]。由于方法学和血液分析技术的巨大差异，很难对现有文献的数据进行明确的比较，但有两个观察结果值得注意。首先，使用跑台测试和相同全血检测的比较研究显示，尽管男孩的峰值 $\dot{V}O_2$ 高于女孩，但未经训练 [65] 或训练有素 [66] 的青少年的 MLSS 所对应的 % 峰值 $\dot{V}O_2$ 没有性别差异，尽管如预期的那样在训练有素的男孩和女孩中，MLSS 所对应的 % 峰值 $\dot{V}O_2$ 较高。值得注意的是，在两项研究中，MLSS 所对应的 % 峰值 $\dot{V}O_2$ 与递增负荷跑台试验中确定的 2.5 mmol/L 的 BLA 所对应的值没有显著差异。其次，一项针对 16 岁训练有素的赛艇运动员的研究报告表明，尽管在划船和骑行时测得的 MLSS 所对应的 % 峰值 $\dot{V}O_2$ 相似，但在划船过程中明显较低（就绝对 BLA 值而言）。作者得出结论，MLSS 的差异是由主要肌肉的质量差异引起的，这表明 MLSS 主要取决于动作的运动模式[70]。

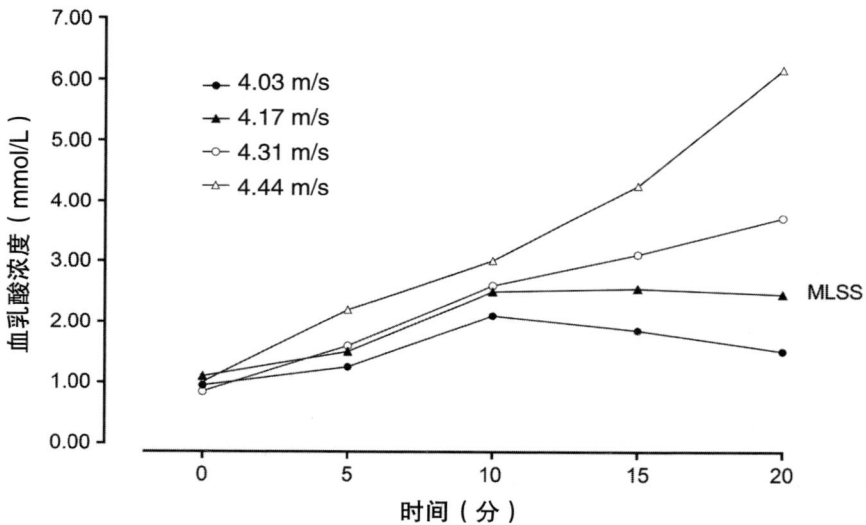

图 9.4　最大乳酸稳态的测定

图中显示了每隔 5 分钟抽取毛细血管血并分析 BLA，以及在跑台上以恒定速度连续跑步 20 分钟期间相应时间数值变化的曲线。最大乳酸稳态（MLSS）定义了在保持 BLA 不再增加的情况下可以维持的最高跑步速度。在这种情况下，MLSS 在以 4.17 m/s（或 15 km/h）的速度跑步时出现

可训练性

已经注意到男性和女性青少年运动员在血乳酸参考水平（如 4 mmol/L）对应的 % 峰值 $\dot{V}O_2$ 比其他未受过训练的青少年运动员的 % 峰值 $\dot{V}O_2$ 高，并且注意到在固定亚极量运动强度下，受过训练的青少年跑步者的 BLA 比同年龄的对照组低[23,78,79]。针对青少年进行的前瞻性训练研究为数不多，但一直

观察到亚极量运动强度下 BLA 和峰值 $\dot{V}O_2$ 变化之间的不一致性。据报道，在固定的亚极量运动强度下，训练诱导的 BLA 显著降低[80-82]，在乳酸阈[60]和 4 mmol/L 血乳酸参考水平[83]下，跑步速度显著提高，但它们与峰值 $\dot{V}O_2$ 和 % 峰值 $\dot{V}O_2$ 的关系在不同研究中有所不同。这可能是由于训练计划的强度不同，与峰值 $\dot{V}O_2$ 相比，青少年的 T_{LAC} 对相对较低强度的训练更敏感。

机制

影响青少年亚极量运动期间肌肉乳酸产生的因素已在第 2 章中讨论过，耐力训练后 BLA 的减少很可能是由于运动肌肉中的氧化活性增加所致。然而，虽然没有来自青少年的数据，但对成人的研究表明，BLA 曲线的右移也可能反映训练引起的乳酸清除能力的变化[84]。此外，在早期研究中[82]，训练后 RE 的变化可能对固定强度的亚极量运动的 BLA 的理解有影响。

气体交换阈

出于健康和安全原因，血液采样不是非临床儿科运动科学实验室采用的常规程序，并且为了避免需要多个血液样本，T_{VENT} 的非侵入性测定已成为 T_{LAC} 的流行替代方案。最近的术语"气体交换阈（GET）"，被定义为 $\dot{V}CO_2$ 相对于 $\dot{V}O_2$ 非线性增加的拐点，已经逐步得到广泛使用，特别是在解释肺 $\dot{V}O_2$ 动力学方面[63]。

最初用 T_{VENT} 替代 T_{LAC} 的理由是基于早期观察，即对应于 T_{LAC} 的运动强度似乎与 T_{VENT} 一致，尽管 BLA 增加，但 $\dot{V}_E$ 的刺激归因于维持血气和 pH 稳态[85]。然而，随后的研究表明，T_{LAC} 不是 T_{VENT} 的唯一介质，因为 $\dot{V}_E$ 运动反应也受诸如中枢神经系统前馈机制、肌肉信号及血钾和儿茶酚胺浓度增加等因素的影响，而与 T_{LAC} 相关的化学刺激无关[86]。

参照 11~16 岁中长跑运动员在跑台上的跑步速度和 % 峰值 $\dot{V}O_2$，研究了 T_{VENT} 和 T_{LAC} 之间的关系，尽管达到的时机高度相关（$r = 0.95$），但达到 T_{VENT} 时的跑步速度（4.44 m/s 对 4.69 m/s）和 % 峰值 $\dot{V}O_2$（64% 对 74%）都比达到 T_{LAC} 时更低[55]。这些发现得到了另一项研究的验证，该研究调查了 11 岁男孩的两个阈值，并报告称达到 T_{VENT} 和 T_{LAC} 的时机有显著差异。阈值高度相关，但较宽的置信区间表明，根据 T_{VENT} 预测 T_{LAC} 时应格外谨慎[54]。因此，可以认为 T_{LAC} 和 T_{VENT} 是相关的，但不相同。尽管如此，T_{VENT} 本身也被认为是青少年有氧健身的重要指标[87-89]。据报道，在成人中，T_{VENT} 是执行从 5000 米到马拉松等耐力项目能力的一个重要决定因素[86]，它与青少年的 3000 米成绩高度相关[88]，并且它是中等强度运动向高强度运动过渡的临界点。众所周知，在运动强度高于 T_{VENT} 时，青少年的稳态通气和气体交换反应的实现会因 $\dot{V}O_2$ 慢波的出现而延迟[63]（见第 10 章）。

评估与解释

T_{VENT} 一般定义为递增负荷运动试验中 $\dot{V}_E$ 相对于 $\dot{V}O_2$ 不成比例地增加的点，它可以通过 $\dot{V}_E$、$\dot{V}O_2$、$\dot{V}CO_2$、$\dot{V}_E / \dot{V}O_2$、$\dot{V}_E / \dot{V}CO_2$、R 和呼气末气体分压等指标的各种组合来直观地确定。最广泛使用的目测肺部变量组合将 T_{VENT} 解释为 $\dot{V}_E / \dot{V}O_2$ 的增加而 $\dot{V}_E / \dot{V}CO_2$ 不增加[1]。然而，尽管通过使用连续呼吸测量系统促进了 T_{VENT} 的视觉确定，但是儿童的响应曲线固有的低信噪比[90]和分析的主观性质仍使视觉确定有困难。青少年 T_{VENT} 测量的重测信度差异很大，目测 T_{VENT} 时的失败率在 3%~20% 之间[1,87,91]。

为了消除目测 T_{VENT} 时涉及的主观性，计算机化技术得到开发和应用，目前可供选择的技术是 V 斜率法（$T_{V斜率}$），其已经在很大程度上取代了确定 T_{VENT} 的主观方法。如图 9.5 所示，$T_{V斜率}$ 是通过 $\dot{V}CO_2$ 对 $\dot{V}O_2$ 曲线的线性回归分析确定的。第一条回归线以拟合从测试开始到 $\dot{V}CO_2$ 开始相对于 $\dot{V}O_2$ 的不成比例地上升的点的数据。第二条回归线以运动测试结束时的数据向后拟合到 $\dot{V}CO_2$ 断点的数据。两条回归线的交点表示 $T_{V斜率}$，即为 T_{VENT}。该方法将测试开始时的数据和 RCP 之外的数据排除在分析之外，从而避免回归线斜率的失真[1]。对使用目测法和计算机化方法确定青春期前儿童 T_{VENT} 的综合分析报告称，使用 $T_{V斜率}$ 法，T_{VENT} 的确定率为 100%，使用 $\dot{V}_E$、$\dot{V}O_2$、$\dot{V}CO_2$、$\dot{V}E / \dot{V}O_2$、$\dot{V}E / \dot{V}CO_2$、R 和氧气与二氧化碳的呼气末分压的组合法，T_{VENT} 的确定率为 84%。研究人员的结论是，可以选择 $T_{V斜率}$ 法作为确定 T_{VENT} 的方法，但鉴于 $T_{V斜率}$ 和 T_{VENT} 测定的可靠性不高，他们强调在使用 $T_{V斜率}$ 和 T_{VENT} 作为青少年运动反应的敏感指标时需要谨慎[92]。如果 T_{VENT} 的一系列测量是

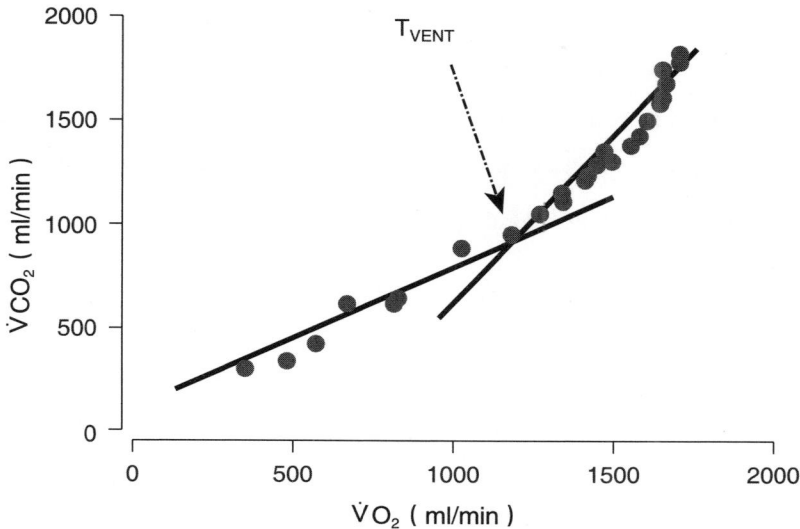

图 9.5　用 V 斜率法测定通气阈值

　　该图说明了使用回归分析（$T_{V斜率}$法）确定通气阈（T_{VENT}）。第一条回归线以拟合从持续递增负荷斜坡运动测试开始到 $\dot{V}CO_2$ 开始相对于 $\dot{V}O_2$ 不成比例地增加的点的数据。第二条回归线以运动测试结束时的数据向后拟合到 $\dot{V}CO_2$ 出现断点的数据。两条回归线的交点表示 $T_{V斜率}$，即为 T_{VENT}（图片经允许引自 McManus 和 Armstrong[5]）

青少年运动员长期生理监测的组成部分，那么这是一个不小的问题。

发展

　　青少年的 T_{VENT} 一般相当于 55%~65% 峰值 $\dot{V}O_2$[86]，证据表明 T_{VENT} 相对于 % 峰值 $\dot{V}O_2$ 有随年龄下降的趋势[79,93,94]。然而，数据并不像 T_{LAC} 那样一致，相反的研究结果表明青少年和年轻人之间没有区别[95-97]。很少有研究纳入女孩样本，但是没有确切的证据表明当 T_{VENT} 被表示为 % 峰值 $\dot{V}O_2$ 时存在性别差异[98]。

可训练性

　　已证明 T_{VENT} 能预测青少年的耐力表现[88,99]，但令人惊讶的是，很少有关于 T_{VENT} 对训练反应的研究，也没有相关的对青少年运动员进行良好控制的研究。25 年前的 3 项研究报告显示，训练后 T_{VENT} 相对应的 % 峰值 $\dot{V}O_2$ 大幅增加（19%~28%），但并不总是具有统计学意义[100-102]。另外 2 项最新的控制较好的研究显示了 HIIT 在增强 T_{VENT} 方面的作用。为期 8 周的 CIET 与 HIIT 训练方案都能显著增加峰值 $\dot{V}O_2$，但只有 HIIT 方案能显著改善 T_{VENT}（从 76% 峰值 $\dot{V}O_2$ 到 82% 峰值 $\dot{V}O_2$）[103]。在似乎是唯一一项关于 T_{VENT}、RCP 和峰值 $\dot{V}O_2$ 对 HIIT 的独立反应的研究中，证明了尽管所有变量都显著改善，但 T_{VENT} 和 RCP 的变化不仅与峰值 $\dot{V}O_2$ 的变化无关，而且所有训练诱导的变化都是彼此不相关的[104]。

机制

除了支持 T_{LAC} 训练引起的变化的机制之外，通气调节的改变也影响 T_{VENT} 对训练的反应。可能涉及 T_{VENT} 变化的因素包括在较高 CO_2 设定值下对 CO_2 压力的较高调节[105]、较低的化学反应性[106] 和儿茶酚胺对运动的反应降低[107]。

RCP 的变化可能是对酸碱平衡变化的反应，但在运动表现提升的背景下需要更多的研究来解决这些假设。显而易见的是，T_{LAC}、T_{VENT} 和峰值 $\dot{V}O_2$ 都是有氧能力的不同组成部分，但其生理机制有所差别，并可能独立地为青少年运动员的运动表现做出贡献。

临界功率（critical power，CP）

CP 的概念建立在功率输出和力竭时间之间的双曲线关系上，其中 CP 是功率持续时间曲线的渐近线，曲率常数（W'）表示可以在 CP 之上执行的最大工作量。因此，CP 表示在不持续消耗 W' 的情况下可以维持的有氧代谢的最高速率。直到最近，W' 经常被称为"无氧工作能力"并认为其包含来自肌内 PCr 和糖原的有限能量贡献，其中相对较小的贡献来自氧合肌红蛋白和静脉血氧合血红蛋白中存储的氧。然而，最近的证据表明，将 CP 和 W' 解释为明显的有氧和无氧参数太过简单，W' 的大小也可能与高强度运动中与 PCr 和糖原消耗相关的疲劳相关代谢物的积累有关。

在 CP 以上的运动中，BLA 和 $\dot{V}O_2$ 增加，肌内 PCr 和 pH 下降，随着时间的推移，$\dot{V}O_2$ 上升到 $\dot{V}O_{2\,max}$，肌内 PCr 储备几乎耗尽。在 CP 或低于 CP 的

运动中，BLA、$\dot{V}O_2$、肌内 PCr 和 pH 达到稳定状态。CP 因此划分了高强度运动领域的上限和极量运动领域的下限。在成人中，已经确定 CP 可以通过 CIET 和 HIIT 增加，并且 W' 可以通过短期冲刺间歇训练来增强[108]。尽管青年运动员的培养越来越受到关注，但是很少有关于青少年 CP 和 W' 的研究，也没有关于他们的可训练性的研究。研究的缺乏可能与需要进行一系列重复的恒定功率高强度运动试验来确定 CP 和 W' 有关。

CP 概念的数学基础已经在一篇关于双参数模型的优秀教科书的综述中清晰地解释了，该模型提供了对功率 - 时间关系的双曲线拟合，其中 P 是功率输出，t 是力竭时间：

$$(P - CP) \times t = W' \qquad\qquad 公式\ 9.1$$

公式 9.1 可以转换成其线性公式（公式 9.2），其中 CP 和 W' 分别是 power-t^{-1} 关系的 y 轴截距和斜率，如图 9.6 所示：

$$P = (W' \times t^{-1}) + CP \qquad\qquad 公式\ 9.2$$

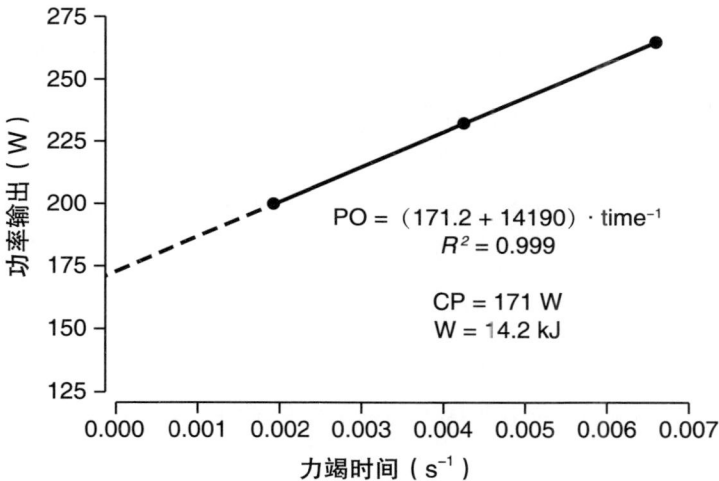

图 9.6　临界功率的测定

图中显示了一个 14 岁的少年从完成 3 次恒定功率输出试验到力竭的功率 - 持续时间曲线的临界功率（CP）的确定。线性 power-t^{-1} 模型允许从 y 轴截距（本例中为 171 W）和从斜率（本例中为 14.2 kJ）估计 CP。CP 是有氧代谢的最高速率，可以在不持续消耗 W' 的情况下维持。W' 表示在 CP 上可以执行的最大工作量（经许可图片转载自 Barker 等[75]）

评估与解释

传统的 CP 测定时间成本较高，经常分散在几天内进行，功率－时间曲线由 4 或 5 次高强度恒定功率运动构成，每次运动时间的持续时间为 2~15 分钟[109]。针对成人的创新性研究已经证实，在固定阻力下，180 秒"全力"自行车测试终止时的"终末功率（end power，EP）"与 CP 高度相匹配[110]。然而，对青少年进行 90 秒和 180 秒测试的同类研究报告了估计 EP 的典型误差大小，以限制使用"全力"测试来估计青少年的 CP[75,111]。尽管如此，一项为期 1 天的针对 10 岁儿童的方案，证明 CP 和 W' 可以根据同一天的 3 次恒定功率测试准确估计出来，每次测试之间休息 180 分钟，每次测试的力竭时间在 10~15 分钟（参见图 9.6）[76]。

发展

关于青少年 CP（或 CV）的少量研究表明，它们与峰值 $\dot{V}O_2$ 密切相关[77,112,113]，出现在接近 MLSS 的功率输出处[75,114]，是耐力表现的有效指标[115]。据报道，无论性别如何，青年人的 CP 都在峰值 $\dot{V}O_2$ 的 68%~82%，但关于是否存在性别差异，现有的研究结论并不一致[77,113,116]。当相对于峰值 $\dot{V}O_2$ 表达时，已报道 CP 在儿童和成人中是相似的[77]，但是其他人注意到游泳运动员的 CV 随着年龄的增长而增加[115]。相比之下，仅有的 2 项调查 W' 与年龄关系的研究报告显示，儿童、青少年的 W' 明显小于成人[77]，并且是 8~18 岁训练有素的游泳运动员年龄的函数[115]。

如果教练了解 CP/CV 概念及其潜在应用，就可以更好地监测有氧能力，设定训练强度，预测运动表现能力和确定比赛节奏策略。例如，对公式 9.2 进行简单的重新排列，其中 D' 表示在 CV 以上运行时可持续的最大距离，从而可以估计在特定恒定速度（constant speed，CS）下的最大可持续时间（t），即：

$$t = D' \times (CS - CV)^{-1} \qquad 公式 9.3$$

同样，如公式 9.4 所示，进一步的重新排列可以计算出跑步者完成给定距离（distance，D）的最短时间：

$$t = (D - D') \times CV^{-1} \qquad \text{公式 9.4}$$

因此，个性化数据可用于设计具有挑战性的训练课程，从而获得生理收益，同时避免过度训练[108]。

很明显，CP 和 CV 是评估运动表现的重要参数，但几乎没有关于它们在青少年运动表现中应用的探索，而将基于实验室研究的 CP 和 CV 概念转化为青少年运动员发展和运动表现最大化的评估研究和传播早就应该进行了。

跑步经济性（running economy，RE）

运动经济性被描述为在给定速度或功率输出下的稳态 $\dot{V}O_2$，这一概念可以应用于一系列运动，包括跑步、游泳和骑自行车，但是大多数青少年的数据来自跑步，因此，出于解释的目的，本文的重点是 RE 及其对耐力表现的影响。

RE 代表了跑步中对心肺、代谢和神经肌肉等组成部分的综合功能的多因素测量评估。RE 表示为 $\dot{V}O_2$（L/min）或与体重的比率 [ml/（kg·min）]，RE 不能揭示 $\dot{V}O_2$ 的哪个部分代表不同运动员或不同条件下可能存在的力学、代谢或力量产生方面的差异。但是，在 $\dot{V}O_{2\,max}$ 相似的运动员中，RE 已被证明是比 $\dot{V}O_{2\,max}$ 能更好地预测耐力运动表现的指标，并且 RE 的显著改善可能引起长跑成绩的提高[117]。对青少年运动员进行的长期观察研究发现，在峰值 $\dot{V}O_2$ 不变的情况下，RE 和耐力运动表现会有所改善[118,119]，已证明 RE 是训练有素青少年中距离跑步表现的重要组成部分[88,120,121]。

评估与解释

RE 通常在电动跑台上评估，由于实验室中不存在空气阻力的问题，因此将跑台数据转换为实际跑步表现时需要谨慎[122]。然而，一些简单的修改，如将跑台坡度设置为 1%，以补偿实验室中空气阻力的不足，通过调整跑步的能量成本，以模拟户外跑步时的能量成本的有效性已经被证明可行[123]。通过适当的跑台调整，在低于 T_{LAC} 的跑步速度下评估 RE 需要稳定的状态条件，对于年轻人来说，这可以通过在递增负荷运动测试中测量 3 分钟阶段的第 2 分钟和第 3 分钟之间的 $\dot{V}O_2$ 来实现。成年运动员的 RE 存在相当大的个体差异，即使是在有氧能力相似的跑步者中也是如此。目前还没有关于青少年运动员 RE 测量的可靠性数据，但据报道，7~9 岁儿童 RE 测量的平均个体内变异性与在成人中观察到的相似。然而，个体内部变异的范围在儿童中较高，导致儿童变异系数较高，为 7%~8%，而成人为 2%~5% [122,124]。

从 RE 和 $\dot{V}O_{2\,max}$ 的次最大测量值计算最大摄氧量时的运动速度（v-$\dot{V}O_{2\,max}$）是 RE 概念的发展，反映了 RE 和 $\dot{V}O_{2\,max}$ 的综合影响。v-$\dot{V}O_{2\,max}$ 是耐力表现的有效指标 [125]，研究表明，它是训练有素青少年耐力表现的最强预测因子之一，超过了 RE 和 $\dot{V}O_{2\,max}$ 的独立贡献 [120]。

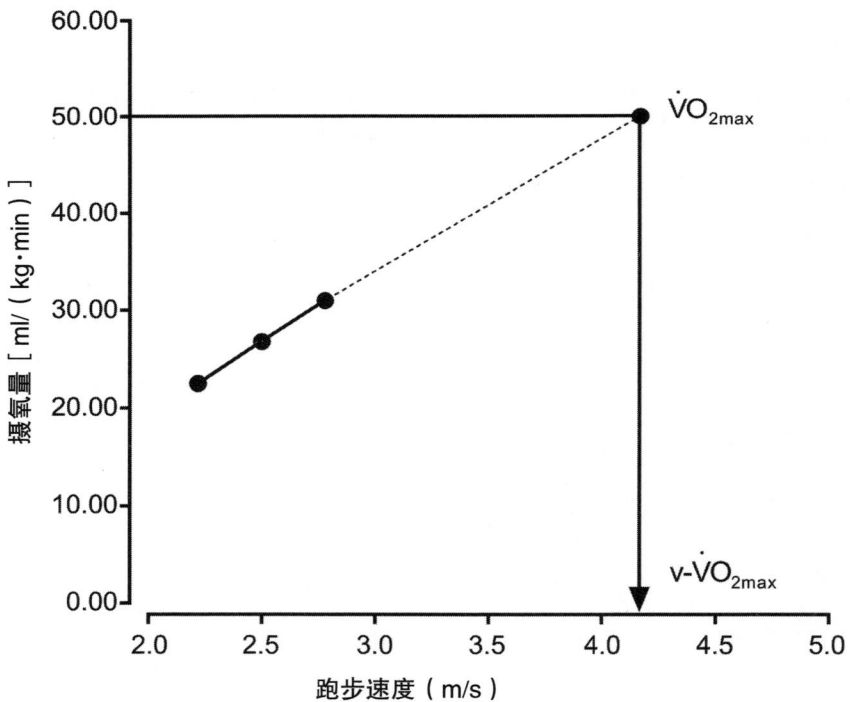

图 9.7　最大摄氧量时速度（v-$\dot{V}O_{2\,max}$）的测定

该图显示了通过求解回归方程来估算最大摄氧量时的跑步速度（v-$\dot{V}O_{2\,max}$），该回归方程描述了稳态 $\dot{V}O_2$ 与低于乳酸阈值的几个跑步速度之间的关系，并将该关系外推至先前确定的 $\dot{V}O_{2\,max}$。在这种情况下，$\dot{V}O_{2\,max}$ 为 50 ml/（kg·min），v-$\dot{V}O_{2\,max}$ 为 4.2 m/s

v-$\dot{V}O_{2\,max}$ 的确定需要准确测量 $\dot{V}O_{2\,max}$ 值，并且以低于 T_{LAC} 强度的速度进行几次跑步来测量 RE。求解描述稳态 $\dot{V}O_2$ 与次最大跑步速度之间关系的回归方程，并将该关系外推至 $\dot{V}O_{2\,max}$，从中可以得到 v-$\dot{V}O_{2\,max}$，如图 9.7 所示。

发展

当 RE 以 $\dot{V}O_2$ 与体重之比 [即以 ml/（kg·min）为单位] 表示时，横断面数据显示儿童的 RE 低于成人，报告的差异为 5%~30%[126-128]。同样，与年龄相关的 RE 增加与长距离跑步成绩的提高有关[129,130]。然而，有令人信服的观点认为，与儿童相比，成人中较低的次最大相对 $\dot{V}O_2$ 仅仅是等比缩放的函数，而不是由于与年龄或成熟状态相关的因素[126,131,132]。已经证明，如果使用异速缩放来划分体重，则成人与儿童之间的差异就消失了[126]。纵向研究为这一假设提供了强有力的支持，这些研究表明，一旦使用异速缩放或多层次建模对体重进行适当控制，它们对 RE 没有显著的年龄或成熟状态影响[133-135]。

有研究证明，女孩比男孩的跑步经济性更好，在次最大跑步时，呈现更好的 RE。已经证明，虽然 12 岁的孩子在以 2.2 m/s、2.5 m/s 和 2.8 m/s 的速度跑步时的绝对 $\dot{V}O_2$（L/min）没有显著的性别差异，但是当使用异速缩放控制体重时，女孩更显示更好的经济性[135]。一项针对 11~13 岁儿童的纵向研究，在 2.2 m/s 的跑台速度下进行 600 多次 RE 测定，结果表明，在每年 3 次测量中，女孩表现出明显优于男孩的 RE，并且由于使用多等级模式控制体重，随着年龄的增长变得越来越经济[133]。

机制

与体重相关的 RE 的年龄相关变化归因于各种机制，包括静息能量消耗的变化、步态模式、步长和步频、运动单位募集、腿部弹性反作用力、肌肉协同收缩、身体成分、体重分布、运动 $\dot{V}_E$、柔韧性、肌肉氧化能力和底物利用率等，但缺乏相关的实证研究支撑。

可训练性

对受过训练和未受过训练的青少年进行的短期训练干预的结果是模棱两

可的。对于以前未受过训练的青少年，在耐力训练后 RE 没有变化[137,138]，而据报道青少年跑步运动员的 RE 有所改善[132]。来自同一研究小组的对以前未受过训练的青少年的研究报告表明，在青少年中，HIIT 显著改善了"跑步的能量成本"[139]，但在青春期前的儿童中却没有这种表现[140]。2 项关于青少年足球运动员的研究报道了 HIIT 后 RE 的增加[141,142]，但第 3 项研究发现尽管峰值 $\dot{V}O_2$ 有所增加，但 RE 没有变化[143]。

在长期训练后，RE 的改善似乎更容易发生，特别是对于已经接受过训练的青少年运动员[118,119]。对世界级成年运动员的长期观察研究揭示了 RE 随时间变化的有趣现象。在 6 个月的时间里，美国冠军中长跑运动员 Steve Scott 将他的 $\dot{V}O_{2\,max}$ 提高了 4%，他在 4.4 m/s 速度下的 RE 增加了 7%，这些变化与赛道上的运动表现提升有关。英国选手 Paula Radcliffe，自从 18 岁成为一名精英青少年运动员开始就被进行规律的监控。她的 $\dot{V}O_{2\,max}$ 在 11 年内保持非常稳定，但她的 RE 提高了 15%，使她在 $\dot{V}O_{2\,max}$（或其任何给定分数）下的跑步速度在她职业生涯最后几年大幅度提高。她最终打破了世界马拉松纪录[122,144]。

对于提高 RE 或 v–$\dot{V}O_{2\,max}$ 的最佳训练方案几乎没有达成共识。在成人中，已有报道 RE 可通过 CIET、长期重复训练、HIIT，以及耐力、抗阻和增强式训练的组合训练得到改善 RE 有时伴随 $\dot{V}O_{2\,max}$ 的变化，有时 $\dot{V}O_{2\,max}$ 无明显变化[122,125]。不同训练方案对青少年 RE 影响的比较性研究的结果尚未报道。

机制

推测与训练引起的 RE 改善相关的机制包括肌肉氧化能力的增强、运动单位募集的变化、腿部力量的增加及次最大运动时 $\dot{V}_E$ 和 HR 的减少。还有人推测，在拉长－缩短周期的离心阶段，更硬的肌肉和肌腱能更好地储存弹性能量，并且这种储存的能量可以在动作的向心阶段释放，从而降低动作的氧气成本并改善 RE。然而，目前还没有足够的证据来可靠地评估训练引起的青年 RE 变化的机制。

（孟杰　译）

参考文献

[1]　Garofano RP. Other measures of aerobic fitness. In: Rowland TW, ed. *Cardiopulmonary exercise testing in children and adolescents*. Champaign, IL: Human Kinetics; 2017: 95–106.

[2]　Sabath RJ, White DA, Teson KM. Exercise testing protocols. In: Rowland TW, ed. *Cardiopulmonary exercise testing in children and adolescents*. Champaign, IL: Human Kinetics; 2017: 21–39.

[3]　Nixon PA. Pulmonary function. In: Rowland TW, ed. *Cardiopulmonary exercise testing in children and adolescents*. Champaign, IL: Human Kinetics; 2017: 127–138.

[4]　McManus AM, Armstrong N. Maximal oxygen uptake. In: Rowland TW, ed. *Cardiopulmonary exercise testing in children and adolescents*. Champaign, IL: Human Kinetics; 2017: 79–93.

[5]　McManus AM, Armstrong N. Pulmonary function. In: Armstrong N, van Mechelen W, eds. *Oxford textbook of children's sport and exercise medicine*. 3rd edition. Oxford: Oxford University Press; 2017: 133–146.

[6]　Armstrong N, Kirby BJ, McManus AM, Welsman JR. Prepubescents' ventilatory responses to exercise with reference to sex and body size. *Chest*. 1997; 112: 1554–1560.

[7]　Astrand PO, Eriksson BO, Nylander I, *et al*. Girl swimmers: With special reference to respiratory and circulatory adaptation and gynaecological and psychiatric aspects. *Acta Paediatr*. 1963; 147(Suppl): 1–75.

[8]　Andrew GM, Becklake MR, Guleria JS, Bates DV. Heart and lung function in swimmers and nonathletes during growth. *J Appl Physiol*. 1972; 32: 245–251.

[9]　Zinman R, Gaultier C. Maximal static pressures and lung volumes in young swimmers. *Respir Physiol*. 1986; 64: 229–239.

[10]　Baxter-Jones ADG, Helms PJ. Effects of training at a young age: A review of the Training of Young Athletes (TOYA) study. *Pediatr Exerc Sci*. 1996; 8: 310–327.

[11]　Hamilton P, Andrew GM. Influence of growth and athletic training on heart and lung functions. *Eur J Appl Physiol Occup Physiol*. 1976; 36: 27–38.

[12]　Vaccaro P, Poffenbarger A. Resting and exercise respiratory function in young female child runners. *J Sports Med Phys Fitness*. 1982; 22: 102–107.

[13]　Lakhera SC, Kain TC, Bandopadhyay P. Changes in lung function during adolescence in athletes and non-athletes. *J Sports Med Phys Fit*. 1994; 34: 258–262.

[14]　Warburton DER, Bredin SSD. Cardiac output measurement techniques. In: Rowland TW, ed. *Cardiopulmonary exercise testing in children and adolescents*. Champaign, IL: Human Kinetics; 2017: 107–118.

[15]　Rowland TW. Cardiovascular function. In: Armstrong N, van Mechelen W, eds.

Oxford textbook of children's sport and exercise medicine. 3rd edition. Oxford: Oxford University Press; 2017: 147–159.

[16] Armstrong N, McManus AM. Aerobic fitness. In: Armstrong N, van Mechelen W, eds. *Oxford textbook of children's sport and exercise medicine.* 3rd edition. Oxford: Oxford University Press; 2017: 161–180.

[17] Cicone ZS, Sinelnikov OA, Esco MR. Age-predicted maximal heart rate equations are inaccurate for use with youth male soccer players. *Pediatr Exerc Sci.* 2018; (in press).

[18] Obert P, Stecken F, Courteix D, Lecoq A-M, Guenon P. Effect of long-term intensive endurance training on left ventricular structure and diastolic function in prepubertal children. *Int J Sports Med.* 1998; 19: 149–154.

[19] Rowland TW, Unnithan V, Fernhall B, Baynard T, Lange C. Left ventricular responses to dynamic exercise in young cyclists. *Med Sci Sports Exerc.* 2002; 34: 637–642.

[20] Rowland TW, Goff D, Popowski B, DeLuca P, Ferrone L. Cardiac responses to exercise in child distance runners. *Int J Sports Med.* 1998; 19: 385–390.

[21] Rowland TW. Morphologic features of the 'athletes heart' in children: A contemporary review. *Pediatr Exerc Sci.* 2016; 28: 345–352.

[22] Mayers N, Gutin B. Physiological characteristics of elite prepubertal cross-country runners. *Med Sci Sports.* 1979; 11: 172–176.

[23] Van Huss WD, Evans SA, Kurowski T, Anderson DJ, Allen R, Stephens K. Physiological characteristics of male and female age-group runners. In: Brown EW, Branta CF, eds. *Competitive sports for children and youth.* Champaign, IL: Human Kinetics; 1988: 143–158.

[24] Rowland TW, Wehnert M, Miller K. Cardiac responses to exercise in competitive child cyclists. *Med Sci Sports Exerc.* 2000; 32: 747–752.

[25] Nottin S, Vinet A, Stecken F, *et al.* Central and peripheral cardiovascular adaptations to exercise in endurance-trained children. *Acta Physiol Scand.* 2002; 175: 85–92.

[26] Turley KR. Cardiovascular responses to exercise in children. *Sports Med.* 1997; 24: 241–257.

[27] Rowland T, Goff D, Martel L, Ferrone L. Influence of cardiac functional capacity on gender differences in maximal oxygen uptake in children. *Chest.* 2000; 17: 629–635.

[28] Vinet A, Mandigout S, Nottin S, *et al.* Influence of body composition, hemoglobin concentration, and cardiac size and function on gender differences in maximal oxygen uptake in prepubertal children. *Chest.* 2003; 124: 1494–1499.

[29] McNarry MA, Welsman JR, Jones AM. Influence of training and maturity status on the cardiopulmonary responses to ramp incremental cycle and upper body exercise in girls. *J Appl Physiol.* 2011; 110: 375–381.

[30] Unnithan VB, Rowland TW, Cable NT, Raine N. Cardiac responses in elite male junior cyclists. In: Armstrong N, Kirby BJ, Welsman JR, eds. *Children and Exercise XIX*. London: Spon; 1997: 501–506.

[31] Rowland TW. Endurance athletes' stroke volume response to progressive exercise: A critical review. *Sports Med*. 2009; 39: 687–695.

[32] Eriksson BO, Koch G. Effect of physical training on hemodynamic response during submaximal and maximal exercise in 11-year-old to 13 year-old boys. *Acta Physiol. Scand*. 1973; 87: 27–39.

[33] Koch G, Rocker L. Plasma volume and intravascular protein masses in trained boys and fit young men. *J Appl Physiol*. 1977; 43: 1085–1088.

[34] Obert P, Mandigout S, Nottin S, Vinet A, N'Guyen D, Lecoq A-M. Cardiovascular responses to endurance training in children: Effect of gender. *Eur J Clin Invest*. 2003; 33: 199–208.

[35] Raven PB, Drinkwater BL, Horvath SM, Cardiovascular responses of young female track athletes during exercise. *Med Sci Sports*. 1973; 4: 205–209.

[36] Winsley RJ, Fulford J, Roberts AC, Welsman JR, Armstrong N. Sex difference in peak oxygen uptake in prepubertal children. *J Sci Med Sport*. 2009; 12: 647–651.

[37] Armstrong N, Welsman JR. Assessment: Aerobic fitness. In: Armstrong N, van Mechelen W, eds. *Paediatric exercise science and medicine*, 2nd edition. Oxford: Oxford University Press; 2008: 97–108.

[38] Williams JR, Armstrong N, Kirby BJ. The influence of the site of sampling and assay medium upon the measurement and interpretation of blood lactate responses to exercise. *J Sports Sci*. 1992; 10: 95–107.

[39] Pfitzinger P, Freedson P. Blood lactate responses to exercise in children: Part 2. Lactate threshold. *Pediatr Exerc Sci*. 1997; 9: 299–307.

[40] Behnke R, Hutler M, Leithauser RM. Anaerobic performance and metabolism in boys and male adolescents. *Eur J Appl Physiol*. 2007; 101: 671–677.

[41] Williams JR, Armstrong N. The influence of age and sexual maturation on children's blood lactate responses to exercise. *Pediatr Exerc Sci*. 1991; 3: 111–120.

[42] Welsman JR, Armstrong N, Kirby BJ. Serum testosterone is not related to peak $\dot{V}O_2$ and submaximal blood lactate responses in 12- to 16-year-old males. *Pediatr Exerc Sci*. 1994; 6: 120–127.

[*43*] Paterson DH, Cunningham DA. Development of anaerobic capacity in early and late maturing boys. In: Binkhorst RA, Kemper HCG, Saris WHM, eds. *Children and exercise XI*. Champaign, IL: Human Kinetics; 1985: 119–128.

[44] Williams JR, Armstrong N, Kirby BJ. The 4mM blood lactate level as an index of exercise performance in 11–13-year-old children. *J Sports Sci*. 1990; 8: 139–147.

[45] Welsman JR, Armstrong N. Assessing postexercise lactates in children and

adolescents. In: Van Praagh E, ed. *Pediatric anaerobic performance*. Champaign, IL: Human Kinetics; 1998: 137–153.

[46] Pfitzinger P, Freedson P. Blood lactate responses to exercise in children: Part 1. Peak lactate concentration. *Pediatr Exerc Sci*. 1997; 9: 210–222.

[47] Tolfrey K, Armstrong N. Child-adult differences in whole blood lactate responses to incremental treadmill exercise. *Br J Sports Med*. 1995; 29: 196–199.

[48] Cumming GR, Hastman L, McCort J. Treadmill endurance times, blood lactate, and exercise blood pressures in normal children. In: Binkhorst RA, Kemper HCG, Saris WHM, eds. *Children and exercise XI*. Champaign, IL: Human Kinetics; 1985: 140–150.

[49] Krahenbuhl GS, Skinner JS, Kohrt WM. Developmental aspects of maximal aerobic power in children. *Exerc Sports Sci Rev*. 1985; 13: 503–538.

[50] Cunningham DA, Van Waterschoot B, Paterson DH, Lefcoe M, Sangal SP. Reliability and reproducibility of maximal oxygen uptake measurements in children. *Med Sci Sports Exerc*. 1977; 9: 104–108.

[51] Armstrong N, Welsman J, Winsley R. Is peak $\dot{V}O_2$ a maximal index of children's aerobic fitness? *Int J Sports Med*. 1996; 17: 356–359.

[52] Williams CA, Ratel S, Armstrong N. Achievement of peak $\dot{V}O_2$ during a maximal intensity 90-s sprint test in adolescents. *Can J Appl Physiol*. 2005; 32: 157–171.

[53] Mero A. Blood lactate production and recovery from anaerobic exercise in trained and untrained boys. *Eur J Appl Physiol*. 1988; 57: 660–666.

[54] Anderson C, Mahon AD. The relationship between ventilatory and lactate thresholds in boys and men. *Res Sports Med*. 2007; 15: 189–200.

[55] Maffulli N, Testa V, Lancia A, Capasso G, Lombardi S. Indices of sustained aerobic power in young middle distance runners. *Med Sci Sports Exerc*. 1991; 23: 1090–1096.

[56] Sjodin B, Jacobs I. Onset of blood lactate accumulation and marathon running performance. *Int J Sports Med*. 1981; 2: 23–26.

[57] Karlsson J, Jacobs I. Onset of blood lactate accumulation during muscular exercise as a threshold concept. I. Theoretical considerations. *Int J Sports Med*. 1982; 3: 190–201.

[58] Sjodin B, Jacobs I, Svedenhag J. Changes in onset of blood lactate accumulation and muscle enzymes after training at OBLA. *Eur J Appl Physiol*. 1982; 49: 45–57.

[59] Gaisl G, Weissspeiner G. Training prescriptions for 9–17 year-old figure skaters based on lactate assessment in the laboratory and on the ice. In: Rutenfranz J, Mocellin R, Klimt F, eds. *Children and exercise XII*. Champaign, IL: Human Kinetics; 1986: 59–65.

[60] Rotstein A, Dotan R, Bar-Or O, Tenebaum G. Effect of training on anaerobic threshold, maximal aerobic power and anaerobic performance of preadolescent boys.

Int J Sports Med. 1986; 7: 281–286.

[61] Mader A, Heck H. A theory of the metabolic origin of anaerobic threshold. *Int J Sports Med*. 1986; 7(Suppl): 45–65.

[62] Stegmann H, Kindermann W. Comparison of prolonged exercise tests at the individual anaerobic threshold and the fixed anaerobic threshold of 4 mmol·L^{-1}. *Int J Sports Med*. 1982; 3: 105–110.

[63] Barker AR, Armstrong N. Pulmonary oxygen uptake kinetics. In: Armstrong N, van Mechelen W, eds. *Oxford textbook of children's sport and exercise medicine*. 3rd edition. Oxford: Oxford University Press; 2017: 181–194.

[64] Jones AM, Doust JH. The validity of the lactate minimum test for determination of the maximal lactate steady state. *Med Sci Sport Exerc*. 1998; 30: 1304–1313.

[65] Williams JR, Armstrong N. The maximal lactate steady state and its relationship to performance at fixed blood lactate reference values in children. *Pediatr Exerc Sci*. 1991; 3: 333–341.

[66] Almarwaey OA, Jones AM, Tolfrey K. Maximal lactate steady state in trained adolescent runners. *J Sports Sci*. 2004; 22: 215–225.

[67] Billat V, Gratas-Delamarche A, Monnier M, Delamarche P. A test to approach lactate steady state in 12 year-old boys and girls. *Arch Physiol Biochem*. 1995; 103: 65–72.

[68] Mocellin R, Heusgen M, Korsten-Reck U. Maximal steady state blood lactate levels in 11 year-old boys. *Eur J Pediatr*. 1990; 149: 771–773.

[69] Mocellin R, Heusgen M, Gildein HP. Anaerobic threshold and maximal steady-state blood lactate in prepubertal boys. *Eur J Appl Physiol*. 1991; 62: 56–60.

[70] Guilden HP, Kaufmehl K, Last M, *et al*. Oxygen deficit and blood lactate in prepubertal boys during exercise above anaerobic threshold. *J Pediatr*. 1993; 152: 226–231.

[71] Benecke R, Heck H, Schwarz V, Leithauser R. Maximal lactate steady state during the second decade of life. *Med Sci Sports Exerc*. 1996; 28: 1474–1478.

[72] Beneke R, Schwarz V, Leithauser RM, Hutler M, von Duvillard SP. Maximal lactate steady state in children. *Pediatr Exerc Sci*. 1996; 8: 328–336.

[73] Beneke R, Leithauser RM, Hutler M. Dependence of the maximal lactate steady state on the motor pattern of exercise. *Br J Sports Med*. 2001; 35: 192–196.

[74] Benecke R, Heck H, Hebestreit H, Leithauser R. Predicting lactate steady state in children and adults. *Pediatr Exerc Sci*. 2009; 21: 493–505.

[75] Barker AR, Bond B, Tolman C, Williams CA, Armstrong N. Critical power in adolescents: Physiological bases and assessment using all-out exercise. *Eur J Appl Physiol*. 2012; 112: 1359–1370.

[76] Fawkner SG, Armstrong N. Assessment of critical power with children. *Pediatr Exerc Sci*. 2002; 14: 259–268.

[77]   Leclair E, Borel B, Thevenet D, Bacquet G, Mucci P, Berthoin S. Assessment of child- specific aerobic fitness and anaerobic capacity by the use of the power-time relationships constants. *Pediatr Exerc Sci*. 2010; 22: 454–466.

[78]   Rusko H, Rahkila P, Karvinen E. Anaerobic threshold, skeletal muscle enzymes and fiber composition in female cross-country runners. *Acta Physiol Scand*. 1980; 108: 263–268.

[79]   Fernhall B, Korht W, Burkett LN, Walters S. Relationship between the lactate threshold and cross-country run performance in high school male and female runners. *Pediatr Exerc Sci*. 1996; 8: 37–47.

[80]   Massicotte DR, MacNab RBJ. Cardiorespiratory adaptations to training at specified intensities in children. *Med Sci Sports*. 1974; 8: 242–246.

[81]   Welsman JR, Armstrong N, Withers S. Responses of young girls to two modes of aero- bic training. *Br J Sports Med*. 1997; 31: 139–142.

[82]   Eriksson BO, Gollnick PD, Saltin B. Muscle metabolism and enzyme activities after training in boys 11–13 years old. *Acta Physiol Scand*. 1973; 87: 485–499.

[83]   Danis A, Kyriakis Y, Klissouras V. The effect of training in male prepubertal and pubertal monozygotic twins. *Eur J Appl Physiol*. 2003; 89: 309–318.

[84]   Stallknecht B, Vissing J, Galbo H. Lactate production and clearance in exercise. Effects of training. A mini-review. *Scan J Med Sci Sport*. 1998; 8: 127–131.

[85]   Davis JA. Anaerobic threshold: Review of the concept and directions for future research. *Med Sci Sports Exerc*. 1985; 17: 6–18.

[86]   Mahon AD, Cheatham CR. Ventilatory threshold in children: A review. *Pediatr Exerc Sci*. 2002; 14: 16–29.

[87]   Cooper DM, Weiler-Ravell D, Whipp BJ, Wasserman K. Aerobic parameters of exercise as a function of body size during growth in children. *J Appl Physiol*. 1984; 56: 628–634.

[88]   Unnithan VB, Timmons JA, Paton JY, Rowland TW. Physiological correlates of running performance in pre-pubertal distance runners. *Int J Sports Med*. 1995; 16: 528–533.

[89]   Hebestreit H, Staschen B, Hebestreit A. Ventilatory threshold: A useful method to determine aerobic fitness in children? *Med Sci Sports Exerc*. 2000; 32: 1964–1969.

[90]   Potter CR, Childs DJ, Houghton W, Armstrong N. Breath-to-breath noise in the ventilatory and gas exchange responses of children to exercise. *Eur J Appl Physiol*. 1998; 80: 118–124.

[91]   Washington R. Anaerobic threshold in children. *Pediatr Exerc Sci*. 1989; 1: 244–256. 92 Fawkner SG, Armstrong N, Childs DJ, Welsman JR. Reliability of the visually identified ventilatory threshold and V-slope in children. *Pediatr Exerc Sci*. 2002; 14: 189–193.

［93］ Reybrouck T, Weymans M, Stijns H, Knops J, van der Hauwaert L. Ventilatory anaerobic threshold in healthy children. *Eur J Appl Physiol*. 1985; 54: 278–284.

［94］ Kanaley JA, Boileau RA. The onset of the anaerobic threshold at three stages of physical maturity. *J Sports Med Phys Fit*. 1988; 28: 367–374.

［95］ Mahon AD, Duncan GE, Howe CA, Del Corral P. Blood lactate and perceived exertion relative to ventilatory threshold: Boys versus men. *Med Sci Sports Exerc*. 1997; 29: 1332–1337.

［96］ Rowland TW, Green GM. Physiological responses to treadmill exercise in females: Adult-child differences. *Med Sci Sports Exec*. 1988; 20: 474–478.

［97］ Mahon AD, Gay JA, Stolen KQ. Differentiated ratings of perceived exertion at ventilatory threshold in children and adults. *Eur J Appl Physiol*. 1998; 78: 115–120.

［98］ Weymans M, Reybrouck T, Stijns H, Knops J. Influence of age and sex on the ventilatory anaerobic threshold in children. In: Binkhorst RA, Kemper HCG, Saris WHM, eds. *Children and exercise XI*. Champaign, IL: Human Kinetics; 1985: 114–118.

［99］ Cunningham LN. Relationship of running economy, ventilatory threshold, and maximal oxygen consumption to running performance in high school females. *Res Q Exerc Sport*. 1990; 61: 369–374.

［100］ Haffor A, Harrison AC, Catledge-Kirk PA. Anaerobic threshold alterations caused by interval training in 11 year-olds. *J Sports Med*. 1990; 30: 53–56.

［101］ Becker DM, Vaccaro P. Anaerobic threshold alterations caused by endurance training in young children. *J Sports Med*. 1983; 23: 445–449.

［102］ Mahon AD, Vaccaro P. Ventilatory threshold and $\dot{V}O_2$ max changes in children following endurance training. *Med Sci Sports Exerc*. 1989; 21: 425–431.

［103］ McManus AM, Cheng CH, Leung MP, Yung TC, MacFarlane DJ. Improving aerobic power in primary school boys: A comparison of continuous and interval training. *Int J Sports Med*. 2005; 26: 781–786.

［104］ Mucci P, Baquet G, Nourry C, *et al*. Exercise testing in children: Comparison in ventilatory threshold changes with interval training. *Pediatr Pulmonol*. 2013; 48: 809–816.

［105］ Nagano Y, Baba R, Kuraishi K, *et al*. Ventilatory control during exercise in normal children. *Pediatr Res*. 1998; 43: 704–707.

［106］ Pianosi P, Wolstein R. Carbon dioxide chemosensitivity and exercise ventilation in healthy children and in children with cystic fibrosis. *Pediatr Res*. 1996; 40: 508–513.

［107］ Leisti S, Finnila MJ, Kiura E. Effects of physical training on hormonal responses to exercise in asthmatic children. *Arch Dis Child*. 1979; 54: 524–528.

［108］ Jones AM, Vanhatalo A, Burnley M, Morton H, Poole DC. Critical power: Implications for determination of $\dot{V}O_2$ max and exercise tolerance. *Med Sci Sports Exerc*. 2010; 42: 1876–1890.

［109］Poole DC, Ward SA, Gardner GW, Whipp BJ. Metabolic and respiratory profile of the upper limit for prolonged exercise in man. *Ergonomics*. 1988; 31: 1265–1279.

［110］Vanhatalo A, Doust JH, Burnley M. Determination of critical power using a 3 min all-out cycling test. *Med Sci Sports Exerc*. 2007; 39: 548–555.

［111］Derkele J, Williams CA, McGawley K, Carter H. Critical power is not attained at the end of an isokinetic 90-second all out test in children. *J Sports Sci*. 2009; 27: 379–385.

［112］Berthoin S, Bacquet G, Dupont G, Blondel N, Mucci P. Critical velocity and anaerobic distance capacity in prepubertal children. *Can J Appl Physiol*. 2003; 28: 561–575.

［113］Williams CA, Derkerle J, McGawley K, Berthoin S, Carter H. Critical power in adolescent boys and girls – an exploratory study. *Appl Physiol Nutr Metab*. 2008; 33: 1105–1111.

［114］Denadai BS, Greco CC, Teixeira M. Blood lactate response and critical speed in swimmers aged 10–12 years of different standards. *J Sports Sci*. 2000; 18: 779–784.

［115］Hill DW, Steward RP, Lane CJ. Application of the critical power concept to young swimmers. *Pediatr Exerc Sci*. 1995; 7: 281–293.

［116］Fawkner SG, Armstrong N. The slow component response of $\dot{V}O_2$ to heavy exercise in children. In: Reilly T, Marfell-Jones M, eds. *Kinanthropometry VIII*. Oxford: Routledge; 2003: 105–113.

［117］Barnes KR, Kilding AE. Running economy: Measurement, norms, and determining factors. *Sports Med – Open*. 2015; 1: 8.

［118］Daniels J, Oldridge N, Nagle FJ, White B. Differences and changes in $\dot{V}O_2$ among young runners 10 to 18 years of age. *Med Sci Sport Exer*. 1978; 10: 200–203.

［119］Tota L, Maciejczyk M, Pokora I, Cempla J, Pilch W, Palka T. Changes in endurance performance in young athletes during two training seasons. *J Hum Kin*. 2015; 49: 149–158.

［120］Almarwaey OA, Jones AM, Tolfrey K. Physiological correlates with endurance running performance in trained adolescents. *Med Sci Sports Exerc*. 2003; 35: 480–487.

［121］Cole AS, Woodruff ME, Horn MP, Mahon AD. Strength, power, and aerobic exercise correlates of 5-km cross-country running performance in adolescent runners. *Pediatr Exerc Sci*. 2006; 18: 374–384.

［122］Saunders PU, Pyne DB, Telford RD, Hawley JA. Factors affecting running economy in trained distance runners. *Sports Med*. 2004; 34: 465–485.

［123］Jones AM, Doust JH. A 1% treadmill gradient most accurately reflects the energetic effects of outdoor running. *J Sports Sci*. 1996; 14: 321–327.

［124］Rogers DM, Turley KR, Kujawa KI, Harper KM, Wilmore JH. The reliability and variability of running economy in 7-, 8-, and 9-year-old children. *Pediatr Exerc Sci*.

1994; 6: 287–296.

[125] Billat V, Koralsztein JP. Significance of the velocity at $\dot{V}O_2$ max and time to exhaustion at this velocity. *Sports Med.* 1996; 22: 90–108.

[126] Armstrong N, Kirby BJ, Welsman JR, McManus AM. Submaximal exercise in prepubertal children. In: Armstrong N, Welsman JR, Kirby BJ, eds. *Children and exercise XIX.* London: Spon; 1996: 221–227.

[127] Turley K, Wilmore JH. Cardiovascular responses to treadmill and cycle ergometer exercise in children and adults. *J Appl Physiol.* 1997; 83: 948–957.

[128] Masiszewski AF, Freedson PS. Is running economy different between adults and children? *Pediatr Exerc Sci.* 1996; 8: 351–360.

[129] Cureton KJ, Sloniger MA, Black DM, McCormack WP, Rowe DA. Metabolic determinants of the age-related improvement in one mile run/walk performance in youth. *Med Sci Sport Med.* 1997; 29: 259–267.

[130] Krahenbuhl GS, Morgan W, Pangrazi RP. Longitudinal changes in distance running in young males. *Int J Sports Med.* 1989; 10: 92–96.

[131] Berg U, Sjodin B, Forsberg A, Svedebhag J. The relationship between body mass and oxygen uptake during running in humans. *Med Sci Sports Exerc.* 1991; 23: 205–211.

[132] Sjodin B, Svedenhag J. Oxygen uptake during running as related to body mass in circumpubertal boys: A longitudinal study. *Eur J Appl Physiol.* 1992; 65: 150–157.

[133] Welsman JR, Armstrong N. Longitudinal changes in submaximal oxygen uptake in 11- to 13-year-olds. *J Sports Sci.* 2000; 18: 183–189.

[134] Welsman JR, Armstrong N. Scaling for size: Relevance to understanding effects of growth on performance. In: Hebestreit H, Bar-Or O, eds. *The young athlete.* Oxford: Blackwell; 2008: 50–62.

[135] Armstrong N, Welsman JR, Kirby BJ. Submaximal exercise and maturation in 12 year-olds. *J Sports Sci.* 1999; 17: 107–114.

[136] Morgan DW. Locomotor economy. In: Armstrong N, van Mechelen W, eds. *Paediatric exercise science and medicine.* 2nd edition. Oxford: Oxford University Press; 2008: 283–295.

[137] Petray CK, Krahenbuhl GS. Running training, instruction on running technique, and running economy in 10-year-old males. *Res Q Exerc Sport.* 1985; 56: 251–255.

[138] Lussier L, Buskirk ER. Effects of an endurance training program on assessment of work capacity in prepubertal children. *Ann NY Acad Sci.* 1977; 301: 734–741.

[139] Berthoin S, Manteca F, Gerbeaux M, *et al.* Effect of a 12-week training programme on Maximal Aerobic Speed (MAS) and running time to exhaustion at 100% of MAS for students aged 14 to 17 years. *J Sports Med Phys Fit.* 1995; 35: 251–256.

[140] Bacquet G, Berthoin S, Dupont G, Blondel N, Fabre C, Van Praagh E. Effects of high intensity intermittent training on peak in prepubertal children. *Int J Sports Med.* 2002;

23: 493–444.

[141] Chamari K, Hachana Y, Kaouech F, Jeddi R, Moussa-Chamari I, Wisloff U. Endurance training and testing with the ball in young elite soccer players. *Br J Sports Med.* 2005; 39: 24–28.

[142] Helgerud J, Engen LC, Wisloff U, Hoff J. Aerobic endurance training improves soccer performance. *Med Sci Sports Exerc.* 2001; 33: 1925–1933.

[143] McMillan K, Helgerud J, Macdonald R, Hoff J. Physiological adaptations to soccer specific endurance training in professional youth soccer players. *Br J Sports Med.* 2005; 39: 273–277.

[144] Jones AM. The physiology of the world record holder for the women's marathon. *Int J Sports Sci Coach.* 2006; 1: 101–116.

第 10 章　肺部氧摄取动力学

最大 $\dot{V}O_2$ 限制了有氧运动的表现，高水平的 $\dot{V}O_{2\,max}$ 对于许多项目中运动员的优秀表现是必不可少的，但是它并不能反映与青少年运动相关的有氧能力的所有方面。对外部刺激快速反应的能力是许多项目中运动表现的一个重要因素，最好用肺部氧摄取动力学（除另有说明，下文均简称为 $\dot{V}O_2$ 动力学）参数来描述。本章解释了 $\dot{V}O_2$ 动力学反应，分析了如何评估与解释相关概念，讨论了 $\dot{V}O_2$ 的发展与年龄和性别的关系，并探讨了其可训练性。

氧摄取动力学对运动强度的阶跃变化反应

20 世纪 60 年代末，连续呼吸（breath-by-breath）技术的引入使那些有创新精神的科学家开始重新关注有关有氧功能 "混合室和道格拉斯袋" 的研究，并开始研究成人运动开始后的 $\dot{V}O_2$ 动力学反应[1]。20 世纪 70 年代，有研究明确探究了儿童的 $\dot{V}O_2$ 动力学反应[2]，并于 20 世纪 80 年代中期首次报告了关于儿童呼吸方面的数据[3]。早期研究的数据缺乏一致性，随着更严谨的方法和复杂的数学建模技术的成熟运用，近期的研究已经开始逐步揭示出青少年对不同强度范围训练的 $\dot{V}O_2$ 动力学反应的巨大变化[4-6]。

运动强度

运动强度在不同等级开始变化时，$\dot{V}O_2$ 动力学根据生理需求而变化，并且在不同的运动强度范围有不同的反应。在几乎所有涉及青少年的规范研究中，$\dot{V}O_2$ 动力学都是根据 4 个运动强度范围进行描述的，如图 10.1 所示，这

4 个运动强度范围的划分是根据个人有氧能力的具体情况来划定的[7]。

中等强度运动范围包括所有低于个人 T_{LAC} 的运动强度，尽管在实践中 T_{VENT}（或 GET）经常用于表示中等强度运动的上限。高于 T_{LAC}/T_{VENT} 但低于 MLSS 的运动强度属于高强度运动强度范围。然而，为了避免重复采取血样，在与 MLSS 非常相似但不完全相等的运动强度下出现的 CP 通常用于青少年，以确定高强度运动范围的上限。高于 MLSS/CP 但低于 $\dot{V}O_{2\,max}$ 的运动被归类为非常高强度运动范围，高于 $\dot{V}O_{2\,max}$ 的运动强度被归类为剧烈运动范围[6]。

运动强度范围的另一种分类是将所有达到 $\dot{V}O_{2\,max}$ 的运动强度定义为剧烈运动，而不管 $\dot{V}O_2$ 是通过主要部分还是通过 $\dot{V}O_2$ 慢成分逐渐接近 $\dot{V}O_{2\,max}$。在这个模式中，存在一个被称为极限强度的范围，在这个范围中，运动强度如此之大，以至于在达到 $\dot{V}O_{2\,max}$ 之前就已经出现疲劳。由于少儿运动科学文献通常采用图 10.1 所示的格式，本书始终坚持使用该术语[1]。

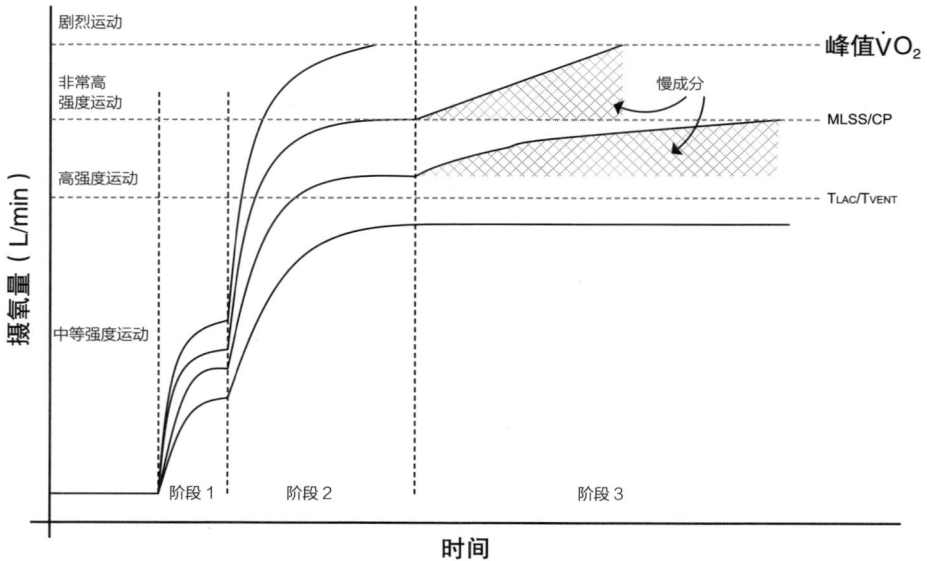

图 10.1　运动强度阶跃变化的氧摄取动力学反应

在不同运动强度范围，恒定强度运动开始时的肺部氧摄取（$\dot{V}O_2$）反应。水平线表示运动强度范围的划分，其中峰值 $\dot{V}O_2$、MLSS、CP、T_{LAC} 和 T_{VENT} 分别表示峰值摄氧量、最大乳酸稳态、临界功率、乳酸阈和通气阈。$\dot{V}O_2$ 慢成分由图中阴影区表示（经许可转载自 Armstrong 和 McManus[7]）

运动阶段

如图 10.1 所示，从静息到中等强度运动中的 $\dot{V}O_2$ 动力学反应的巨大变化分为 3 个阶段。阶段 1，即心脏动力学阶段，发生在运动开始时，此时通过口腔测量的 $\dot{V}O_2$ 由于肌肉 – 肺转运延迟而暂时与肌肉 $\dot{V}O_2$ 不一致。口腔 $\dot{V}O_2$ 反应的迅速性是由于迷走神经收缩引起 $\dot{Q}$ 值的激增和收缩肌肉的机械泵送作用所致。由于肺血流和肺泡通气的密切耦合，阶段 1 的特征在于 R 以及氧气和二氧化碳稳定的潮气末分压。因此，当这些呼吸变量从其基线值改变时，可以认为是阶段 1 的结束。实际上，变化很难监测，尽管一些对青少年的研究已经成功地从高强度运动开始时呼吸变量基线值的变化中直观地确定了阶段 1 的结束[8,9]，但也有研究指出，中等强度运动开始时不能可靠地监测到阶段 1 的特征[10]。为了模拟 $\dot{V}O_2$ 动力学反应，通常不测量阶段 1 的持续时间，但会假设持续时间为 15~20 秒，并从数据中删除以模拟后续阶段[4]。

在功率自行车运动中，阶段 1 之后是 $\dot{V}O_2$ 呈指数增加的阶段（阶段 2），在约 2 分钟内将 $\dot{V}O_2$ 驱动到稳定状态（阶段 3），氧成本（或主要"增益"）约为 10 ml/（min·W）。阶段 2（也称为主要部分）中 $\dot{V}O_2$ 的增加率由其时间常数（τ）来标示。对于阶段 2 的每个倍数，$\tau\dot{V}O_2$ 增加 63%，因此 4 个时间常数表示 98% 的变化已完成。在阶段 2 中，τ 越短，氧缺省越小，因此无氧对支持运动强度变化所需能量的贡献越小。

如图 10.2 所示，从静息到高强度运动范围的阶跃变化引发了阶段 3。在阶段 3 中，$\dot{V}O_2$ 的慢成分叠加在一起[11]，$\dot{V}O_2$ 稳态的实现在年轻人中延迟约 10 分钟[8,9,12]，在成人中延迟 10~15 分钟[1]。氧气成本的升高降低了运动的经济性，$\dot{V}O_2$ 的"增益"增加到约 12 L/（min·W）。支撑 $\dot{V}O_2$ 慢成分的机制仍然是推测性的，但有可靠的证据表明（至少在成人中），约 85% 的氧气来自运动肌肉，这可能是由于随着运动的进行，肌纤维募集增加引起的[1]。

在非常高强度运动范围中，没有达到阶段 3 的 $\dot{V}O_2$ 稳态，并且（至少在成人中）$\dot{V}O_2$ 慢成分随着时间的推移而上升，并逐渐接近 $\dot{V}O_{2\,max}$，表明运动经济性逐渐降低。CP 以上的运动强度越高，达到 $\dot{V}O_{2\,max}$ 越快，$\dot{V}O_2$ 慢成分越低。

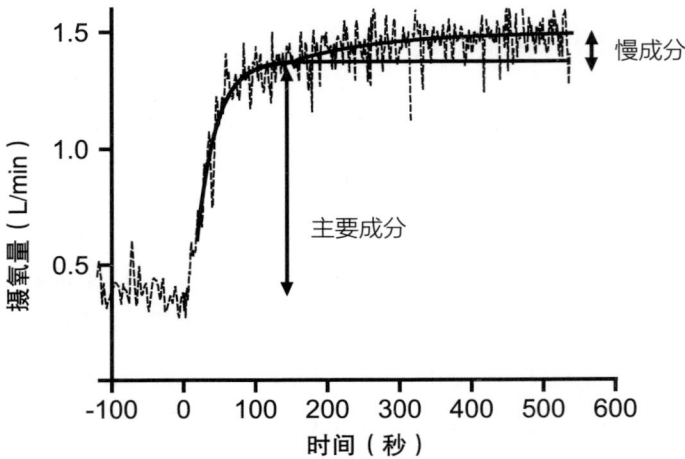

图 10.2　阶段 3 氧摄取慢成分

青春期前男孩典型的平均连续呼吸反应曲线，从基线过渡到其通气阈值和峰值摄氧量之间差值的 40%（40%Δ）。$\dot{V}O_2$ 主要成分已用延长线标注，以清楚地说明 $\dot{V}O_2$ 慢成分（经许可图片转自 Fawkner 和 Armstrong[111]）

　　有趣的是，到目前为止，这种现象尚未在青少年中报道过，观察到 $\dot{V}O_2$ 慢成分逐渐接近 $\dot{V}O_{2\,max}$，但在达到预定的 $\dot{V}O_{2\,max}$（或峰值 $\dot{V}O_2$）之前运动就终止了[13]。

　　在进入剧烈运动范围的巨大变化中，阶段 2 的 $\dot{V}O_2$ 达到或高于 $\dot{V}O_{2\,max}$，并在运动开始后约 2 分钟内达到 $\dot{V}O_{2\,max}$。$\dot{V}O_2$ 慢成分不能从主要成分中辨别出来[14]，但不清楚这是由于 $\dot{V}O_2$ 主要成分太突出还是 $\dot{V}O_2$ 慢成分表达的时间不足造成的。

评估与解释

　　在实验室研究中，使用跑台[15]和功率自行车[10]评估青少年对运动强度巨大变化的 $\dot{V}O_2$ 动力学反应。较典型的评估是使受试者静坐于功率自行车上，即开始监测相关生理变量（如 HR 和呼吸气体等），并对预先确定强度的运动刺激立即做出反应。然而，为了避免踏板的初始惯性，通常的起点是参与者在开始测试之前先进行无负荷蹬踏。或者，如果目的是研究 $\dot{V}O_2$ 动力学，即从一个运动强度范围到另一个运动强度范围的改变（如由中等强度运动到高强度运动），当参与者处于对中等强度运动反应的第 3 阶段时，通过增加运动刺激来完成。

确定 $\dot{V}O_2$ 动力学响应参数的实验机制相当简单，但对于儿童和青少年数据的严谨分析和解释具有挑战性，其取决于：①数据的高时间分辨率；②信噪比好到足以在反应参数中实现强置信度；③明确了解特定运动强度范围；④适当的数据建模。

时间分辨率

早期对青少年的研究依赖于传统的混合室系统。在该系统中，呼出气体样本的采集间隔通常为 15~30 秒，计算并报告运动开始时瞬态反应的半衰期。然而，为了准确捕捉动态响应，需要高时间分辨率，最近的研究显然通过在口腔和质谱仪或快速响应呼吸气体分析仪上使用连续呼吸响应解决了这个问题，但是连续呼吸数据并非没有挑战。

信噪比

连续呼吸的数据不仅揭示了真正相关的生理信号，而且还揭示了呼吸模式（噪声）的作用，这些呼吸模式在青少年中更不稳定。由于儿童和青少年的 $\dot{V}O_2$ 振幅（信号）小于成人，青少年通常呈现低信噪比，这可以掩盖真正的 $\dot{V}O_2$ 动力学反应[16]。为了提高信噪比，可以通过时间对准和平均多次重复转换来降低信号振幅，从而产生如图 10.3 所示阶段 2 中的 $\dot{V}O_2$ 动力学反应。

实现适当置信度所需的转换次数与拟合的数据量、数据的可变性和信号的大小成正比，因此会因人而异。理想情况下，阶段 2 中 τ 的 95% 置信区间对应不超过 ±5 秒。对于儿童，在中等强度运动范围内可能需要多达 10 次的转换以建立 τ 的可接受置信区间[10]。因为信号的振幅更大，所以在高强度运动范围（通常为 2~4）需要较少的转换。遗憾的是，很少有关于青少年的研究能够适当地解决低信噪比问题，甚至关于多次转换平均置信区间的情况也很

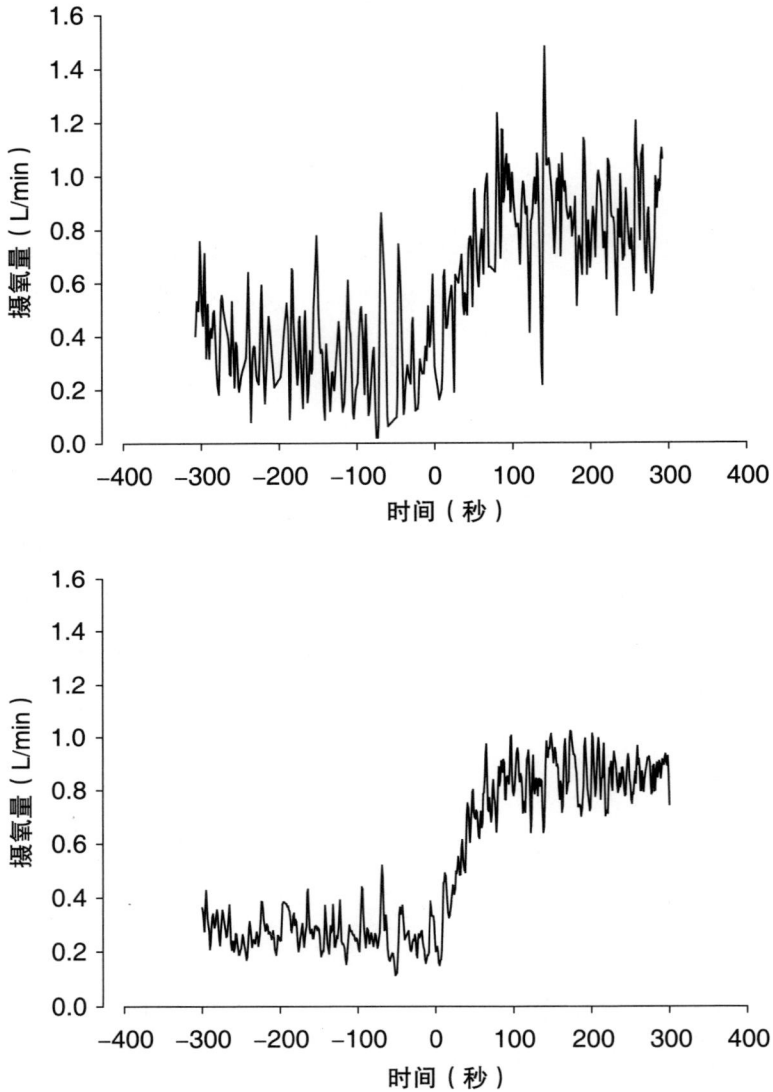

图 10.3 运动开始时连续呼吸的氧摄取反应

图为一名 11 岁男童从基线到通气阈值的 80%（即在中等强度运动范围内）的典型连续呼吸氧摄取反应曲线。图中显示了一个具有较大的连续呼吸变化的单一过渡。同时显示了 8 个平均转换，从这些转换中可以得到合理可信的反应参数（经许可图片转载自 Fawkner 和 Armstrong[11]）

少有报告，因此无法对数据进行有意义的解释[17]。（读者可以参考我们的方法指南论文[17]，了解已发表研究的列表概要，包括所采用的转换次数和是否报告了置信区间。）

特定运动强度范围的练习

由于 $\dot{V}O_2$ 动力学对运动强度等级的反应幅度和模式随运动强度范围的变化而变化，为了在青少年运动员之间进行有效的比较或评估训练引起的运动表现变化，必须明确区分运动强度范围。这在儿童和青少年中比在成人中更加困难，因为青少年的绝对 $\dot{V}O_{2\,max}$ 较低，达到标准代谢率的范围较小，这可能会导致在特定运动强度范围内运动时没有完全表现出 $\dot{V}O_2$ 动力学特征运动就已经结束。

中度运动强度范围的上限是 T_{VENT}（或 GET）强度，其在青少年中通常发生在峰值 $\dot{V}O_2$ 的 55%~65%[18]。一些研究已经避免直接确定 T_{VENT}，而是仅仅使用相对应的峰值 $\dot{V}O_2$ 来定义运动强度范围，这可能会和现有文献观点不一致。这是由于 T_{VENT} 相对于峰值 $\dot{V}O_2$ 具有广泛的个体差异，这会使得确认特定运动强度范围内的运动表现变得不确定。对于青少年运动员来说，这种方法较为烦琐，如第 9 章所述，训练引起的 T_{VENT} 和峰值 $\dot{V}O_2$ 增强可能会不一致[19]，结果是，如果 T_{VENT} 在这两种情况下都没有直接确定，则关于青少年运动员训练前后 $\dot{V}O_2$ 动力学比较的解释可能会因运动强度范围的不同而混淆。严格的 $\dot{V}O_2$ 动力学研究通常将中等强度运动范围的上限设定为直接确定的 T_{VENT} 的 80%，以确保规定的运动在指定的强度范围内。

少量数据表明 CP 一般相当于儿童和青少年的 70%~80 % 峰值 $\dot{V}O_2$[13,20]，表明 T_{VENT} 和 CP 之间的运动强度差异很小，并且属于高强度运动的范围很小。此外，CP 的直接测定需要大量的时间和精力，就目前笔者所知，只有一项关于青少年对超过 T_{VENT} 的运动强度范围阶跃变化 $\dot{V}O_2$ 动力学反应的研究包括了 CP 的直接测定。同一项研究表明，对于大多数青少年来说，相当于 T_{VENT} 和峰值 $\dot{V}O_2$ 差值的 40% 的运动强度（即 40%Δ）是处于高强度运动范围[21]。这一定义将相应的 60%~70%Δ 归于非常高强度运动范围，通常被用于高强度[8.12]和非常高强度[22.23]运动 $\dot{V}O_2$ 动力学的研究。这种方法当然比基于 % 峰值 $\dot{V}O_2$ 定义运动强度范围优越得多，但是其在个体基础上不如成人安全。同样，对于训练有素的青少年来说，他们的训练后 T_{VENT} 出现在 80% 峰值 $\dot{V}O_2$ 以上[24]，这压缩了高强度和非常高强度运动的范围。因此，如果要严格监控青少年运动员，并在正确的运动强度范围对他们的表现进行评估，最好在每次评估 $\dot{V}O_2$ 动力学之前先确定他们的 T_{VENT}、CP 和 $\dot{V}O_{2\,max}$。

数据建模

为了解释关键的 $\dot{V}O_2$ 动力学参数，需要适当的数据建模，现有研究采用了各种各样的模型，这些模型具有不同程度的严谨性和基于生理学原理的合理性。（对详细分析感兴趣的读者可以参考我们的指导性论文[17]，论文按时间顺序对关于青少年研究中使用的模型进行了评论和列表，也可以参考我们通过将几种不同的模型应用于中等强度[25]和高强度[26]运动范围的相同数据集实证地演示了不同建模技术混杂效应的论文）。

简而言之，对中等强度运动的 $\dot{V}O_2$ 动力学反应最好用阶段 1 后的单指数和延迟项来描述，如公式 10.1 所示。随着运动强度超过 T_{VENT}，情况变得越来越复杂，在验证了将 $\dot{V}O_2$ 慢成分参数化的合理生理理论的模型之前，选择的模型是为了识别 $\dot{V}O_2$ 慢成分的开始，而主要成分的建模是单独的（公式 10.1），并记录 $\dot{V}O_2$ 慢成分相对于运动结束时 $\dot{V}O_2$ 的幅度。在剧烈运动范围，$\dot{V}O_2$ 慢成分没有发展的时间，因此 $\dot{V}O_2$ 动力学反应的单指数不会失真[17]。

$$\Delta\dot{V}O_{2\,(t)} = \Delta\dot{V}O_{2ss} \cdot (1 - e^{-(t-TD)/\tau}) \qquad 公式\ 10.1$$

在公式 10.1 中，$\dot{V}O_{2\,(t)}$、$\dot{V}O_{2ss}$、TD 和 τ 分别代表给定时间的 $\dot{V}O_2$ 值、$\dot{V}O_2$ 从基线到新稳态的幅度变化、时间延迟和时间常数。

发展

如前所述，对青少年 $\dot{V}O_2$ 动力学的严谨调查显然很少，因为儿童和青少年的 $\dot{V}O_2$ 动力学测量在方法上存在缺陷：①受试者偏小，或者是性别不统一；

②未严格遵守规定的运动强度范围；③未充分解决低信噪比；④未采用合适的建模技术；⑤未报告 95% 置信区间。

年龄

迄今为止，已发表的研究中似乎只有两项是纵向研究[8,12]，目前对 $\dot{V}O_2$ 动力学随年龄发展的理解主要依赖于青少年与年轻成人之间的横断面比较。关于女孩的数据很少，成熟过程对 $\dot{V}O_2$ 动力学的潜在影响仍有待解决。以下各部分内容是建立在最可靠的实验研究基础上的，并在适当的情况下指出了方法学上的意见。

阶段 1

关于阶段 1 认知还相对较少，因为现存数据含糊不清并且受到方法学限制的困扰，但有迹象表明阶段 1 的特征随年龄和性别而变化。

如果肌肉 - 肺转运延迟是生长函数，则在运动肌肉与儿童肺部之间的距离越短，年龄相关的阶段 1 的长度越长。成年男性在运动开始到过渡至 50% 峰值 $\dot{V}O_2$ 时，阶段 1 的时间比男孩长，并且在同一研究中发现，与成年男性相比，未经训练的男孩的阶段 1 持续时间与训练强度无关[14]。一项针对青少年运动员的研究表明，阶段 1 的持续时间随着运动强度的增加而延长，但是这些数据是混淆的，因为相对运动强度是根据 % 峰值 $\dot{V}O_2$ 来定义的，并且很有可能是对青少年运动员进行跨运动强度范围进行比较的[27]。

从 10~13 岁的 3 次年度测量中收集的纵向数据显示，在开始高强度运动（即 40%Δ）后，男孩和女孩阶段 1 的持续时间都增加了 17%[8]。关于青春期前儿童的性别差异，据报道在高强度运动开始后，女孩的阶段 1 持续时间平均比男孩长 14%[9]。这种现象可能是由于男孩 SV 增加得更快，在使用多普勒超声心动图的一项研究中注意到性别差异[28]，但需要进一步研究以确定支持阶段 1 与年龄和性别相关反应的机制。

阶段 2

中等强度运动开始时，$\dot{V}O_2$ 动力学阶段 2 反应的早期连续呼吸研究一致报告了青少年比年轻成人阶段 2τ 更短的趋势，但这一差异通常无统计学意义[4]。

然而，一项符合前面确定的所有方法标准的控制良好的研究明确表明，11 岁男孩的阶段 2τ 明显短于年轻男性（47% 的差异），11 岁女孩的阶段 2τ 明显短于年轻女性（24% 的差异）。尽管峰值 $\dot{V}O_2$ 有显著的性别差异，但在阶段 2τ 中没有观察到性别差异[10]。后来对男性的研究证实，10~12 岁的男孩比年轻男性表现出明显更短（或更快）的阶段 2τ（58% 的平均差异）[22,29]，但随后没有纳入良好控制的关于女性的研究，与来自年轻成人的数据相反。中等强度运动范围的阶段 2τ 与峰值 $\dot{V}O_2$ 无关[10]，并且关于训练有素青少年的研究证实了这一点[30]。有研究报道，6~12 岁的混合性别群体比年轻成年男性和女性［以 ml/（min·W）为单位］的"增益"更大[31]。一直有报道，当以"ml/（kg·min）"表示时，会有更高的"增益"[15,32]，但是感兴趣的读者可以参考第 8 章或我们的教学论文，讨论了将相对 $\dot{V}O_2$ 进行年龄相关比较的谬误。

我们对大强度运动开始时阶段 2 的 $\dot{V}O_2$ 动力学反应的大部分知识来自两项纵向研究。第一项研究观察到青春期前男孩和女孩的阶段 2τ 在 2 年后增加（男孩增加 24%，女孩增加 18%）[8]。第 2 项仅涉及男孩的研究表明，14 岁的男孩比 2 年后的阶段 2τ 短 15%[12]。在青春期前的男孩和女孩中，观察到阶段 2 的 $\dot{V}O_2$ 振幅随年龄的增长而降低，但对于青春期男孩不同。同一个研究小组随后的横断面研究表明，与他们在中等强度运动开始时的发现相反，青春期前男孩比青春期前女孩表现出更快的阶段 2τ（平均差异 22%），但在 $\dot{V}O_2$ 振幅方面没有观察到显著的性别差异[9]。与中等强度运动范围的运动相一致，但与成人数据相冲突的是，峰值 $\dot{V}O_2$ 一直被证明与青春期前儿童和青少年在高强度运动范围运动期间的阶段 2τ 无关[8,9,12]。

似乎只有两项研究检验了非常高强度运动开始时的阶段 2 的 $\dot{V}O_2$ 动力学反应是否与年龄有关，并且都报告了 11~12 岁的男孩比年轻男性呈现出较短的 τ（平均差异 56%）和更大的"增益"（平均差异 28%）[22,34]。这一领域的性别差异还没有见诸报道。

阶段 3

在中等强度运动范围开始运动时，约 2 分钟内就能达到阶段 3 的稳态。几项不符合前面概述的方法学标准的研究得出结论，在高强度运动中，儿童表现出可忽略不计的 $\dot{V}O_2$ 慢成分，他们的反应可以像在中等强度运动范围一样，被模拟为单指数过程[4]。与这些报告相反，对数据进行适当建模的一系列研究明确表明，青春期前儿童和青少年确实存在 $\dot{V}O_2$ 慢成分，数据不应以单指数形式建模[8,9,12]。这一发现随后被训练有素的青春期前和青春期游泳运动员的研究数据所证实[35,36]。综上所述，这些数据表明，对于青春期前儿童，在运动 9 分钟后，$\dot{V}O_2$ 慢成分约占运动结束时 $\dot{V}O_2$ 的 10%，并且在不同性别中都随着年龄的增长而增加，女孩呈现出比男孩更大的 $\dot{V}O_2$ 慢成分，至少从 11 岁开始是如此[8,9,12]。

证明青少年在非常高强度运动中阶段 3 存在 $\dot{V}O_2$ 慢成分的数据很少，但明确的数据表明[22,23,37]，与功率自行车相比，在跑台运动中 $\dot{V}O_2$ 慢成分明显增大[38]。与成人数据相比[1]，未观察到青少年的 $\dot{V}O_2$ 慢成分随着时间推移达到 $\dot{V}O_{2\,max}$，而是在力竭前达到预估峰值的 85% 左右[13,39]。当然，这可能只是未经训练的青少年不愿继续运动下去，而不是生理上的终点，而且也没有关于青少年运动员的数据做对比。

仅有一项关于剧烈运动开始时的连续呼吸数据的研究，该研究是关于 9~12 岁男孩和年轻男性的研究，如果去掉阶段 1，$\dot{V}O_2$ 相对于 100% 峰值 $\dot{V}O_2$ 和 130% 峰值 $\dot{V}O_2$ 的动力学反应可用单指数函数（即无 $\dot{V}O_2$ 慢组分）来描述，其中阶段 2 中 τ 没有年龄相关的差异性[14]。

从运动中恢复（恢复动力学）

严格确定的关于运动恢复青少年 $\dot{V}O_2$ 动力学的连续呼吸数据很少，但它们表明，中等强度和高强度运动范围的运动恢复可用单指数来描述，在约 5 分钟内达到稳态。相比之下，在非常高强度运动范围，从运动中恢复具有两种表现，一个是快速的，一个是缓慢的，其结果是青少年的稳态 $\dot{V}O_2$ 偏离动力学反应在大约 10 分钟内完成[39]，而年轻成人的稳态 $\dot{V}O_2$ 偏离动力学反应需要 20 分钟以上才能完成[1]。

机制

总的来说，现有数据支持这样的观点，即不管运动强度范围如何，阶段

2 的 τ 逐渐变长，$\dot{V}O_2$ 慢成分随年龄增长而增加。有证据表明，当运动强度高于 T_{VENT} 时，$\dot{V}O_2$ 动力学反应存在性别差异，但关于女孩的数据很少。同时，支撑这些变化的机制尚不清楚，但取决于氧气输送到肌肉的量、肌肉内在代谢因素及肌纤维募集的影响。

肌肉氧运输

在两项旨在深入了解 $\dot{V}O_2$ 动力学限制因素的研究中，9~13 岁的男孩被要求以他们 GET 和峰值 $\dot{V}O_2$ 之间差值的 60% 的强度（即 60%Δ 或非常高强度运动）重复进行 6 分钟的自行车运动，每次之间间隔 6 分钟的主动恢复（蹬车，输出 10 W 的外部功率）。第一次运动在第二次运动之前和运动期间增加了监测股外侧肌的 $\dot{Q}$ 值和氧合，但没有改变阶段 2 中的 τ。然而，通过增加阶段 2 总的 $\dot{V}O_2$ 大小和降低 $\dot{V}O_2$ 慢成分的大小，第 1 次运动确实影响了总的 $\dot{V}O_2$ 动力学反应。这些结果表明，阶段 2 的 τ 主要受肌肉内在代谢因素的限制，但阶段 2 中 $\dot{V}O_2$ 的大小和 $\dot{V}O_2$ 慢成分可能受氧运输的影响[40,41]。相比之下，在 6~12 岁的儿童中已经证明，与常氧条件相比，通过吸入 15% 氧浓度的空气来减少肌肉氧运输，可以减缓运动开始时的阶段 2 中的 τ[32]。这表明阶段 2 的 τ 在某些情况下对氧运输的变化很敏感。

为了解释阶段 2 中 τ 对肌肉氧运输的敏感性，提出了一个"临界点"假说[1]。该模型如图 10.4 所示，对于直立运动的健康青少年，在"临界点"的右侧，阶段 2 中的 τ 与氧运输无关。在氧运输独立区域，认为阶段 2 中的 τ 受肌肉内代谢因素的限制。相反，随着缺氧引起[32]的或与疾病有关（如年轻的囊性纤维化患者）[42]的阶段 2 中 τ 的减缓，$\dot{V}O_2$ 动力学反应可能变得更依赖氧输送，位于"临界点"左侧的氧运输依赖区域。健康青少年运动员在海平面高度训练的时，一般都处于氧运输独立区域。

有趣的是，一项创新研究得出了进一步的见解，该研究使用最近开发的技术和建模技术来估计中等强度运动开始时的［HHb］和毛细血管血流动力学指标。其结果表明，与年轻男性相比，青春期前的男孩阶段 2 中 τ 更短，通过比较［HHb］动力学和毛细血管血流动力学指标分别显示出更快的氧摄取和氧运输表现，这支撑了这一观点。作者得出结论，在中等强度运动开始

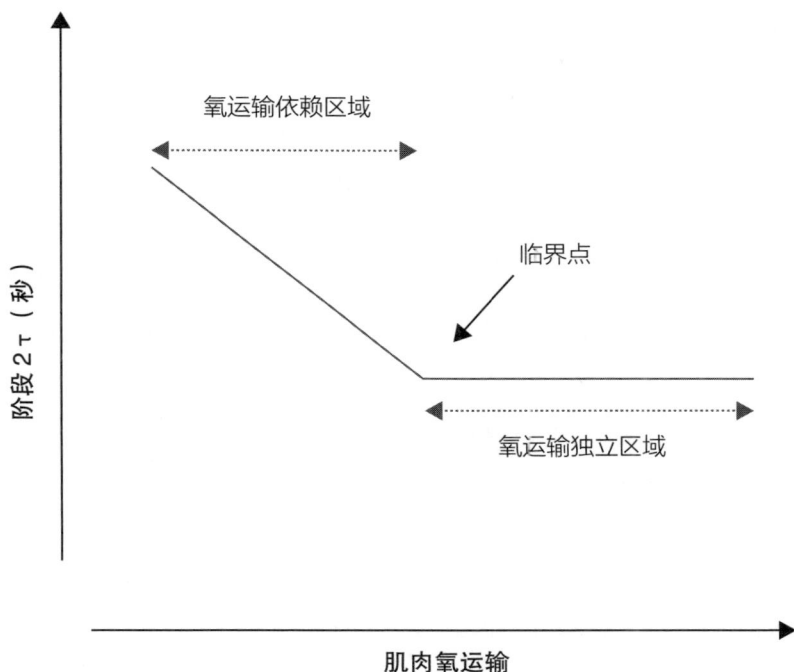

图 10.4　氧运输对氧摄取动力学的影响

　　临界点假设提出，阶段 2 τ 即可以依赖氧运输（氧运输依赖区域）也可以独立于氧运输（氧运输独立区域）。健康的青少年运动员应该处于氧运输独立区域，但患有疾病的青少年运动员可能会处于氧运输依赖区域（经许可图片转载于 Barker 和 Armstrong [6]）

时，儿童在阶段 2 中 τ 较短可能与更快的氧摄取和氧运输都有关 [29]。

肌肉代谢

　　运动开始时肺 $\dot{V}O_2$ 动力学和肌肉 PCr 动力学之间的对称性表明，$\dot{V}O_2$ 动力学的年龄相关差异至少部分是由于线粒体氧化磷酸化的年龄依赖性效应所致。侵入性和非侵入性研究的数据证明了这一点，并且与成人相比，青少年的氧化酶活性更强 [43]。

　　已经在成人中证实，在高于 T_{VENT} 的强度开始运动时，阶段 2 中的 τ 与 I 型肌纤维的百分比呈正相关，而 $\dot{V}O_2$ 慢成分的大小与 I 型肌纤维的百分比呈负相关 [1]。由于 I 型肌纤维的百分比分布在 10~20 岁之间随着年龄的增长而下降（至少在男性中），而且男孩的 I 型肌纤维百分比似乎高于女孩（见

第 2 章），纤维类型分布的变化可能导致 $\dot{V}O_2$ 动力学反应的年龄和性别相关的差异。

肌纤维募集

由于对肌肉组织活检的伦理关注，尚未有关于 $\dot{V}O_2$ 动力学可能与青少年肌纤维募集相关的直接研究。然而，最近的一系列研究采用非侵入性实验操作，基于 II 型肌纤维由于较高收缩速度和（或）输出功率优先被募集，以便检验该假设。最初的研究使用了一系列"从做功到做功的过渡"，其中 12 岁男孩和年轻男性完成了从基线无负荷蹬踏功率自行车和中等强度运动（基线升高）过渡到非常高强度的运动。同时测量了阶跃变化与综合肌电图（integrated electromyogram，iEMG）。男孩和成年男性在从中等强度运动开始的阶跃运动中，阶段 2τ 延长，但仅成年男性的整体 $\dot{V}O_2$ 成本增加。与男孩相比，从中等强度运动开始的阶跃运动中，成年男性相对较高的 $\dot{V}O_2$ 慢成分与线性 iEMG 斜率增加相吻合。作者推测年龄相关的差异可能与肌纤维募集的改变有关[22]。

随后的研究使用 MRI 中肌肉质子的横向弛豫时间（T_2）来估计 11 岁男孩和年轻男性在休息时、$\dot{V}O_2$ 慢成分开始时以及在高强度运动结束时的渐进性肌肉募集。据报道，所有监测的肌肉 T_2 都有所增加，但是在 $\dot{V}O_2$ 慢成分阶段，儿童与成人的肌肉反应部位存在差异，这表明了在大强度运动期间肌肉激活模式的年龄相关效应[34]。

来自同一研究团队的第三项研究发现，在以非常高强度运动开始时，115 r/min 的踏板节奏（从而增加了 II 型肌纤维的募集），与 50 r/min 相比，未经训练的青春期男孩的阶段 2 中 τ 延长了，并且 $\dot{V}O_2$ 慢成分增加了。有趣的是，在训练有素的青少年自行车运动员中，随着踏板节奏的增加，没有观察到对阶段 2τ 或 $\dot{V}O_2$ 慢成分有影响。青少年运动员的 $\dot{V}O_2$ 动力学没有发生变化归因于训练诱导的肌肉氧化能力增强和（或）肌肉纤维募集的改变[23]。

显而易见，关于 $\dot{V}O_2$ 动力学发展的基础机制仍有许多有待了解的地方。越来越清晰的图景正在显现，但需要使用最近开发和应用的技术和创新的非侵入性实验操作进行更多的研究，以梳理复杂的氧运输、肌肉内在代谢因子和肌纤维类型募集之间的相互作用，以及在不同强度范围运动开始时 $\dot{V}O_2$ 动力学反应中年龄和性别相关差异中的相对作用。

可训练性

缓慢的 $\dot{V}O_2$ 动力学反应与肌内高能磷酸盐的更大消耗及乳酸盐和氢离子的积累有关。$\dot{V}O_2$ 慢成分的大小与较低的运动经济性有关，并伴随着疲劳过程。因此，缩短阶段 2 中的 τ（减少缺氧）或降低 $\dot{V}O_2$ 慢成分（降低氧成本）的干预措施应能增强体能，并对运动表现产生积极影响。最有效的干预措施是训练，尽管关于 CIET 和 HIIT 在增强 $\dot{V}O_2$ 动力学反应方面的相对有效性仍有争议，但关于成人 $\dot{V}O_2$ 动力学反应中由训练引起的极快速适应已有大量文献[1,44,45]。

在成人中，峰值 $\dot{V}O_2$ 通常与阶段 2 中 τ 的长度呈负相关，但已有研究表明训练可解除这种关系，并表示支持这两个变量的机制在影响方面上有所不同。解释训练对阶段 2 中 τ 影响的假设机制包括增强的氧化酶活性、更快的肌肉血流动力学及改善氧运输与氧利用的匹配。增强的肌肉氧运输，其分布的均匀性，以及与肌肉纤维募集模式变化相关的肌纤维氧化能力的提高，已被视为支持训练诱导的 $\dot{V}O_2$ 慢成分减少的潜在机制[1,44]。

少量研究表明，阶段 2 中 τ 较短的受过训练的青少年足球运动员在 11 人制比赛期间足球相关能力测试［例如，使用全球定位系统（global positioning system，GPS）监控的总距离和高速跑距离］和基于足球的运动表现测试（例如，YOYO 间歇恢复测试）中表现更好[46]。但是，尽管人们普遍意识到训练引起的 $\dot{V}O_2$ 动力学增强及其对青少年运动的积极影响，但很少有关于青少年运动员在运动开始时的 $\dot{V}O_2$ 动力学反应的可训练性的研究。

针对青年的最佳训练方案尚未展开深入探索，迄今为止，唯一公布的针对青年的训练干预研究涉及针对肥胖和正常体重男孩的每周 2 次、为期 6 周的游戏方案。据报道，训练干预可显著缩短青春期前肥胖男孩在大强度运动开始时阶段中 2 的 τ，但对正常体重男孩的 $\dot{V}O_2$ 动力学无明显影响。两组的

峰值 $\dot{V}O_2$ 和 $\dot{V}O_2$ 慢成分的大小均未受影响[47]。

迄今为止，对青少年运动员的训练研究仅限于来自 3 个研究团队的 6 项 $\dot{V}O_2$ 动力学横断面比较研究。对 $\dot{V}O_2$ 动力学的最早研究是对未受过训练的青春期前儿童和训练了至少 2 年的青春期前游泳运动员进行的。据报告，中等强度或非常高强度运动开始时的阶段 2τ 或 $\dot{V}O_2$ 慢成分的大小没有显著差异[30,37]。这两项研究都有严重的方法学失误（包括使用 % 峰值 $\dot{V}O_2$ 作为运动强度范围标记），而且，由于对成人的研究表明训练诱导的 $\dot{V}O_2$ 动力学变化仅限于涉及训练肌肉组织的运动[48]，因此在功率自行车上进行腿部运动测试无法区分大部分推进力来自手臂的游泳运动员的任何训练效果也就不足为奇了。

在两项控制良好的研究中，通过将未受过训练的青春期前和青春期女孩与经过训练的青春期前和青春期游泳运动员在高强度运动（即 $40\% \Delta$）开始时，使用腿部骑自行车和上肢功率自行车作为运动方式，来测试训练状态和运动方式的影响。在这两项研究中，$\dot{V}O_2$ 慢成分不受训练状态或运动方式的影响。在经过训练和未经过训练的青春期前女孩的比较中，下肢运动中阶段 2τ 的长度没有显著差异，但游泳运动员在上肢运动开始时 τ 明显更快[35]。在腿部和手臂运动开始时，青春期游泳运动员的阶段 2τ、HR 动力学和［HHb］动力学比未受训练的青春期女孩快。作者指出，他们的结果无法解释支持训练效果的机制，但暗示训练女孩中更快的 $\dot{V}O_2$ 动力学很可能与更快的氧运输和更大的氧摄取有关。不同运动方式的结果与年龄和成熟状态的差异部分归因于年龄较大的女孩（14 岁对 11 岁）较长的训练史（>5 年）和较大的训练量（12 h/w 对 8 h/w）[36]。

在青少年中，$\dot{V}O_2$ 对中等强度运动开始的动力学反应（即 80% 的 T_{LAC}）的可训练性证据仅限于职业俱乐部的 15 岁男、女足球运动员与未经受训练但实足年龄和成熟状态相近的青少年的比较。这些年轻的足球运动员每周训练 5~6 个小时，每年训练 9~10 个月，并进行了 6~7 年的定期、系统训练和比赛[49,50]。

男性足球运动员表现出更快的阶段 2τ、更快的 HR 动力学和更快的毛细血管血流动力学估计值，但在［HHb］动力学中没有显著差异。有人认为，两组之间相似的［HHb］动力学反映了氧运输与氧消耗比率不变的平衡，这是由于平行训练导致的氧运输和氧利用的增加[49]。女性足球运动员比未经训练的女孩表现出明显更快的阶段 2τ，但［HHb］动力学之间的差异不具有统计学意义。作者假设，较大的效应大小表明，与男性足球运动员和未经训练的男孩相比，女性组之间在［HHb］动力学方面存在有意义的生理差异。尽管没有对女孩的供氧量进行评估，但作者认为足球运动员的阶段 2τ 较短可能主要是由于训练导致肌肉内氧利用率的提高。这一推测表明了可训练性的性别差异，并表明女孩肌肉中的氧利用可能比氧运输更有影响[50]。

恢复期间的 $\dot{V}O_2$ 动力学反应（$\dot{V}O_2$ 偏离动力学）反映了 PCr 动力学表现，因此也反映了骨骼肌氧化能力[51]。对肺 $\dot{V}O_2$ 动力学的可训练性和潜在机制的深入了解无疑在于对不同强度范围的运动恢复的详细检查，但对 $\dot{V}O_2$ 偏离动力学的关注甚至少于对 $\dot{V}O_2$ 动力学的关注。尽管间歇性、短暂的高强度运动中的恢复期对最佳运动表现很重要，但只有两项关于训练状态对 $\dot{V}O_2$ 偏离动力学影响的横断面研究。这两项研究调查了 $\dot{V}O_2$ 偏离动力学的可训练性[52,53]，在他们早期出版的关于青少年男性足球运动员[49]和青春期前女性游泳运动员[36]的出版物中，描述了参与者的恢复期 $\dot{V}O_2$ 动力学。第一项研究观察到，在中等强度范围内运动后，足球运动员和未受过训练的男孩的 $\dot{V}O_2$ 偏离动力学 τ 没有差异[52]。第二项研究观察到青春期前游泳运动员和未受过训练的女孩在高强度运动范围进行手臂或腿部运动后，$\dot{V}O_2$ 偏离动力学 τ 更快，但 HR 或［HHb］偏离动力学没有显著差异。作者初步认为，基于游泳运动员［HHb］恢复 τ 更快的趋势，训练状态对 HR 动力学没有影响，并且 $\dot{V}O_2$ 和 HR 非动力学之间没有相关性，更快的 $\dot{V}O_2$ 非动力学可能归因于游泳运动员更大的肌肉氧化能力[53]。

挑战

对于青少年运动员在不同运动强度范围对运动开始时的 $\dot{V}O_2$ 动力学反应的可训练性的了解还很少。训练有素和未经训练的青少年的横断面比较，以及对成人数据的推断（需要格外谨慎）有力地表明，$\dot{V}O_2$ 动力学在青少年中是可以训练的，但也产生了一系列有趣的问题，包括但不限于以下问题。

（1）CIET、HIIT 或两者的结合是否是缩短阶段 2τ 的最有效训练方案？

（2）训练诱导的阶段 2τ 缩短的机制是什么？

（3）训练诱导的阶段 2τ 变化为什么与峰值 $\dot{V}O_2$ 的变化不一致？

（4）运动训练是否会降低青少年 $\dot{V}O_2$ 慢成分的大小？

（5）如果是，潜在的机制是什么？最有效的训练方案是什么？

（6）$\dot{V}O_2$ 动力学和恢复阶段（下降阶段）动力学反应是否具有运动强度范围特异性？

（7）$\dot{V}O_2$ 动力学的可训练性是否存在年龄、成熟状态和（或）性别相关的影响？

最关键的问题是，训练诱导的 $\dot{V}O_2$ 动力学变化能否转化为青年运动成绩的有意义提高？

（孟杰　译）

参考文献

［1］　Poole DC, Jones AM. Oxygen uptake kinetics. *Compr Physiol*. 2012; 2: 933–996.

［2］　Macek M, Vavra J. Relation between anaerobic and aerobic energy supply during maximal exercise in boys. In: Lavallée H, Shepherd RJ, eds. *Frontiers of activity and child health*. Quebec: Editions du Pelican; 1977: 157–159.

［3］　Cooper DM, Berry C, Lamarra N, Wassermann K. Kinetics of oxygen uptake and heart rate at onset of exercise in children. *J Appl Physiol*. 1985; 59: 211–217.

［4］　Fawkner SG, Armstrong N. Oxygen uptake kinetic response to exercise in children. *Sports Med*. 2003; 33: 651–669.

［5］　Armstrong N, Barker AR. Oxygen uptake kinetics in children and adolescents: A review. *Pediatr Exerc Sci*. 2009; 21: 130–147.

［6］　Barker AR, Armstrong N. Pulmonary oxygen uptake kinetics. In: Armstrong N, van Mechelen W, eds. *Oxford textbook of children's sport and exercise medicine*. 3rd edition. Oxford: Oxford University Press; 2017: 181–194.

［7］　Armstrong N, McManus AM. Aerobic fitness. In: Armstrong N, van Mechelen W, eds. *Oxford textbook of children's sport and exercise medicine*. 3rd edition. Oxford:

Oxford University Press; 2017: 161–180.

[8]　Fawkner SG, Armstrong N. Longitudinal changes in the kinetic response to heavy-intensity exercise in children. *J Appl Physiol*. 2004; 97: 460–466.

[9]　Fawkner SG, Armstrong N. Sex differences in the oxygen uptake kinetic response to heavy-intensity exercise in prepubertal children. *Eur J Appl Physiol*. 2004; 93: 210–216.

[10]　Fawkner SG, Armstrong N, Potter CR, Welsman JR. Oxygen uptake kinetics in children and adults after the onset of moderate intensity exercise. *J Sports Sci*. 2002; 20: 319–326.

[11]　Fawkner SG, Armstrong N. Oxygen uptake kinetics. In: Armstrong N, ed. *Paediatric exercise physiology*. Edinburgh: Elesevier; 2007: 189–211.

[12]　Breese BC, Williams CA, Welsman JR, Barker AR, Fawkner SG, Armstrong N. Longitudinal changes in the oxygen uptake kinetic response to heavy intensity exercise in 14–16-year-old boys. *Pediatr Exerc Sci*. 2010; 22: 314–325.

[13]　Barker AR, Bond B, Toman C, Williams CA, Armstrong N. Critical power in adolescents: Physiological bases and assessment using all-out exercise. *Eur J Appl Physiol*. 2012; 112: 1359–1370.

[14]　Hebestreit H, Kriemler S, Hughson RL, Bar-Or O. Kinetics of oxygen uptake at the onset of exercise in boys and men. *J Appl Physiol*. 1998; 85: 1833–1841.

[15]　Williams CA, Carter H, Jones AM, Doust JH. Oxygen uptake kinetics during treadmill running in boys and men. *J Appl Physiol*. 2001; 90: 1700–1706.

[16]　Potter CR, Childs DJ, Houghton W, Armstrong N. Breath-to-breath noise in the ventilatory and gas exchange responses of children to exercise. *Eur J Appl Physiol*. 1998; 80: 118–124.

[17]　Fawkner SG, Armstrong N. Can we confidently study $\dot{V}O_2$ kinetics in young people? *J Sports Sci Med*. 2007; 6: 277–285.

[18]　Mahon AD, Cheatham CR. Ventilatory threshold in children: A review. *Pediatr Exerc Sci*. 2002; 14: 16–29.

[19]　Mucci P, Baquet G, Nourry C, *et al*. Exercise testing in children: Comparison in ventilatory threshold changes with interval training. *Pediatr Pulmonol*. 2013; 48: 809–816.

[20]　Fawkner SG, Armstrong N. Assessment of critical power with children. *Pediatr Exerc Sci*. 2002; 14: 259–268.

[21]　Fawkner SG, Armstrong N. The slow component response of $\dot{V}O_2$ to heavy exercise in children. In: Reilly T, Marfell-Jones M, eds. *Kinanthropometry VIII*. Oxford: Routledge; 2003: 105–113.

[22]　Breese BC, Barker AR, Armstrong N, Jones AM, Williams CA. Effect of baseline metabolic rate on pulmonary O_2 uptake kinetics during very heavy intensity exercise

in boys and men. *Resp Physiol Neurobiol*. 2012; 180: 223–229.

[23] Breese BC, Armstrong N, Barker AR, Williams CA. The effect of pedal rate on pulmonary oxygen uptake kinetics during very heavy exercise in trained and untrained teenage boys. *Resp Physiol Neurobiol*. 2011; 177: 149–154.

[24] McManus AM, Cheng CH, Leung MP, Yung TC, MacFarlane DJ. Improving aerobic power in primary school boys: A comparison of continuous and interval training. *Int J Sports Med*. 2005; 26: 781–786.

[25] Fawkner SG, Armstrong N. Modelling the $\dot{V}O_2$ kinetic response to moderate intensity exercise in children. *Acta Kinesiol Univ Tartu*. 2002; 7: 80–84.

[26] Fawkner SG, Armstrong N. Modelling the $\dot{V}O_2$ kinetic response to heavy intensity exercise in children. *Ergonomics*. 2004; 47: 1517–1527.

[27] Hamar D, Tkac M, Komadesi L, Kuthanova O. Oxygen uptake kinetics at various intensities of exercise on the treadmill in young athletes. In: Frenkl R, Szmodis I, eds. *Children and exercise: Pediatric work physiology XV*. Budapest: National Institute for Health Promotion; 1991: 187–201.

[28] Rowland T, Goff D, Martel L, Ferrone L. Influence of cardiac functional capacity on gender differences in maximal oxygen uptake in children. *Chest*. 2000; 17: 629–635.

[29] Leclair E, Berthion S, Borel B, *et al*. Faster pulmonary oxygen uptake kinetics in children vs adults due to enhancements in oxygen delivery and extraction. *Scand J Med Sci Sports*. 2013; 23: 705–712.

[30] Cleuziou C, Lecoq AM, Candau R, Courteix D, Guenon P, Obert P. Kinetics of oxygen uptake at the onset of moderate and heavy exercise in trained and untrained prepubertal children. *Sci Sport*. 2002; 17: 291–296.

[31] Armon Y, Cooper DM, Flores R, Zanconato S, Barstow TJ. Oxygen uptake dynamics during high-intensity exercise in children and adults. *J Appl Physiol*. 1991; 70: 841–848.

[32] Springer C, Barstow TJ, Wasserman K, Cooper DM. Oxygen uptake and heart rate responses during hypoxic exercise in children and adults. *Med Sci Sports Exerc*. 1991; 23: 71–79.

[33] Welsman JR, Armstrong N. Interpreting exercise performance data in relation to body size. In: Armstrong N, van Mechelen W, eds. *Paediatric exercise science and medicine*. 2nd edition. Oxford: Oxford University Press; 2008: 13–22.

[34] Breese BC, Barker AR, Armstrong N, Fulford J, Williams CA. Influence of thigh activation on the $\dot{V}O_2$ slow component in boys and men. *Eur J Appl Physiol*. 2014; 114: 2309–2319.

[35] Winlove MA, Jones AM, Welsman JR. Influence of training status and exercise modality on pulmonary O_2 uptake kinetics in pre-pubertal girls. *Eur J Appl Physiol*. 2010; 108: 1169–1179.

[36] McNarry MA, Welsman JR, Jones AM. Influence of training status and exercise modality on pulmonary O2 uptake kinetics in pubertal girls. *Eur J Appl Physiol*. 2011; 111: 621–631.

[37] Obert P, Cleziou C, Candau R, Courteix D, Lecoq AM, Guenon P. The slow component of O_2 uptake kinetics during high intensity exercise in trained and untrained prepubertal children. *Int J Sports Med*. 2000; 21: 31–36.

[38] Machado FA, Guglielmo LGA, Greco CC, Denadai BS. Effects of exercise mode on the oxygen uptake kinetic response to severe-intensity exercise in prepubertal children. *Pediatr Exerc Sci*. 2009; 21: 159–170.

[39] Lai N, Nasca MM, Silva FT, Whipp BJ, Cabrera M. Influence of exercise intensity on pulmonary oxygen uptake kinetics at the onset of exercise and recovery in male adolescents. *Appl Physiol Nutr Metab*. 2008; 33: 107–117.

[40] Barker AR, Jones AM, Armstrong N. The influence of priming exercise on oxygen uptake, cardiac output, and muscle oxygenation kinetics during very heavy intensity exercise in 9–13-year-old boys. *J Appl Physiol*. 2010; 109: 491–500.

[41] Barker AR, Trebilcock E, Breese B, Jones AM, Armstrong N. The effect of priming exercise on oxygen uptake kinetics, muscle oxygen delivery and utilisation, muscle activity and exercise tolerance in boys. *Appl Physiol Nutr Metab*. 2014; 39: 308–317.

[42] Hebestreit H, Hebestreit A, Trusen A, Hughson RL. Oxygen uptake kinetics are slowed in cystic fibrosis. *Med Sci Sports Exerc*. 2005; 37: 10–17.

[43] Armstrong N, Barker AR, McManus AM. Muscle metabolism during exercise. In: Armstrong N, van Mechelen W, eds. *Oxford textbook of children's sport and exercise medicine*. 3rd edition. Oxford: Oxford University Press; 2017: 69–87.

[44] Jones AM, Koppo K. Effect of training on kinetics and performance. In: Jones AM, Pole DC, eds. *Oxygen uptake kinetics*. London: Routledge; 2005: 373–397.

[45] Berger NJA, Tolfrey K, Williams AG, Jones AM. Influence of continuous and interval training on oxygen uptake on-kinetics. *Med Sci Sports Exerc*. 2006; 38: 504–512.

[46] Doncaster G, Marwood S, Iga J, Unnithan V. Influence of oxygen uptake kinetics on physical performance in youth soccer. *Eur J Appl Physiol*. 2016; 116: 1781–1794.

[47] McNarry MA, Lambrick D, Westrupp N, Faulkner J. The influence of a six-week, high intensity games intervention on the pulmonary oxygen uptake kinetics in prepubertal obese and normal-weight children. *Appl Physiol Nutr Met*. 2015; 40: 1012–1018.

[48] Ceretelli P, Pendergast D, Paganelli WC, Rennie DW. Effects of specific muscle training on $\dot{V}O_2$ on-response and early blood lactate. *J Appl Physiol*. 1979; 47: 761–769.

[49] Marwood S, Roche D, Rowland TW, Garrard M, Unnithan VB. Faster pulmonary oxygen uptake kinetics in trained versus untrained male adolescents. *Med Sci Sports*

Exerc. 2010; 42: 127–134.

[50]   Unnithan VB, Roche DM, Garrard M. Oxygen uptake kinetics in trained adolescent females. *Eur J Appl Physiol.* 2015; 115: 213–220.

[51]   Barker AR, Armstrong N. Insights into developmental muscle metabolism through the use of ^{31}P-magnetic resonance spectroscopy: A review. *Pediatr Exerc Sci.* 2010; 22: 350–368.

[52]   Marwood S, Roche D, Garrard M, Unnithan V. Pulmonary oxygen uptake and muscle deoxygenation kinetics during recovery in trained and untrained male adolescents. *Eur J Appl Physiol.* 2011; 111: 2775–2784.

[53]   McNarry MA, Welsman JR, Jones AM. Influence of training status and maturity on pulmonary O_2 uptake recovery kinetics following cycle and upper body exercise in girls. *Pediatr Exerc Sci.* 2012; 24: 246–261.

[54]   Armstrong N, McNarry M. Aerobic fitness and trainability in healthy youth: Gaps in our knowledge. *Pediatr Exerc Sci.* 2016; 28: 171–177.

第 11 章　按照生理年龄分组的体育运动

　　生理年龄往往能够为人类成长和身体发育情况提供有效参考。但是，一如本书多次提及，人体生物钟并不与自然时间同步运行。不同的青少年即使生理年龄相近，其身体发育和心理成长也可能大不相同。这给以生理年龄作为分组依据的各项运动带来了巨大挑战。本章主要探讨与年龄和身体成熟情况相关的青少年运动项目、相对年龄效应（relative age effect，RAE）、生理年龄造假与年龄验证方法。

按照生理年龄分组的竞赛

　　在按照生理年龄分组的竞赛中，国际、国内体育协会独立或共同规定选拔年龄以确定运动员的参赛资格。例如，假设国际足联 (FIFA) 规定其运动员选拔年份的开始日期为当年的 1 月 1 日，那么一位竞选参赛资格的 16 岁运动员的生日则应该在当年 1 月 1 日当天或之后，最晚不得晚于竞赛当年 12 月 31 日。这一规定的初衷是为所有参赛运动员提供公平竞争的机会。但是，在既定年龄组内，青少年运动员身体成熟程度也存在差异，这些差异也会给运动员表现、运动生理监测和运动训练带来不同。在大多数运动中，运动员，特别是男性运动员早熟会给其带来优势[1]，但在其他的一些运动中，晚熟才能带来优势[2]。

按照生理年龄分组的体育运动和身体成熟程度

同年不同月份出生的青少年运动员在体型和身体成熟程度上大有不同，

这不仅带来了竞争上的不公平，还增加了对抗性项目和碰撞性项目运动员的伤病风险。本书展示、讨论过数个相关例子，但有一项研究很好地展现了在生理年龄、经济条件、生活条件和就读学校相同的青少年中，身体成熟程度不同也会给他们的身体发育和心理成长带来差异。

该研究分析了 200 名（其中女孩约 100 名）未受过体育训练的 12 岁儿童的身高、体重、CPP 和峰值 $\dot{V}O_2$，并将指标根据 PH 发展阶段进行了等级划分。结果表明，没有受试者能够达到 PH5 等级，但 PH4 等级中的男孩比 PH1 等级中的男孩平均高出 11%（16 cm），平均重 29%（11 kg）。PH4 等级中的女孩比 PH1 等级中的女孩平均高出 7%（10 cm），平均重 28%（11 kg）。且无论男孩还是女孩，峰值 $\dot{V}O_2$ 和 CPP 在不同 PH 阶段均呈显著升高趋势。PH4 等级中男孩的峰值 $\dot{V}O_2$ 和 CPP 分别比 PH1 等级中的男生高 32% 和 66%，PH4 等级中女孩的峰值 $\dot{V}O_2$ 和 CPP 分别比 PH1 等级中的女孩高出 12% 和 20%。对 PH4 等级的研究对象的体重进行调整后，PH4 等级的男孩的峰值 $\dot{V}O_2$ 和 CPP 分别比 PH1 等级的男孩高出 14% 和 31%。女孩方面，PH4 等级的女孩的峰值 $\dot{V}O_2$ 和 CPP 分别比 PH1 等级的女孩分别高出 12% 和 20%[3,4]，该结果与未经体重调整前的结果相似。青少年运动员早熟通常会为身体发育和心理成长带来优势，进而增强其在大部分运动中的表现，该现象在男性运动员中更为明显。相反，晚熟通常表现为身材矮小、体重偏低，这些身体特征则有助于艺术体操运动员未来的发展。

一个世纪以来，对多项将青少年运动员以年龄进行分组的体育运动观察都发现，这种分组方法存在不公平性，也有不少人提议采取按年龄分组以外的其他方法进行匹配，但是收效甚微[5]。通过体重和身体成熟程度进行分组的方式从表面上看是一种合适的方法，但由于忽视了生理年龄这一要素，该方法也存在一定误导性。体重相近的 11 岁和 16 岁青少年，或处于 PH4 阶段的 11 岁和 16 岁青少年在运动生理、运动心理以及运动技巧发展方面都有极大不同。此外，在一个赛季中，同一年龄分组中青少年的体重和身体成熟程度也可能有极大改变。虽然目前没有特别理想的方法来对青少年运动员进行分组，但是按照年龄分组进行的执教活动和碰撞性运动也必须注意和考虑到运动员体型上的差异。

相对年龄效应

在学校中，同一班级或年级的学生年龄不同，其认知能力发展也大有不同。半个世纪以前，研究人员就已在学生受教育程度和相对年龄之间发现了联系。Musch 和 Grondin 首次在运动中观察到类似现象。他们表示，在 1981—1982 年的加拿大青少年竞技联赛和国家冰球联赛中，队员生日分布存在严重倾斜。出生于选拔年份第一季度（1 月、2 月和 3 月为第一季度月份）的队员[6]占比显著高于出生于选拔年份第四季度（10 月、11 月和 12 月为第四季度月份）的队员。而 1 月、2 月和 3 月对该运动无其他显著影响。在国际足联推行 1 月 1 日作为足球运动年龄分组选拔年份开始日期之前，数个国家将选拔年份开始日期定为 8 月 1 日，因此在国内高级别青少年足球联赛中，出生于 8 月、9 月和 10 月的运动员占比很高。而当新的选拔截止日期开始推行后，出生日期分布开始变化，生于 1 月、2 月和 3 月的运动员在高级别联赛中的占比开始变高。偏向选择出生于选拔年份早期的运动员，造成了运动员生日分布不对称，而这样的现象即是 RAE，这对生于选拔年份晚期的运动员也是一种不公平。

RAE 广泛存在于许多男性团体和个人项目中。一项汇集来自 1984—2007 年的 38 份研究（涵盖 16 个国家 14 个运动项目数据）的 Meta 分析显示，14 岁以下的运动员中，生于第四季度的运动员参与娱乐性和竞技性运动的概率较低；15~18 岁的运动员中，生于第四季度的运动员被选入代表队的概率更低[7]；步入成年后，他们也几乎没有机会成为高水平运动员。目前，对于女性运动员的研究较少，RAE 在不同运动中程度也不一。

RAE 在排球、手球和足球等团体项目以及网球和游泳等个人项目中皆存在，但总体而言，其在女性运动员中的体现不如男性运动员显著[8]。女性青少年运动员中的 RAE 影响较小，反映出她们青春期和早熟期的体能、力量、无氧能力和有氧能力差异较小。此外，一些运动倾向于选择体态修长、体重身高比例低、体脂率低、腿长占比高、臀肩比低的女性运动员，这些都是晚熟运动员的典型特征。同时，本书第 4 章讨论过体操运动员的选材特征和身形保持情况，高水平艺术体操运动员不存在 RAE 也就不足为奇了[9]。

有学者提出，运动竞争激烈是 RAE 产生的必要条件。一季度和四季度最高出生比出现在最流行的高级别运动中。在加拿大女性冰球联赛中，RAE 较小，其原因是该项运动在女性中发展较晚，而在男性中，该项运动设置完善、竞争度高，登记在加拿大冰球协会的男性球员数量几乎是女性球员的 6 倍[10]。

在青少年运动项目中，运动员体型高大和早熟程度更高能够带来优势，这也是 RAE 产生的主要原因，此外，社会心理研究不足也加剧了 RAE 的发展。在学术界，认知发展和身体成熟程度与 RAE 有关，但是，尽管 RAE 对运动技能发展和战术概念内化有潜在效果，却没有相关研究探索青少年运动中是否也能够发现相同联系[11]。

选拔运动员时，出生在选拔年份早期的运动员更具有优势。教练会选拔他们认为最有机会在青少年比赛中获胜的运动员，而同一出生队列中更为年轻的运动员则更容易倾向于退出比赛或被淘汰出高水平行列。英国橄榄球联赛球员表现概览模型显示，模型层级越高，RAE 越明显。在 U13 男性运动员选拔中，生于第一季度的运动员与生于第四季度的运动员数量之比会随着模型等级提高而相应提高。例如，一级：第一季度出生占比为 43.5%，第四季度出生占比为 11.3%；二级：第一季度出生占比为 52.2%，第四季度出生占比为 5.8%；三级：第一季度出生占比为 60.0%，第四季度出生占比为 2.5%[12]。

足球是世界上最为流行的运动之一，受到大量研究人员的关注，而足球中的 RAE 也从足球比赛诞生起就存在。英国国家足球档案馆的数据显示，19 世纪 50 年代，英国顶级足球联赛中 62.5% 的英国和威尔士球员都出生于选拔年份的上半年。在此后的 150 年中，绝大多数球员出生于选拔年份的上半年，且数据显示，19 世纪 50 年代，中联赛 61.5% 的球员出生于选拔年份的上半年[13]。RAE 首次在英国职业足球联赛中被编入记载是在 1991—1992 赛季[14]。此后 25 年，RAE 广为公众所知，且大多数优秀教练和高级行政管理人员都已知晓，但是它却未对青少年和成年高级别联赛产生任何显著影响。

曾有一项研究以参加某项国际赛事的 10 个欧洲国家男性 U15、U16、

U17 和 U18 运动员以及女性 U18 运动员作为研究对象，试图研究其中 RAE 的影响。研究结果显示，无论对单个国家内部对比还是 10 个国家相互对比，生日的季度分布数据都有显著差别。在男性运动员中，43% 生于第一季度，仅有 9% 生于第四季度（图 11.1）。

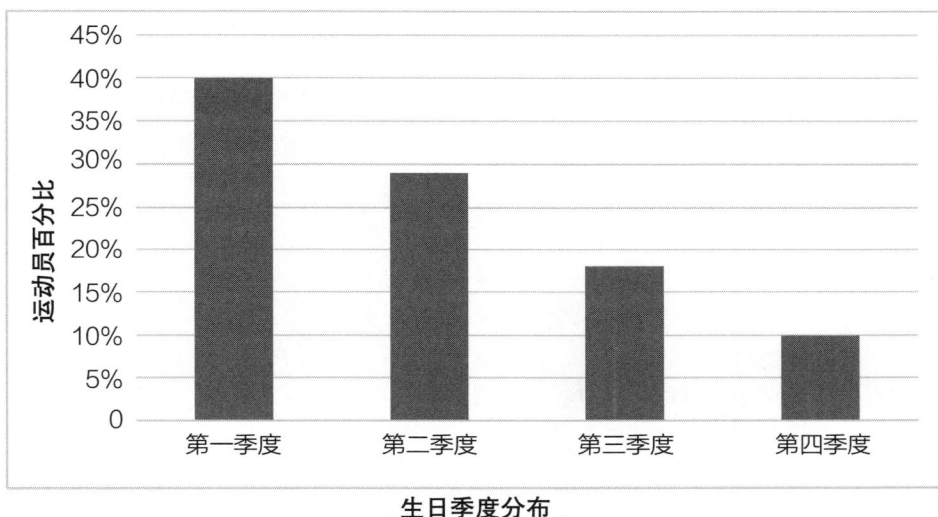

生日季度分布

图 11.1　国际青少年运动员选拔年份的生日分布——相对年龄效应

图中显示相对年龄效应在 10 个受试的欧洲国家（即比利时、丹麦、英国、法国、德国、意大利、荷兰、葡萄牙、西班牙和瑞典）普遍存在（数据来源于 Helsen 关于 763 名 15~18 岁国际青少年足球运动员的研究）

在女性运动员方面，数据显示运动员年龄均较大，RAE 表现并不明显，生于第一季度的运动员占 31%，生于第四季度的运动员占 17%。有研究表示，大多数女性运动员接近 18 岁时，生理状态渐趋成熟，因此在女性项目中，竞技技巧比身体条件更为重要[15]。

受选参赛的队员接触顶级教练的时间更长，投入的训练时间更多，与更高水平运动员同台竞技的次数更多，面对国际竞赛压力的次数和时间也更多，因此也会在代表队和专业俱乐部的选拔委员中拥有更高的知名度。RAE 在各项运动的成年高级别赛事中依旧存在。一项研究以 10 个欧洲国家的职业足球运动员的生日分布情况作为研究对象，采集来自 2000—2001 赛季和 2010—2011

赛季的数据，其结果显示 RAE 依旧存在（图 11.2）。在 2000—2001 赛季，除西班牙和葡萄牙联赛外，其他欧洲足球联赛都得到了研究，结果显示 RAE 显著。生于第一季度的球员占 29%，生于第四季度的球员占 20%。在 2010—2011 赛季，除葡萄牙联赛没有明显出现 RAE 外，其余联赛中，生于第一季度的球员占 32%，生于第四季度的球员占 18%。在两个赛季的 RAE 对比中，比利时、英国、德国、西班牙和瑞典联赛的 RAE 增长趋势较大，而在法国、意大利、葡萄牙和荷兰联赛中，RAE 变化不明显。该研究结果表明，尽管 RAE 广为人知，且业界普遍认为其应该得到解决，但是它在一些国家的成年职业足球联赛中却依旧存在，甚至增长了超过 10 年。

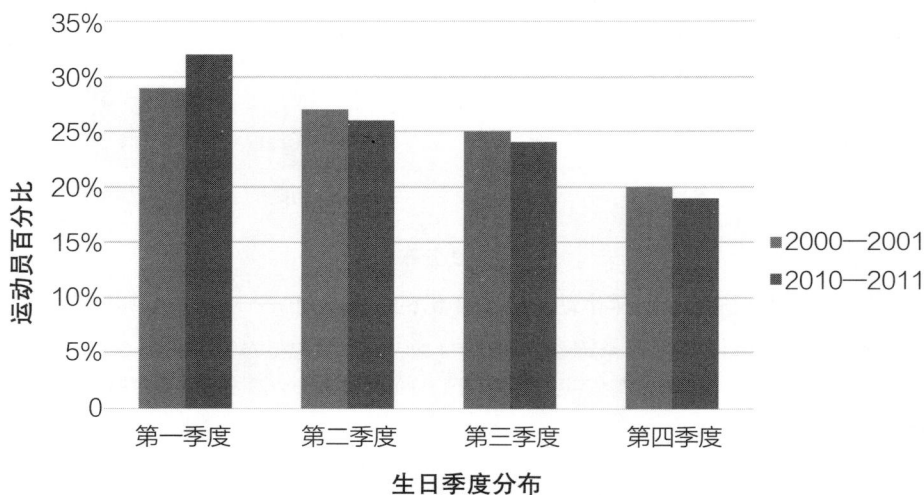

图 11.2   10 个欧洲国家的职业足球运动员选拔年份的生日——相对年龄效应

从图中可看出，相对年龄效应持续存在。数据显示，在 2000—2001 赛季至 2010—2011 赛季期间，比利时、英国、德国、西班牙和瑞典联赛相对年龄效应显著增加（P<0.05），而在法国、意大利、葡萄牙、荷兰联赛则无显著性差异（P>0.05）（来自 Helsen 等采集于 2000—2001 赛季 3111 名球员和 2010—2011 赛季 2636 名球员的数据[16]）

目前，不少研究已经提出纠正或消除 RAE 的方法，但尚未有方法能从职业运动俱乐部或各国的国家体育协会处得到有效支持。已提出的解决方法包括改变竞技年份的选拔年龄截止日期、对选拔年龄截止日期进行每年轮换、降低年龄分组的计算单位（如以 6 个月而不是 1 年来作为计算单位）等。在团体项目中，利用定额分配的办法限制队伍中选拔年份早期出生的队员人数、要求运动员在青春期之后才能参加高级别联赛、利用多个研究小组跟进研究早熟和晚熟队员情况等方法都已提出。

生理年龄造假

各国教练、体育协会和体育名人未能推动解决 RAE。RAE 给青少年运动员带来了压力，迫使他们追求快速成效，而不是为了长久成功追求个人发展。在按照生理年龄分组的体育运动中，这种趋势造成选拔队员的舞弊行为，滋生年龄造假手段，包括篡改护照、篡改出生证明以及为了个人或国家利益篡改个人项目注册文件等，这些手段并不鲜见。

David[17] 指出，有的父母为了使其子女能够参加低年龄段的比赛，对孩子的出生证明进行篡改，甚至有的国家体育协会和体育高管也有过这种行为。在那些青春期早期运动员更占优势的项目中，通过篡改年龄证明的方式，使得运动员能够参与允许参赛年龄（如体操的允许参赛年龄为 16 岁）比其实际年龄高的比赛，这种手段已是屡见不鲜。一位罗马尼亚奥运金牌得主曾承认，她曾通过篡改年龄使得自己能够参加奥运会，对于此事，罗马尼亚体操联合会时任主席毫无悔意地表示："在体操界，篡改年龄是全世界都在做的，我们不过是范水模山。"

在需要体型、肌肉力量、爆发力和速度等优势的运动（如足球）中，注册文件也存在篡改现象，主要是为了使更年长的球员能够参加比赛。1979年，智利足协主席修改了一支 18 人足球队中 16 人的注册信息，好让他们参加当年在乌拉圭举行的青少年足球世界杯选拔赛。而近年，墨西哥和尼日利亚的蓄意篡改年龄行为则导致国际足联暂停了它们的国际足球比赛参赛资格，汤加也因为蓄意篡改年龄被禁止参加 1996 年和 2000 年的奥运会足球比赛。亚洲足联曾因阿曼、伊朗、孟加拉国和泰国足球队存在年龄造假行为，暂停了上述 4 国球员、球队经理和国家体育协会的参赛资格。1999 年，巴西赢得青少年足球世界杯后，调查发现球队 4 名球员存在出生证明造假问题，属于超龄参赛。

年龄验证方法

在一些发展中国家或欠发达国家，运动员出生日期可能未登记，也可能登记日期比实际日期晚，但这有时是由文化和地理因素造成，并不能与蓄意造假直接画等号。但是，生理年龄造假行为确实普遍存在，这也促使国际体育联合会探索研究年龄验证技术。

在亚洲青少年足球和板球比赛中，骨龄测试已被引入用于"验证"参赛运动员的生理年龄。在 2007 年的 U15 板球精英杯上，亚洲板球理事会采用骨龄验证法，发现 80% 的队伍都存在超龄队员上场比赛的现象，因此取消了他们的参赛资格[18]。利用骨龄来估测生理年龄有其局限性，本书第 1 章曾对此进行讨论。简单来说，在一定的生理年龄组内，骨龄比实际生理年龄高出 4 年，此外，在许多运动中，早熟是一种优势，因此，大量运动员经过骨龄测算后被判定超龄，从而不能参加符合其实际年龄的比赛，这种现象也就不足为奇了。相反，由于骨龄偏高的运动员一般都晚熟，不少生理年龄符合参赛资格的体操运动员又会在骨龄测试中被判定偏小，不建议参加大型赛事。在第 24 届世界体操锦标赛上，约 52% 的 16 岁运动员和约 35% 的 17~19 岁运动员可能会因为骨龄测算而被错误地取消参赛资格，因为她们的骨龄均低于 16 岁[14]。

国际足联医学评估与研究中心的调查人员提出，可以通过磁共振评测运动员桡骨远端骨干和骨骺的融合情况，并以此作为选拔国际足联 U17 比赛运动员的方法[20,21]。但是，本书第 1 章提及的几个骨龄测算法的局限性在磁共振评测法中同样存在。国际足联团队发现，27% 的 U17 比赛参赛队员存在桡骨远端完全融合，因此得出结论，赛事参赛队员"似乎比同年龄段的其他人更为年长"。

2010 年，国际奥委会成立，专家共识委员会，评估目前高水平青少年运动员的年龄确定方法，并发布《国际奥委会共识声明》。委员会仔细审查了当前各种测试方法，包括激素分析法、第二性征观察法、X 线检查、超声检查和磁共振检查等，结论是目前无法准确地将高水平青少年运动员准确地按照生理年龄进行分组[22]。《国际奥委会共识声明》是当前年龄验证方法的准确总结。青少年体育竞技的公平诚信是建立在参赛青少年运动员年龄的真实度和准确度之上的，但制度的公平诚信则需要监护人、教练、管理人员和运动员本身来共同守护。

小结

按照生理年龄分组的体育运动存在诸多不确定性，因此青少年体育运动中的各个主体需要对人体发育的时间和节奏有清楚认知，并认真了解它们对当前和未来运动表现的影响。在运动表现金字塔图中，大多数较低层级的运动参与者能从运动中体会到许多乐趣，而少部分人试图跻身高水平行列，只有极少数人能够在国际舞台取得成功。但是，一方面青少年自身生长发育的时间和节奏不同，另一方面选拔和留队政策与年龄紧密相连，再加上选拔年份时间不够明确，许多青少年失去了成功的机会，也因此退出运动员行列或被从运动队中裁掉。

国际奥委会推崇的青少年体育运动目标是：培养身体健康、能力进步和韧性优秀的青少年运动员，让运动参与更加广泛、更加包容、更可持续、更加快乐，为人生各个阶段奠定成功基础。为实现这一愿景，青少年运动中的各个主体都应该保证自身诚信，并在以下方面共同努力。

（1）推动参与多种运动，提升运动体验。

（2）减少对年龄限制的关注，发现、培养体育人才。

（3）鼓励青少年体育人才，帮助他们实现体育梦想。

（4）制订并实施循证且个性化的运动员发展规划。

（5）推广教育，提供帮助，让运动表现不同的青少年运动员有效管理自身健康，平衡运动与生活。

（陈超　译）

参考文献

［1］ Johnson A, Farooq A, Whiteley R. Skeletal maturation status is more strongly associated with academy selection than birth quarter. *Sci Med Football*. 2017; 1: 157–163.

［2］ Malina RM, Baxter-Jones ADG, Armstrong N, *et al*. Role of intensive training on growth and maturation in artistic gymnasts. *Sports Med*. 2013; 43: 783–802.

［3］ Armstrong N, Welsman JR, Kirby BJ. Performance on the Wingate anaerobic test and maturation. *Pediatr Exerc Sci*. 1997; 9: 253–261.

［4］ Armstrong N, Welsman JR, Kirby BJ. Peak $\dot{V}O_2$ and maturation in 12 year-olds. *Med Sci Sports Exerc*. 1998; 30: 165–169.

［5］ Malina RM, Beunen G. Matching of opponents in youth sports. In: Bar-Or O, ed. *The child and adolescent athlete*. Oxford: Blackwell; 1996: 202–213.

［6］ Musch J, Grondin S. Unequal competition as an impediment to personal development: A review of the relative age effect in sport. *Dev Rev*. 2001; 21: 147–167.

［7］ Cobley S, Baker J, Wattie N, McKenna J. Annual age-grouping and athlete development: A meta-analytical review of relative age effects in sport. *Sports Med*. 2009; 39: 235–256.

［8］ Wattie N, MacDonald DJ, Cobley S. Birthdate and birthplace effects on expertise attainment. In: Baker N, Farrow D, eds. *Routledge handbook of sport expertise*. Oxford: Routledge; 2015: 373–382.

［9］ Baxter-Jones ADG. Growth and development of young athletes: Should competition levels be age-related? *Sports Med*. 1995; 20: 59–64.

［10］ Weir PL, Smith K, Paterson C, Horton S. Canadian women's ice hockey – Evidence of a relative age effect. *TDE*. 2010; 2: 209–217.

［11］ Wattie N, Cobley S, Baker J. Towards a unified understanding of relative age effects. *J Sports Sci*. 2008; 13: 1403–1409.

［12］ Till K, Cobley S, Wattie N, O'Hara J, Cooke C, Chapman C. The prevalence, influential factors and mechanisms of relative age effects in UK rugby league. *Scand J Sci Med Sport*. 2010; 20: 320–329.

［13］ Edgar B. The game. *The Times*. 12th September, 2016; 13.

［14］ Dudink A. Birthdate and sporting success. *Nature*. 1994; 368: 592.

［15］ Helsen WF, Van Winckel J, Williams M. The relative age effect in youth soccer across Europe. *J Sports Sci*. 2005; 23: 629–636.

［16］ Helsen WF, Baker J, Michiels S, Schorer J, Van Winckel J, Williams M. The relative age effect in European professional soccer: Did ten years of research make any difference? *J Sports Sci*. 2012; 30: 1666–1671.

［17］ David P. *Human rights in youth sport*. Oxford: Routledge; 2005.

[18] Malina RM, Coelho e Silva M, Figueiredo AJ. Growth and maturity status of youth players. In: Williams AM, ed. *Science and soccer*. London: Routledge; 2013: 307–332.

[19] Malina RM. Skeletal age and age verification in youth sport. *Sports Med*. 2011; 41: 925–947.

[20] Dvorak J, George J, Junge A, *et al*. Age determination by magnetic resonance imaging of the wrist in adolescent male football players. *Br J Sports Med*. 2007; 41: 45–52.

[21] Dvorak J, George J, Junge A, *et al*. Application of MRI of the wrist for age determination in international U17 soccer competitions. *Br J Sports Med*. 2007; 41: 497–500.

[22] Engebretsen L, Steffen K, Bahr R, *et al*. The International Olympic Committee consensus statement on age determination in high-level young athletes. *Br J Sports Med*. 2010; 44: 476–484.

[23] Bergeron MF, Mountjoy M, Armstrong N, *et al*. International Olympic Committee consensus statement on youth athletic development. *Br J Sports Med*. 2015; 49: 843–851.